地名文化概论

马永立 著

南京大学出版社

图书在版编目(CIP)数据

地名文化概论 / 马永立著. — 南京：南京大学出版社，2025.1. — ISBN 978-7-305-28907-1

Ⅰ. K92

中国国家版本馆 CIP 数据核字第 2025QF9265 号

出版发行	南京大学出版社
社　　址	南京市汉口路 22 号　　邮　编　210093
书　　名	**地名文化概论** DIMING WENHUA GAILUN
著　者	马永立
责任编辑	田　甜　　　编辑热线　025-83593947
照　　排	南京南琳图文制作有限公司
印　　刷	南京鸿图印务有限公司
开　　本	787 mm×1092 mm　1/16 开　印张 23　字数 463 千
版　　次	2025 年 1 月第 1 版　2025 年 1 月第 1 次印刷
ISBN	978-7-305-28907-1
定　　价	80.00 元

网址：http://www.njupco.com
官方微博：http://weibo.com/njupco
官方微信号：njupress
销售咨询热线：(025) 83594756

* 版权所有，侵权必究
* 凡购买南大版图书，如有印装质量问题，请与所购
　图书销售部门联系调换

前　言

　　本书为高等院校文化素质课的教材之一。地名是一种社会现象,是人类社会发展到一定阶段的产物,有其起源、演变和发展的客观规律。地名,司空见惯,但在人类社会交往中,却为一种须臾不可缺少的工具,特别是当人类社会进入今天的信息时代,信息快捷准确地传递,是信息时代的特殊要求。地名作为信息的载体和传递的龙头,其标准化和规范化即信息准确传递的重要保证,因而如何正确使用地名便成为重中之重了。作者写本书的宗旨是向国人传授地名知识,提高全民的地名意识,使大家都知道怎样正确使用地名,进而用好每一个地名,以确保各自的信息能够快捷准确地传输到天涯海角,以利振兴中华,促进全球发展。为此,本书不拘泥狭义文化的概念,而是融合其与"泛指一般知识"的内涵为一体,作为社会大文化圈的一个重要组成部分,推荐给读者,并从推广地名标准化和解决地名在实际应用中的有关问题出发,设计本书的内容。具体包括绪论、地名起源与演变、地名特性及其文化内涵、地名标准化、地名命名更名、地名罗马化和地名译写、地名考证、城镇地名规划与门牌号码编制、地名管理,计九章,四十八节。并附有中国及省级行政区与其驻地地名信息检索表、英汉译音表。

　　本书以第三章"地名特性及其文化内涵"为重点,系统地阐述地名所具有的独特的区别性和稳定性,鲜明的民族性和政治性,固有的历史性和严谨的科学性,难免的方言性和区域性,以及必然的社会性和突变性及其相应的文化内涵,并以此为主线,揭示地名学基本理论的精髓;通过介绍我国各省(区、市)及部分县(市、区)和其他重要地名的由来等生动实例,阐述地名学理论的实际应用方法,以便读者能举一反三,得心应手地处理可能遇到的各种地名问题,以期提高读者的地名学理论水平;此后各章旨在提高全社会的地名实际应用水平。

　　地名文化的研究,具有多方面的实用价值。本书可以作为地学、史学、语言学、社会学、旅游学、数理学,以及从事外事工作等方面专业人员的参考书,亦是社会各界广大读者开阔视野、增广见闻、丰富知识的读物。

　　作者虽然从事过多年地名学专业教学和地名管理的科学研究,但是在这文理渗透、多学科交叉的地名学的沧海中仍不足一粟,书中疏漏和欠妥之处,恳请读者批评指正!

作　者

2023 年 2 月 1 日　于南京大学

目　录

第一章　绪论 · 001
　第一节　地名概述 · 001
　第二节　地名分类 · 005
　第三节　地名功能 · 016

第二章　地名起源与演变 · 022
　第一节　地名起源研究的意义 · 022
　第二节　地名起源的动力 · 022
　第三节　地名起源的时代 · 023
　第四节　地名形式的演变 · 025
　第五节　地名诸种形式共存与结构分化 · 030
　第六节　地名起源和演变对人类社会进步的贡献 · 030

第三章　地名特性及其文化内涵 · 033
　第一节　地名区别性及其排他用字的文化内涵 · 033
　第二节　地名稳定性及其稳定语源的文化内涵 · 035
　第三节　地名民族性及其民族色彩的文化内涵 · 037
　第四节　地名政治性及其用字的文化内涵 · 053
　第五节　地名历史性及其历史文化内涵 · 057
　第六节　地名科学性及其语源的文化内涵 · 059
　第七节　地名方言性及其用字的文化内涵 · 194
　第八节　地名区域性及其用字的文化内涵 · 209
　第九节　地名社会性及其作为判断地名的唯一标志 · 213
　第十节　地名突变性及其保护措施 · 214

第四章　地名标准化 · 218
　第一节　地名标准化概述 · 218
　第二节　地名标准化措施 · 220
　第三节　地名标准化处理原则 · 220
　第四节　地名标准化处理方法 · 222
　第五节　地名标准化处理实际工作 · 229

第六节　地名标准化处理工作程序 ……………………………… 230
第五章　地名命名更名 …………………………………………………… 231
　　第一节　地名命名更名原则 ……………………………………… 231
　　第二节　地名命名更名工作制度与程序 ………………………… 239
　　第三节　地名命名更名实施方法 ………………………………… 243
第六章　地名罗马化和地名译写 ………………………………………… 255
　　第一节　地名罗马化和地名译写概述 …………………………… 255
　　第二节　中国地名罗马字母拼法演变 …………………………… 257
　　第三节　中国地名汉语拼音拼写规则 …………………………… 261
　　第四节　地名汉语拼音字母拼写法实施原则 …………………… 268
　　第五节　地名译写 ………………………………………………… 270
第七章　地名考证 ………………………………………………………… 296
　　第一节　地名来历和沿革的考证 ………………………………… 296
　　第二节　地名含义的考证 ………………………………………… 298
第八章　城镇地名规划与门牌号码编制 ………………………………… 304
　　第一节　城镇地名规划 …………………………………………… 304
　　第二节　地名规划采词规定 ……………………………………… 309
　　第三节　地名规划方案 …………………………………………… 316
　　第四节　地名规划实施的主旨与措施 …………………………… 318
　　第五节　城镇门牌号码编制 ……………………………………… 319
第九章　地名管理 ………………………………………………………… 327
　　第一节　地名管理概述 …………………………………………… 327
　　第二节　地名管理原则 …………………………………………… 333
　　第三节　地名管理法律依据 ……………………………………… 335
　　第四节　地名管理机构 …………………………………………… 340
　　第五节　标准地名使用管理 ……………………………………… 354
　　第六节　地名文化保护管理 ……………………………………… 355
　　第七节　地名管理工作监督检查 ………………………………… 356
　　第八节　地名管理法律责任 ……………………………………… 357
主要参考文献 ……………………………………………………………… 358
附录Ⅰ　中国及省级行政区与其驻地地名检索表 ……………………… 359
附录Ⅱ　英汉译音表 ……………………………………………………… 360

第一章 绪论

第一节 地名概述

一、地名与社会生活

地名,人人皆知,人人皆用,司空见惯。但是地名与我们人类社会的密切关系,并不是每一个人都知晓的。实际上,人们与地名的关系是极为密切的。

地名,作为特定空间的标记,人们每天都要跟它打交道。当你一准备离开所在地点,马上就会联想到去向的地点,指代这个地点的名称立即就会在你的脑海中浮现,并且由此导出这个地点的一系列有关信息。另外,人们每天都要读书看报,收听新闻和天气预报广播,几乎每一则新闻都少不了地名,天气预报的每个预报点也都是以地名开头的,不用到地名就无法预报了。特别是人类社会进入信息时代的今天,地名的重要作用就显得更加突出,电话、电报和传真等现代化通信工具没有一项是离得开地名的,地名既是信息的载体,又是信息的龙头,信息离开了地名也就失去了依附载体和导向,地名上出现了差错,信息也就无法准确传递了。在信息时代,信息就是财富,谁及时准确地掌握信息,谁就能获得主动权。

地名是国际和国内各民族交往的重要工具,地名的称呼和书写是否正确和统一,地名问题处理得是否恰当,关系到国家领土主权、民族尊严、行政管理、民族团结、经济和国防建设等。因此地名对政治、经济、军事、外交、新闻、出版、邮电、交通、测绘、文教、科研等各个方面都有直接的影响。如何才能做到正确地使用地名,充分发挥地名在国家行政管理和经济建设等各个领域的积极作用,产生良好的经济效益、社会效益,其出路就在于深入普及地名知识,提高全民的地名意识,培养其地名素质。

二、地名定义

顾名思义,地名就是地点的专有名称。

地名学中的地点不是数学概念上的点,在几何学上,点是没有大小(长、宽、高)而只有位置的不可分割的图形,在地名学上所讲的点是可大可小的,这里只是借鉴数学上"点"的不可分割性,表明地名标注的点是不可分割的单一的地理实体这一特殊概念。

地名的命名总是按照单一的地理实体逐一赋称的，之所以不用地方的"方"，而用地区、地域的"区""域"来表述，因为方或区、域均具有可以分割的包容性，一个地名不能指代几个与它同类同级的不同地理实体，否则，地名将失去它特指某一地理实体的指位功能。

今以发生学视野，从地名的起源演变，主体与客体关系来讲，地名的科学定义应是：人类依其主观认识，共同约定赋予客观存在的某一特定地理实体的一种代号或标记。

为正确理解和把握这一科学概念的内涵，须明确以下几点。

1) 在地名产生的过程中，其主体始终是人，客体是地理实体。地名是主体对客体的一种主观反映，是属于意识形态范畴的。既然是一种主观认识的产物，那必然就会有正确的认识，也会有错误的或欠佳的认识。如山东省招远市一座山产黄铁矿，因矿石呈现金黄色，被古人误认为是金矿，遂将此山命名为"金山"；而安徽省铜陵市，因市域丘陵山地蕴藏着丰富的铜矿资源，为名副其实的铜之陵。

2) 地名是客观存在的地理实体的名称，而不是某些小说中作者为圆故事情节，主观臆造的本不存在的地理虚体的名称。所有虚体的名称都不应该被视作地名。《红楼梦》和《西游记》中就有不少这种虚体的名称。

3) 地名必须是主体们共同约定俗成的，而不是某个人或家庭成员的行为，否则地名就不可能具有社会性。不具有社会性，即不为众人所知所用的地理实体名称是不可以被称为"地名"的。

4) 特定地理实体的"特定"二字，含义有三：一是指具有一定位置、范围和形态特征的地理实体，其范围的大小没有限制，小的可以为数学意义上的一个点，大的可以为宇宙间的某一个星球，其形态是各异的，可以说是千姿百态的，其地理位置应该是明确的，其左邻右舍、所处方位、地理经纬度坐标等都是很清楚的；二是指客观上确实存在的，且在地球或其他星球上均是唯一的某个地理实体，一个地理实体对应一个名称，名与实一一对应，在理论上不应该有重名现象；三是指已被人们命名的那一部分地理实体，未被命名的地理实体还很多，待需要用到它时才会给它命名。

5) 定义中，对地名的形式，仅以"一种代号或标记"来表述其呈现的本质形式，而未采用"语言""文字"等词来表述，其原因就是从地名起源演变的全过程来看，地名的六种表现形式至今仍以不同的程度而存在着，故不能以偏概全。以某一两种形式来界定是不科学的。地名的实质就是某一地理实体的代号或标记，这是该定义区别于诸家之见的重要方面。

三、地名结构

地名，一般均由专名＋通名这两个不可分割的部分组成，在一些结构较复杂的地名中还包含形容词、冠词、介词和连接词等修饰成分。

专名，系地名中用来区分各个地理实体的词，专指地名所指代的那个地理实体所具有的某种个性特征的部分。如南京城这个地名中的"南京"二字，它用来反映这座城与其他城最大的不同点，即它是明代实行两京制中，位于南方的京城。

通名，系地名中用来区分地理实体类别的词，专指地名所指代的那个特定地理实体属于哪一类，是其具有共性特征的部分，如南京城这个地名中的"城"字，是用来反映南京一词所指的实体是城池这一类的地理空间。通名有时会被省略。

在地名结构里，一般是专名在前，通名在后，我国汉语地名的结构即属于这一形式，如南京城、江苏省这两个地名中，"南京""江苏"都是专名，"城"与"省"则为通名。而在一些少数民族语地名里，通常通名在前，专名在后，如藏语地区的青海湖这个地名，藏文作"错温波"，义为蓝（青）色的湖，"错"字是藏语对水体"湖"字的读音；在广西壮族自治区的壮语里，"村庄"称"弄"，弄怀和弄空分别为牛村和穷村。在特定场合，专名或通名可以直接转变为地名，世界上很多山名、河名、城市名，原来都是一般的地名通名，后来变成某一座山、一条河和一座城市的名字，如在地理学上象征着高山、极高山的"阿尔卑斯"这个地理名词，在凯尔特语里义"山"，原为通名，现成为专名，"阿尔卑斯山"是欧洲的一座风景十分优美的高山；非洲的"撒哈拉"，在阿拉伯语里义"沙漠"。现亦成为专名；曾为西德首都的"波恩"，在凯尔特语里义"城市"，现成为专名。我国的市县地名中的盐池等亦为由通名直接变为专名的实例。

在日常口语中常有省略地名通名的现象，如将江苏省呼为江苏，南京市呼为南京。同样，在地图上，为了减轻地图的载负量，亦常常采取省略通名的做法，代之以专名通过字体、字号予以暗示。

四、地名要素

要素，系构成实物的必要的基本因素。现代文字形式的地名具有社会约定俗成的语、音、形、义、位和类六大要素，以此表达它特有的"标记"作用。这六大要素使各种语言文字的地名在互相转译及实际应用中充分发挥各项功能成为可能。其中，"语"这一要素关系到一地名所指代的地理实体的领土归属即国家核心利益之一，不容忽视。

语：地名命名所采用的某一民族的语言。鉴于不同的民族表述同一地理实体的同一地理特征的发音与用字不尽相同，只有确定某一地名命名所用的语种，才能正确地知其本义，如前文"错温波"地名，若不知其是藏语地名，就不可能知其义为水色湛蓝之湖，进而汉译成青海湖之名了。

音：地名标准名称的读音。如南京城的读音为 Nánjīng Chéng。

形：地名标准名称的书写形式。如"北京市"是汉字书写形式，其汉语拼音形式为：

"Běijīng Shì"。

义：地名标准名称的含义。如盐城，其义为城池周围盐场林立，故名。

位：标准地名标注或指代的地理实体所处的地理位置。如南京，历史上曾有过七个南京，而今日的南京，是指位于长江下游东岸，紫金山麓的城池。今日人们在日常交往中所提到的南京，均是指紫金山下的这个南京，不会指燕山下五代后晋天福初年的南京，即今之北京，这是因为地名具有"位"的要素，而起到的特殊作用。

类：地名标准名称对所指代的地理实体类型的反映或体现。如太湖、洞庭湖、珠江、汉水、东海等地名指代的均是水体，天山、泰山、长白山等地名指代的均为山体，江苏省、扬州市、仪征市（县级）、马集镇、岔镇村等地名指代的是行政区域和地方基层组织，等等。

鉴于口语是人们直接交往、传神达意的主要方式，在现代语言地名和文字地名并行互补时代，地名六要素中以"音""位"和"类"的使用概率最大，"形"次之，"义"的作用范围最狭；"音"与"位""类""形"承担着地名的交往功能，体现地名现实的使用价值；"语"，在科学研究和政治领域作用显著，关系到民族尊严、文化传承和领土主权。听其音，即可知其指代的是居民地还是山川等类型，以及其所在的空间位置。例如，西安市民听来客讲他是从南京来的，马上就以羡慕的口气说："啊！南京是个好地方！"这是因为"南京"这个地名给了西安市民一个"江南水乡"的特定空间位置和其社会、经济、文化等诸多方面特色信息，继而使其产生一连串美好联想。

地名在录于书面以后，人们便可知其文字的具体字形，但对其本身内隐的含义不一定十分了解。例如，美国西部有一条大河名叫"科罗拉多"河，在西班牙语里，义"红色"之河；"祁连山"在羌语里，义"天山"；"喜马拉雅山"和"珠穆朗玛峰"，在藏语里分别义"冰雪之乡"和"圣母"。在日常使用这些地名时，几乎无人顾及这种深藏的信息，但在地学、史学和语言学里，就大不一样了。地名的"义"这一要素，则蕴藏着它所指代的地理实体在命名时所具备的各种自然和人文特征，体现其包括历史、地理、文化、经济、社会等方面的潜在价值，是地名的灵魂。无论从理论上还是在实际应用上，都应该将"义"的继承和发扬放到至关重要的地位上。

在国际事务中，因事事处处均需以书面文本为据，故地名的字形作用则转而占据主要地位。在国际纠纷中，缘于国界和地名标注的分歧居多，常常因此而爆发战争。1982年发生的英国与阿根廷的马岛之战，即一例，英国称该岛为福克兰群岛，为英属；阿根廷称该岛为马尔维纳斯群岛，为阿根廷所有，争执不下，就大动干戈。即使在国内，省际、县际亦有类似的情形。因此，对标准地名的书写或标注，不可有任何的随意性。

第二节　地名分类

为了使用和研究的需要,将地名进行分类是十分必要的。

地名分类的方法很多,划分的依据和标准不同,分类的结果自然会有明显的差别,这要根据使用者的需要而定。目前具有代表性的分类方法有:地名语源分类法、地名性质分类法、地名形态分类法、地名时间分类法、地名构词关系分类法、地名要素分类法、地名信息表述方式分类法、地名信息系统分类法、地名管理分类法、地名语种分类法、地名称谓分类法等。

一、地名语源分类法

地名语源分类法,系根据地名命名的规律,按照地名命名时所采用的语源差异进行的分类,其种类繁多,现略举以下几例。

1. 以各种水体为语源的地名有:青海省、黑龙江省、浙江省、牡丹江市、松江区、柳河县、涟水县、赤水市、屯溪区、洪湖市、洪泽区、酒泉市等。

2. 以各种地貌形态为语源的地名有:马鞍山市、平顶山市、高丘市、赤峰市、铁岭市、广陵区、黄冈市、孟塬镇、崮山镇、太原市、平坝区、平谷区、秦皇岛市等。

3. 以显示与参照物的地理位置关系为语源的地名有:河南省、河北省、湖南省、海南岛、汉阳区、衡阳县、嵩阳城、江阴市、淮阴区、华阴市、济南市、扬中市、湖口县、海口市、临汾市、漳浦县等。

4. 以地理实体的形态特征为语源的地名有:大孤山岛、小孤山岛、日月潭、葫芦岛、五台山、象鼻山、莲花峰、月牙泉、领袖峰(在江西庐山)、井陉县等。

5. 以各种经济现象为语源的地名有:稻田村、香港、铜官山、茶亭、枣强县等。

6. 以两个以上地名或两类实体名称上各取一字组合为语源的地名有:江苏省、安徽省、福建省、甘肃省、山海关、淄博市、武汉市等。

7. 以吉祥字(词)为语源的地名有:永丰乡、安丰镇、兴隆镇、安康市、保康县、长安区、泰安市、南宁市等。

8. 以历史事件或现象为语源的地名有:吴县、六安市、介休市、宜兴市、修武县、平山县、和县、普兰县等。

9. 以宗教、神话和传说为语源的地名有:仙女庙、神农架、庐山、黄山、天水市、宝鸡市、金塔县、紫阳县、太仆寺旗等。

10. 以属相十二生肖为语源的地名有:云贵地区农村集市多马场、牛场、鸡场、羊场等地名。

11. 以风水学定宅地方位的左青龙、右白虎,前朱雀、后玄武的规则为语源的地名有:南京的青龙山、龙蟠路、虎踞关、虎踞路、朱雀里、朱雀桥、玄武湖、玄武大道等。

二、地名性质分类法

地名性质分类,系按地名所指代的地理实体的属性进行分类。依此,地名可以分为自然地理实体名称和人文地理实体名称两大类。这两类,一是自然存在的地理实体名称,一是人类在生活、生产和政治、经济、文化活动中形成的地名,每类里还可以再分为若干小类,如:

1. 自然地名
   - ① 自然区、地形区、地理区
   - ② 山文(山脉、山、峰、隘等)
   - ③ 水文(海、洋、江、河、湖、沼、溪、沟、潭、池等)
   - ④ 岛礁

2. 人文地名
   - ① 行政区域(含基层组织)、政权驻地名称
   - ② 居民地(聚落)地名
     - 城镇名称
     - 集镇名称
     - 农村聚落(村庄)名称
   - ③ 交通地名
     - 陆路(路、街、巷、桥梁、隧桥等)名称
     - 水路(内河航线、海运航线、跨海大桥等)名称
     - 空路(机场、航线、空港、空间站、航天发射场等)名称
     - 通信设施(电台、发射台、手机等)名称
   - ④ 文化地名:名胜、古迹、纪念地、博物馆、文化场馆、学校等名称
   - ⑤ 经社地名:各种企事业单位名称
   - ⑥ 水利设施地名:水库、运河、水闸、大坝、水渠、池、塘等名称

自然区,系指地球表面的单元地区。按照区内地质构造、地形、气候、土壤与植被等各种自然条件的相对一致性划分出不同的自然区,并按自然环境地域分异规律综合作用的结果形成区域自然条件的差异,再按区域等级的从属关系划分出不同等级的自然区。据此,我国境内依据自然情况最主要的差异,可分为东部季风区、西部干旱区、青藏高原三大自然区。

地形区,系指按区内地貌类型的相对一致性,划分出不同的地形区,如高原、山地、丘陵、平原、盆地等。

地理区,系指按区内的山川、气候等自然环境及物产、交通、居民地等社会经济因素的相对一致性划分出不同的地理区,并按区域地理条件的差异,依区域等级的从属关系划分出不同等级的区域。如亚洲、欧洲、非洲等,我国的关外、关东、华北、华东、东北、中

原、华南、西南、西北、岭南、长江流域、长三角、珠三角等地理区。

三、地名形态分类法

地名形态，系指以地名指代地理实体的范围、态势，可将其概括为"点状""线状""面状"三种形态。

1. 点状地名
   ① 居民点(张家庄、王家村、陈李庄、城镇里的居民小区等)地名
   ② 文化设施(文化馆、图书馆、博物馆、剧院、体育场馆、风景点等)地名
   ③ 水利设施(井、泉、池、潭、塘、瀑、闸、坝等)地名
   ④ 山峰、隘口等地名
   ⑤ 岛礁(单一型)地名
   ⑥ 城镇路街巷门牌号地名
   ⑦ 宗教设施(寺、庙、宫、观、堂、殿、塔等)地名
   ⑧ 名胜古迹(亭、台、楼、阁等)地名
   ⑨ 陵墓：林(圣人)，陵(帝王)，冢(皇亲国戚、公孙王爷)，墓(社会官员)，坟(百姓)地名

2. 线状地名
   ① 水文线(江、河、沟、渠等)地名
   ② 山文线(山脉、山岭等)地名
   ③ 交通线(地铁、路、街、巷、航线、航空线等)地名
   ④ 线状建筑(长城、地道等)地名

3. 面状地名
   ① 国家、行政区(划定的政治范围)地名
   ② 自然区、地形区、地理区地名
   ③ 区片(约定俗成，范围模糊的，如新街口、大行宫、下关等)地名
   ④ 城镇聚落(真州镇、六城镇、东山镇等)地名
   ⑤ 复合型岛礁(南沙群岛等)地名
   ⑥ 陵园(黄陵、乾陵、明孝陵、明十三陵、中山陵等)地名
   ⑦ 园林(含果园等)地名
   ⑧ 森林区(含林场等)地名
   ⑨ 风景区(含大型游览地等)地名

四、地名时间分类法

地名作为一种社会现象，有它形成的历史环境和演变因素，并具有连续性的特征。地名的字面义常有时代思维方式和科学文化水平的烙印。研究地名时总离不开时间、

地点和变化,如聚落的形成、城邑的兴废、政区的演变、江河湖海的变化、自然环境的变迁,等等。地名像化石、古物、古钱一样,成为历史地理学家、考古学家、民族与语言学家等研究者的宝贵素材。

1. 地名按产生的时间分类,若引用历史学断代方法,则可分为:

按产生时间分 {
　① 古代地名(1840年鸦片战争前) { 远古地名(先秦) / 中古地名(秦至元) / 近古地名(明至1840年) }
　② 近代地名(1840年至1948年)
　③ 现代地名(1949年至今)
　④ 老地名(就全国来讲,在1912年以前产生的)
　⑤ 新地名(就全国来讲,自1912年以来产生的)
}

2. 地名按使用的时间分类,则可分为:

按使用时间分 { ① 现行地名 ② 历史地名 }

现行地名,系指当前正在使用的一些地名,无论它得名的年代是近年,还是久远的古代,均属此类。

历史地名,系指历史上曾经出现的,不管使用的年限是长是短,但后来因种种原因消失于人们日常生活之中的地名。历史地名是历史人物、事件的空间标志和舞台。

五、地名构词关系分类法

地名在命名中,常以某一现行地名的专名为语源命名其周边其他地理实体,从而构成若干同专名异通名的地名群。在这种命名方法中,作为语源的那个地名被称为原生地名,新生的那些地名则被称为派生地名。其主要优点是指位性强,便于记忆和寻找。

按构词关系分 {
　① 原生地名:雨花台
　② 派生地名:雨花区、雨花路、雨花中学、雨花小学、雨花村、雨花台烈士陵园……
}

六、地名要素分类法

地名要素分类法,系指按现代地名词的基本要素语、音、形、义、位、类进行地名分类的方法。

1. 语:国内 { 汉语地名 / 蒙语地名 / 藏语地名 / …… }　国外 { 英语地名 / 法语地名 / 俄语地名 / …… }

2. 音：
- ① 汉语
  - 标准音（普通话语音）地名
  - 方言音（局部地方语音）地名
- ② 少数民族语音地名：呼和浩特、乌鲁木齐、吉林等
- ③ 民族融合语音（融两种以上民族语音）地名：雅鲁藏布江等
- ④ 外来语音（来自别国语音）地名：维多利亚（港）等

3. 形：
- ① 汉字（繁体、简体）地名：儀徵市、仪征市
- ② 汉语拼音地名：Yízhēng Shì
- ③ 少数民族文字地名：尼马（村）（藏文，义即太阳）
- ④ 复合语（注音＋释义）地名：阿奇克库勒湖（新疆）
- ⑤ 数字地名：三峡、三叠泉、五台山、五一广场、702高地

4. 义：
- ① 记述类（客观反映）地名：铜官山
- ② 赋义类（主观反映）地名：海安县
- ③ 组合形式地名：甘肃省、建湖县、尚陈庄
- ④ 借注类地名：雨花村
- ⑤ 转注类地名：红山（蒙语，乌兰乌拉）
- ⑥ 侨置类地名：南徐州
- ⑦ 序数义类（数字代码）地名：一环路、二环路、三环路，102高地、103高地
- ⑧ 无义类（记号代码）地名：其林镇（原麒麟镇）、周至县（原盩厔县）

5. 位：
- ① 独立指位类地名：泰山、珠穆朗玛峰、长江、扬州、石家庄、江苏省
- ② 对称指位类地名：肥东县、肥西县、河南省、河北省
- ③ 偏附指位类地名：临汾市、滨海县、临潼区、衡阳市、湖口县、海门市
- ④ 概略指位类（区片）地名：新街口、大行宫、小营、小市等
- ⑤ 集群指位类（地名群）：栖霞寺、栖霞山、栖霞镇、栖霞中学、栖霞大道等

6. 类（与按性质分类相同）

鉴于地名初始形式、转注、侨置等的产生及其原因是千变万化的，有些地名词义很难概括，如有些地名的字数长达41个字，是很长的句子，含义不是单一的；有的地名、国名是因误会而产生的，很难按词义分类；有些地名按词义分类并无多大意义，而且还会产生望文生义的弊端。因此，在按地名的词义分类时，不仅要注意其字面义，而且更要注意研究名与实的关系，即指代物与名、与"类"的关系，并且要和民族、区域的历史结合起来，给予综合考虑。

七、地名信息表述方式分类法

地名命名中,常因揭示地理实体信息的不同,择用不同的表述方式,从而产生不同种类的地名。

按信息表述方式分
① 描述性地名:马鞍山、象鼻山、方山、平顶山、黄河、赤峰
② 记述性地名:金陵邑、铁矿山、油坊、铜井
③ 祈愿性地名:江宁区、淮安市、辽宁省、宁夏回族自治区
④ 讹误性地名:鸣羊街(鸣阳街)

八、地名信息系统分类法

地名信息系统分类法,系根据地名信息自动化管理的特点和要求,以便于按照地名类别建立地名数据文件的方法,对地名实行9类3级分类,以编制计算机软件,达到对地名信息进行更新、统计、排序、检索等目的。编码方式示例如下。

A 行政区域名
  AA 现行行政区域名
    AAA 国名
    AAB 省级行政区域名
    AAC 地级市行政区域名
    AAD 区级行政区域名
    AAE 县级行政区域名
    AAF 乡镇(街道)行政区域名
    AAG 基层组织单位名
  AB 历史行政区域名
    ABA 历代国名
    ABB 历代省级行政区域名
    ABC 历代地级市行政区域名
    ABD 历代区级行政区域名
    ABE 历代县级行政区域名
    ABF 历代乡镇级行政区域名
    ABG 历代基层组织单位名
B 城乡居民地名
  BA 现行居民地名
    BAA 城镇名
    BAB 城镇区片、居民区名
    BAC 农村居民地名
    BAD 农林牧渔地名
    BAE 工矿点名
    BAF 居民大楼及其他类型居民地名
  BB 历史居民地名
    BBA 历史居民地名
    BBB 废村名
    BBC 历史农林牧渔地名
    BBD 历史工矿点名
C 党政机关、企事业单位名
  CA 现行党政机关、党派团体单位名
    CAA 党政机关名
    CAB 党派团体单位名
  CB 现行企事业单位名
    CBA 企业单位名
    CBB 事业单位名
  CC 历史机关、企事业单位名
    CCA 历史党政机关团体单位名
    CCB 历史企事业单位名

D 交通要素名
 DA 现行空运地名
  DAA 航空线名
  DAB 航空港名
  DAC 航天港名
 DB 现行水运地名
  DBA 海运航线名
  DBB 海港名
  DBC 内河航线名
  DBD 内河港口名
  DBE 渡口名
 DC 现行陆运地名
  DCA 铁路(含地铁、高铁)线路名
  DCB 铁路(含地铁、高铁)站名
  DCC 公路及乡村路名
  DCD 公路站名
  DCE 城镇街巷名
  DCF 管道、索道线路名
 DD 现行其他交通设施名
  DDA 桥梁名
  DDB 隧道名
  DDC 涵洞名
  DDD 灯塔、航标名
 DE 历史交通地名
  DEA 历史航空航天线(港)名
  DEB 历史道路(含公路、铁路、街巷)名
  DEC 历史驿站名
  DED 历史航道名
  DEE 历史港口名
  DEF 历史其他交通设施名
E 纪念地和古迹名
 EA 革命纪念地名
  EAA 旧址、遗址名
  EAB 陵园、革命志士墓名
  EAC 纪念堂、馆、故居名
 EB 革命建筑物名
  EBA 纪念碑、亭、雕塑像名
  EBB 纪念塔
 EC 古迹名
  ECA 古建筑名
  ECB 古长城、城池名
  ECC 古战场名
  ECD 古石刻、摩崖名
  ECE 古遗址名
  ECF 古墓葬名
F 自然地理实体名
 FA 现行海洋水域名
  FAA 海洋名
  FAB 海湾、港湾名
  FAC 海岸名
  FAD 海峡名
  FAE 水道名
  FAF 岛礁名
  FAG 半岛、岬角名
  FAH 滩涂名
  FAI 海盆名
  FAJ 海沟名
  FAK 海槽名
  FAL 海底断裂带名
  FAM 海底峡谷名
  FAN 海底山脉名
  FAO 海底高原名
  FAP 海底平原名
  FAQ 大陆架、大陆坡名
 FB 现行陆地水域名

FBA 河流名（含江、川、水、沟、溪、地下河等）
FBB 沙河、季节性河流名
FBC 湖泊名
FBD 沼泽名
FBE 泉、潭名
FBF 河口名
FBG 河滩名
FBH 河曲名
FBI 河湾名
FBJ 洲岛名
FBK 瀑布名
FBL 雪原名
FBM 雪山名
FBN 冰川名
FBO 冰碛名
FC 现行山地名
  FCA 山体名
  FCB 山峰名
  FCC 山谷、峡谷、河谷、河沟名
  FCD 山崖名
  FCE 山坡名
  FCF 山麓名
  FCG 山口（隘）名
  FCH 山地、丘陵名
  FCI 洞穴名
FD 现行其他自然地域名
  FDA 平原名
  FDB 高原名
  FDC 盆地名
  FDD 沙漠、戈壁名
  FDE 荒漠名
  FDF 三角洲名

FDG 绿洲名
FDH 低地、洼地名
FDI 流域名
FDJ 气候带、气候区等名
FE 历史自然地理实体名
  FEA 历史海洋水域名
  FEB 历史陆地水域名
  FEC 历史山地名
  FED 历史其他自然地域名
G 水利、电力设施名
  GA 现行电力设施名
    GAA 电厂名
    GAB 电站名
    GAC 变电站（所）名
    GAD 电网名
  GB 现行水利设施名
    GBA 水库（含地下水库）名
    GBB 运河名
    GBC 渠道名
    GBD 池塘名
    GBE 井名
    GBF 排灌站名
    GBG 水闸名
    GBH 坝名
    GBI 海塘名
    GBJ 堤名、堰名
  GC 历史水利电力设施名
    GCA 历史电厂、电站名
    GCB 历史变电站（所）名
    GCC 历史水库、池塘、井名
    GCD 历史运河、渠道名
    GCE 历史排灌站名
    GCF 历史闸、坝名

GCG 历史海塘名
　　GCH 历史堤、堰名
H 环保设施名
　HA 现行环保设施名
　　HAA 环保管理单位名
　　HAB 尾水渠、管线名
　　HAC 尾矿、矿(炉)渣囤积地名
　　HAD 污水泵站名
　　HAE 污水处理厂名
　　HAF 垃圾掩埋、处理厂名
　　HAG 其他设施名
　HB 历史环保设施名
　　HBA 历史环保管理单位名
　　HBB 历史尾矿、矿(炉)渣囤积地名
　　HBC 历史污水处理厂名
　　HBD 历史垃圾掩埋、处理厂名
　　HBE 历史其他处理设施名
I 区片名
　IA 现行社会经济区域名
　　IAA 经济特区名
　　IAB 经济区域名
　IB 现行农林牧渔区名
　　IBA 农业区名
　　IBB 林区(含森林)名
　　IBC 牧区(含草原、草场)名
　　IBD 渔区(含渔场)名
　　IBE 盐田名
　IC 现行自然保护区名
　　ICA 野生动物保护区名
　　ICB 森林植被保护区名
　　ICC 其他保护区名
　ID 现行风景区(含公园)名
　　IDA 国家重点风景名胜区名
　　IDB 省级风景区名
　　IDC 市县级风景区名
　　IDD 文化遗产风景区名
　　IDE 自然遗产风景区名
　　IDF 文化和自然双重遗产风景区名
　　IDG 景区名
　　IDH 景点名
　　IDI 景物名
　　IDJ 公园名
　IE 地域名
　　IEA 人文地理区域名
　　IEB 自然地理区域名
　IF 历史区片名
　　IFA 历史经济区域名
　　IFB 历史农林牧渔区名
　　IFC 历史自然保护区名
　　IFD 历史风景区名
　　IFE 历史地域名
　　IFF 历史区片名

　　按上述分类,地名信息系统可以建九个辅助数据文件:行政区域名辅助文件,城乡居民地名辅助文件,党政机关、企事业单位名辅助文件,交通要素名辅助文件,纪念地和古迹名辅助文件,自然地理实体名辅助文件,水利、电力设施名辅助文件,环保设施名辅助文件,区片名辅助文件。

九、地名管理分类法

地名管理分类法,系满足全球信息快捷准确传递的需要,实现全球地名标准化目标而进行的分类方法。依此法,可将现实中的地名按其标准化程度和稳定性程度分为两大类:

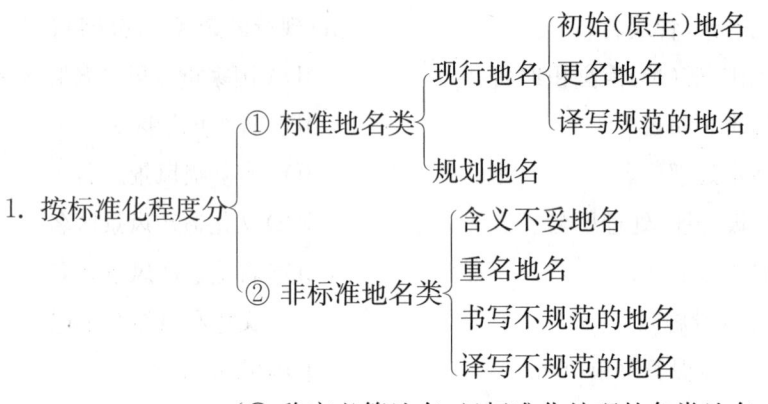

1. 按标准化程度分
   - ① 标准地名类
     - 现行地名
       - 初始(原生)地名
       - 更名地名
       - 译写规范的地名
     - 规划地名
   - ② 非标准地名类
     - 含义不妥地名
     - 重名地名
     - 书写不规范的地名
     - 译写不规范的地名

2. 按稳定性程度分
   - ① 稳定必管地名:经标准化处理的各类地名
   - ② 易变勿管地名:特指城镇里各种商业店铺指代的地名

十、地名语种分类法

地名语种分类法,系按命名地名所属的语言文字种类进行分类的方法。从某种意义上讲,地名是一种语言现象,各个民族的语言文字在其活动区域内的地名上均有体现。从世界范围来讲,230多个国家与地区,有2500多个民族6000多种语言,因此,地名按命名用的语言进行分类,其种类繁多;其中最重要的是英语地名、法语地名、西班牙语地名、汉语地名、俄语地名、阿拉伯语地名、德语地名、日语地名等。在我们中国国内,56个民族有20多个民族有自己的语言文字,因而地名的语种也是颇多的,有汉语地名、蒙语地名、维语地名、壮语地名、藏语地名、满语地名、傣语地名等。

十一、地名称谓分类法

地名的称谓,系指人们针对地理实体所处的不同状况而给予的不同称呼。在我国,特别是一些大地名,如省级行政区域、大中城市,除其标准名称之外,一般多有简称、旧称,间或还有别称、雅称和俗称等。

标准名称,系指某一地理实体的法定名称,即经过标准化处理,符合标准化要求,由一级政府审批后向社会公布、强制人们在正式社会交往中使用的一种地名,如北京市、南京市、上海市、杭州市等地名。

简称,系指对某一地理实体的简单的称呼,这种简单称呼可以由原多字的标准名称简化而来，也可以用与该地理实体有着某种历史文化渊源的字来表达。如，北京简称"京"。"京"，始见于商代甲骨文，"京"的古字形像高大的建筑物，其本义为人工筑成的高丘，由于古代国都多建在高地上，"京"由京城引申为国都、首都的特指——一国政治地位最高之地。南京，始于明代实行双京制，因是南方的都城，故名；民国定都于此，复称南京，今日仅为江苏省的省会城市，不可以简称为京，而简称为"宁"，是缘于晋初以"江外无事，宁静于此"命名在此所置的县为"江宁"，取"宁"为简称，寓意"安宁之地"。上海简称"沪"和"申"，"沪"，缘于上海历史上一条重要的河名——沪渎；"申"缘于战国时，今上海市境为楚国春申君黄歇的封地，相传黄歇主持开筑的黄浦江又名"春申江"，故取"申"字为名。简称，一般随其标准名称一同取得法律地位，成为该地理实体的法定名称之一，并常与另一地的简称，以组合方式命名区域或交通路线，如青藏高原（为青海与西藏两地及其周边的地形单元区）、京沪高铁（北京至上海高速铁路）等地名。由此可见，简称的社会作用之大！

旧称，系指某一地理实体过去曾经用过的名称。旧称常常被人们在一些非正式的场合择用，尤其是一些文人雅士常用旧称作为他们作品的篇名、书名或社团名，以及企事业单位名等。如南京取战国时楚国在此置金陵邑的旧称"金陵"代南京，于是出现明"金陵八景"、清"金陵四十八景"等许多南京美景名，以及李白《登金陵凤凰台》《金陵歌送别范宣》《金陵酒肆留别》等篇名，《金陵五记》《金陵往事》《金陵十二钗》等书名，"金陵八家"等社团名，"金陵春"等名品名，"金陵刻经"等传统技艺名，金陵刻经处、金陵第一藏书楼、金陵机器制造局、金陵大学、金陵学院、金陵中学、金陵图书馆、金陵饭店等企事业单位名。旧称的应用面极广。

别称，系指某一地理实体正式名称以外的名称。一地理实体的别称通常包括它的简称和其他的称谓；南京，除标准名称和简称之外，人们通常还以"石头城"相称，这石头城之名缘于东汉时孙权筑城于金陵邑故址石头山上，因山得名。这别称的使用频率亦颇高，常为文人雅士作品的篇名或书名，如唐朝诗人刘禹锡的名作《石头城》、曹雪芹的《红楼梦》原名即《石头记》；石头城又简称石城，"石城霁雪"为清金陵四十八景之一，"石城虎踞"为新金陵四十景之一。

雅称，系指某一地理实体寓意高雅的名称。雅称常可起到"名片"的作用，能鲜明地反映出一地理实体高雅、内涵光鲜的一面，往往成为一地的文明形象的标志，如南京雅称"博爱之都"。

俗称，系指某一地理实体的非正式的、通俗的名称，即一种浅显易懂的名称。一般行政区域的中心城镇多有俗称，而且随着社会的变革，有些城镇的俗称亦有所变化，如南京这个地点，在六朝和明初时期就可俗称为"皇城"或"都城"，民国时亦可俗称为"都城"，现今因成为江苏省的省会城市，故俗称"省城"。北京这个地点，在元、明、清时均可俗称为"皇城"或"都城",而今只俗称为"都城"。

地名若按所指代的地理实体的大小,可以分为大地名、中地名、小地名和微地名。

第三节　地名功能

地名的功能,即地名的作用和效能是多方面的,但概括起来,主要有以下六个方面。

一、地名突出的指位功能

人类社会的一切活动都是在一定空间里进行的,所以人类社会的一切交往实际上均是彼此空间上的联系。作为特定空间标记的地名,人们每天都要跟它打交道,出行、信函都要有地址。中华人民共和国成立后,经济得到恢复和发展,涌现出许多新城镇。这些新城镇大多没有街巷名称,就是一些老城镇,地名也较混乱,给邮电带来很大困难,某市在1985年曾发生了这样一件事,该市新建的许多居民楼无地名标志,致使信件无法投递。一天邮递员就把许多无法投递的信件放在市长的办公桌上,希望市长抓一抓地名工作,要不然,会误大事的。再如,访亲会友也需要使用地名,在人际交往中如果没有地名那将会碰到很多困难,特别是一个人到了陌生的地方,几乎主要靠导游图上的地名和地名标志来指导行动。在国际交往中也需要地名做介绍。港、澳、台同胞,海外侨胞,回乡探亲,首先碰到的就是地名问题,家乡的街巷或自然村现在叫什么名?是否还叫明瓦廊或三家村?思念家乡,首先是从地名想起。在介绍英雄人物、知名人士时,其家乡地名是一个总要提及的内容。因此,地名突出的指位功能,为人们生活和社会交往创造了可能。

二、地名为信息的龙头或载体

在人类社会进入信息时代的今天,地名的重要性就更加突出了,现代化通信工具传递着国际和国内的政治、经济、文化、科学技术等各个领域里的信息,但是没有一样是能够离开地名的。地名既是信息的载体,又是信息传递的制导装置,信息一旦离开了地名,立即会失去依附载体和导向。地名上出了差错,信息就无法准确传输了。

任何信息都具有定位性,而这种定位就是要靠地名来实现的。当人们获得任一信息时,首先是要查清这个信息是来自何方,去往何处,而这些也都是要用地名来描述的。例如经办一次交流访问,首先要明确是哪个国家或地区对哪个国家或地区的访问,这就要用到国家名或地区名来描述。其次,交流的内容涉及的各种信息,都被赋予在不同层次的地名上。因此,实际上信息是在地名这个载体上传输和交流的。同时,地名已不再是一个单纯的名称,它还包含着这个地理实体的方方面面的信息,是一个庞大的信息库。如"南京"这个地名,它负载着南京的地理、历史、政治、经济、文化、科技、人口、交通等各个领域的大量信息。同样,一提起北京,人们就会很自然地联想到与北京有关的地理位置、政治、经济、科技、文化、工业、商业、交通、民俗等领域的情况,但是,地名反映的这些信息,多半不会自地名本身就一目了然,而是人们在具备了一定的有关地名的信息量后联想到的,有的地名不仅具有这种抽象意义上的信息量,而且从其本身就可以看出一些关于其所指代的地理实体的信息,如黄河的专名"黄"字就突出了它"泥沙含量大,水色橘黄"的特征。由此可见,在信息时代,作为基础信息的地名,在人类社会的信息传输和交流中起着不可估量和替代的作用。

三、地名是国家领土主权的标志

"名从主人"的原则,是一条国际准则。地名是谁命名的,含义是什么,历史上行政隶属关系怎样,是确认领土归属的重要依据。因此,地名的语、音、形、义、位、类这几个要素关系到领土主权。

地名也关系到民族尊严。如中尼边境上的世界第一高峰"珠穆朗玛峰"是我国清朝以来的称谓。在1717年完成的《满汉合璧内府一统舆地秘图》中已有记载。印度测量局妄称是他们发现的,用该局局长乔治·埃佛勒斯爵士的姓"埃佛勒斯"注记该峰,称"埃佛勒斯峰",我们当然不能接受,在地名领域中应维护中华民族的尊严。

四、地名是国家行政管理的重要工具

国家是某区域公民意志和利益的总代表,同时亦是该区域一切事务的总管。国家政权建设离不开地名,地名对建立和巩固国家行政体制、建设和发展国家都起着极为重要的作用。为了极力强化自己的政权,更好地为经济基础服务,国家总是根据政治、经济、文化、科学事业的发展情况,将全域划分成若干多级行政区,建立地方政权,不论其管辖范围大小,都得有自己的名称。地名就是中央联系地方各级行政区的纽带,没有各级行政区及其驻地的地名,国家的一切政令均是无法下达地方的,政府和公、检、法等部门如果没有地名的帮助,许多公务就难以执行。在西汉末年,王莽篡位建立新朝,为了巩固其统治,大量而频繁地更改地名,有的地方甚至"一年五易其名",这造成一些地名不知其所指,结果连他自己下诏书也不知往哪儿发,严重地影响了国务运作。古今中外,历朝历代,每个统治者都非常重视行政区域方面的命名和更名。在中华人民共和国成立后,经济得到恢复和发展,涌现出许多新城镇,这些新城镇大多没有街巷名称,老城镇地名也较混乱,给户籍管理、居民身份证发放、交通邮电、新闻出版……都带来了不便,有的城镇因街巷无名,发生火灾和路劫等案件无法报警,造成人民生命财产的巨大损失。近年来,我国有关部门发布了一系列有关地名工作的文件,并对省、市、县、乡镇、

街、巷、胡同的命名和更名审批权限和程序做了统一规定，以便更好地使用地名，为政权建设服务。

五、地名为经济建设提供信息

地名作为信息的载体，负载着很多经济信息，成为经济建设和经济生活中不容忽视的信息源。

在行政区域地名中，通名的本身就表明了这个行政区域的相对经济水平，如市、县、乡、镇等地名，"市"一般是指一个地区政治、经济、文化、科技和交通的中心，人口集中，且多从事非农产业，商品经济发达，是经济水平较高的地区。"县"的经济水平相对于"市"则低多了。同样，镇与乡在行政区划上虽属同级，但镇因经济水平比乡发达，在市政设施等投资环境上要优于乡，在招商引资方面比乡具有更大的优势。地名载有的这些信息，为经济决策提供了不可缺少的依据，是制定经济建设方针的基础信息。

"土特产"是指具有地方特色、独此一家的名优产品。因而常常物以地为名，地随物而名扬，给一方经济带来巨大效益。我国各地都有众多著名的土特产品，如江苏宜兴陶器、无锡泥人、浙江黄岩蜜橘、江西景德镇瓷品、南丰蜜橘、贵州茅台酒、河南许昌烤烟、信阳毛尖、永城辣椒、开封韭菜、道口烧鸡、神垕钧瓷、洛阳唐三彩、南阳玉雕、沁阳四大怀药及杜康酒、鲁山绸、新郑枣等，这些地名本身已经带上了当地土特产品的信息，久负盛名，从而极大地促进了土特产品在国内外贸易中打开销路，挤入国际市场，对扩大我国出口、争取外汇具有不可低估的作用。但是，若更改了产地的地名，就会使土特产品失去历史上的声誉和光彩，降低土特产品及其产区名称的经济信息作用，招致衰败。例如，广州市北郊竹料镇有一种土特产品叫"竹料马蹄粉"，在国际市场上享有盛名，"文革"中竹料公社改名为东方红公社，竹料马蹄粉也随之改名为"东方红马蹄粉"，结果出口的马蹄粉被外商退了回来，并提出"外贸合同上订购的是竹料马蹄粉，你们给的却是东方红马蹄粉，产品不符合同样本，故退货"。后来恢复了原名，马蹄粉又成了畅销产品。

矿产是人类生存的物质资料，矿产资源是工业的"粮食"。因而，人们在命名地名时就会自觉不自觉地应用矿产资源信息，这些地名在用字上对矿产的性状多少有所反映。反映矿产资源的地名，如鄂东的铁山、铜绿山、铜井、铜山，辽宁的华铜，安徽的铜官山，浙江的铜坑，山西的铜凹、铜疙瘩、铜锡、铜矿峪、铜沟、淘金河、沙金河、胆矾沟等；有些反映的信息较模糊，如湖南的美砂坪，黑龙江的多宝山，江西德兴的银山，山东莱芜的金牛山等。以上反映矿产的地名，直接或间接地"传递"出其矿产状况的信息，为研究和开发该地矿产资源提供了非常宝贵的线索。

风景名胜区地名往往能昭示其所在地环境优美、对外交通便捷、人气旺等优势地理条件,因而其名富有颇高的无形资产经济效益。这促使徽州、崇安等不少地方不惜湮灭当地悠久的历史文化脉络,片面地以黄山、武夷山等当地风景名胜区名改原来的屯溪和崇安等县市名,试图以此招徕更多的投资,振兴当地的经济。

六、地名为科研提供重要线索

地名包含着众多特性,蕴蓄人类文明各个领域的丰富知识,可以为政治、经济、文化、民族、语言、历史、地理、地质、生物、宗教等各个研究领域所汲取和使用。

地名在研究海岸、河道和湖泊的变迁方面确有用武之地。按照方位地名命名原则,山南坡、水北岸为阳,山北坡、水南岸为阴,如汉阳、淮阴、衡阳、华阴等,汉阳这个地名标注的地点按理应该在汉水北岸,但今日的汉阳区却在汉水之南,这种现象促使人们做出汉水改道或城池乔迁的推测与探索研究,明史的记载肯定了前一种推测;淮阴今居淮河北岸,则属于后一种情形。目前在浙江绍兴市鉴湖四周较远的一些地方,可以见到一些有名无实,得名于排灌工程的地名,由此不仅可见鉴湖面积缩小的程度,而且可以追溯出古鉴湖的轮廓。在小比例尺地图上,可以看出上海、海门、海安、滨海、海州等地点的连线与目前的海岸线大体平行的现象,这条连线已离茫茫大海50公里以上,沿线尽是一望无际的肥沃农田,不见大海的踪迹,据地质地貌和历史文献资料的分析研究,此线很长一段即古捍海堤——范工堤;从而不难看出古代以海岸地带种种特征命名的这些地名,已为我们今日在野外探测古海岸线的位置、研究海岸的变迁提供了重要线索。

地名在研究地理环境特征方面亦可以发挥重要作用。石板寨、石板房、穿洞、天生桥、空山、锡矿山、铜官山、金瓜石、温泉、醴泉、四平(满语:泉)、媚泽亭等一类地名,为研究地层、岩性、构造、矿藏、水文等地质条件和找矿找水提供了线索;波利、马鞍山、孟良崮、董志塬、平坝、平谷、平顶山、龙岗、水淹田、虎跳峡等一类地名,生动地反映了某地地形的成因、形态、类型、高下等特征;恒春、温州、陆凉、老风口、风洞、桦树屯、椰林寨等一类地名,揭示了某地所位于的气候带和小气候状况等气候特征;蛇岛、鸟岛、包头(蒙语:有鹿的地方)、燕窝岛、蚂蚁村、蛤蜊港、茭白村、芭蕉寨等一类地名,为研究古代和现代动植物分布及其生存环境的演变提供了佐证;荡中(居民点初建于一片芦荡之中,故名)、沧波门(城门临苍蒲、芦苇丛生的万顷沼泽而建)、北沙(居民点位于封闭海湾古沙坝的北端)等一类地名,为历史地理的研究提供了不可多得的资料。

地名在研究城市兴衰、疆域演变方面起着重要作用。在今长春市的南关,留有以城门命名的地名:全安门(南门)、永兴门、崇德门(又称大东门)、永安门,由这些地名基本上可以勾绘出最初的长春城。南京的城墙建于明初(14世纪),为世界之最,除宏伟的内城外,尚有百里多长的外郭;外郭为土城,迄今土城除了一些遗迹可寻,尚有距内城很远的仙鹤门、麒麟门、沧波门、上方门、尧化门等18个城门地名留存下来,由此可见其外郭的范围。从山东省济宁市区得名于运河、官衙、作坊、商业等的街名可以透视济宁的风情,其分布状况亦基本反映了古代济宁的城市布局:以运河命名的街,描绘出运河的基本走向;以官衙命名的街,绝大多数分布在老城中心地带,可以想见当年衙门林立、冠盖如林的情形和作为政治中心的气势;而手工业和商业又绝大多数分布在老城城外,这种城与市相分离又有联结的布局,恰好是中国旧时城市规划的典型例证。中俄边界线中方一侧的"珍宝岛"是典型的汉语地名,从其的语、音、形、义上都可以证明是汉语词,是中国的领土;东海海域的"钓鱼岛"地名,亦是典型的汉语词,自古就是中国的领土,是举世皆知的事实。清朝初年,东北黑龙江以北、乌苏里江以东、外兴安岭及石勒喀河以东的广大地区均在中国版图之内;清朝后期,丧权辱国,签订了《北京条约》《瑷珲条约》,丧失了上述中国东北大片领土,在地名上留下了印记,如海参崴(义为产海参的港湾),现更名为"符拉迪沃斯托克"(义为"控制东方"),庙街(原称庙尔噶珊,满语义为"村"),现以侵华部队头领名更为"尼古拉耶夫斯克",海兰泡(满语,义为黑色的泡),现更名为"布拉戈维申斯克"(义为"报喜城")。东北北部疆域的地名演变记录了那段屈辱的历史,暴露了大国沙文主义俄国的侵略行径。

　　地名在研究区域经济开发的历史与前景方面同样有着重要价值。例如,通过对盐城、伍佑场、刘庄场、新兴场、大团、西团、南团、北团、沈灶、三灶、曹镬、华镬、赵家锅、三仓、便仓等反映盐业生产体制、规模、场所这类地名的研究,可以知道苏北沿海一带自秦汉就为我国重要的盐业基地,有着发展盐业经济的潜力。

　　在区域地理研究、城市与旅游规划中,可以借助地名知识,给最新研究的地理实体、新规划的建筑物、新发现和规划建设的景点景物命名,对旅游产品进行题名包装,丰富其内涵,深化其意境,以反映我们研究的最新成果,提高旅游产品的价值和风景区的经济效益。

　　凝聚民族、语言史料的地名,对于了解古代的部族迁徙有很大帮助。地名是"活化石",是各个不同历史时期有关方面的真实记载。通过对地名的研究,可以找到某些规律。如对地名语源的研究,可以发现地名在不同语言中的用字规律,即使这种语言在这个地区已经消失,但从地名上仍可以证明使用这种语言的民族在这个地方繁衍生息过的历史事实,江苏、浙江一带的余杭、余姚、句容、姑苏、无锡等地名中的第一个字都是古越语的发音词,没有实义,这说明这里曾为古越族的居住区域。地名在语言这个大家庭中是一个特殊成员,它较语言的其他组成部分有较强的连续性和稳定性,因而也就保留了一些语言的本来的面目。这为研究一方的原始先民提供了有力佐证。例如,在扬州一带,有人认为其原始先民为古越人,在周秦时代使用吴越方言,从地名中发现的古越语残迹可以佐证。据《江苏六十一县志·泰县》记载:"西北有罗浮山。"使用"罗浮山"命名的山,不仅泰县(今姜堰市)有,广东、广西、浙江也有,两广和浙江共有 7 座被称为"罗浮山"的山,这种重名现象说明扬州一带的原始先民与两广、浙江的原始先民是同一民族,使用同一种语言,而且对山脉命名的习惯也相同。两广和浙江有原始先民古越人的观点,已经得到了学术界的公认。另外,在扬州一带有不少水码头的地名,以"步(埠)"字或"浦"字命名,如江都的浦头、宝应的黄浦、仪征的胥浦、六合的瓜步、邗江的瓜洲步等。周振鹤、游汝杰先生认为,"步"和"浦"这两个字是出于古越语的同一个词,而无论是在古代还是现代,"浦"字地名只出现在南方,即古越人居住过的地区。根据当地地名信息来推断历史上的原始先民的方法是以地名的语源学知识为依据的,因而是极具科学性的,充分显示了地名的历史价值。

地名作为地理事物的标记,以某种文字符号出现在地图上,既是地图的一项主要内容,又是表示地图内容的一种重要手段。地名好比是打开地图内容宝库的钥匙,通过地名,地图将其丰富多彩的内容和盘托出,自我介绍给读者;读者打开地图往往总是先查找地名,再细看图上其他要素。地图离开了地名就成了"哑图",读者是不可能从哑图上得到他所需要的信息、解决他所渴望解决的问题的。

第二章 地名起源与演变

第一节 地名起源研究的意义

目前,在地名学术界仍然存在着对地名概念的种种模糊认识,例如,所谓企事业单位名称为准地名,门牌号码不是地名,具有地名意义的台、站、港、场名称,以及只有现今的文字地名才算是地名等,均缘于他们对地名的起源和演变缺乏认识,在他们看来,人类社会有了文字,才出现地名,这纯属片面之见。

探索地名的起源,涉及语言学、历史学、心理学、民族学、人类学等多门学科,要用到考古学等很多知识,难度十分之大。正如英国著名科学家贝尔纳曾指出的那样,查考起源要遇到双重困难:"第一,在研究起源的工作中,有一个内在的困难就是回溯得越远,而达到发生基本变革的紧要关头时,就越难确定实际发生的究竟是什么。但对于科学起源的研究,困难还要多一层。这是因为科学初出现时,原无可以认识的形状,而需从各时期的文化生活中较为一般化的形象中逐渐剖析出来,更需从人类艺术史和人类建制史两方面去寻找科学的隐蔽的起源。"为此,我们力图从地名现象的产生入手,介绍地名从无到有的过程,阐述地名起源及其相关的一些问题。

第二节 地名起源的动力

人类社会群体生活的需要是地名产生的原动力。

地名是人类社会特有的一种现象,是人类用于指代地理实体的符号或记号。地名的产生,源于人类社会群居和集体生活对地理实体共同认识和指称的需要。原始初民在广袤的大地上生活,采集于林间,渔猎于河湖,因自然界和本身的多种原因,他们无法长期居住在一地,而必须不断地迁徙,以寻找最佳生境。当原始初民的这种群体性活动范围扩大时,有必要对活动范围内类似的环境加以区别,同时不同群体间的接触与交往显得日益必要,因而产生了传递信息的需求,最终就产生了地名意识。

远古时期,人们外出打猎,采集果实,部落迁移,为了不迷失方向,就要在其走过的"路"上做标记,这些标记就起了标识和区别的作用,是一种原始的地名。如果不做这些标记,在原始森林里,人们就很容易迷失方向,个体就容易从群体中走失。所以这种原始的地名有利于早期人类的生存,在个体间和部落间的交往中也经常要用到这种地名。地名是人类社会交往必需的工具,它加强了人与人之间的联系。在原始部落中,人们常常以跟本氏族有关系的某种动物或自然物为图腾,即族徽,作为本部族的象征,发挥它对本部族的凝聚力,感召本部族的成员聚集在一起,增强了部族的生存能力。在部族间的实际交往中,人们往往从简,以族徽称呼其族,这样久而久之,族徽就被当成族名来使用,族徽也就成了族名;同样,人们也常以族名称呼该族的生活之地,因而族名亦成了地名。例如,自远古就分布在今川西北、青东南和甘南地域的羌族,他们的先人以牧羊为业,于是就以羊为图腾,并以此创造出族名"羌"字。"羌"字实以羊字为上半部,以"儿"字为下半部,整个"羌"字实为"放羊的人儿"。在《中国历史地图集》的"商时期全图"中可以见到羌、羌方、北羌等地名。此种现象在现代地名中依然存在,张家庄、李家寨等大量姓氏地名与此如出一辙。由此,我们仿佛看到了远古地名的步履和影子。

第三节　地名起源的时代

确定地名起源的时代,对研究地名起源十分重要。只有根据特定时代人类社会生活情况来探索地名起源,才能使探索工作真正接触到问题的实质,落到实处。否则必将无的放矢,被假象迷惑,误入歧途。

正确确定地名的起源时代,必须要运用比较法,即比较地名和语言的起源。考古学家认为语言形成于旧石器时代的早期猿人阶段,即人类最早的社会阶段,距今300万年到250万年。首先,比较语言和地名在早期猿人生活中的迫切需要性,其中哪一个是早期猿人生活中最迫切需要的,哪一个就有可能较早出现。其次,比较语言和地名起源所需要的物质基础的易得性,看其中哪一个最先能得到满足,哪一个就有可能较早出现。社会的需要只保证了新事物产生的"必要性",而物质基础的具备则为新事物的产生提供了"可能性","必要性"与"可能性"的适时结合就构成了新事物产生的"必然性"。

语言是用来交流思想和协调劳动的工具,但是最初语言是用来协调劳动的,它是为了满足劳动的需要而产生的。在早期猿人阶段,由于个体力量的弱小,猿人必须过群居生活;同时,无论是为了避风躲雨还是提防猛兽袭击,或是为了哺育后代,猿人都需要一个"家",这个"家"也许仅仅是一个简陋的山洞,但是它对猿人的生活至关重要。在原始社会里,由于人类以采集和狩猎为谋生手段,一个地方的自然资源不能供猿人长久地住下去,加上季节的变化,猿人常常要搬迁,短则几日一迁,长则数月一搬,从而使猿人常常处于一个陌生的环境里。现在已知最早的人工建筑篷帐发现于法国靠近地中海的沿岸,距今30万年前,每年春末夏初人类的狩猎群来到这里,竖起篷帐和挡风墙,支起炉灶,整个夏季他们从这里出发狩猎,而当秋季他们离开这里以后,这种简陋建筑就被风沙吹倒或掩埋。到明年春天，这个狩猎群重新回到这里，他们便在原址上重新建造；在所发现的遗址中，有一处重建达 11 次之多，而且每次都是在原址上进行的。看来，这样的狩猎群每年都循着同样的路线并在原址建筑他们的临时篷帐。在这类长距离的搬迁中，为了不走错"路线"，他们就必须在其走过的"路"上做标记，这种标记就具有了标识地理实体的作用。在原始森林里，遍地荒草丛生，到处古木参天，猿人经常搬迁，在采集果实或追捕猎物的过程中很容易迷失方向，经常有个体从群体中走失，这就要求猿人必须在其活动场所周围做上标记。这些标记可以是被踩倒的一片草，剥光皮的树杆，垒起的小石堆，烧草的灰烬，也可以是在居住的洞口挂的一张兽皮。很显然，这些标记就起着区别和标识地理实体的作用，它们就是最早的原始地名。由此可见，这种原始地名，有利于便利猿人短暂的"定居"生活，有利于加强猿人群居生活中个体之间的联系，是猿人群居和定居生活所必需的。而最初的语言是为了满足劳动的需要，是劳动的产物，但是猿人的劳动是必须在群居和定居的生活基础上进行的，所以在猿人的生活中，对地名比对语言更早地具有迫切的需要性。

再从人类思维的发展过程和地名产生的物质基础来看，人类最先产生的符号系统便是语言，语言中首先大量发展起来的则是种种专有名词，专有名词产生在极其辽远的时代。那时为事物创造名称是当时最高智力活动，创造出来的名词在特定的人类集群中世代保存、积累，形成精神财富。人类命名地名的过程同口头语言的发展过程几乎一致，这就是说，人类思维的发展和语言的产生、发展都需要人类通过对周围自然实体进行大量的命名，在这所有的命名当中，有许多便是给自然地理实体命名而产生的地名。因此，从这个意义上看地名的起源不应晚于语言的起源。再从语言产生的生理基础条件上看，语言的起源要受到声带的限制，人类声带的进化是比较缓慢的，况且在语言产生以前漫长的无声世界里，人类在很长一段时间里用手势来表达思想，而地名的起源不受生理的这种限制，例如前文所说的那种原始地名是猿人用原始的手通过简单的劳动就可以完成的。

综上所述，在猿人生活中区别周围地理实体的迫切需要性胜于交流思想和协作劳动的迫切需要性；地名产生的物质基础也比语言产生的物质基础容易得到满足。因此地名的起源应该早于语言的起源，这也符合人类思维发展的过程。而语言产生于人类社会第一个阶段——早期猿人阶段，距今 300 万年至 250 万年之间，所以地名起源于距今 300 万年至 250 万年之前。那时的地名只能是猿人用原始的手通过简单的劳动创造的诸如"踩倒的一片草""剥光皮的树杆"等，其指位意义仅存于意识形态里的原始地名。

第四节　地名形式的演变

任何事物的最初来源,都具有多种可能性,地名也是如此。在文字地名产生之前,地名曾有过多元的表现形式,而最初的地名形式当然是意识地名,随着人类社会的发展,体语地名出现,在语言产生之后,又演进为语言地名,继之为图案地名,直到文字出现,文字地名才应运而生,至此,地名方有了固定的记录形式。

一、意识地名

地名产生于远古,可以追溯到没有语言时代的意识地名。所谓意识地名,即以实物指代地理实体的一种实物地名,因为在那早期猿人阶段的无声世界里,地名指位意义是存在于人们的意识形态里的,故称为意识地名。语言学家认为,在有声语言产生以前存在着"实物语言",人们用"实物"来交流思想,在用实物来表示"地名标志"的时候,这标志地名的实物也就成了实物地名。实物地名在人类社会早期及现代一些原始部族里还经常被使用。如西徐亚国王(伊丹屠苏斯)以5件实物答复向他宣战的波斯大帝(大流士),5件实物是青蛙、鼠、鸟、犁、弓。有人解释说,青蛙指代国王的出生地西徐亚,鼠是说国王已把那里当作自己的"家",鸟是说他已统治着那里,犁是说他的人民通过艰辛的耕作开辟了这块土地,弓表明了他与臣民们保卫自己土地的决心。在这封应战书中运用了"实物语言",青蛙代表了西徐亚国,它就是一个实物地名。在原始森林里生活的猿人为了标识、区别所住的"山洞",所走过的"路",以及引导走失的同伴,所设的标志就是实物地名。实物地名的形式多样,如将剥光树皮的树作为路标、在洞口挂一张兽皮表示自己住的洞,用燃烧的浓烟和灰烬标记集结地点等。近年来民族学的研究结果提供了不少例证,印第安人狩猎时在树上插一支箭表示他去的方向,澳洲土著人离开住宿地时用脚在沙地上画一条线,并在线的末端插一根树枝,线的方向和长度表示所走的方向和距离。这两种"路标"抽象的符号成分已经较浓,是比较发达的实物地名。再如云南有个少数民族在丛林中行路时会沿途砍削一些树皮作为标志,使自己或他人免于迷路;表示此"路"不通时,则砍倒一棵小树,或捆一札荆棘放置路的正中,使他人免蹈覆辙。鄂温克族有按季节迁徙的习惯,每逢冬季入山,男子在前面边走边用砍刀在两旁树上砍出刀痕,第二年春季循着这些刀痕回到原来的地方。他们还用一种指示性的路标,在一棵大树上砍出槽来,内插树枝,枝头上悬挂个柳条做的圆环,圆环所指方向便是目的地方向,圆环到树干的距离表示此处相距目的地的远近。在远古,人们不仅经常主动地设置这些标志,而且善于辨别自然界的细微差别,以准确地随时把握自己所处的位置,否则在原始森林里人们就很难生存下来。澳洲人能分得清每一种动物和鸟类的足迹,可以辨别出每个熟人的足迹；北美印第安人能够记住他们走过的地方地形上最微小的细节；人类识别自然事物微小差异的"特异功能"是通过长期锻炼而形成的。一方面仔细地观察自然界的差别；另一方面又主动地设置一些标志，这就说明了在早期社会，识别自然对人类生存的重要性。如果一个古人辨别不了自己走过的路，找不到群体生活的地方，那么等待他的只有死亡。当人类不容易识别自然界的差别时，人们就主动地设置一些标志，以达到区别和标识自然的目的，这样就产生了实物地名。由此可见，从认识环境到标识环境，是地名发展史上第一个质的飞跃。

以上事实说明，在早期人类社会实物地名是确实存在的，而且起着非常大的作用。在现代人类生活中，实物地名仍未绝迹，并且还不时地为人们所用。例如，在19世纪极地探险的人，离开大本营外出探察时，每走一段距离就在雪地上插一根旗杆，这样就可以循着旗杆准确地返回大本营。江河里的航标也起着标识航道的作用，它们都是一种实物地名。

二、体语地名

所谓体语是指通过手势、姿态、面部表情和眼睛等身体动作所进行的无声交谈方式。在语言形成之前，人们之间的交谈频繁地运用体态语。即使是在语言形成之后，人类也通常运用手、足、身姿、头、眼、眉、鼻、口、舌等的运动来辅助有声语言活动，其中手势语，即以手的动作姿态示意，模拟形象进行思想交流是最普遍的一种方式。在人的无声语言中，手的动作最能揭示人的内心活动，因而手势语是极富表现力的。精神分析大师弗洛伊德曾精辟地指出："凡人皆无法隐瞒私情，尽管他的嘴可以保持缄默，但他的手指却会多嘴多舌。"

在人类进化过程中学会用手势"交谈"要比学会用语言交谈容易多了。人们发现，美国西部草原上的喀罗人至今还用手势、姿势和面部表情进行长时间的复杂"谈话"。在玻利维亚热带丛林中，有一印第安人部落，他们没有一个人能讲有声语言，但都能用以手势为主的动作来表达情感和思想，这就说明早期人类用手势来交流思想是完全可能的。既然人们可以用手势来交流思想，那么用手势来表示地名标志，也是很自然的事了。现代的手语靠手势、表情等交流思想，如果手语没有表示地名的功能，那么它的作用将会大大降低，甚至无法满足交流的需要。所以说，手语地名也是一种原始地名形式，而且这种地名至今仍被聋哑人使用，如今仍在用手扣旗袍盘扣的动作表示"中国"，用双手四指并拢微曲，手背向上，分置左右，作弧形向下移，最后双手指背互相紧贴，象征南京在紫金山下，表示"南京"这个地名。由此可见，用手语表达地名充满了创意和智慧！

一般来说，利用体语表示地理实体具有模仿性，如用摆动的手势表示河流；用结网的动作指示结网的地方；将嘴突起指向要去的方向，若想去的是树林，则示意将去那个树林。

体语地名不仅至今仍为聋哑人所用，而且即使正常人有时也在使用，如当一个人向某人打听一物放在何处时，某人听了便手往某处一指，其义即表示在那里或去那里取之，这一动作就是一个地名。

体语还可被用于与动物的交流。例如英国动物学家肖恩·埃利斯通过与几只狼共同生活十几年，已掌握了狼的语言，通过身体姿势、面部表情、声音与狼群交流，如他对幼狼使用一种高音调的狼语，告诉幼狼，不管它们在哪里，一听到这种喊叫，就要快速聚集到他所在的地方来。当然，其中也不乏指示地点的体语。

图2-1 体语（手势）南京

三、语言地名

语言地名，系指通过有声语言来标识和区别不同地理实体的一种口耳相传的地名形式。语言是猿人原始的叫喊演化而来的，因为地名的使用从人类社会一开始就出现了，所以一有了语言，必然马上就会用它来表示地名概念。

语言的产生，最早是在社会生产活动极为有限的原始社会初期，而语言的完善大约是在20万年前，到此时原始人的口部发音器官（口腔、咽腔、声道角）才发育成熟，它们不再仅能发出喉音，而且具备了发出一定音节、词汇的能力。语言产生，语言地名也就应运而生了。在与体语地名并行一段时间之后，随着语言的不断完善和成熟，语言地名的优势逐渐体现，终于取代了体语地名，赋予了无声的地理实体以有声的形式。然而，最初的体语地名由于是在一定的语境中，所指代的地理实体又多为交流双方所熟悉，故而发生误解、歧义的并不多；而在语言地名中，因为各人对地理实体意识的不同，所赋予的名称自然就会多样，因此缺乏统一性和社会性。例如，塔斯马尼亚人有各种树的名称，但没有树的总称；阿兰达部落有7种鹦鹉的名称，也没有鹦鹉的总称；以农业为主的北美印第安人用大约10个不同的词来称处于不同成熟阶段的玉蜀黍。诸如此类，一方面说明了概括性词汇（类名）的缺乏；另一方面也表明他们对事物的称呼缺少"约定俗成"的社会性。同样的道理运用到地理实体上则存在"一地多名"的现象；反过来，近似的不同地理实体，也会因景观的相似，而产生"一名多地"的情况。

人类最初的命名对象主要是自然界，给自然地理实体命名便产生了语言地名。语言地名的出现是地名演化过程中的又一次重大发展,它使地名形式更趋符号化。它的使用更加方便,有利于人们的交往与合作,但是在早期社会,由于语言地名不能传于异地,留于彼时,它的使用就受到限制,这时文字地名也就在酝酿之中了。

四、图案地名

从语言地名到图案地名,是又一个质的飞跃。

人类的语言地名已经有二十多万年的历史,在其初期地名仅是一些词、词组或简单的句子。因其并不繁多,只需要靠心记和口耳相传即能满足人们的需要了。但是随着社会生产力的不断发展,氏族和部落进一步稳定,人口迅速增殖,人们的活动范围也在不断扩大,接触的自然环境越来越广阔,地名便增加了。这时再仅靠心记或口耳相传已不能满足需要,于是必须有一种新的方法来帮助记录和记忆。结绳、串珠、图画等实物记事方法,便被摸索出来并应用于实践。

图画记事是用简单的图形来帮助记忆和记事的方法,其中最有名的就是北美印第安人奥杰布娃女人的情书(见图 2-2):

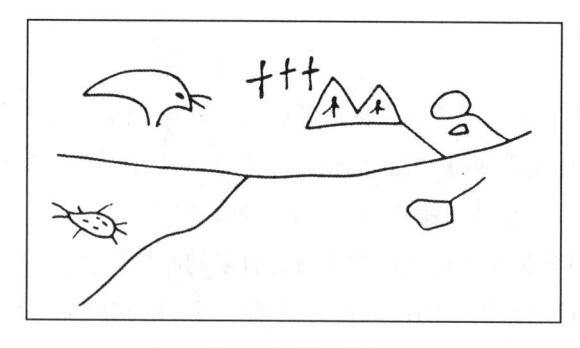

图 2-2 图案地名

图中有五个地名,左上方的熊是女子的图腾,左下方的泥鳅是男子的图腾。两条线代表道路,道路直通两湖之间。在其中一湖的前面那条小路的尽头是两个帐篷,表示他们约会的地点。帐篷旁边有 3 个十字架,表示周围居住的是天主教徒。帐篷里面正在招手的小人表示女子在欢迎着自己心上人的到来。从这幅图画中,可以看出熊部落居住地、泥鳅部落居住地、道路、湖泊、帐篷、教堂及其相互的位置,这表明此时的地名已初具"形、义"的雏形。

由图画过渡到文字,其中间物是刻画符号,这才是文字的雏形。1981 年春,中央民族调查组在四川木里藏族自治县依吉乡机素村调查时,发现一组近似图画文字的方位符号。该村位于川滇两省界山——海拔 4000 米的野鸡梁子西麓,面向东方。这组符号用墨笔画在村里一座仓库的内壁上,每个符号都有明确的含义。如"⊕"是东方的记号,象征太阳。该族人认为太阳有一个灼热的内核,外围是光环,太阳升起的方向为东方。

"⌣"是西方的记号,象征月亮;这是受旭日升起之前,月华西坠的启示。即认为太阳从东方升起,月亮从西方没落,东方对西方,升起又落下,但为了与太阳相区别,月亮不画满月,而以弯月示意。"𝗠"是南方的记号,机素村的南面,崇山连绵,故绘山形为记。"෨"是北方的记号,这个符号像一条山涧。该村的普米族认为,村的北面有一条山涧,故以此表示。这些刻画符号具有方位意义,例如,表示南方的有"⊃""∨""ᴋ""Ν""ǂ",表示东方的有"○""ᴜ""┼""ᴏ"等,组合起来,便可以说明地理实体的具体位置,从而有了地名意义。

随着社会的进一步发展,人们的交际范围越来越大,图像符号记事亦不能满足需要,这时原始初民便把这些图像符号进一步简化,加以整理、充实,便形成了文字的雏形——刻划符号。在距今五六千年前的半坡村等仰韶文化遗址的陶器外壁上,发现有很多整齐规则并有一定规律性的刻划符号,共有50多种,在大汶口文化和良渚文化陶器上的图形刻划又有了明显进步,已发展成为早期的图像文字。在这些刻划符号或图像文字中必有一些是指代地理实体的,即图案地名。1974年,考古工作者在青海省湟源县柳湾村考古出土了一批公元前4000多年的彩陶器,其上有许多图案为彩色蛙纹(青蛙状的刻划符号)、"卐(万)"字符、"中"字符,这比殷墟甲骨文要早1000多年。其中一部分是指代地理实体的图案地名。此次考古所获亦纠正了我国的卐符是东汉时随佛教一同由印度传入中国的旧说。

五、文字地名

文字地名,系指用各种文字形式表示的地名。

文字起源于原始记事方法——契刻与图画,因此文字地名起源于用契刻和图画表示的地名形式,契刻地名是指用契刻符号来表示的地名标志。如前文所讲的半坡陶器上的刻划符号,主要是用来记数和记族群或个人的标识,远古时期往往用家族或氏族的名称称呼个人,因而人名往往就是族名。原始社会,人们把与本氏族有密切关系的一些动物或自然物的图像作为本族的图腾,并以此作为自己氏族的名称或族徽,用以维护本氏族的团结,并借此与其他氏族区别开来,熟悉这些氏族的人们经常指图呼名,因而族名或族徽就成为某氏族居住地的地名。在远古时代,用契刻符号和图画表示族名的现象是极为普遍的,而族名又常被用作某氏族居住地的地名,只是这些契刻地名和图画地名还没有读音,随着这些契刻符号和图画演化成文字符号,它们就变成了文字地名。

文字地名是循着由少而多,由简单而复杂的规律不断演化的。以汉字地名为例,其大致过程是:汉字地名最初多为单字,而后渐渐发展为双字或多字地名;最初含义较粗疏,而后有了细致的区分与类的分别。汉字基本成熟于殷商时代,现存甲骨卜辞中的地名多为单字,如"禹"(商)、"亳"(亳)、"杞"(杞)、"洛"(淮),中华民族的母亲河——黄河,最初名"河"。

在文字发明之前,各种形式的地名很难留下可资追寻的痕迹;而在文字发明之后,地名有了书写形式,得以记录下来,迅速地传播与积累,从而广泛地为人们所认识和使用。文字地名可以跨时代积累,保存了前代社会文化和自然地理信息,成为人们研究前代社会的宝贵资料。

文字,包含数字,数字是表示数目的文字。利用数字表示地点名称的则称之为数字地名。在军事上多用数字地名表示某一战略要地,如在军用地图上常见的 302 高地,军用海图上的 1005 水深等地名。在现代通信中,数字地名的应用则更为广泛,因为每一部电话机、电报机、手机等的数字号码就是某一固定或移动的地名。

第五节　地名诸种形式共存与结构分化

上述各种形式的地名均是对地理实体的标识,它们可能存在于同一时代,新形式地名的出现并不表示旧形式地名的消失,在现代社会里,即使是那些最原始的地名也一样被某些人在某些场合使用。

在地名的形式不断演化的同时,地名的专名和通名开始分化,最初的地名是不分专名和通名的,如意识地名(实物地名)、体语地名、图案地名等就没有专名和通名的区分。随着人类社会的不断演变,相互接触日益频繁,为了辨认不断扩大的活动范围内的各种各样的地理实体,人们需要给予其相应的称谓,因地名越来越多,为了区别,有必要进行归纳、分类,于是用作地名分类或指类的地名通名就应运而生,初步完善了今日所见地名无不具有专名和通名的组合结构,从而使地名的用词和含义逐渐由含混变为确切、鲜明。

第六节　地名起源和演变对人类社会进步的贡献

在现代人们的生活中,无论是学习、工作,还是外出出差或旅游,都要用到地名。古代地名,在学术上成了人们研究古代民族的形成、演化,以及民族间的交往和变迁;研究上古语音的发展和方言的形成;研究地理实体的历史演化等许多课题的"活化石"。地名是人们研究古代社会和文化的非常有价值的资料。那远古的地名,对研究人类生存和演变作用更大。它对人类社会的形成和发展,人类思维的发展,文字的形成等都起到了积极的作用。

地名是人类社会交往的必需工具,它加强了人与人之间的联系。正如前文所述的在原始部族中，人们常常以族徽作为本部族的象征，它表示了部族的凝聚力，感召本部族的成员聚集在一起，增强了部族的生存能力，族徽往往被当成族名来使用，族徽就是族名，而族名就是地名。所以，地名促进了民族的形成和社会的发展。

地名是人类认识世界的基础，它推动了人类思维的发展。马克思主义认识论认为，人类认识经历了感觉、知觉、表象的感性认识和概念、判断、推理的理性认识的发展过程，在认识的这个发展过程中，"命名"起了非常大的作用。"只有当我们为直接印象的混沌状态'命名'，并用语言形式的思想和表达渗透其中的时候，这种混沌状态才得以对我们变得清晰有序。"命名过程，完成了感性认识发展到理性认识的过程。在原始社会，人们以自然界作为主要认识对象，通过其明显的特征对自然实体进行命名，这是认识自然的基础。在命名的过程中进行归类的抽象思维，推动了认识的发展，同时也促进了人类思维的发展。远古的人们积极地给自然实体命名，以达到翔实准确认识自然的目的；在这大量地给自然地理实体命名的过程中，人类的抽象思维能力得到了锻炼和提高，地名的出现，无疑推动了人类思维能力和认识的发展。

地名的起源推动文字的产生和绘画艺术的发展，地名对文字产生的推动作用是巨大的。文字起源于古人用来记事的图画和契刻，由于这种记事方式的原始性，它不可能把一件事完整地记录下来，所以古人常常把绘画、契刻和思维结合起来记事。在人脑思维用来记事的过程中，绘画和契刻则记录一些比较难记的数字、人名、地名和族名。在古代，人名和族名往往通用，人名即族名，族名即地名。所以绘画和契刻记录最多的还是地名。在我国古代甲骨文中，据有关学者推断，其大多数是表示人名、族名的地名用字。由此可见，地名用字在最早的文字体系中所占比例之大，因而地名对文字之产生的推动作用也就毋庸置疑了。

地名同样也推动了原始绘画艺术的起源和发展。最初的绘画不是作为艺术供人欣赏的，而是用来记事的。画一座山、画一个洞表示去过的地方，画一只狼代表以狼为图腾的部族。这些原始的图画就代表了一个个具体的地理实体，它们是原始的图画地名，在这种绘画基础上发展成为原始的绘画艺术。

回顾地名起源和演化的历史可以看到，地名的起源是非常早的，人类社会出现便有了地名。它之所以这么早地出现，是迫于它的历史使命——标识、区别地理实体，这是古人生存的需要。给自然界大量地命名是人类思维发展和认识自然界的需要，大量地命名地名，丰富了语言词汇。原始的契刻和图画表示族名，发展成文字，出现了文字地名，推动了人类文明发展。地名在人类发展中承担了如此重要的使命，使它自身也得到了发展。从意识地名、体语地名、语言地名、图案地名发展到文字地名，发生了质的飞跃，文字地名所记录的前代社会文化和自然地理实体等方面的信息成了今天研究前代的"活化石"。地名的出现燃起了人类文明的火种。

我们分析地名在现代人和古代人生活中的重要性，分析地名对人类思维和认识世界能力的发展所做的贡献，谈地名对文字和绘画艺术起源的推动作用，说明了地名在人们生活中的重要性和必要性，阐明了推动地名起源和发展的原动力，表明了地名的起源和发展不是偶然的，而是历史的必然。

第三章　地名特性及其文化内涵

地名是一种社会现象,就现代地名来讲,在其产生和随着人类社会的发展而发展演变的历史长河中,经受了天文、地理、地质、生物、气象、历史、政治、经济、军事、科技、民族、民俗、语言、文化、宗教乃至心理等众多方面的深刻影响,因而饱含了众多重要特性,主要表现为有着独特的区别性和稳定性、鲜明的民族性和政治性、固有的历史性、严谨的科学性、难免的方言性和区域性、必然的社会性和突变性等特性。这十大特性实为地名学基本理论的精髓,是敲开地名学圣殿之门的钥匙。在地名管理工作中,碰到任何问题,只要灵活运用这十个特性去分析,很快就能找到解决问题的正确答案。实际上,地名是一座"知识宝库",蕴藏着数千年之久的人类社会各个领域的各种信息,并表现出深刻的文化内涵。

第一节　地名区别性及其排他用字的文化内涵

一、地名区别性

地名区别性,系指地名之间存在的在字形与读音上彼此专名不同,或通名不同,或专名与通名都不同的一种基本属性。

地名,因为是人类按照单个的地理实体逐一赋称,所以无论什么地名,它所标记的那单个地理实体的特定空间,在地球上或在宇宙间总是唯一的,绝不可能有完全相同的地点。一个地点配一个地名,地名与地点一一对应,因而地名应该是不重复的。这就充分显示出地名的绝对排他性。地名既然作为能够识别不同地点的各种地理实体的记号,表示地物的个性特征,反映命名者的意愿,起着犹如化学元素符号或数字符号一样的作用,就必然要具有区别性,否则就不能起到在彼此接近又具有类似性质的一批地物中特指称某一地物的作用。这也是地名不同于人名的地方,从人名上一般看不出一个人的特点,但是不少地名,一见就能够知其地理位置、自然与社会经济方面的特点、历史和民族活动的痕迹、命名者的意图等,如临汾、恒春、砂石峪、倒淌河、常熟……地名这种独特的区别性是它能够为人们所广泛应用,赖以与世共存的一个重要前提。

然而,由于地域隔绝或采纳了某些相同的命名语源的巧合,一名多地的重名现象历来都是普遍存在的,这一点尤其表现在村镇一级的小地名方面。为消除地名重名产生的混乱，人们在实际运用中除强调地名用字（词）之外，还采取冠以一级或数级行政区划或城镇、道路、街巷名称来构成地名的正确做法，以加强地名的区别性，使地名达到指称准确和便于应用的效果。因此，就实际应用而言，一个地点的地名，除了专名和通名这固有的成分，还应该包括所冠以的行政区划或城镇、道路、街巷名称等修饰成分。在铁路运输部门就曾发生过对"六道湾"这个地名未冠以行政区划名称，而使一车皮钢材往返于辽宁与新疆两地，多跑了一万六千多里[①]路，既增加了往返运费的开支，又耽误了生产，给社会经济带来一定的负面影响。

二、地名排他用字的文化内涵

地名用字（词）的排他性在古代主要表现在所用字（词）本身的音、形、义三个要素的特点以及在反映地理实体特色方面。

在字音上，采取沿用古音等方式形成只限定用在某一个或几个地名中的字（词）的特殊读音，以示区别。例如江苏省南京市六合区、安徽省六安市的"六"字，读 lù，不读 liù，山西省应县的"应"字，读 yìng，不读 yīng。

在字形上，通过采取对地名的基本字加山（"山"）、水（"氵"）、邑（"阝"）等偏旁，派生出许多同音异体的专用字，表示命名对象分别为山体、水体和城郭，进一步区分地名的类别，如峨眉（山）、漓（江）、漷（湖）、郯（城）等。

在字义上，一方面采用最能显示地名彼此的区别、反映地名的地理特征和区域特色的用字（词），如阴、阳、源、曲（鳌、屋）、浜、崮、塬、梁、岇、溪、沟、上、底等字，另一方面采用一些能够体现命名者意愿、吉祥和颂扬的字（词）进行命名。

另外，亦可采取加大、小，或东、西、南、北、中、左、右、新、旧等修饰词，以促使地名进一步分化，加强地名的区别性。

这种地名区别性用字的特点，为地理学、历史学、语言学、文字学和其他学科的研究工作提供了有利条件。

维持地名的区别性，是地名管理工作中审批新地名时必须严格把住的第一道关口，实行一票否决制，即不能让任何一个新地名与本地名管理行政区域范围内其他现行地名重名的现象出现。

---

① 1里＝500米。

第二节　地名稳定性及其稳定语源的文化内涵

一、地名稳定性

地名稳定性,系指一地名问世之后,能与世共存的时间长短的程度,即指地名寿命长短的基本属性。

地名的稳定性,或曰持久性,实质就是地名的寿命长短问题。地名产生于远古,比人类的语言还要古老。若仅从留存于世的文字记载来看,有些地名早在公元前两三千年就为人们所用了,如亚细亚(Asia)、欧罗巴(Europe)、埃及(Egypt)等。地名的寿命往往不仅比人的寿命长几倍、几十倍到几百倍,有的甚至比创造它们的民族和最初表现它们的语言更能"延年益寿",不少山、河、湖、海的名字,寿命之长达到了惊人的程度。尽管人世沧桑,民族你来我往,有些成了历史的陈迹;人们说的话,有些早已成了从口头消失的死语言,但是地名顽强地活了下来,历经千百年,依然故我,如江浙一带的余杭、余姚、无锡、句容等古越语地名。在整个社会现象中,可能就数地名的寿命最长了。我国现今的两千多个县市地名的专名,从命名起一直沿用至今的有1064个,约占其总数的44%,从秦汉开始沿用了两千多年的县市地名有139个,约占5.8%,改过去又改回来的有79个,约占3.3%,这样,维持原名的共约占47.3%。由此可见,地名是相当稳定的。

地名的稳定性不是绝对的,因为地名本身包含的语、音、形、义、位、类六要素随着社会的发展、语言和地理环境的演变而变化,地名就必然随着时代前进的步伐做出某种改变,以适应时代的要求。地名的变化符合两头小、中间大的一般规律。地理实体越大,其地名变化就越小,名字也往往越古老。这一方面是因为在人类生活、生产水平和知识水平的制约下,最先被人类命名的常常是一些大型的地理实体,而且多数是以地理特征为命名语源的;另一方面这些大型地理实体常常不属于某一个民族或政治实体,为了交往的方便,无论哪一方都不希望更改地名,更不愿意接受按照对方的意图更换的新名,结果只好维持原名。比如,若有人提出要更改太平洋或印度洋的名字,其他国家肯定是不会响应的。至于村镇这些等级较低的地名,多数是以地理特征或家族姓氏命名的,一个家族往往是子子孙孙都在某一地方繁衍生息,不大会改变,如果有变动的话,也只是部分地分出去,全迁的很少,这类地名是深受当地人尊重和拥护的;即使全迁了,村庄的名称也不一定会改变,如江苏省盐城市盐都区楼王镇,在元末被洪泽湖吞没,无一村民幸免,但是村名依然存在,一直沿用至今。同时,这类小地名也不大会引起统治者的注意和更名的兴趣。相反,县市等中等级别的地名,不仅最容易引起统治者或权威人士的注意,而且这些地点又常常被置于他们的权力范围之内,因而这些地名最容易被更改。从历史上看,县市一级地名在地名这个大家族中是最不稳定的成员。

地名的稳定性是地名的一个基本特征。正因如此,地名才能够成为人类社会交往的重要工具,成为探索人类古代历史、文化、语言等社会人文现象和历史地理及其他自然现象发展变化的可靠证物。因此,保持地名的稳定就是尊重历史、尊重民意、尊重科学,这是一条基本规律、一个法则。谁要是违背了这个法则,他就必然会碰壁。汉代王莽五易地名是一个教训,"文革"期间滥改地名也是一个教训。随着社会的发展,为了适应时势的需要,地名做些更改是可以的,但是不可以大量地更改。鉴于历史上多次正反两方面的经验教训,成功的做法是一次更改量占同类同级地名总数的 $1\%\sim2\%$。对待古地名,应该持历史唯物主义的观点和对祖国悠久辉煌文化遗产负责的态度。对老地名不要太严苛,地名多数是沿用的,难免带有某些色彩,但是,只要与当前的政策无抵触,使用也无妨,旧名还可以赋予新义,应该尽量多保留一些历史的痕迹。老地名是人类社会一笔珍贵的非物质文化遗产,可见证一地的历史面貌,应倍加珍惜。在地名更名时,要选用富有生命力的名称,以加强地名的稳定性。

二、地名稳定语源的文化内涵

人类命名地名的根本目的是便于在发展生产、文化交流和科技进步中使用。鉴于人际交往持续性的特点,人们总是希望指代地理实体的名称能够长期地保持不变,以便相互联系,保持畅通;另外,地名自身的功能也决定了地名一经产生,就会随着社会的发展而日益扩大其影响,从而逐渐增强其稳定性。地名变化的总趋势不仅滞后于社会和自然,而且变化的速度也较之缓慢得多。地名的稳定性是地名最宝贵的特性之一,地名越是稳定,其价值就越大,人们从中受益也就越多。地名的稳定性,一方面取决于它对社会影响的广泛性,对社会影响面广,范围大的地名,其稳定性就越大;但是最主要的还是取决于命名时采纳的语源性质和特点。构成地名语源的因素很多,几乎涉及人类社会的方方面面,有自然的,有人文的,有政治的,也有经济的,以及民族、民俗和习惯等。从历史上看,一般以其地的自然地理特征和历史事迹作为语源命名的地名寿命长,因为自然界的山、水等地域景观特征的变化速度极慢,多数历史事迹又常常深深扎根于人民群众之中,不容易受到改朝换代政治风波的冲击或民族迁徙等社会变动的影响,而且这些地理实体本身就存在已久,知名度颇高,富有生命力,所以这类地名最稳定;相反,以维护封建帝王统治权力、反映帝王将相个人意愿、带有强烈政治色彩,以及用统治者和侵略者等强权者名字作为语源命名的一些地名,由于语源因素在历史长河中可称得上瞬息万变,时限性极强,这类地名终因适应不了时代的剧变,只能是昙花一现,而不断地被淘汰。为适应社会发展和变化的总趋势,命名地名必须充分考虑新地名的稳定性。

那种只顾迎合眼前某种需要、不顾长远利益的命名做法,历史已经证明不仅是不可取的,而且是十分有害的。为此,在任何历史条件下,命名地名都应该尽量避免语源因素所带有的反映人为意愿、政治色彩的可能性。无论这些新地名语源因素的现实意义多么积极、多么时髦,都应该坚持这一原则。有的经济开发区的领导,一心只顾追求经济效益,为了招徕更多的客商,对区内道路网的命名,提出用词既要"大气、响亮",又要"现代"的要求。对此,"大气、响亮"的要求没有问题,但对"现代"则需审慎了,因为"现代"的内涵是一种动态的概念,随着社会形势的不断发展变化,"现代"的内容也随时在更新,当下看似很现代的一些理念,可过不了多久,有的就成了过时的,有的甚至变为很不适时宜的了,很难准确把握。用紧跟形势的语源命名地名,随着形势的不断变化而要不断地更改地名,则必将严重影响地名的稳定性,故是不可取的谬招。

为了避免由地名频繁变动而引起的不便,在命名新地名时,应当注重考虑用能体现地理实体固有的自然或历史的,且在时空上应变性能强的特征为语源因素。

第三节 地名民族性及其民族色彩的文化内涵

一、地名民族性

地名民族性,系指当今占主导地位的语言与文字形式的各个地名的民族归属的基本属性。

地名的民族性缘于任何现代地名都是通过语言和文字而存在,并以文字形式被记载,而语言和文字均有其民族属性。实际上,地名是历代各个民族的人们根据自己的认识,按照本民族的风俗习惯、喜乐、厌恶、向往等意愿,以该民族的语言文字给所在地区各种地理实体的命名,赋予了特定的语、音、形、义,从而使地名自然地带上了浓厚的民族色彩和地域特色。世间的所有地名,实际上都是民族语言词的一部分,都是一种民族语地名,即使双语地名也不例外。每一种民族语地名的特定的语、音、形、义,特定的通名用词,特定的语序结构,即构成了地名民族特性的内核。"名从主人"即地名民族性的灵魂。地名的名必依附于它的主人——某一民族的人民,名所指代的地理实体亦必隶属于名的主人。按照国际惯例,某一地点乃至某一区域的固有权属,均依其初名为哪一个国家的原住民族的语言文字命名而定。"名从主人"现已成为解决国际领土争端的原则之一。因此,地名的民族性是关系国家领土主权和民族尊严的严肃的政治问题,千万不可小视。在地名命名等地名管理工作中,进一步增强对我国地名民族性的认识,禁止使用各种外国名称命名我国境内的各类地名,是弘扬我国优秀传统地名文化、增强中华优秀传统文化自信、加强地名文化建设的内在要求和具体体现。对那些罔顾传统、刻意崇洋媚外而命名的外国地名,一方面应以零容忍的态度坚决予以取缔,另一方面亦应充分顾及广大市民的切身利益,毋求一步到位,可采取分步走措施,即先改掉居民小区和路牌上的外国地名,对使用外国地名的居民户口簿、门牌号码、身份证、工商登记、营业执照等暂不做更改,待以后需要更换时再一并处理。

研究地名可以了解古今民族的分布,地名不仅是现今民族在该地的主权标志,而且是过往民族的回声。如江浙一带地名中,多"无""余"等字头,像无锡、余杭等地名,无、余等字都为古越语的发声词,这就证明江浙一带古代为越族的居住地。

二、地名民族色彩的文化内涵

我国拥有56个民族,都有自己的语言,有20多个民族有自己的文字,没有文字的民族的地名靠声音表达,靠语音相传,靠汉字记音。我国地名按民族语言的形式,可以概略地分为七大语言地名区,即新疆大部分为维语地名区;内蒙古,毗邻的东北三省西部、宁夏、甘肃、青海、新疆四省(自治区)的北部一带为蒙语地名区;西藏及毗邻的云南北部、青海南部、四川西部一带为藏语地名区;云南西双版纳一带为傣语地名区;广西及邻近一带为壮语地名区;东北三省东部为满语地名区;其他各省即汉语地名区。

一个多民族区,其地名具有多元的文化内涵;一个历史上民族你来我往的区域,其地名必然积淀着多层次的不同民族文化的痕迹。例如,从里海到罗布泊这广大内流区的中亚地区,历史悠久,民族众多,语言复杂,文化多元,这使得该地区的地名繁杂,每个地名都反映着一段丰富的历史;许多地名语源复杂,为多个民族所共识、所共用,反映民族的交融和文化的涵化。新疆的托克逊县之名,在突厥语里缘于该地区住着90户人家,义为"九十";但在维吾尔语里却为"道路盘曲"之义。在安徽,按民族文化背景的异同,可分为吴越文化区、楚文化区和北方中原文化区。每个文化区有着各自的地名用字和特殊的地名群,并各自形成一定的地名层次,如北方文化区的"集"字地名群和通名用字"营""寨""屯""楼"等;吴越文化区的特殊用字如"无""芜""乌""坞"等;楚文化区的"郢""屋"等地名群。在江苏由先秦迄隋,形成了较为明显的三个地名层次,即先秦部落地名层、秦汉政区地名层、东晋南朝侨置地名层。先秦部落地名层为江苏古老的底层地名,即由淮夷、人方、徐、干、彭、吴等部族、方国活动所形成的东夷语地名、吴越语地名;秦汉政区地名层表现为大量专通名结构完善的政区地名,并表现出相当程度的稳定性和继承性,命名取义方式多样,部分专名承自底层部族地名;东晋南朝侨置地名层为大量北方地名的侨置,使秦汉政区地名层上广泛地覆盖着一层浓厚的北方色彩,其影响及于底层地名。这三层地名的相互作用,又决定着隋之后江苏地名的基本走势。

各语言地名区地名的特点表现在语音和用字各具一格,地名名词结构不尽一致等方面。

（一）语音及用字差异

同一地理实体的名称，在汉、蒙、维和藏这四种语言地名区，其语音和用字上有明显差别。

山：蒙语称为"乌拉"。"乌兰乌拉"，义即红色之山。"查干温都尔乌拉"，义即白色的高山。维语称为"塔格"。如昆仑山西端的"慕士塔格"，是一座海拔 7546 米的高山，发育着 16 条冰川，夏季冰川的融水滋润着喀什绿洲和叶尔羌绿洲，当地将这座高山叫作"慕士塔格"，义即冰山之父。在昆仑山中还有"木孜塔格"，义即冰山；"琼木孜塔格"，义即大冰山；"阿克苏慕士塔格"，义即白水冰山等。在天山山脉中也有许多以"塔格"为通名的山，如吐鲁番盆地的"亚勒昆塔格"，义即火焰山，火焰山由红色砂岩组成，在烈日照耀下状若火焰，加上吐鲁番盆地夏季炎热，更像一团熊熊燃烧的火焰。吐鲁番盆地南边的"库鲁克塔格"，蒙语义即干旱之山，因大部分山体几乎是寸草不生的石山而得名。乌鲁木齐市境的"恰克马克塔格"，义即闪电山。克拉玛依市的独山子山，维语称"马依塔格"，义即油山。在西藏，大山、山脉、山峰其全称往往由藏文译音与汉文相结合。如绵延在南部的喜马拉雅山，其名出自梵文，"喜马"义为雪，"拉雅"义为住屋，因而有人译为"雪夏山""雪巢""冰雪之家"，其义均相同，藏人则通称此山为雪山。"珠穆朗玛"峰，位于中尼边界上，海拔 8848.86 米，是世界最高峰，"珠穆朗玛"是"久穆拉面"的转音，"久穆"义为后妃或主母，"拉面"义为神女或天女。珠穆朗玛就是大地之母（或天女）的意思。珠穆朗玛峰西北方的希夏邦玛峰，海拔 8012 米，山高险峻，人迹罕至，除高山草甸外，只有猎人打猎遗留下的野兽尸体。"希夏"义为死肉或尸体，"邦玛"义为草坪，希夏邦玛即死肉（或尸体）草坪的意思。横亘西藏中部的冈底斯山与念青唐古拉山，是藏北高原内流区与藏南谷地外流水系的分水岭。"冈底斯"是梵文众水之源（或根）的意思，其主峰"冈仁波齐"，义即宝贵的雪山，是著名的佛教圣地。"念青唐古拉"，义即草原之神，其主峰名"恰里马鲁"，海拔 7285 米，是一位神的名字。在西藏，一般的山藏语叫"日"，如"萨日"，义即土山。"阳日"，义即公牦牛山。"支日"义即母牦牛山。"确旦日"，义即经塔山。

山峰：在藏语里叫"日则"，峰叫"则"，如"诺布拉则"，义即财宝神峰。长江正源沱沱河发源于唐古拉山脉主峰各拉丹冬，海拔 6621 米，在藏语里"各拉丹冬"就是高高尖尖的山峰的意思。黄河流到青海省东南隅，紧靠大积石山，流路成了大弯曲，这大积石山海拔 6282 米，藏语称"阿尼玛卿"，"阿尼"义即祖父或外祖父，"玛"是神的名字，"卿"义大，故"阿尼玛卿"是大祖父神的意思。

山口：蒙语称为"达巴"或"达坂"，如"额仁达巴"，义即斑纹山口。维语称为"达坂"，在新疆几乎所有大山都有达坂这个名称。如"木扎尔特达坂"，义即冰河口山口，为天山西段托木尔峰东部南北向的木扎尔特河谷，自古以来是南北疆来往的重要通道之一,是著名丝绸之路的重要支线,唐玄奘去印度取经时曾经过这里。此外,"乌尊达坂",义即长的山口。"萨尔达坂",义为老鹰山口。"塔什达坂",义即石头山口。"铁盖达坂",义为千只公山羊山口。在西藏,山口藏语称为"拉"或"尼哈",如"亚拉",义即公牦牛山口。"卓拉",义即犏牛山口。"朗拉",义即公黄牛山口。"达拉",义即老虎山口。"金珠拉",义即龙眼睛山口。"曲敏嘎波拉",义即白泉山口。"只拉",义即鬼山口。

沙漠:蒙语称为"戈壁"或"额勒斯"。维语称为"库木鲁克"或"库姆鲁克",如罗布泊以西的塔里木沙漠,维语称为"塔克拉玛干库木鲁克",是我国最大的沙漠,"塔克拉玛干"过去解释为进去出不来的意思,后经调查,认为塔克拉玛干是由塔克提玛干演变而来。"塔克提"是"根""最先"的意思,由于沙漠中有古代遗迹,塔克拉玛干可解释为"过去(原来的)家园",在突厥语里,其义为"早先是人的家园"。

沼泽:维语称为"萨孜",如"喀拉萨孜",义即黑色沼泽。藏语称为"达木"。蒙语称为"舍必崖"。

江河:藏语称为"藏布",如横贯藏南的"雅鲁藏布江",是藏文全称音译重复汉文通名"江"字构成的。此河是世界上海拔最高的河流,享有"天河"的称号,在古藏文中被称为央恰布藏布,义即由顶峰上流下的河。"雅鲁藏布"是清净的大江之义。

河流:蒙语称为"郭勒"或"沐沦",如"阿勒坦郭勒",义即金色之河。西辽河,蒙语称为"西喇沐沦",义即黄色之河。维语称为"达里亚",如全国最大的内陆河"塔里木达里亚","塔里木"是脱缰之马的意思,这条河在枯水季节是平静的,但在洪水季节则汹涌奔腾冲决河岸,胡杨树为之灭顶,当地人们或许因此而称它为"脱缰之马"。塔里木达里亚的上源有"和田达里亚""叶尔羌达里亚""阿克苏达里亚"。和田达里亚又有二源:其东源名"玉龙喀什达里亚",西源名"喀拉喀什达里亚"。"玉龙喀什",维语是白玉的意思;"喀拉喀什",维语是黑玉之义。"叶尔羌"中的"叶尔",维语义即地,"羌"义即广。"阿克苏"中的"阿克"义即白色,"苏"义即水。塔里木达里亚中游与孔雀河汇合后,维语称"孔达里亚","孔"义即沙。河流,藏语称为"曲",如横断山区的怒江,因水暗黑,藏语称为"纳曲",义即黑水河。发源于唐古拉山南坡,正源名"羌塘曲",义即北方平坝之河。拉萨河,藏名"吉曲",义即安乐河。此外,"年楚曲",义即尝味河。"撒当曲",义即泥土沼泽河。"伟曲",义即光亮河。"江曲",义即野马河。"金珠曲",义即龙眼睛河。"拉曲",义即神河。"布曲",义即虫河。"楚曲",义即麦子河。"柴曲",义即盐河。"色曲",义即金河。"额曲",义即银河。介于巴颜喀拉山和唐古拉山之间的长江发源地,河川众多,较大的有沱沱河、尕尔曲和当曲等。沱沱河,藏语名"马尔曲",义即红色的河。"尕尔曲",义即白色的河。"当曲",义即沼泽河。沱沱河与其他几条河流汇成长江上游的通天河。关于通天河,在当地藏族中流传着这样一个神话故事:在远古时代有一头神牛,从天降卧在此处,从它的鼻孔里不停地流出水来,水流成河。藏族同胞就把通天河叫"直曲",义即牛犊河。其汉语名称"通天河"恐怕与此神话故事不无关系。巴颜喀拉山之北的黄河源头地区,多藏语地名。黄河流经星宿海盆地的一段,藏语名"玛曲","玛"是"玛甲"的简称,义即孔雀,"玛曲"是孔雀河的意思。黄河的正源是在约古宗列盆地西南的约古宗列曲。"约古宗列",在藏语里义即炒青稞的浅锅。每当仲夏烈日炎炎,热气聚而不散,此地犹如热锅,因以得名。

湖泊:蒙语称为"诺尔"或"淖尔""达来"。如"索果诺尔"与"嘎顺诺尔",是甘肃河西走廊黑河的尾闾。呼伦池,蒙语"呼伦"义即黑色,呼伦池又名"达赉诺尔",蒙语"达赉"义即海,此处作大湖解释。贝尔池,"贝尔"蒙语义即雄水獭,因贝尔池盛产雄水獭而得名。"戈壁诺尔"义即戈壁上的湖泊。"巴彦诺尔",因盛产碱,故名,义即富饶之湖。在维语里,湖泊称为"库勒"或"库尔",如"其文库勒",义即有苍蝇的湖。藏语称"湖"为"错",西藏最大的湖泊叫"纳木错",它位于藏北高原中心城镇那曲的西南,面积约1940平方公里,海拔4700米,在整个地球上,面积达1000平方公里以上的大湖,算它的海拔最高,静静地躺在终年积雪的念青唐古拉山下,水味半咸,人和牛羊皆可饮用,有利于调节气候、发展牧业。纳木错,蒙语称为"腾格里海",都是"天湖"的意思,因它的海拔那么高,水天一色,像一个天上的湖泊,西藏人都把它看作神湖,虔诚的喇嘛教徒远道而来,怀着敬意绕湖瞻仰,祈求幸福,并用水洗身,有人还把湖水当作圣水,装入洁净的瓶子里带回去享用。此外,"它日错",义即冰湖。"同错",义即熊湖。"朗青错",义即大象湖。"达瓦错",义即月亮湖。"吐错",义即毒湖。"错马尔",义即酥油湖。"错马布",义即红色湖。"错加",义即灰白色湖。扎陵湖和鄂陵湖是黄河河源区最大的两个湖泊,扎陵湖藏语称"错加朗",义即白色长湖。鄂陵湖,藏语称"错鄂朗",义即蓝色长湖。青海省的青海湖,藏文写作"错温波",义即蓝色的湖或青色的湖,故名"青海"。早在唐代藏文史料中就有"青海"的记载。

盐湖:藏语的"茶卡"。藏北高原有许多盐湖,如"肖茶卡",义即酸奶盐湖。"色当茶卡",义即金坝盐湖。"扎布耶茶卡",义即生长着带刺灌木丛的盐湖,以盛产优质食盐而驰名中外。内蒙古的"达布逊诺尔",义即盐湖,盐的产量大、品位高,蒙古族人称它为"额吉淖尔",义即母亲之湖。

井:蒙语称为"呼都格",如"伊和乌苏呼都格",义即大水井。维语称为"库都克"或"呼都格",如"科克呼都格",义即蓝色的井。"硝尔库都克",义即碱井。

泉:蒙语称为"布拉格",如"伊和布拉格",义即大泉。维语称为"布拉克",如"塔特勒克布拉克",义即甜泉。藏语称为"鲁玛"或"曲米""琼果",如"明加曲米",义即药水泉。"加查鲁玛",义即灰白色鸽子泉。温泉,藏语称为"曲灿",如"麦卡曲灿",义即火山口温泉。

同样,社会经济实体名称,在各语言地名区亦有明显的差别,详见如下。

村庄：蒙语称为"艾勒"或"嘎查"，如"洪浩尔艾勒"，义即洼地村；"木布拉格嘎查"，义即坏泉村；"那然艾勒"，义即太阳村。维语称为"坎特"或"买里"，如"恰克其买里"，义即磨刀匠村。"沙喀勒坎特"，义即胡子村。藏语称为"冲"，如"琼果冲"，义即泉村。

乡：蒙语称为"苏木"，如"柴达木苏木"，义即盐碱地乡；"毛德苏木"，义即有树乡。在藏语里，将县以下的区称为"措"。

县：在内蒙古自治区境内的一部分地区称县为旗，其他地区则称县为"呼舒"或"呼顺"。"旗"原为清代的军队和户口编制单位，最初的精锐部队有八旗，之后"分而治之"，在内蒙古沿用满族旗制；1947年5月1日内蒙古成立自治区政府后保留了盟旗制，沿用作地方县级行政区划单位名称，如奈曼旗、阿鲁科尔沁旗、新巴尔虎右旗。藏语称县为"宗"或"谿（相当于县一级的区）"，现已由汉字"县"取代。

地级区（市）：内蒙古自治区作"盟"，蒙语称为"楚嘎勒干"，如"锡林郭勒盟"等。藏语称为"基巧"。

城（镇）：蒙语称为"浩特"，浩特原是村落的意思，其含义现在发展扩大到城镇了，如"塔日牙浩特"，义即农业村；"巴彦浩特"，义即富饶之镇，维语称为"协海尔"。

（二）地名名词结构差异

不同语言地名区，地名名词结构不尽相同，表现在语序和构词方式两方面。在语序方面，汉语地名表现为专名＋通名，但是壮语、藏语和傣语地名的语序则为通名＋专名，例如，藏语地名错果（义即圆湖），壮语的弄怀，傣语的勐满，若按照汉语地名语序则分别为果错、怀弄、满勐。但是，因受汉语影响，藏语地名现在大多变成专名＋通名的语序结构。

各民族语地名名词均有它特定的构词方式，现以蒙、维、藏三种语言对居民地名称的特定构词方式为例做简要介绍，由此可以洞悉各民族语地名的文化背景。

1. 蒙语居民地名称结构

蒙语居民地名称，在内蒙古境内，其结构有下列五种类型：

（1）以自然地理实体通名命名聚落地名。其中又分两种，一种是以一个自然地理实体的通名命名的，所用的自然地理实体中有太阳、山尖、山头、山崖、山丘、高原、谷地、小丘、盐碱地、洼地、盆地、石头、山嘴、渊、溪、小川、干泡子、水泡子、泉、温泉、水井，以及多种生物等。如"好来"村，义即小川村。"德尔斯"村，义即芨芨草村。另一种是以两个自然地理实体通名命名聚落地名，此种适用于聚落所处自然地理环境较为多样的情况，如"花·陶勒盖"乡，系由山丘和山头两地形通名组成的；"楚伦·乌苏"村，系由石头与河流两通名组成；"塔日彦·塔拉"村，系由农田与草原两通名组成，以示当地为半农半牧区。

（2）以自然地理实体通名与形容词组合命名聚落地名。其语序为形容词＋自然地理实体通名，所用的自然地理实体通名中有山、山峰、山梁、山丘（或土冈）、平地、山尖、山头、峡、断崖、岩墙、山坡、小丘、石头、盐碱地、沙漠、戈壁、河、水、小川、河湾、湖、盐池、干泡子、死泡子、海、泉、井、野杏、树、紫桦、榆树、芨芨草等，所用形容词有颜色（十余种）、形状、深、浅、宽、窄、方位、好、坏、苦、臭、数量、序数、吉祥词等。如"瑙滚"村，义即绿色草原村；"查干哈达"村，义即白色山峰村；"洪高尔乌拉"乡，义即美丽之山乡；"嘎顺乌苏"村，义即苦水村；"多若布毛德"村，义即四棵树村。

（3）以形容词命名聚落地名。所用形容词有颜色、形状、方位、数量、吉祥词等，如"呼和浩特"市，义即青色之城；"乌兰察布"市，蒙语"乌兰"为红色，"察布"为崖口，以位于红山口下而得名；"乌兰浩特"，义即红色之城；"满达拉图"镇，义即昌盛之镇；"都兰"村，义即温暖之村；"超格·温尔多"乡，义即威严崇高之乡。

（4）以社会经济通名命名聚落地名。这类地名所用社会经济通名有行政区、生产单位、寺庙、建筑用具、驿站和官职等方面的。蒙古牧民一般以相当于农业区的行政村"巴嘎"为居住单位，每一巴嘎人口有几十至数百人不等，分别居住在由两三户至八九户组成的自然村居民点中。牧民们一年四季以巴嘎为单位，带着蒙古包移居游牧，其春营地称为"哈巴尔札"、夏营地称为"珠斯郎"、秋营地称为"那马尔札"、冬营地称为"沃博勒卓"。如"塔日牙郎·珠斯郎"村，"塔日牙郎"义即农田，该村义即夏营农田村，为兼营农牧业的村子；"巴彦浩特"，"巴彦"为富饶，义即富饶之镇；"鄂尔多斯"在清代为盟的名称，成吉思汗曾在今鄂尔多斯市的伊金霍洛旗建了八座白色宫园，并派专人管理，这种看宫园的人叫"鄂尔多斯"。"伊克昭"，义即大庙；"伊金霍洛"旗，义即"主的营盘"，因元太祖成吉思汗陵墓在该旗境内。百灵庙位于阴山北麓，山环水绕，地势险要。清康熙年间曾在此建喇嘛庙，建筑辉煌，俗名贝勒庙，"贝勒"是蒙古官爵的称号，百灵之名由贝勒庙音转而来；另一说百灵庙，蒙语是"巴图哈拉嘎"，义即坚固的大门，因南面有两山对峙，形成一个较大的门式通道而得名。以用具、交通等通名命名的地名，如"萨达格"乡，义即箭袋乡；"查干拜兴"村，义即白色土房村。

（5）以蒙语与汉语组合命名聚落地名。如"乌兰布和沙漠"，"沙漠"是汉语名词，"乌兰布和"是蒙语名词，义"红色公牛"，即红色公牛沙漠。"毛乌素沙漠"，蒙语"毛"是坏之义，"乌苏"是水之义，因这沙漠中水质不好，故名坏水沙漠。"腾格里沙漠"，蒙语"腾格里"即从天而来之义。"布拉格水库"，"水库"为汉语名词，蒙语"布拉格"义为泉，泉水是这个水库的水源，水库在内蒙古是新生事物，所以用汉语与蒙语组合。

2. 维语居民地名称结构

（1）以名词命名聚落地名。其中，分一个名词和两个名词两种命名聚落地名的方法。由一个名词构成聚落的地名，又分为自然与社会经济两小类。由一个自然地理名词命名的聚落地名为数较多，所用的自然现象有天文、气象、矿物、地文要素、水文要素、动物、植物等,如"米斯"村,义即铜;"硝尔"村,义即碱;"阔台边"村,义即高地;"博斯坦"村,义即绿洲;"库勒"村,义即湖泊;"吾斯塘"村,义即渠道;"沙尔"站,义即老鹰;"尤勒滚"牧点,义即红柳;"托克拉克"村,义即胡杨柳;"吉格代"村,义即沙枣。由一个社会经济名词命名聚落地名的情况也较多,所用的社会经济现象有农牧业、农牧民、手工业者、城镇交通、建筑物、用具、身体部位、宗教、坟墓、吉祥词等,如"比纳木"村,义即旱田;"巴格"村,义即果园;"亚依拉克"村,义即夏季牧场;"阔依其"村,义即牧羊的人;"恰克其"村,义即磨刀匠;"库尔干"村,义即堡垒;"扎吾提"村,义即工厂;"沙喀勒"村,义即胡子;"美其特"村,义即清真寺;"拱拜孜"村,义即坟墓。

　　由两个名词构成的聚落地名,又分两种自然或两种社会经济,或一种自然与一种社会经济现象三小类。

　　取两个自然名词命名地名的,有以下七种情况。用一个矿物与一个天文或地貌名词组成的地名,如"米斯·昆"村,义即铜·太阳;"奥依曼·阿勒吞"村,义即盆地·金。两个地文名词组成的地名,如"江尕勒·萨依"村,义即荒漠·小山沟。一个地文与一个植物名词组成的地名,如"托喀·亚"村,义即绿洲·山崖。两个水文名词组成的地名,如"坎子·库勒"村,义即坎儿井·湖。一个水文与一个天文或矿产地貌、动植物名词组成的地名,如"尤勒吐孜·布拉克"村,义即星星·泉;"硝尔·库勒"村,义即碱湖;"奥依·库都克"村,义即凹地·井;"玛热勒·苏"村,义即鹿·水;"库木奇·艾日克"村,义即芦苇·水渠。一个动物与一个植物名词组成的地名,如"托盖·托格拉克"村,义即骆驼·胡杨树。两个植物名词组成的地名,如"开克日·布亚"村,义即黄连·苦草。

　　取两个社会经济名词命名的地名,有以下五种类型:由果园通名与其他社会经济名词组成的地名,如"也扎·巴格"村,义即农村·果园;由聚落通名与其他社会经济名词组成的地名,如"克孜·坎特"村,义即姑娘·村;由通名"墙"与其他社会经济名词组成的地名,如"克什拉克·塔木"村,义即冬季牧场·墙;由交通名词与其他社会经济名词组成的地名,如"兰帕·科瑞克"村,义即栅·桥;由两个吉祥名词组成的地名,如"阿勒尕·努尔"村,义即前进·光明。

　　取一个自然名词与一个社会经济名词命名县级以下聚落地名的,有以下七种类型:由一个自然(水文)与一个社会经济名词组成的地名,如"霍伊拉·艾日克"村,义即院子·水渠;由一个自然名词与一个果园通名组成的地名,如"阿依·巴格"村,义即月亮·果园;由一个自然名词与一个牧业名词组成的地名,如"托克拉克·艾格勒"村,义即胡杨树·牲圈;由一个自然名词与一个用具名词组成的地名,如"萨依·吐格曼"村,义即小山沟·水磨;由一个自然名词与一个建筑物名词组成的地名,如"博斯坦·霍伊拉"村,义即绿洲·院子;由一个自然名词与一个交通或聚落通名组成的地名,如"吉格代·克其格"村,义即沙枣·渡口,"古勒·买里",义即花·庄;由一个自然名词与一个墓地通名组成的地名,如"塔格·麻札"村,义即山·墓。

此外,也有三个名词命名聚落地名的情况,但是为数很少。其中亦分三个自然名词,一个自然名词与两个经济名词,两个自然名词与一个经济名词这三种类型。如:"硝尔·库勒·艾日克"村,义即碱·湖·水渠;"塔尕尔其·古勒·巴格",义即织袋人·花·果园;"奥依曼·巴依·托海",义即盆地·富·灌木及牧草生长地。

(2) 以形容词命名聚落地名。由一个形容词命名的地名,它所用的形容词包括颜色、新旧、大小、多少、长短、粗细、形状、味道、方位、数量、速度等,这类地名的组成又有两种形式:在地名中形容词不与名词组合,表示人们对当地的印象或感觉,如"阿克"村,义即白色,"克其克"村,义即小,"古则勒"村,义即美丽;由两个形容词命名的地名,从文字上看不出它形容的是什么事物,如"康·色日克"村,义即宽广·黄色;"乌鲁克·明"村,义即大·千。

(3) 以形容词与名词组合命名聚落地名。这类地名与由名词命名的地名一样,占有很大比重。形容词与名词的这种组合,明确了修饰对象,其义易为被人们理解,其中不少名称还有对称性。该类又分以下三种类型。

由形容词与自然名词组合命名聚落地名。如"阿克苏"市,义即白色之水;"克拉玛依"市,义即黑色油。在县级以下聚落命名时又分五个小类型:由一个颜色形容词与一个自然名词组成的地名,如"阿克·布拉克"村,义即白·泉;由一个数字形容词与一个自然名词组成的地名,如"拜什·铁热克"村,义即五棵·白杨树;由一个方位形容词与一个自然名词组成的地名,如"尤喀克·吾斯塘"村,义即上·渠道;由一个形象化形容词与一个自然名词组成的地名,其形容词有长、短、多、少、高、低、粗、细、直、弯、甜、苦、臭、坏、冷、热、干、湿等,如"果勒·塔什"村,义即多·石头,"塔特克·布拉克"村,义即甜·泉;由一个其他形容词与一个自然名词组成的地名,如"帕特喀克·布拉克"村,义即多泥的泉。

由形容词与社会经济名词组合命名聚落地名。在县级及其以上的聚落中,如"喀什"市,"喀什"是喀什噶尔的简称,是五颜六色之义,"噶尔"是砖房,义即房屋由五颜六色砖瓦建造的城市;"喀喇沙尔","喀喇"是黑色,"沙尔"是城,意思是说城久而黑色,易言之,"喀喇沙尔"是古城的意思。县级以下聚落的命名方式大致分以下四种类型:一个颜色形容词与一个社会经济名词组成的地名,如"克孜勒·塔木"村,义即红色·墙;一个数字形容词与一个社会经济名词组成的地名,如"阔什·库拉克"村,义即双·耳;一个方位形容词与一个社会经济名词组成的地名,如"托万·买里"村,义即下·村;一个形象化形容词与一个社会经济名词组成的地名,如"琼·阔恰"村,义即大·街。

由形容词与名词复合命名聚落地名。该类地名为数不少,可以分六类:一个形容词与两个自然名词组成的地名,如"奥吐拉·苏盖特·艾日克"村,义即中间·柳树·水渠;一个形容词与两个社会经济名词组成的地名,如"喀热·亚尕奇·美其特"村,义即黑色·木材·清真寺;一个形容词与一个自然名词、一个经济名词组成的地名,如"科克·艾日克·霍伊拉"村,义即蓝色·水渠·院子;两个形容词与一个自然名词组成的地名,如"色日克·琼·库勒"村,义即黄色·大·湖;两个形容词与一个社会经济名词组成的地名,如"英·尤库日·买里"村,义即新·上;两个形容词与两个社会经济名词组成的地名,如"喀拉·乌依·阿克·拜勒"村,义即黑色·房屋·白色·腰。

目前在新疆,除汉语地名外,维语地名为数最多,分布最广,并以南疆为主。蒙语地名也不少,主要分布在北疆,如"阿勒泰"市,蒙语义为金。在新疆有蒙语与维语组合的地名,如"喀拉塔拉"村,"喀拉"是维语"黑色"之义,"塔拉"是蒙语"草原"之义。蒙语与汉语组合的地名,如"查干·郭勒·水库"村,"查干·郭勒"是蒙语"白河"之义,"水库"是借用汉字。著名的罗布泊,蒙语称"罗布·诺尔",义即多水汇集之湖,"泊"为汉语。维语与汉语组合的地名有"拜城","拜"是维语"富裕"之义,"城"是借用汉字;吐鲁番盆地中的"艾丁湖","艾丁"维语义为月光,"湖"字也是借用汉字。

3. 藏语居民地名称结构

西藏居民地名称很复杂,从其含义和结构上可以分为以自然名词、社会经济名词、自然名词与社会经济名词组合、形容词、形容词与名词组合命名等五大类。

(1) 以自然名词命名聚落地名。这类地名特别多,是西藏地名的一大特色。其用词结构可分以下三类:

由一个自然名词命名的地名。此类地名是以天文、地貌、水文、动物、植物等通名命名的,如"南木"社,义即天;"嘎玛"社,义即星;"达娃"村,义即月亮。"日吾"村,义即山;"岗日"公社,义即雪山;"日泽"社,义即山峰;"日拉"村,义即山口;"替吾"村,义即小山丘,"龙"村,义即较宽的山沟;"通嘎"社,义即川、滩、坝;"林"区,义即洲;"普巴"社,义即石洞;"汤"牧点,义即滩;"切马"社,义即沙子;"达"村,义即谷口。"甲错"社,义即海;"查卡"村,义即盐湖;"琼果"村,义即泉;"曲美"区,义即泉;"曲灿"村,义即温泉。"朗钦"村,义即大象;"朗"县,义即公黄牛;"帕巴"寺,义即猪;"热"村,义即山羊;"追"村,义即蛇;"乌巴"社,义即猫头鹰;"扎"社,义即鹞子。"墨脱"县,义即花朵(其名一说是由于这里终年树木葱茏,百花争艳,另一说是因境内群山层叠,状若莲花而得名);"江马"村,义即柳树;"文部"区,义即柽柳;"边玛"村,义即鞭麻,一种灌木;"乃"社,义即青稞;"白马"区,义即莲花。

由两个自然名词命名的地名。由一个天文与一个地貌名词组成的地名,如"尼马沙"社,义即太阳和土地;"达瓦塘"村,义即月亮和草滩。由两个地貌名词组成的地名,如"当雄"县,义即泥沼·草坝子;"工布江达"县,义即凹地和大谷口;"日当"区,义即山和草滩;"玉仁"区,义即松耳石和山;"扎萨"村,义即石山和土地。由一个矿产名词与一个地貌名词组成的地名,如"桑日"县,义即赤铜山;"赛东"社,义即金和坝;"赛龙"区,义即金和沟;"擦多"村,义即盐和石。由一个水文名词与一个地貌或矿产名词组成的地名,如"曲惹"村,义即河和山;"曲林"村,义即河和洲;"塔荣"社,义即冰和沟;"扎察卡"牧点,义即岩和盐湖。由一个动物名词与一个地貌名词组成的地名,如"左贡"县,义即犏牛和岗;"曲龙"社,义即凤凰和沟;"帕拉"社,义即母黄牛和山口;"桑多"区,义即水獭和石头;"娘龙"村,义即鱼和沟;"热当"社,义即山羊和草滩。由一个动物名词与一个水文名词组成的地名,如"则曲"村,义即母牦牛与河;"热求"社,义即山羊与河;"热扎卡"村,义即山羊与盐湖。由一个动物名词与有关的名词组合而成的地名,如"涅仓"村,义即鱼和洞;"重桑"牧点,义即野牛和赤铜;"桑木喀"村,义即水獭和口;"珠那"社,义即龙和鼻。由两个动物名词组成的地名,如"帕亚"村,义即母黄牛和公牦牛;"亚热"区,义即公牦牛和山羊;"雅达"社,义即公牦牛和老虎;"热它"社,义即山羊和老虎;"仲义"村,义即野牛和鹞子。由一个植物名词与一个地貌名词组成的地名,如"米林"县,义即药和洲,是著名的藏草药产地;"新拉"牧点,义即树木和山口;"乃日"社,义即青稞和山;"恰林"村,义即茶和洲;"哲林"村,义即大米和洲;"卓普"社,义即麦和沟。

由三个自然名词命名的地名。如"擦荣塘"村,义即盐·谷·滩;"琼日塘",义即凤凰·山·滩;"确普热"村,义即河·沟·山。

由四个自然名词命名的地名,如"麦多普热"牧点,义即火·石山·沟底和山羊。

(2) 以社会经济名词命名聚落地名。此类地名的用词结构可分以下三种类型:

由一个社会经济名词命名的地名。这类地名是以农牧用地、食品、用具、交通、人体部位、宗教、吉祥、建筑物等通名命名,又可以分为八种。由农牧用地的名词命名的地名,如"让瓦"村,义即场地(或牲畜圈);"新卡"社,义即农田。由食品名词命名的地名,如"沃马"区,义即牛奶;"玛"村,义即酥油。由用具名词命名的地名,如"矮"村,义即枕头;"达"村,义即箭;"秀"社,义即弓。由交通名词命名的地名,如"萨次",义即站;"山巴",义即桥;"松多"村,义即三岔口;"章"社,义即溜索;"竹卡"社,义即木船渡口。由人体部位名词命名的地名,如"东"村,义即脸;"吉吾"社,义即络腮胡;"所"社,义即牙;"刚巴"社,义即腿;"拉巴"社,义即手;"格巴"村,义即脊椎;"森木"社,义即心。由宗教名词命名的地名,如"隆子"县,义即须弥山顶;"林周"县,义即听任命运自然完成的地域(即"任其自然");"曲"村,义即宗教;"穷果"社,义即法轮(佛教名词);"石莫"村,义即妖女;"折"村,义即鬼;"贡巴"村,义即寺庙;"曲田"社,义即经塔;"多吉"区,义即金刚;"敏"村,义即黑暗;"姆"社,义即祈祷。由吉祥名词命名的地名,如"塔吉"社,义即繁荣;"威色"村,义即光明;"扎西"社,义即吉祥;"德吉"社,义即幸福;"桑珠"社,义即满意;"仁青"社,义即宝贵。由建筑物名词命名的地名,如"噶尔"县,义即营帐或兵营;"谢尔"村,义即玻璃;"颇章"村,义即宫殿;"林卡"区,义即花园。此外,"冲堆"村,义即市集;"觉木"社,义即主妇(或贵妇);"甘巴"社,义即康巴人(西康人);"门巴"区,义即门巴族。

由两个社会经济名词组成的地名。此类地名又分为六种。由两个用具名词组成的地名,如"阿扎"社,义即鼓和陶器;"扎达"村,义即陶器和箭。由两个人体某部位名词组成的地名,如"那果"村,义即鼻和头;"索格"村,义即牙和颈项;"措美"村,义即手和下部;"恰则"区,义即手和尖。由一个人体某部位名词与一个食品名词组成的地名,如"纳马"村,义即鼻子和酥油;"玛东"村,义即酥油和脸;"马卡"村,义即酥油和口;"格马"社,义即颈项和酥油。由一个食品名词与其他名词组成的地名,如"雪嘎"社,义即酸奶和鞍子;"强机"村,义即青稞酒和家;"塔玛"区,义即繁盛和酥油。由一个地点名词与其他名词组成的地名,如"马莱"村,义即酥油和羊圈;"那嘎"社,义即鼻子和营帐;"莱雄巴"牧点,义即羊圈和木槽;"洞嘎"区,义即海螺和营帐。由一个宗教名词与其他名词组成地名,如"拉嘎"社,义即神和鞍子;"扎拉"村,义即头发和神;"玉贡巴"牧点,义即地域和寺庙;"拉孜"县,义即神山顶;"贡巴则"村,义即寺庙顶尖。

(3) 由自然名词与社会经济名词组合命名聚落地名。

以一个自然名词与一个社会经济名词组合命名的地名。其中,由自然名词与吉祥名词组合成的地名,如"罗布日"村,义即财宝·山;"彭错林"区,义即繁荣·洲;"它冲"村,义即繁盛·野牛;"永路"社,义即财富·公黄牛;"诺布沙"社,义即财宝·土地。由自然名词与食物名词组成的地名,如"强日"村,义即青稞酒和山;"肖拉"社,义即酸奶和山羊;"沃马次乌"村,义即牛奶和湖泊,"马塘"村,义即酥油和坝。由自然名词与人体某部位名词组成的地名,如"纳日"村,义即鼻子和山;"纳玉"社,义即鼻子和光线;"索通"社,义即牙和滩。由自然名词与用具名词组成的地名,如"扎达"县,义即草和箭;"曲水"县,义即弓和河;"东斗"社,义即矛和石头;"同多"村,义即海螺和石头;"然阿"村,义即山和鼓;"麦嘎"村,义即火和鞍子;"扎玉"社,"扎"是陶器,"玉"是地域,居民以烧制陶器为业,所以"扎玉"义即陶乡。由自然名词与建筑物或交通名词组成的地名,如"聂拉木"县,"聂"是脖颈,"拉木"是路的意思,原来该县驻地之东有一座似象鼻的山,一条道路曾经从似大象脖颈部位的山脊凹处穿过,因以得名;"穷卡"社,义即凤凰和营帐;"扎嘎"社,义即石山和营帐;"协嘎玛"牧点,义即玻璃和星;"萨莱"村,义即土地和羊圈;"岭郭萨"渡口,义即洲和牛皮船渡口。由自然名词与宗教名词组成的地名,如"拉萨"市,唐代名逻些(或逻娑),清代名拉萨,义即"神地"或"佛地",有的译成"圣地";"嘉黎"县,藏名"拉里",义即神山;"拉孜"县,义即神山顶;"拉擦"村,义即神·盐;"朱去典"村,义即龙和经塔;"日木"社,义即山和祈祷。

以一个自然名词与两个社会经济名词组合的地名。如"那拉昂"村,义即鼻子·山口和鼓。

以两个自然名词与一个社会经济名词组合的地名。如"萨马塘"村,义即土地·酥油·坝;"尼仓郭萨"村,义即鱼·窝·渡口;"鲁玛玛日"牧点,义即泉·酥油·山;"曲嘎拉"村,义即河·营帐·山口。

此外,尚有由四个名词组成的地名。如"纳日措查"村,义即鼻子·山·湖·鹞子。

(4) 由形容词命名聚落地名。其形容词有颜色、数字和形象等方面的,但无形容对象,所以数量不多。可以分为以下三种类型。

以一个或两个颜色形容词命名地名。如"嘎波"区,义即白色;"马步"社,义即红色;"热巴"牧点,义即土黄色;"加莫"社,义即紫色;"渣渣"村,义即花纹。

以一个或两个数字形容词命名的地名。如"东"村,义即千;"久"村,义即十;"杰"社,义即八;"尽冬"牧点,义即万·千;"松西"社,义即三十四村;"息细"村,义即四十四。

以一个或两个形象词命名的地名。如"查波"村,义即细;"央巴"社,义即宽广;"桑"村,义即好,"桑桑"区,义即好好;"朱加"村,义即幼小和灰白色。

(5) 由形容词与名词组合命名聚落地名。此类地名又可分以下两种类型。

以一个形容词与一个名词组合的地名。其所用形容词有颜色、数字、形象、赞语、方位等。因而又分五种:由颜色形容词与一个名词组合成的地名,如著名的文化城"萨迦"县,义即灰白色土;"加秋"村,义即灰白色河;"加荣"社,义即灰白色谷;"菜嘎包"牧点,义即白色羊圈。由一个数字形容词与一个名词组合成的地名,如"昌都"县,藏语称Qamo Do,即双河口的意思,其地处澜沧江上游昂曲与扎曲两河汇合处,是通往青、川、滇的交通枢纽;"章达"社,义即唯一的谷口;"宁果"社,义即两扇门;"扎西"社,义即四个牛毛帐篷;"哲古"区,义即九把刀;"曲松"县,义即三条河;"阿扎"社,义即五座石山;"郎久"社,义即十只公黄牛;"杰果"社,义即八个圆圈;"东多"村,义即千块石头。由一个形象词与一个名词组合成的地名,如"布莱"牧点,义即凸形牲畜圈;"公斯"社,义即凹形山沟;"孜果"社,义即圆顶,"类乌齐"县,义即大山;"措勤"县,义即大湖;"强根"村,义即旧墙。由一个赞语形容词与一个名词组合成的地名,如"热布喀"村,义即佳口;"忠热"村,义即优良野牛;"桑达"社,义即好箭;"松古"村,义即好门;"日喀则"县,"日喀"(Xiga),义即庄园,"则"(Ze),义即顶峰,译为土质美好的庄园、"最好的庄园";拉萨市的"罗布林卡","罗布"是宝贝,"林卡"是园林的意思,是西藏最富有特色的园林,现已辟为人民公园。由一个方位词与一个名词组合的地名,可分为两类,其一,由方位词与自然名词组成的地名,所用的自然名词有山、山口、悬崖、沟、谷、深谷、深渊、坝、洲、土地、湖、泉、公牦牛、野牛、山羊等,方位名词有上方、上部、下方、下部、中间、中心、尖端、头、背后、阴坡、阴暗处、侧边等。这里仅举山河、湖泉等与方位词组合的地名,如"热都"社,义即山上部;"日美"村,义即山下部;"甲布日"村,义即山背后;"扎赛"社,义即石山阴坡;"日署"社,义即山侧边;"日果"村,义即山的阴暗处;"曲卡"社,义即河口;"措美"县,义即湖下方;"锁作"区,义即湖侧边。由方位词与社会经济名词组合的地名,如"扎东"区,义即牛毛帐篷面前;"德雄"村,义即弓背后;"续迈"社,义即弓下部;"扎希"村,义即牛毛帐篷中间;"协堆"社,义即玻璃上方;"协麦"社,义即玻璃下方。

以一个或两个形容词与两个名词组合的地名。如"萨加日"村,义即灰白色土山;"扎西则"社,义即四个顶的牛毛帐篷;"惹宝莱"牧点,义即公山羊羊圈;"郭溪卡"村,义即四个门口;"热布加林"社,义即八个优良洲;"加加竹卡"渡口,义即灰白色、灰白色渡口。此外,尚有一个形容词与三个名词组合成的地名,如"亚拉溪卡"村,义即四头公牦牛和山羊。

西藏地名有多种语源,除藏语为主外,有汉语、梵语、印地语、尼泊尔语、蒙语等。藏语和汉语结合的地名日益增多。行政单位的通名"基巧"相当于专区,"宗"相当于县,"谿"相当于县级的区,"措"相当于县级以下的区,"冲"相当于自然村,现在均由相应的汉字取代。宫殿和寺院的通名往往用汉字,如位于拉萨市的玛布日,义即红山,其上的"布达拉宫"是我国著名的宫堡式建筑群,是藏族古建筑艺术的精华。"布达拉"是梵文普陀罗的音译,其含义,一说是美丽的"小白花",另一说是佛教圣地观音世界的意思。誉满中外的大昭寺,位于拉萨市的八角街,创建于公元七世纪中期,距今已有一千三百多年的历史。大昭寺,藏语称为"觉卧康",其义一说是释迦牟尼佛寺,另一说是大庙会堂。该寺整个建筑,不但集中了西藏建筑艺术特色,而且大量地采用了汉族建筑形式,后经多次增建,形成了宏伟壮丽的建筑群。寺的西门外有"唐番和盟碑"和相传是文成公主亲自栽植的唐柳。

拉萨市西郊的哲蚌寺,义即"积米"寺;北郊的色拉寺,义即"野玫瑰园"寺。日喀则市南的扎什伦布寺,依山傍水,层楼高耸,金顶碧瓦,巍峨庄严。藏语"扎什伦布",义即吉祥须弥山,一说是"吉祥稳座"的意思。青海省西宁市湟中区的塔尔寺是青海省最大的佛寺,是西藏喇嘛教格鲁派(黄教)创始人宗喀巴的诞生地。塔尔寺又作塔儿寺,得名于大金瓦寺内的大银塔。相传,宗喀巴诞生后,其胎衣埋在银塔下,后来长出一棵菩提树,枝叶繁茂,十万片叶子,每片叶上显示一个"狮子吼佛像",信徒们为纪念宗喀巴,在此先建一小塔,藏语称之"衮本"或"衮本贤巴浪",义即十万佛像(佛像众多)。

4. 各民族语地名分布彼此渗透的复杂局面

在现实生活中,既有直接用部族名称命名地名的情况,又有以地名命名族名的现象,借以表示古今某一民族所聚居或到达的地区。四川省安羌的"羌"就是少数民族的名称。中华人民共和国成立后,落实民族平等政策,尊重少数民族的自主权,以民族名称命名的地名更多,如某某民族自治区、自治州、自治县等。甘肃省的东乡族,广西的毛南族等都是以其聚居地的地名为族名的。

不仅如此,当一些民族走到别处时,也常常以自己民族的语言文字和意志给一些地理实体重新命名,从而形成一种彼此渗透、错综复杂的局面。例如,古罗马帝国将占领的不列颠群岛上的一个设防重地命名为"曼彻斯特"(Manchester),为堡垒、要塞之义;摩尔人占领伊比利亚半岛时,按照自己的看法,以阿拉伯语言文字将直布罗陀海峡西端北岸一个海角命名为"特拉法尔加",义为"西角"。这些地名,在今日当地的语言文字里是查不到它们的含义的。中国台湾省有97%的汉族人,有很多与大陆相同的地名,这些地名大多是大陆同胞移居后,为寄托怀念故乡之情以祖籍地名命名的,如陕西村、顶粘村、夏粘村,等等。在广西壮族自治区,大部分城市地名的汉化亦充分说明了民族融合对地名变化的影响。

我国是个多民族的国家,在少数民族区域内的少数民族语地名,都存在汉字译写形式。用汉字注写少数民族语地名,主要分为音注和义注两大类。以汉字注音,大体上保持了原民族的语言流;义注是译义的方法,译成汉字的地名与原民族语地名的发音完全不同了,但其含义却一样。此外,还有音注为主,或半音注半译义的形式。

汉语地名在用字形表达词义时,是不分东南西北的,"形"与"义"构成一个结合体,在全国是一致的。通常情况下,汉语地名有着明显的字面义的特点,"山东""山西""河南""河北""南京""北京""长安街""黄河""长江"等地名,一眼就能看出其字义,以及由两个字或三个字组合起来的地名词的词义,当然也存在某些地名的深层次词义在字形上难以表现的情况。而在用汉字注音的非汉语的民族语地名上,这种注音的汉字所组成的地名词不是汉语言的"音""义"结合体,而仅是"音""义"脱离的注音字形,这种字形不具有汉字语义特征的功能,如从"乌鲁木齐""呼和浩特""拉萨""思茅""格尔木""松花江""雅鲁藏布江""喜马拉雅山"等地名词上,很难识出汉字所表达的词义;实际上,此处这些汉字所组成的地名词仅仅是注音的"符号",已不再具有汉字特有的字面含义了。因此,凡是从字形上看不出汉语字面义的地名,皆可能是少数民族语地名的汉字注音地名。特别是去东北、华北和西北及西南少数民族聚居的地区,见到道路边的路牌和城镇地名标志牌上书写的汉字字形的地名,千万不可妄释其义,若要释其义,则必须查明它的母语,依其母语进行释义。例如:

中朝两国界河"图们江"是满语地名,它原来发音为"图们色禽","图们"义为"万","色禽"义为"源",即"万水之源"。"哈达"(had),为在蒙语与满语里发音和含义相同的地名,是一种民族间借词现象,义为山峰。吉林省的双阳(Suwayan)区名,是满语地名,起初是河名,义为"黄色",即黄河;后来因用汉字注音成"双羊""双阳"等,有人就据名而释,按照汉语字义将"双羊"释为"山上有两只羊打架","双阳"则释为"两个太阳",其实并非其本义。吉林省的四平市,"四平"亦为满语地名,直译为"锥子",其义是指小河溪流细直如"锥",形容有泉;后因满族人早已迁离此地,故人们一直认为四平是汉语地名,在一些志书上释为"四平者,四周平也",又有释为"四平到八面城、梨树镇、山门、鹫鹭树四方的聚落各四十里",均属望文生义之举。

黑龙江省的"海伦",是满语地名,义为水獭。牡丹江的"牡丹",是满语地名,义为"弯曲"。齐齐哈尔,系达斡尔语地名,义为"边城、边地"。哈尔滨市松花江边著名的风景区"太阳岛",有人认为是汉语地名,被附会为"似太阳之岛",或说是"晒太阳"的意思,其实太阳岛系满语地名,直译为"圆鳞花鱼"。

内蒙古自治区的第二大城市包头,由蒙语"包克图"音译,义为"有鹿的地方",在古代包头北面大青山有一片密林,是鹿群栖息之所,因以得名。二连浩特,蒙语地名,"二连"为"额仁"的音译变异,义为"幻景""斑斓","浩特",义为"城",即为斑斓城。锡林浩特,蒙语地名,"锡林"义为"丘陵",以境内丘陵命名,即丘陵城。海拉尔,在蒙语和鄂温克语里皆义为"野韭菜"。

新疆维吾尔自治区首府"乌鲁木齐",系蒙语地名,义为"优美的牧场"。"吐鲁番",系维语地名,义为"都会"。"哈密",系维语地名,义为"瞭望墩"。"拜城",系突厥语地名"巴依"的音译,义为"富庶""富有"。"喀什",系维语地名,义为"玉石集中地"。"巴楚",系维语地名,义为"鹿头"。"乌苏",为蒙语地名,义为"黑水"。"那曲",为藏语地名,"那"义"黑色","曲"义"水"或"河",即"黑水河"。"班戈",系藏语地名,义为"吉祥保护神"。"安多",系藏语地名,义为"末尾"或"下部的岔口"。"昌都",为藏语地名,"昌"指"水","都"指汇合、交叉,义指澜沧江的两条河源扎曲与昂曲在此汇合,故名昌都。"波密",系藏语地名,义为"祖先"。

云南省是我国聚居少数民族最多的省份,有 24 个少数民族,并尚有未定族系的苦聪人和克木人,因而地名的民族语现象十分丰富。"思茅",系历史上被称为"思摩"部落名称的音译,以族名为地名。"怒江"之名,系由怒江流域有怒族居住而得名,而并非《读史方舆纪要》所言:"怒江,以波涛汹涌而名也。""南畹"河,系傣语地名,在傣语里"畹"义为"太阳","南"义为"水",即"太阳河";"町",傣语义为"当顶","畹町"即义"太阳当顶"。傣语地区有一些以数字命名的地名,如瑞丽市的"广双"村,傣语"广"义为"山丘","双"义为"二",即"两丘之地"之义。临沧地区的"信多"村,傣语里"信"义为"十万","多"义为"树桩",即义为"十万树桩"之地。路南"石林",亦是云南享誉中外的风景名胜区,其"路南"系彝语地名的转译,为彝语"鲁乃"(Lǔnǎi),义为"长满黑石头的地方",有人把它视为汉化的方位性地名:道路之南,或宋元行政建制澂江路、中南路之南等,均为附会之言;路南石林,"群峰壁立,千嶂叠翠",早已誉满中外,还有地下石林芝云洞、灵芝林(中石林),以及长湖、大叠水等风景区。"景东",系傣语地名,"景"义为"城","东"义为"坝子",即"坝边之城"。"德宏",系傣语地名,"德"义为"河流下游","宏"义为"怒江",合起来义为"怒江下游之地"。"禄劝"县名,为彝语地名音译经简称和雅化的地名;原为当地"坝子"(山间平地)名,音译为"洪农碌券甸";元置州时取"碌券"二字,并按照音近雅化,改译为"禄劝",以此名州,清乾隆十六年改州为县,有人误以为是汉语地名,将其解释为

"以禄劝降"。另外,傣语地名通名"勐",义"地方";"允",义"城""镇";"广",义"山";"南",义"水";"那",义"田"等。

在海南省北部,自战国至秦汉之间就居住着临高人,因长期与汉族同居,民族特点已经不明显,但是地名构词上却表现出民族语言的特点,即地名的通名在前,专名在后的齐头式地名。其中以"那""多""美""博""南""兰""和"等汉字冠首的较多见,如兰刘、兰李,"兰"是临高语,义为"屋","兰刘""兰李",即"刘屋""李屋"的意思,屋在此即聚落之义。

掌握地名的民族性,对研究民族的历史、文化,研究地域的发展有着重要意义。

第四节　地名政治性及其用字的文化内涵

一、地名政治性

地名政治性,系指地名所用词(字)在反映所指代的地理实体的领土主权归属和命名者的愿望及政治倾向的基本属性。

地名是一种社会现象。在人类社会的不同阶段,地名总是有相应的政治色彩。主要表现在地名命名、更名时,地名的语、音、形、义四要素受强权者强行操纵,使之体现强权者的意愿,为其政治利益服务。

地名的民族性实为地名政治性的重要方面,"名从主人"的原则充分彰显了地名的政治性。千百年来,社会各方面都在不断地变动着,特别是民族的兴衰或迁徙、政治组织的改组或瓦解、条约的签订、版图的变化等,都促使地名不得不随之发生改变。自古以来,促使地名改变的诸因素中,政治的变动始终占着主导地位,也是动摇地名稳定性的关键因素。

地名产生于远古,本是人类为了生产和生活,创造出来的一种为人人所用,使大家受益的交往工具。但是,在阶级社会里,地名却被统治阶级利用,成为反映统治阶级意志、麻痹人民、欺压人民、统治人民的工具。在旧社会里,随着朝代的更迭,新当权者都要在地名上大做文章,为了巩固统治地位,管理国家,推行政治主张,总是随心所欲地更改和命名一批地名,激烈地涂抹上本朝代的色彩,以消除前朝的影响。

秦始皇战胜群雄、统一六国之初,下诏设置36郡,划分统治区域,命其名称,以统治人民。为了突出自己帝王至高无上的地位,禁止地名中使用与其父名字相同的字,开创了中国地名学史上"避讳"之先河,直到清代,延续了两千多年,而且愈演愈烈,到后来不仅是皇帝、皇帝祖宗的名字要避讳,而且连皇后、皇妃、皇太子名字的形和音在地名中都不能有,这造成各个朝代地名中的缺字和不少地名失去原义的现象。同时,在封建社会里，历代为颂扬皇帝的权势和地位，多以皇帝的国号和年号命名或更改地名，而使各代地名中又出现了不同的旺字，另外还用"德"或"庆"字更改皇帝出生地或登基前居住地的地名。由于前朝颂扬的字，通常为下一朝代所嫌弃的字，因而各朝的旺字留存的甚少，造成不少地名一易再易，如"陉邑"，汉初为若陉县，汉章帝改称汉昌，曹魏改为魏昌，隋改为隋昌，唐武德四年又改为唐昌。这种讳颂改法，严重地损害了地名的稳定性和原义，造成了很大的理解上的混乱。

在封建社会，为愚化人民，封建统治者宣扬封建迷信，以伪造的签语、灵符之类为语源命名或更改地名，妄图传位万世。如江苏省宝应县，山西省灵石县，河南省灵宝市等地名都是统治阶级玩弄骗术的产物。封建统治阶级为了维护其统治，还鼓吹三纲五常等一套封建伦理观念，并以此命名或更改地名。各朝代的统治者为镇压和统治边疆地区少数民族，推行"大汉族主义"，以夷、蛮、戎、镇、安、归、平、宁、靖、绥、固、化、武等带有明显侮辱或镇压性的字（词）命名一批教化式的地名。

西汉末年，王莽篡位之后，为摆脱政治危机，巩固"新"朝的统治，一方面托古改制，一方面大肆更改地名，首先最多的是以"亭"为名，宣扬他当皇帝是受之天命的"符命"骗术；其次，以安、治、平等字为名，祈求新朝长治久安，世代相传；以善、美、昌等字取美名，粉饰太平；用同义、同音或反义字更名，以消除前朝影响，树立本朝的形象；以"武"更改地名，恐吓人民，防止反抗；以禽、摧、虏、蛮、貉等歧视和侮辱字眼更改少数民族语地名。

王莽为什么特别喜欢"亭"字？史书里说："郡县以亭为名者三百六十，以应符命文也。"符命，就是所谓天命，义即王莽做皇帝是受之"天命"，并非他个人蓄意篡夺汉朝皇位。西汉末年，统治阶级为摆脱困境，往往求助于鬼神，于是签讳迷信之说大为风行。王莽为了掩饰他的篡权野心和行为，充分利用了这一工具。王莽当"假皇帝"（摄政王）的第三年，突然有汉宗室的广饶侯刘京上书，说是"七月中，齐郡临淄县昌兴亭长辛当一暮数梦，曰：'吾，天公使也，天公使我告亭长：摄皇帝（指王莽）当为真。即不信我，此亭中当有新井。'亭长晨起视亭中，诚有新井，入地且百尺"。王莽得到这个"符命"后，就拿着它和其他各地献来的类似材料去逼迫汉朝皇太后、孺子婴（汉宣帝玄孙，王莽当假皇帝时，立其为皇太子）退位，自己当上了真皇帝。所以，王莽是靠亭长伪言当了皇帝，自然对"亭"有特殊感情。

王莽为篡夺西汉政权，苦心经营了几十年才得以成功，他很怕自己的地位不牢固，总希望能长治久安、天下太平，好使他王家的新朝顺顺当当地一代一代地传下去。于是用治、平、安、宁、顺等字更改地名。更改后的郡县地名中带"治"字的计38个，带"安"字的有8个，带"宁"字的有13个，带"平"字的有26个，带"顺"字的有23个。

王莽为了粉饰太平、缓和矛盾，欺骗人民，又取美名更改地名，其中用善、美、信、睦、昌等字为最多。在更改后的郡县地名中，带"善"字的有12个，带"美"字的有7个，带

"信"字的有16个,带"睦"字的有16个,带"昌"字的有8个,还有以惠、乐、利、富、新等字为美名的。这类美名,根本不能反映当地的地理环境和历史文化特点,而且多雷同,极易造成混乱。

王莽还特意用同义、同音或反义字更改地名,有七八十处之多,因无实际意义,徒然引起许多新的混乱。

王莽在更改地名中,还对少数民族地名用了带歧视、侮辱性质的字,如改文黎为禽房、阴平为摧房、宣武为讨貊、武进为伐蛮、武要为厌胡等,计36处。

唐朝对郡县名称做过系统的规范,对边疆民族地区实行军政管理,如在鸭绿江边临高句丽处设立安东都护府,"安东"其义就是要治高句丽,这个地名一直沿用至1965年。

明朝,整个地名的命名、更名都是围绕着反元护明、维护明朝的统治这一目的进行的。对边境少数民族地名,采取着重于"剿""镇"的政策,命以平房、破房等地名。

清朝,实行县级地名的命名、更名由朝廷审批制,赋予边境少数民族语地名"抚"的色彩,命以平鲁、平罗等地名。

民国初期,推翻了清王朝不久,为巩固资产阶级专政的政权,发展资本主义经济,更改和命名了民主、民权、自由、平等、博爱等地名,反映了中国资产阶级的革命要求和阶级利益。

中华人民共和国是人民当家做主的国家,根据国家的方针政策,废除了几千年来封建的一套做法,在成立不久,中央政府就发出通令,要求各地消除那些有损领土主权和民族尊严的,带有民族歧视和封建色彩的,妨碍民族团结与邻国关系的,以及有侮辱劳动人民性质和极其庸俗的地名。更改了凡经反动政府用国内外反动分子名字命名的地名;恢复了被反动政府强行更改的由革命政府命名的具有革命历史意义的地名。清理和更改了外来地名,在黑龙江省清除了60多条俄语地名。在内蒙古、新疆和西藏地区清理了不少以外国文字和人名命名的地名。清理和更改了违反睦邻原则的地名和歧视兄弟民族的地名,将镇南关、安东、迪化、归绥分别改为睦南关(友谊关)、丹东、乌鲁木齐、呼和浩特。清除了少数民族地区地名中使用的定、镇、化、靖、宁、平等字,并更改了歧视少数民族的地名用字,如"猛"改为"勐"、"猓"改为"倮"、"猺"改为"瑶"、"毒龙"改为"独龙"等。

1991年,苏联解体的当年,俄罗斯议会就做出决议,将以十月革命领袖列宁名字命名的俄罗斯的第二大城市"列宁格勒",恢复其原名"圣彼得堡"。由此可见,地名具有高度的政治性和政策性。一个地名可以体现"名从主人"的原则,表明地物的领土主权归属和某一组织的政治态度。世界上凡有领土争议的地区多有地名名称上的分歧,如1982年的阿、英之战就缘于马岛之争;该岛,阿根廷称马尔维纳斯群岛,英国称福克兰群岛。地图上采用了哪一种名称,就表明倾向于哪一方。较权威的大型地图集上所用的地名常常代表出版该地图集的国家政府在争议问题上的态度和立场。2003年美英发动伊拉克战争,当攻下以他们的死敌伊拉克总统萨达姆名字命名的"萨达姆国际机场"时,美英随即的新闻报道就将其改名为"巴格达国际机场",而其他国家在报道这一新闻时仍用原名。很显然,国度不一样,思想感情和政治立场也不同。

二、地名政治色彩用字的文化内涵

体现政治色彩的地名用字,其文化内涵随地名而异。对于牵涉异民族语言文字的地名,则依相应民族的语言文字寻之,属于避讳和颂扬之辞,各朝不一,亦不能一概而论。因此,下面仅就歧视、侮辱和强化劳动人民的一些常用字做一简要介绍。

在历史上,我国有过不少大汉族主义色彩的地名,如辽宁的"安东",内蒙古的"归绥",新疆的"迪化"等,特别是在古代军事活动频繁的长城内外、河北省中部、安徽省中部和各省的边境地带,较多地用靖、平、怀、安、宁、威、抚、绥、定、夷、狄、迪、蛮、戎、镇、归、固、虏等一类歧视、侮辱和强化少数民族与当地人民,以及宣扬统治者威风的字表示地名,使这类地名带有强烈的政治色彩。

武威,在甘肃省中部,河西走廊东端,是甘肃省辖地级市。北临内蒙古,南靠青海省,地处古丝绸之路要冲,是古代中原与西域的经济枢纽,中原文化和西域文化的融会传播之地,丝绸之路西段的要隘,中外商人云集的都会。古称凉州。周朝时为雍州之地,春秋前为西戎占据,秦为月氏驻牧地。西汉初为匈奴休屠王所占据,元狩二年(前121),汉武帝派骠骑将军霍去病率万骑两次击败匈奴,是年秋天,匈奴昆邪王杀死休屠王,率众降汉。汉得河西后,以汉军屡战屡胜,武功和军威到达河西之义,置武威、酒泉、张掖、敦煌四郡和姑臧县等。东汉时武威郡移治姑臧。魏改姑臧县为林中县。隋仍曰姑臧。唐总章元年(668)置武威县。后陷入吐蕃。宋时属西夏。元为西凉州。明为凉州卫。清雍正二年(1724)复置武威县。1985年改置县级武威市,属武威地区。2001年撤武威地区,改置地级武威市,县级武威市改置凉州区。六朝时的前凉、后凉、南凉、北凉,唐初的大凉均在此建都。以后又历经郡、州、府治。著名的凉州词曲,西凉乐、西凉伎都是在这里形成和发展起来的。为东汉末年至三国初著名谋士、军事战略家贾诩,东汉末年凉州军阀之一张横、梁兴;南朝梁文学家阴铿;唐代大臣段秀实,著名诗人李益;晚清著名经学、史学家和金石学家张澍的故里。有武威文庙、西夏碑、天梯山石窟、雷台汉墓等名胜古迹。尤以汉墓中出土的铜奔马最著名,马浑圆有劲,昂首鸣嘶,三足腾空,右后蹄踏着一只龙雀,神势若飞,为罕见的古代艺术珍品,现已被遴选为我国旅游业的标志物。武威为国家历史文化名城。

第五节　地名历史性及其历史文化内涵

一、地名历史性

地名历史性,系指地名承载的内涵和外延信息多为沉淀多年的历史信息,成为人们探究曾经世界的一个窗口。

地名是历史的一个痕迹。每一个地名必然是历史长河中表明某一特定时空的一个痕迹。例如,南京这个地名在我国上下五千年文明史长河中,仅能表明500多年的建都史,其中也杂有"天京"等的变化。南京这座城市,在历史上曾有过60多个名称,每一个名称都记载着一段历史。这正表明某一地点名称的沿革变化,是这一地点的一部编年史。

地名是历史四要素之一。地名是构成历史所必备的时间、地点、人物、事件等四大要素中的一个,即其中的"地点"。没有地名,则某一历史事件发生的地域空间就无法表述,因而这一段历史也就无法书写,这段历史也就不可能存在了。地名是信息的载体,历史信息当然也离不开地名这个载体。

地名义的历史性。地名的义是历史的义,每一个地名的义都是在某一具体的历史语言环境中产生的,反映的只是地理实体在得名的那一时刻或那一时段,在交往中最惹人注目的那一点。在地名命名那一时刻的"义"可以说是暂时的"义",相对的"义",然而其名一旦约定俗成,就具有时间上相当程度的永久性和空间上很大程度的独立性特点。特别是在地名有"形"的记载之后,这种特点就更加明显。如建筑于600多年前的南京古城外郭的一城门——"沧波门",它的"义"只反映建城门时,城门临一片万顷长满菖蒲芦苇、状若沧波大海沼泽地的情景。命名那一时刻的"义"可以说是暂时的"义",在空间上是相对的"义",然而其名一旦俗成,就具有时间上相当程度的永久性和空间上很大程度的独立性特点,特别是在地名有了"形"的记载之后,这种特点就更加明显。南京古城建于600多年前,沧海桑田,沧波门外的那一片沼泽早已无影无踪了,但是建城门时的那种情景却由"沧波门"这个地名保存至今,乃至往后的世世代代。再如,我国考古工作者为了弥补夏朝的存在而无当时的文物佐证的不足,经多方破土探测不成之后,于1977年终以河南省登封县一个很小的地名——"王城岗"名称中的"王城"二字为线索,在当地进行挖掘,经出土文物和城墙基槽的碳-14测定,证实夏朝确实存在,并早于商朝,填补了我国历史的这一空白。"王城"二字的含义是4000多年前夏朝赋予的,其城池虽早已湮没,但是王城这一史实却由"王城岗"这个很不起眼的小地名保存下来了。因此,地名"义"的暂时性和永久性的对立统一,是地名历史性的重要侧面。

地名是人类探索古代文明的古老而可靠的证物。法国地理学家白吕纳曾说过:"地名可以当作古物的一种,地名研究的性质好比研究化石、古钱一样。"由地名家族的历史特性不难看出,地名正如同上自远古、下至今朝的一部历史巨著,一部大百科全书。地名产生于远古,具有很强的稳定性,并涉及很多领域,真实地记录了它产生时的社会、政治、经济情况,历史条件和自然环境等特征。因此地名就成为探索人类古代历史、文化、语言等社会现象和山岳、河湖、气候等自然现象发展变化的古老而可靠的证物,并为语言学、历史学、人类学、动物学、植物学、地貌学、土壤学、气候学、水文学、地质学等许多学科的研究工作提供了宝贵的辅助史料。人们不但可以利用地名搜索出现代词汇中已经消失的成分,发现某些语言的外来成分、古代方言的某些特征、句法结构和发音特点,而且可以借以确定各个民族的活动范围、国家的幅员和疆界,查明各地区城镇居民的职业构成、经济活动,研究古代动植物的地理分布,以至山岳陵夷、河湖迁徙、气候冷暖等这些自然地理因素的演进嬗变情况。

二、地名历史文化内涵

地名是重要的历史文化现象。其历史文化内涵主要表现在地名的来历含义与沿革变化内涵的历史信息,以及所指代的地理实体的自然与社会经济状况等地名外延的历史信息两方面。

地名的来历含义是地名历史文化内涵信息的主体,系指地名得名的年代、得名的缘由、所取语源及其所赋予的特定含义。如江苏省建湖县荡中村之名,系 1958 年大跃进时于古射阳湖畔的芦苇荡里垦地建村,以村居于一望无际的芦荡之中,名荡中。再如宁夏回族自治区名的"宁夏"之由来经历了七八个世纪。早在公元五世纪初,即东晋南北朝时,匈奴族铁弗部赫连勃勃占据河套地区,自谓夏后氏之苗裔,称大夏天王,立夏国,定都统万城,赫连夏灭亡后,北魏改统万城为夏州;唐代以后,党项族拓跋氏世代居此,置灵州、盐州、原州等,是时人们将此地以"灵夏"与"盐夏"两名并称。北宋时(1038),拓跋氏后裔李元昊在兴庆府(今银川)称帝,国号"大夏",宋人称之"西夏"。公元 1227 年,蒙人灭了西夏,1271 年忽必烈建元朝后,在西夏故地设置行省,取"灵夏"灵的谐音,并以夏地安宁之义,名"宁夏行省","宁夏"之名始出于此。今赋予新义沿用之。

地名沿革变化内含历史信息,系指得名后,在其名称、语源、含义等方面所经历的历次变化及其时间、原因和隶属关系等。例如江苏省盐城市盐都区龙冈镇,秦汉即熬盐灶地,隋以市廛繁庶,商贾云集,得名千家镇;唐为沿冈各村对外交通门户,改名冈门镇;1927 年,以冈埠绵延十余里,形若卧龙,遂更今名。

地名所反映的指代地理实体自然和社会经济状况的外延历史信息,在各个历史时期不尽相同。若将一个地名不同历史时期形成的外延信息整理成册,即该地发展变化的一部史书。例如,盐城镇,其地古为江、河、海共同作用形成封闭海湾成古射阳湖的沙坝。东汉,孙权父亲孙坚为盐渎县令,祖父孙钟在此凿井种瓜,后人曰"瓜井",誉为"瓜井仙踪",为盐城八景之一,建有飞檐翘角朱柱凉亭,立有题"瓜井仙踪"和明万历间盐城县令杨瑞云等人的瓜井诗词碑石各一方。为古代重要产盐地,至晋朝周边盐场林立,盐业极为发达,因而更名盐城。唐设镇。明永乐间改筑砖城,历为盐城县治所,古为盐城盐监驻地。抗日战争期间,先后为盐阜区、盐城市、叶挺市的政府驻地。1945年为盐城市城区,1949年为盐城专区驻地,1965年改置盐城镇,1983年撤专区设盐城市,置城区,为盐城市驻地。抗日战争期间,抗日军政大学五分校所在地,皖南事变后重建新四军军部驻地。今日的盐城镇已为苏北的重要城市之一,建军路横穿东西,解放路、人民路纵贯南北,北部和南部为工业区,有纺织、机械、化工、电力等工业,有盐城师范学院和盐城工学院等高校及江苏省属盐城中学,以及报社、博物馆等,有新四军重建军部旧址泰山庙及其纪念塔,抗日军政大学五分校旧址正北楼等纪念地。有铁路、公路、高速、航空、海运,交通四通八达,通往北京、上海等全国各地,是盐城地区的政治、经济、文化和交通中心。地名的这些外延历史信息,能为研究区域自然环境的变化、社会经济和科学文化的发展状况提供不可多得的史料。

第六节 地名科学性及其语源的文化内涵

一、地名科学性

地名科学性,系指地名得名的语源涉及自然界和人类社会的方方面面,是一个知识宝库,能准确反映所指代的地理实体在得名时乃至今日的内涵和外延信息的基本属性。

地名科学性主要体现在地名专名和通名能够准确地反映出它所指代的地理实体在得名的那个历史时代乃至目前的地理位置、类型、地理环境特征,以及社会经济等各方面的情况,对此须掌握以下三点。

1. 地名名称取得的特意性。任何一个地名名称的取得都不是随意的,总有它一定的自然和社会历史背景,以及赋义的索求。宋代学者王观国总结了我国古代地名命名采用语源的基本思路,概括为"凡地名必从山、从水、从事迹,除此之外,必取美名"。

2. 地名语源的广泛性。从地名渊源分析中,可以清楚地看出地名与政治、经济、文化、历史、地理、民族、风俗习惯、宗教等方面都有着密切的关系,正如人们常说的那样,地名学是诸多学科彼此交结和相互融合的"十字路口"或"汇合点"。

3. 地名信息的隐藏性。地名蕴涵的信息极为丰富,但多为藏而不露,分析地名的渊源可以获取地名许多宝贵的隐含的信息,丰富国家的文化宝库,为各项科学的研究所用。地名文化是祖国文化瑰宝中的一朵奇葩！

二、地名语源及其文化内涵

我国疆域辽阔，民族众多，历史悠久，地名寓意错综复杂。这在本章第三节，由蒙、维、藏等民族语地名名词结构特点已经领略了一番，在大量地名这个浩瀚的海洋里，经仔细分析整理，便可以归纳出地名命名语源有取自命名地理实体的政治地位、古行政区、地理方位、位置、空间部位、史迹、地域风光、诗词语义、名胜古迹、古国、治所、天体、日地关系、天象、天气、气候、地形、水体、水质、复合名称、数字、夸张虚数、形似、声响、民族、部落、姓氏、人物、祖籍地、陵墓、交通设施、道路里程、圣地、帝王言行、神话传说、土质土壤、矿物、植物、动物、色相、味道、史上名称整合、讹传、功能、热量、相关派生、工程、军事设施、产品、商贸、比喻、吉祥、讳颂、方言、属相、词义、愿望、迷信、告诫、警句、风水、成语等，即使用"还有数百种之多"，也不能显示其全貌，其实可以说，地球上以及宇宙中一切地形地物和人文现象都有可能被用作语源命名地名，例如，在安徽东部明光市明光街道赵府村朱郢东边的东风湖南岸，就有一个称作"尿布滩"的地名。相传明朝开国皇帝朱元璋于元天历元年(1328)九月十八日戌时在今明光市赵府村孕龙基出生后，朱家于孕龙基北二里左右的珠墩处搭建窝棚暂居。其母陈氏因此常在湖滩上晾晒尿布，故此得名"尿布滩"，且一直沿袭至今。另外，南京江宁区一村名兔耳岗，因此处一平冈形似兔耳而得名。为明其实质，现只就整理出的部分地名阐述如下。

1. 以地理实体的政治主导地位为语源命名地名

此类地名，常以"京"字表示其地理实体在国内处于政治地位绝高的"首都"之城。

北京 简称"京"，古称"燕京""北平"，中华人民共和国首都。直辖市、国家中心城市、超大城市。中国的政治中心、文化中心、国际交往中心、科技创新中心。是中国历史文化名城和古都之一，是世界一线城市。是中国共产党中央委员会、中华人民共和国中央人民政府和中华人民共和国全国人民代表大会常务委员会所在地。北京直辖市人民政府驻地。被世界城市研究机构 GaWC 评为世界一线城市，联合国报告指出北京人类发展指数居中国城市第二位。北京成功举办夏奥会与冬奥会，成为全世界第一个"双奥之城"。北京地处中国北部，华北平原北部。北京是世界著名古都和现代化国际城市。北京是一座有着三千多年建城史和八百多年建都史的古都，在公元前 1045 年，春秋战国时为燕国都城，时称燕都。西汉、魏、晋、唐时都曾在此置幽州，故又称幽州。五代十国时为辽国的陪都，因位于其首都上京之南而称南京，又称燕京。元代以今北海公园为中心的金国离宫重建都城，改称大都。明洪武元年(1368)，朱元璋灭元后，为了记载平定北方的功绩，将元大都改称北平。明永乐元年(1403)，朱棣取得皇位后，准备迁都于此，遂改北平为北京。"京"，原义为"人工筑起的高丘"，《尔雅·释丘》："绝高为之京。"

国都、首都，因是一国之政治地位绝高的"都市高丘"，故称之为"京"。"北京"，因位于国度北方的"都市高丘"而得名。永乐十八年(1420)明朝颁布迁都北京诏书，改称京师，直至清代。辛亥革命后的民国元年(1912)1月1日，中华民国定都南京，同年3月迁都北京。民国伊始，北京的地方体制仍依清制，称顺天府。民国三年(1914)改顺天府为京兆地方。民国十七年(1928)6月，北伐战争后，首都迁回南京，撤销原京兆地方，北京改名为北平特别市，后又改为北平市。民国十九年(1930)6月，北平降格为河北省辖市。民国二十六年(1937)七七事变后，北平被日军占领，伪中华民国临时政府在此成立，且将北平改名北京。民国三十四年(1945)8月21日，日军宣布投降，重新更名为北平，此时所辖范围较前为小，大致包括今西城区、东城区全境，朝阳区大部、海淀区南半部、石景山区南部和丰台区北半部。1949年1月31日，傅作义率部投向共产党，北平和平解放。1949年9月27日，中国人民政治协商会议第一届全体会议通过《关于中华人民共和国国都、纪年、国歌、国旗的决议》，北平成为中华人民共和国的政治地位绝高的"都市高丘"，更名北京，定为中华人民共和国首都。1949年10月1日，中华人民共和国中央人民政府在北京宣告成立。北京既是中国的政治中心，亦是国家教育和科技中心，是全国教育最发达的地区之一，是全国高等院校的中心，聚集了全国数量最多的重点大学。截至2017年，共有普通高等院校92所，有北京大学、清华大学、中国人民大学、北京师范大学等全国最为著名的学府，全年本专科在校生58.1万人，有58所普通高校和88个科研机构培养研究生，在学研究生达31.2万人。北京是全国最大的科学技术研究基地，有中国科学院等科学研究机构和号称"中国硅谷"的北京中关村科技园区，有两院院士911人，为全国第一。每年获国家奖励的成果占全国的三分之一。北京拥有世界第三、亚洲第一大图书馆：中国国家图书馆。北京是中国铁路网的中心之一，国内线路主要有京九、京沪、京广、京哈、京包、京原、京通和京承等铁路，京沪、京广、京哈等高铁和京津城际铁路等。在国际铁路运输方面，经内蒙古自治区满洲里市去往俄罗斯各城市、经内蒙古自治区二连浩特市去往蒙古国都城乌兰巴托和朝鲜都城平壤，以及去往越南都城河内的列车均从北京发车。北京中轴线(Beijing Central Axis)，位于中华人民共和国北京市老城中心，纵贯老城南北；南起永定门，北至钟鼓楼，距离长7.8千米，占地面积总计51.3平方千米，其中遗产区占地5.9平方千米，缓冲区占地45.4平方千米；中轴线包括万宁桥、景山、故宫等15处遗产建筑，展示中国古代都城规划理念及礼制文化。北京中轴线始建于13世纪，成型于16世纪，此后不断完善，历经逾7个世纪，形成了秩序井然、气势恢宏的城市建筑群，见证了影响中国都城营建传统两千余年的理想都城秩序。北京中轴线及其建筑承载着深厚的中华民族历史文化内涵，与中国延续数千年的古都城市发展史一脉相承，历经数千年所构成的这一独具魅力的古都城市营造体系，是古代社会政治、文化与城市建设的有机统一，是几千年来中华文化孕育的一种特殊的文化成果。北京是全球拥有世界遗产（8处）最多的城市，是全球首个拥有世界地质公园的首都城市，有世界上最大的皇宫紫禁城，祭天神庙天坛，皇家园林北海公园、颐和园、圆明园，世界上最大的四合院恭王府等名胜古迹。北京为世界著名的历史文化名城。

南京 简称"宁"，古称"金陵"，别称"石头城"，雅称"博爱之都"，俗称"省城"。江苏省省会，南京市人民政府驻地，副省级市、国家特大城市、南京都市圈核心城市，全国重要的科研教育基地和综合交通枢纽。夏、商时南京属扬州之域。春秋时属吴国，吴于今朝天宫后山建冶铸之所，故名冶城。公元前472年越国大夫范蠡率士兵在今中华门外，秦淮河南畔，雨花路西侧古长干里西街入口南侧一高地筑城，故名越城。公元前333年，楚威王熊商败越，尽取越地，在今清凉山北，八宝山南石头山上筑金陵城，置金陵邑，史称金陵。公元前209年，秦始皇以此处丘陵岗地多生饲料秣草，改金陵为秣陵，置秣陵县。211年，吴王孙权将政治中心从京口（今镇江）迁至秣陵，翌年以建立帝王大业之义，改秣陵为建业，修筑石头城。229年7月，孙权自武昌迁都于建业，建业始为都城。西晋太康元年（280）复称秣陵；二年（281）析置江宁县，寓"江外无事，宁静于此"之义，称江宁，遂以"宁"为其简称；三年（282）淮水南北各置一县，分别名秣陵和建业，并改建业为"建邺"，有贬损控制之意。建兴元年（313），因避愍帝司马邺名讳，取南方建邺之地"升平康乐"之义，乃改名建康。317年，司马睿在此称帝建立的东晋，之后宋、齐、梁、陈四朝均都于此。东晋南朝时，建康人口超百万，为全国最大的城市，亦为南方的经济、文化、科学及佛教中心，与古罗马并称世界上两大都会。隋置蒋州。唐代称扬州等。937年，南唐在此建都，称金陵。北宋开宝八年（975）改置昇州。南宋建炎三年（1129）改建康府。元至元十四年（1277）置建康路，大历二年（1329）改置集庆路。因元文宗图帖睦尔先封怀王，后成为皇帝是二重喜庆，实为"喜庆汇集之地"而得名集庆。朱元璋克集庆后，改称"应天府"，取"顺应天命"之义。1368年，朱元璋称帝，后改应天府为京师。1421年，朱棣迁都北京，改京师为南京，以为留都，开启明代两京制。清时改称江宁府。清咸丰年间太平天国攻占江宁府，改江宁府为天京。民国元年（1912）孙中山在此建立中华民国临时政府，就任中华民国临时大总统，江宁府改称南京。1949年4月23日，南京解放，南京地名沿用至今。南京地处中国东部、长江下游、濒江近海，为中国九大古都之一，国家首批历史文化名城，是国家长三角与长江经济带战略交汇的重要节点城市。南京总面积6587.04平方千米，明城垣外郭内外及周边地区主城区面积约390平方千米。南京长期是中国南方的政治、经济、文化中心，历史上曾数次庇佑华夏正朔，具有特殊地位。朱偰先生言："此四都（指长安、洛阳、金陵、燕京）之中，文学之昌盛，人物之俊彦，山川之灵秀，气象之宏伟，以及与民族患难相共，休戚相关之密切，尤以金陵为最。"35万～60万年前已有南京猿人在汤山生活，有着7000多年文明史和500多年的建都史。南京历来崇文重教,早在汉代,江东私学已经比较发达。南朝宋时建康太学分设文、史、儒、玄、阴阳五科学馆。明代南京国子监学生多达近万人,并有日本、朝鲜等国留学生在此学习。明清时有崇正、惜阴等书院,明清时期一半以上的状元出自南京"江南贡院",有"天下文枢"之称。南京是中国近现代教育的起点。清末开办江南陆师学堂、江南水师学堂等新式学堂。民国时期,南京高等院校实力与水平发展迅速,执全国高教之牛耳。截至2023年,南京有各类高等院校52所,有南京大学、东南大学等著名高校,两院院士一百多位。南京每10万人中拥有大学文化程度人数仅次于北京,位居全国第二。南京是中国近代体育的发祥地,1910年举办了中国历史上第一次全国运动会。1924年,中华全国体育协进会在南京成立,南京成为中国奥运梦的发源地。唱响世界的民歌《茉莉花》诞生于南京。释迦牟尼佛祖"佛顶真骨"舍利葬于大报恩寺塔地宫,使南京成为国际"千年佛都"。南京因市民践行孙中山的"博爱"理念,一向善待八方来客而博得"博爱之都"美称。中国历史上第一个"文学馆"、中国第一部诗歌理论和批评专著《诗品》以及《世说新语》《文心雕龙》《昭明文选》《千字文》等文学作品均诞生在南京,《红楼梦》《本草纲目》《永乐大典》等巨作与南京密不可分,及至近现代的鲁迅、巴金、朱自清等文坛巨匠也都与南京有着千丝万缕的联系,美国作家赛珍珠的诺贝尔文学奖获奖作品《大地》也在南京创作完成。"南京作家群"是当代中国文坛第一个以城市命名的文学创作群体,2019年10月31日,南京被联合国教科文组织授予"世界文学之都"称号。南京由党中央、国务院于2024年9月中旬批准为全国首个到2035年基本建成社会主义现代化城市样板城市。国家将南京城市性质和核心功能定义为江苏省省会,东部地区重要的中心城市,国家历史文化名城,国际性综合交通枢纽城市;全国先进制造业基地,东部产业创新中心和区域性科技创新高地,东部现代服务业中心,区域性航运物流中心。

2. 以古行政区为语源命名地名

以历史上国家行政区划建制得名的这类地名,时代信息显著,颇具时代特色。我国行政区划建制源远流长,上自夏朝,下迄民国,悠悠岁月,五千余载。《左传》记载的"芒芒禹迹,划为九州"*。说的是夏禹把天下分为徐州、扬州、青州、兖州、豫州、冀州、雍州、荆州、梁州,以统管全国。行政区划历代变化频繁,其级别名称种类繁多,含义亦多变,可归纳为州、土、国、郡、道、路、省、都护府、府、司、军、监、县、邑、市、土司、盟、旗、区等,以及地方基层组织乡、镇、党、都、里、邻、亭、坊、村、保、甲、社、厢、图、什、伍、牌头等(表3-1)。

---

* 关于"九州"之说,学术界尚有争议,目前史学界较多的认为萌自春秋、立于秦代的县、郡是中国历史上最早的行政区划。因"九州"之说在社会上流传甚广,历来引用颇多,作为本书,宜从俗,但不涉商、周。

表3-1 中国古今地方行政区划与基层组织通名级别对照简表

	各朝地方行政区划建制					各朝地方基层组织设置			
	省、市、自治区、特别行政区	市(地、州、盟)		区、县、旗	街道、镇、乡		社区、村		组
共和国	省、市、自治区、特别行政区								
夏	州(12师)	都(10邑)		邑(5里)		里(3明)		明(3邻)	邻(8户)
商	中商 东土、西土、南土、北土	封国、方国、部落		百姓、里君、外服		邑			
周	诸侯国(野、鄙)	乡(5州)(12500户)/ 遂(5县)(12500户)	都(4县)	州(5党)(2500户)/ 县(5鄙)(2500户)		党(5族)(500户)/ 鄙(5酂)(500户)		族(4闾)(100户)/ 酂(4里)(100户)	闾(5比)(25户)/ 里(5邻)(25户) / 比(5户)/ 邻(5户)
春秋	县(郡(末期、边区))			县、郡					
战国	郡(郡(齐国设都))			县		乡		里	什(10户) / 伍(5户)
秦	郡			县/道(边远地)		乡(10000户)	亭(1000户)	里(100户)	什(10户) / 伍(5户)
汉	郡、封国、都护府			县或道、邑、侯国		乡	亭	里	什 / 伍(5户)
魏晋	州			县		乡(500户)		党(5里)	里(5邻) / 邻(5户)
隋	州(或郡)			县		里(500户)		里(100户)	
唐	府(州)[军、监]	[州](军、监)		县(监)		乡(5里500户)		里(5保100户)	保(5邻20户) / 邻(4户)
宋	路	州(府、军、监; 路(府、州、州)		县(军、监)		乡[都保500户]	都	大保[5保50户]	保[2甲10户] / 甲[5户]
元	行省	散府(州)∨	州(府)	县		村、都	社	里、图	甲
明	布政司(省)	府(州)	道▲	县		坊(城内)(200户) /厢(近郊) /里(乡)[1000户]	[都]	里(110户)	甲(10户)
清	省	府(厅、州)	道▲	县、旗、土司		保[乡](1000户)	都	图、甲(里)	牌头(10户)
民国	省、特别区、地方 [省、市、地方]	道(1931年废)、 [专区]		县[市]	区▲	镇(百户以上的街市) 乡(百户以上的村庄)		保(10甲)	甲(10户)

注: /斜线左为城内或城郊,右为边地或郊野　▲为派出机构　∨为级别次于路的府、州,州的散府(州)　[ ]为各朝后期建制

历史上各朝行政区划建制和地方基层组织的名称,有些随朝代的故去而消失,有些却存留至今,在现行地名中常见的主要有州、国、郡、路、道、军、监、邑、县、乡、镇、市、亭、里、坊、都、厢、省等。

州 水中高出水面可居陆地,谓之州,亦可作"洲"。传说夏朝用州作为中国上古地方一级行政区域名。夏禹治水后,将全国分为徐、扬、青、兖、豫、冀、雍、荆、梁州等九个州一级行政区域,夏禹铸九鼎,象征九州。周朝降州为与县同级地方三级。魏晋南北朝时复为地方一级。隋唐两朝前期用作地方一级,自唐后期直至清,均用作地方二级。明代同时亦用作地方三级行政区域名。夏禹的九州之名大部分得到沿用,如江苏的徐州市、扬州市,山东的兖州市、青州市,湖北荆州市等。其他地名中的"州",均源于魏晋或其后某朝所设置的州,如贵州省名中的"州"。"州"这种级别错位现象,在其他政区名中亦有反映。另外,在现行地名中的古政区名,大部分是沿用或启用曾用名,一部分是借注历史上的政区名,如徐州市、扬州市等,有的则为后世其他原因所致,像江西省兴国县,因在宋太平兴国七年(982)由赣县析置,故名兴国县,而并非古代的封国之名,鉴于由此而致的错综复杂局面,在研究地名语源时,要视具体情况,分别对待,不可一概而论。以下主要辅以1966年4月版《中国地图册》所载地名进行阐述。

郡 为我国自春秋到隋唐时期地方行政区域级别名。春秋后期,各封国在新兼并的边远地区置郡,此时郡的幅员较县大,但因地广人稀,地位不及县。战国时,边地逐渐繁荣,地位较县高了,乃在郡下设县,产生了郡、县两级制。秦统一六国后,确立了郡县制。郡,在春秋至汉时,为地方一级行政区。汉置河南郡(今河南省),魏晋时为地方二级行政区,隋后期、唐前期为地方一级行政区。在现行地名中带"郡"字的地名仅见甘肃天水郡一处,未带"郡"字的有云南省省名。

路 在中国历史上,为宋、金、元时期所置地方行政区域级别名,宋、金时为地方一级政区通名,元时为地方二级政区通名。北宋分路,以转运司为主;南宋,则以安抚司为主;金仿宋制,以总管府路为主。元置总管府,隶于省。虽然在现行地名中(除各类道路名之外)几乎不见有"路"字地名,但是有不少现行省区名却来源于"路",如湖北、陕西、广东等省名。

道 本为道路、法则、规律、观念、法理等义,被用作行政区域级别名始于汉代。汉于少数民族聚居区设置的县,称为道,为与县同级的地方行政区域。唐贞观元年(627)将全国分为十道,方镇的辖区亦称道,为地方一级行政区域名。元代在中书省、行中书省与路府之间设置的行政区域称道,为省的派出机构。明清时,在省与府之间设置的监察区称道,为省的派出机构。民国时为介于省与县之间的地方二级行政区域名。在现行地名中得名古政区道的较少,山西歧道、宏道,山东水道,黑龙江开道、滴道、鹿道,甘肃北道、马道,福建夏道等是否与此有关,很难说。但是,在现行省区地名中则有沿用古政区"道"之名的现象,如山西、江西等省名。

军、监 系唐、宋设置直属中央的地方中级行政机构,与州府同级;在边境和关隘设军,以制御外敌和弹压叛兵乱民之需;在矿区设监,只理生产,不管民政;今陕西永寿县驻地名"监军",由此可见该地在宋时可能是矿区和关隘要地;另在四川,今有"固军"地名。

邑 古代称国为邑,亦指夏、商、周和汉时封置的封地和采邑。旧时县别称邑,夏、周时与县同级,商代时则与乡镇同级。汉时邑为县的一种,"列侯所食县曰国,皇太后、皇后、公主所食县曰邑"。京城亦称邑,同时亦泛指一般的城市,大曰都,小曰邑。鉴于此,在华夏古代文明主要发祥地之一的中原地区,古邑地名在现行地名中存留较多,如河南的夏邑、高邑、鹿邑,陕西的朝邑、旬邑、杞邑,山西的安邑,河北的高邑、武邑、邢邑,山东的平邑、堂邑、临邑等。这些地名的存在,反映了这一带正是当时的政治、经济和文化中心区域。

县 古称帝王所居之地,即王畿为县。自西周,用作地方行政区域级别名,最初设置在边地,秦、楚、晋等大国往往把新兼并的土地置县,到春秋后期,各国才把县制逐渐推行到内地,而在新得到的边远地区置郡,郡的面积虽比县大,但因地广人稀,地位要较县低。到战国时,边地逐渐繁荣,才在郡下设县,产生郡、县两级制。秦统一六国后,乃确立郡县制,县隶于郡。隋唐以后隶于府或州(郡)军或监或路或厅,辛亥革命后直接隶于省、特别区,中华人民共和国成立后,或直隶于省、自治区、直辖市,或隶于自治州、省辖市。县为各朝皆置的地方行政建制,其级别一直未变动过,但是析并与兴废,时有发生,其治遗所,有些则改名旧县、故县、固县、老县等。据初步统计,在现行县级以下的小地名中,此类地名为数不少,江苏、安徽、山西、河南、陕西均有旧县地名,河南有两个旧县、一个故县和旧范县,山东有故县,山西有固县和古县,陕西有老县等地名。从这些地名的称谓,便可以知道那里昔日的辉煌及其地理环境的变迁。

乡 泛指城市以外的地区。亦指出生地,如家乡(故乡)。乡用作地方基层行政区域级别名,始于周代,为县隶之。自战国起为各代所设,并均改为县统辖的一级地方行政组织(当代改为县辖的一级地方行政区域)。在现行地名中,以乡为名的,河南有内乡、马乡、新乡,浙江有桐乡,湖北有灵乡,湖南有安乡、宁乡、湘乡,广东有三乡,广西有两个南乡、严关乡、东乡,甘肃有云田乡、东乡,西藏有峡龙乡,山西有武乡、虞乡,黑龙江有朗乡、瑷珲乡,山东有金乡等。

镇 在宋代以前,多在边要形胜之地设置,驻兵戍守之军事要地,称为镇,如朱仙镇等。镇将兼理军民政务。在宋代以后,则指县以下的小商业都市,通常在县级机关驻地或农村中有较多工商业的居民区设置镇,作为地方基层行政区域。

市 到了近代,农村中出现了规模较镇略小些的市,在某些地区亦用作地方基层行政区域名,与乡镇同级,在现行乡镇级及其以下的小地名中,镇地名有许多是现代新的建制镇,实践中须特别留意鉴别;市地名,因在现行地名中无乡镇级建制,故容易区别,如江苏的唐市、徐市、吴市,陕西的固市、新市、殿市,河南的诸市、张市,江西的嵩市、横市、坪市、大市、递市、何市、古市等,均为近代乡镇级建制的市地名。

亭 本为一种开敞的小型建筑物的通称。在秦汉时,则用作地方基层行政区域乡以下的一种地方基层行政组织级别名,大率十里一亭,十亭一乡,亭有亭长,掌握治安警卫,兼管停留旅客,治理民事,多为服兵役满期的人充任。在现行地名中存留"亭"字的,以河南省居多,如东夏亭、会亭、官亭,山西的甘亭、曲亭。另外,在江苏、山东、河北、陕西、宁夏、甘肃、四川、安徽、青海、云南、湖北、湖南等省区均有遗存。古时常于路旁和大道上隔十里设长亭,隔五里设短亭,供行旅停息。长亭亦常用作饯别之所,颇具文化气息。民间盛传梁祝爱情故事,人们一见长亭地名,就会触景生情,联想起梁祝十里相送至长亭离别的那种依依不舍、令人忧伤的动人情景。

都 本为"汇聚""总共""美盛""漂亮""于"之义,在夏、周时已用作行政区域名,周代"都"的广义为人众所聚的城,狭义为有宗庙的城。"邑有宗庙先君之主曰都,无曰邑。"邑曰筑,都曰城。唐末五代军队编制,神策军分五十四都,每都千人。由都指挥使统领,方镇亲军亦多称"都"。中央政府所在地,称京都。上古时用都作地方行政区域级别名,夏制,十邑为都,十都为师,十二师为州。周制,四县为一都。战国时都为齐国地方一级行政区域名。后为宋和清、民国所置的地方基层组织。在宋代,都与乡同级,在清代与民国,均为乡所辖,以"都"统"里"。"都"的上述种种应用场合,均有可能在现行地名中留下足迹,具体到某个地名到底属于哪种情况,则须翔查。"都"这类地名在江西现行地名中存留较多,如于都、宁都、聂都、廿四都、四十八都、十一都、八都、四都、三都、二都,河北的望都,山西的界都,山东的益都,安徽的七都,浙江的三都、二十八都,福建的凤都、八都、三都,在其他省区亦有遗存。

里 通常为道路的"长度单位"。古时则为居民聚居的地方,二十五家为一里。今称在城市者为"里弄",乡村者为"乡里"。也特指故乡,如故里。周朝始作县以下地方基层行政组织级别名,一里领25户。战国时,以县统乡,乡统里。自战国起,除宋朝外,为各朝均设的地方基层行政组织,出现的频率仅次于县。在现行地名中存留较多,如北京的安德里,河南的方里、朱里、恼里,陕西的方里、黄里,山东的昌里、宫里、谷里,江西的瑶里,江苏的同里、梅里等。在浙江有8个里,广西有10个里,贵州有4个里,在黑龙江、吉林、山西、河北、青海、云南、湖南、广西等省区均有"里"地名的遗存。

坊 通常为市街村里的通称,如街坊、村坊,或为用石建造,以表彰忠、孝节义与科第寿考的牌坊,如贞节坊、三元坊、百岁坊等,或为店铺,如茶坊;或为手工业者工作场所的作坊,如糟坊、染坊、油坊等。自唐朝,乃至明、清、民国均用作城池内的地方基层行政组织级别名,唐和明两朝,坊与里同级,清和民国,坊与里、什同级。在现行地名中,坊地名与手工作坊的坊地名,混在一起,在字面上无法区分,对此,实践中必须特别留意鉴别。"坊"地名在江西现行地名中存留较多,如前坊、孙坊、郑坊、陈坊、文坊、孔坊、湖坊、甘坊等,陕西有茶坊、隆坊,湖南有张家坊等。

厢 通常为"边""旁"、像房子一样分隔开的地方等义,如厢房、东厢、西厢、这厢、那厢、车厢、包厢等。另外亦将靠近城的地方谓之厢,如城厢、坊厢。明洪武十四年(1381),令天下编黄册,在城曰坊,近城曰厢,乡都曰里。明代将厢用作靠近城池一带地方基层行政组织级别名,厢与坊、里同级。

保、社、什、甲 在现行地名中存留极少。"保"地名有河北的康保,吉林的套保,广西的德保、者保,青海的隆保。"社"地名,在山西较多,有北社、上社、平社、东社,江苏有洛社,台湾有滩社。"什"地名,仅见到海南省的"通什"一处,"甲"地名,有湖南省的四甲,广东的三甲、八甲,广西的下甲、六甲,辽宁的亮甲等6处。

图 图地名,在清代为地方基层行政组织通名,有"一都二图"的设制,今在江苏常州市北郊还有"四图"地名一处。

3. 以方位为语源命名地名

以方位词为语源命名地名,系采用方位词表示命名地理实体所处的位置。方位词分单纯方位词和合成方位词两类,地名命名中主要是采用单纯方位词,即采用东、西、南、北、中、前、后、左、右、上、下、内、外、间、旁、边等,表示命名地理实体与参照地理实体间相对应的位置关系。其中有对称指位的,也有不对称指位的;有的两者相距甚远,有的则近在咫尺;有的则表示命名的地理实体处于整个国家,或某一区域、某一地理实体的东部(面)、西部(面)、南部(面)、北部(面)、中(间)等,如中国、北京、南京、河北省、河南省、山东省、山西省、云南省、湖南省、陕西省、湖北省、江西省、广东省、西安、西宁、南昌、南宁、沈阳、贵阳、台北、济南等,这类地名甚多。

中国 世界四大文明古国之一。中国以华夏文明为源泉,中华文化为基础,是世界上历史最悠久的国家之一。中国各族人民共同创造了光辉灿烂的文化,具有光荣的革命传统。中国是以汉族为主体民族的多民族国家,通用普通话、规范汉字,汉族与少数民族统称为"中华民族",又自称"炎黄子孙""龙的传人"。中国位于亚洲东部,太平洋西岸,北起漠河附近的黑龙江江心,南到南沙群岛的曾母暗沙,西起帕米尔高原,东至黑龙江、乌苏里江汇合处。中国陆地边界长达2.28万公里。东邻朝鲜,北邻蒙古,东北邻俄罗斯,西北邻哈萨克斯坦、吉尔吉斯斯坦、塔吉克斯坦,西和西南与阿富汗、巴基斯坦、印度、尼泊尔、不丹等国接壤,南与缅甸、老挝、越南相连。东部和东南部同韩国、日本、菲律宾、文莱、马来西亚、印度尼西亚隔海相望。领海由渤海(内海)和黄海、东海、南海三大边海组成,东部和南部大陆海岸线长1.8万公里,海域总面积约473万平方公里。陆地面积 960 万平方公里,陆上边界 2 万多公里。中国同 14 个国家接壤、与 8 个国家海上相邻。中国地势西高东低,复杂多样,有 33.3% 山地、26% 高原、18.8% 盆地、12% 平原、9.9% 丘陵。地势自西而东构成三级阶梯:西部有青藏高原,地势最高,有"世界屋脊之称",为第一级阶梯;青藏高原以东,至大兴安岭、太行山、巫山和雪峰山之间为第二级阶梯,由山地、高原和盆地组成;中国东部宽广的平原和丘陵为第三级阶梯。中国山地、高原和丘陵约占陆地面积的 69.2%,盆地和平原约占陆地面积的 30.8%。山脉多成东西和东北—西南走向。世界海拔 7000 米以上的山峰有 19 座,而坐落在中国境内和国境线上的就有 7 座,号称"世界屋脊"的青藏高原上分布着许多高大山脉。平均海拔 6000 米的喜马拉雅山脉是世界最高大雄伟的山脉,它的主峰珠穆朗玛峰海拔 8848.86 米,为世界第一高峰。雅鲁藏布大峡谷全长 504.6 公里,深 6009 米,是世界第一大峡谷。海岸以东以南的大陆架,蕴藏着丰富的海底资源。河流主要有长江、黄河、黑龙江、珠江、淮河、海河、辽河、雅鲁藏布江、塔里木河、澜沧江、怒江、京杭大运河等。长江是中国第一大河,全长 6300 公里,仅次于非洲的尼罗河和南美洲的亚马孙河,为世界第三大长河。黄河系中国第二长河,全长 5464 公里。鄱阳湖是中国最大的淡水湖,面积 3583 平方公里。青藏高原的青海湖是我国最大的咸水湖,面积 4583 平方公里。中国大陆海岸线北起辽宁鸭绿江口,南达广西的北仑河口,全长 18000 多公里;岛屿岸线长度 14000 多公里。主要岛屿有台湾岛、海南岛、崇明岛、舟山岛、金门岛、厦门岛、钓鱼岛、长山群岛、舟山群岛、西沙群岛、南沙群岛、东沙群岛、中沙群岛、澎湖列岛等。毗邻中国大陆边缘及台湾岛的海洋有黄海、东海、南海及台湾以东的太平洋,以及深入中国大陆内的渤海。另外有渤海海峡、台湾海峡、琼州海峡等三大海峡。海域总面积 473 万平方公里。中国的气候复杂多样,有热带季风气候、亚热带季风气候、温带季风气候、温带大陆性气候和高原山地气候等气候类型;从南到北跨热带、亚热带、暖温带、中温带、寒温带等温度带。中国幅员广大,地质条件多样,矿产资源丰富,矿产 171 种。已探明储量的有 157 种,其中钨、锑、稀土、钼、钒和钛等的探明储量居世界首位。煤、铁、铅锌、铜、银、汞、锡、镍、磷灰石、石棉等的储量均居世界前列。中国是世界上人口最多的发展中国家,国土面积居世界第三位,是世界第二大经济体,并将持续成为世界经济增长最大的贡献者,2020 年经济总量突破 100 万亿元。中国坚持独立自主的和平外交政策,是联合国安全理事会常任理事国,也是许多国际组织的重要成员,被认为是潜在超级大国之一。中国在距今 5800 年前后,黄河、长江中下游以及西辽河等区域出现了文明起源迹象;距今 5300 年前后,中华大地各地区陆续进入了文明阶段;距今 3800 年前后,中原地区形成了更为成熟的文明形态,并向四方辐射文化影响力;后历经多次民族交融和朝代更迭,直至形成多民族国家的大一统局面。历经秦、汉、晋、南北朝、隋、唐、五代十国、宋、元、明、清等朝代。20 世纪初辛亥革命后,废除了封建帝制,创立了资产阶级民主共和国。1949年10月1日,中华人民共和国成立后,在中国大陆建立了人民民主专政的社会主义制度。中华人民共和国国名中的"中华",指的是中华民族、中国人民,"中华"等于"中国"加"华夏"。中国这个称呼至少已有三千多年,最初"中"字是指旗帜,首领在高处竖起一面大旗,人们见旗便从四面八方赶过来,接受命令;后来演变为相对于四方的中央,相对于左右的中间等意思。中国最早时的中心,在今陕西省千年古都西安至河南省中国历史上第七大古都郑州这中原一带。"华"即花。"国"字最初写法是"國",其中外框"口"是指国土范围,框内的"或"是指一个人扛着武器"戈",保卫国家。中华人民共和国,义即中华56个民族数亿人民世代和睦相处,共同生活并奋起以武力誓死保卫,这一繁花似锦的大国家园。中国疆域辽阔,民族众多,先秦时期华夏族在中原地区繁衍生息,到了汉代文化交融使汉族正式成型,奠定了中国主体民族的基础。后又通过与周边民族的交融,逐步形成统一多民族国家的局面。而人口也不断攀升,宋代中国人口突破1亿,清代时期人口突破4亿,到了2005年中国人口突破13亿。中国古代有着发达的农业经济,其经济规模在很长一段历史时期内领先于世界。在历史上由于自然环境的变化和战争等人为因素的影响,古代中国的经济通常与王朝的兴衰与更替具有相同的周期。明、清以来,中国固守农业经济,而西方世界在同一时期率先实现了工业革命,自鸦片战争以来,中国原来保守的农业经济体系受到了西方世界的极大挑战。中国于中华民国国民政府成立后至中日战争开战前夕,已顺畅地效仿西方发展工业,但其间受到内外多重因素的干扰。尔后直到中日战争和国共战争的结束。于1949年,中国共产党领导中国人民推翻了以蒋介石为首的国民党反动派的统治,于10月1日成立了由工人阶级领导的、以工农联盟为基础的人民民主专政的社会主义国家,以五星红旗为国旗,《义勇军进行曲》为国歌,国徽内容为国旗、天安门、齿轮和麦稻穗,通用语言文字是普通话和规范汉字,首都北京,是一个以汉族为主体,56个民族共同组成的统一的多民族国家,才有较长的和平发展时期。1978年改革开放以来,开始实行社会主义市场经济,并推行经济体制改革。中国大陆至2010年GDP超过7.2万亿美元,已经成为继美国之后的世界第二经济大国,普遍认为中国是世界上发展速度最快的经济体,但人均国民生产总值仍位于世界中等水平(第89位),但到2021年,中国大陆的GDP已达到114.37万亿人民币(折合成美元为17.1148万亿美元,到2022年10月中旬,已达18.5万亿美元)。2021年5月11日上午10时,全国大陆人口共141178万人。在中华民族大家庭中,汉族人口最多,占全国总人口的91.11%,其他55个民族人口较少,称为少数民族。60岁及以上人口为26402万人,占18.70%。65岁及以上人口为19064万人,占13.50%。具有大学文化程度的人口为21836万人。中国有数目众多的大学,大学生数量世界第一。截至2023年年底有中国科学院和中国工程院院士共1851位。中华人民共和国成立以来,特别是20世纪70年代末改革开放以后,中国的科学技术水平得到了很大的提高,在计算机、航空航天、生物工程、新能源、新材料、激光技术领域都取得了重大科技成果。居住在城镇的人口为 90199 万人,占 63.89%。中华人民共和国全国人民代表大会是最高国家权力机关。中华人民共和国国务院,即中央人民政府,是最高国家权力机关的执行机关,是最高国家行政机关。中华人民共和国各级监察委员会是国家的监察机关。在中国,公安机关、国家安全机关和司法行政机关虽然是行政机关,但也承担部分司法方面的职能。人民法院和人民检察院是专门行使审判权和检察权的司法机关。在 55 个少数民族中,除回、满两个民族通用汉语外,其他 53 个少数民族都使用本民族的语言,有文字的民族有 21 个,共使用 27 种文字。中国 56 个民族使用的语言,分别属于汉藏语系、阿尔泰语系、南岛语系、南亚语系和印欧语系五大语系。中医是一种起源于中国,以古代中国汉民族的医学实践为主体的传统医学,至今已有数千年的历史。全体公民放假的节日有元旦 1 天、春节 3 天、清明 1 天、五一 1 天、端午 1 天、中秋 1 天、国庆 3 天,部分公民的节日有"三八"妇女节半天、"五四"青年节半天、"六一"儿童节 1 天、"八一"建军节半天,各少数民族也保留着自己的传统节日,如傣族的泼水节等。2023 年 12 月 22 日,联合国大会第 78 届会议协商一致通过决议,将中国传统民俗节日春节(农历新年)确定为联合国假日,并明确"设在总部和庆祝此节日的其他工作地点的联合国机构避免在这天举行会议"。中华人民共和国成立以后,交通线路总长度有了很大增长,已经拥有了堪比发达国家的交通网。交通干线不断向内陆和边疆延伸,运网不断扩大,运输能力也逐步提高。到 2019 年年底,中国铁路营业里程达到 13.9 万公里以上,其中高铁 3.5 万公里,居世界第一。中国宪法规定,中华人民共和国的行政区域划分为:(一)全国分为省、自治区、直辖市、特别行政区;(二)省、自治区分为自治州、县、自治县、市;(三)县、自治县分为乡、民族乡、镇。直辖市和较大的市分为区、县。自治州分为县、自治县、市。自治区、自治州、自治县都是民族自治地方。国家在必要时得设立特别行政区,在特别行政区内实行的制度按照具体情况由全国人民代表大会以法律规定。截至 2020 年年底,中国共有 34 个省级行政区,华北地区有北京市(京)、天津市(津)、河北省(冀)、山西省(晋)、内蒙古自治区(内蒙古);东北地区有辽宁省(辽)、吉林省(吉)、黑龙江省(黑);华东地区有上海市(沪)、江苏省(苏)、浙江省(浙)、安徽省(皖)、福建省(闽)、江西省(赣)、山东省(鲁)、台湾省(台);华中地区有河南省(豫)、湖北省(鄂)、湖南省(湘);华南地区有广东省(粤)、广西壮族自治区(桂)、海南省(琼)、香港特别行政区(港)、澳门特别行政区(澳);西南地区有重庆市(渝或巴)、四川省(川或蜀)、贵州省(贵或黔)、云南省(云或滇)、西藏自治区(藏);西北地区有陕西省(陕或秦)、甘肃省(甘或陇)、青海省(青)、宁夏回族自治区(宁)、新疆维吾尔自治区(新)。共辖 23 个省、5 个自治区、4 个直辖市、2 个特别行政区。333 个地级行政区、2844 个县级行政区、38741 个乡级行政区。

河北省 简称"冀",中华人民共和国省级行政区。省会石家庄,位于中国华北地区,环抱首都北京,东与天津毗连并紧傍渤海。总面积18.88万平方公里。地处华北平原,西为太行山,北为燕山及张北高原。属温带大陆性季风气候。河北省燕山以北为张北高原,其余为河北平原,是中国唯一兼有高原、山地、丘陵、平原、湖泊和海滨的省份,海岸线长487公里,有世界文化遗产3处,国家级历史文化名城6座、中国优秀旅游城市4座。河北省是中华民族的发祥地之一。河北地处中原地区,文化博大精深,自古有"燕赵多有慷慨悲歌之士"之称,是英雄辈出的地方。舜分置幽州。《禹贡》为冀州。公元前11世纪,周武王封召公之子于燕国,封周公之子于邢国,河北成为燕、邢之地。春秋为燕国、中山国、赵国、魏国和代国之地,邯郸和邢台曾为赵国都城。秦始皇时为巨鹿、邯郸、右北平等九郡之地。西汉属幽州、冀州、并州小部分地,分别治蓟(今北京)、广川国(今河北冀州区旧城)、晋阳(今太原)。东汉和三国时属幽州和冀州。隋代属冀州。唐代属河北道、河东道小部分。北宋时,南部属河北东路和河北西路,北部属辽国南京道、西京道东部、中京道西部。金时属河北东路、河北西路。元代为中央直属中书省。明代属北直隶,仍为中央直辖。清代为直隶省,省会在保定。民国初仍属直隶省。后因直隶省名不符实,以其地在黄河以北,于民国十七年(1928)改为河北省。民国十九年(1930)省会迁至天津。民国二十四年(1935)省会迁回保定。1949年,中华人民共和国成立后,仍为河北省。1952年撤察哈尔省,划归河北省。1956年撤热河省,将其大部分划归河北省。1958年将其顺义、延庆、平谷、通县、房山、密云、怀柔、大兴等县划归北京市。1958年2月,天津划归河北省。1967年,天津恢复直辖市。1968年,省会从保定市迁往石家庄市。1973年将蓟县、宝坻、武清、静海、宁河等五县划入天津市,自此形成河北省现辖区域规模。另外,隶属廊坊的三河、大厂、香河"北三县"被京津两市包围的一块飞地为首都的"后花园"。2017年4月1日,中共中央、国务院印发通知,决定划河北省保定市所辖雄县、容城、安新三县设立河北雄安新区,以疏解北京的非首都功能。截至2021年年底,河北省已发现矿产159种,其中已查明资源量的有133种,其中铁矿居全国第3位、钼矿居全国第10位、金矿居全国第18位;河北省地热资源较丰富,风能资源居全国第3位。2022年,有在建国家重大专项和示范工程项目16项,有效发明专利51946件。有国家级质检中心13个。有河北大学等普通高等学校124所,在校生177.37万人,在学研究生8.18万人。河北省已形成了陆、海、空综合交通运输网,其中全省高速公路通车总里程达7279公里,居全国第二位。海运条件十分便利,4个海港中秦皇岛港吞吐能力为中国大陆第二大港。现有石家庄正定国际机场、秦皇岛北戴河机场等7个已通航的民用机场。2023年1月,已开通石家庄地铁1号线。截至2022年2月,河北省辖11个地级市、49个市辖区、21个县级市、91个县、6个自治县,310个街道、1287个镇、617个乡、39个民族乡、1个区公所。河北省人民政府驻石家庄市长安区裕华东路113号。

河南省 简称"豫",中华人民共和国省级行政区。省会郑州。位于中国中部,黄河中下游,东接安徽、山东,北接河北、山西。总面积16.57万平方公里。河南素有"九州腹地、十省通衢"之称。河南省地势呈望北向南、承东启西之势,地势西高东低,由平原、盆地、山地、丘陵、水面构成;地跨海河、黄河、淮河、长江四大流域,大部分地处暖温带,南部跨亚热带,地处北亚热带向暖温带过渡的大陆性季风气候。是全国农产品主要产区和重要的矿产资源大省,人口大省,重要的综合交通枢纽和人流、物流、信息流中心,全国农业大省和粮食转化加工大省。河南地处沿海开放地区与中西部地区的结合部,是中国经济由东向西梯次推进发展的中间地带。河南是中华民族和华夏文明的重要发祥地,是夏、商、周三代文明的核心区,三代文明奠定了中华文明绵延不断发展的基础,在河洛之间凝聚为成熟的文明形态,形成以王都为中心的辐射性统治格局。历史上,先后有20多个朝代200多帝王在河南建都兴业。禹贡为豫州之地。夏禹治水后,将中国分为九州,今河南省境地当时为豫州。因位于九州之中心,故又称"中州""中原"。夏禹为畿内地。西周为东都地。春秋为京畿地及宋、卫、郑、许、陈、蔡诸国地。战国为东周、韩、赵、魏、楚、宋诸国地。秦置三川、颍川、南阳、砀四郡。西汉置河南郡等,为河南得名之始,因其位于黄河中下游,且大部分地区在黄河以南,故名河南。隋置河南郡、荥阳郡、陈留郡、梁郡。唐时大部分属都畿道和河南道、淮南道、山南东道等。北宋定都开封,以开封府(今开封)为东京,以河南府(今洛阳)为西京,以应天府(今商丘)为南京。元时设河南江北行省和河南江北道。明置河南省,后改河南布政使司。清置河南省。民国因之。河南简称"豫",源于夏禹,大禹治水成功划天下为九州,称中原(即中间或中心、重地、大)地区为"豫"州,这与上古人类为指导农耕生产,仰观天象,制定历法有关。所谓"凡大皆称豫",不是大象之言,"惟天为大",大应为天。由此可知"豫"非大象,乃天象,应该是大禹时代依据"夏谚"和大自然给予的天象,将四季分明的夏都所在的地区"中原"称为"豫州"的,从而表明了夏代先民天人合一的思想观念,因此社会上流传的"在远古时期,这里的地势被描述为人牵象之地,所以河南简称豫"之言是不足为据的。河南省地下文物全国第一,地上文物全国第二,是全国文物大省。河南历史代表文化为"中原文化"。河南是全国重要的矿产资源大省和矿业大省,矿业产值连续多年位于全国前5位。全省已发现的矿种144种,已查明储量的有110种,已开发利用的有93种。优势矿产为钼、金、铝、银,以及天然碱、盐矿等7种非金属矿。灵宝、栾川、桐柏、叶县分别被命名为"中国金城""中国钼都""中国天然碱之都""中国岩盐之都"。河南省耕地面积名列中国第二,是全国粮食年产量超3000万吨大关的3个省区之一。小麦年产量一直高居全国第一,大豆产量居全国第二,棉花总产量居全国第二,烟叶总产量一直居全国第一,1990年10月,国务院批准正式成立中国郑州粮食批发市场,1993年成立郑州商品交易所，"郑州价格"的产生结束了中国没有粮油批发价格的历史，逐渐成为中国乃至世界的粮食市场的"晴雨表"。河南粮食总产量占中国的近 1/10，小麦总产量占全国 1/4 多，花生、芝麻产量均居全国第一，蔬菜及食用菌产量居全国第三，牛、猪、禽饲养量以及禽、蛋、肉、奶产量均居中国前 4 位。为全国第一的粮食转化加工大省、第一肉制品大省、第一肉牛大省。中国市场 1/2 的火腿肠、1/3 的方便面、1/4 的馒头、3/5 的汤圆、7/10 的水饺产自河南。河南工业经济总量稳居全国第 5 位、中西部省份第 1 位。建有河南省科学院、郑洛新国家自主创新示范区、国家大数据综合试验区、国家超级计算郑州中心，有 8 位两院院士。截至 2022 年年末，有国家级企业技术中心 93 个，国家级工程研究中心 50 个，国家级工程技术研究中心 10 个，国家级重点实验室 16 个。2022 年有郑州大学、河南大学等普通本科高等院校 56 所，在校生 282.33 万人，在学研究生 9.19 万人。研究生培养机构 27 处，其中科研机构 8 处。本科层次学校 1 所，高职（专科）学校 99 所，成人高等学校 10 所。河南省交通区位优势明显，是全国承东启西、连南贯北的重要交通枢纽，国家综合主体交通网主骨架"6 轴、7 廊、8 通道"中，有"1 轴、1 廊、1 通道"经过河南；郑州国际航空货运枢纽发展迅速，客货吞吐量分别升至全国第 11 位、第 6 位，保持中部地区"双第一"；国际铁路枢纽地位持续巩固，米字形高速铁路网大格局基本形成，普铁、高铁形成"双十字"交会，郑州东站是全国最大的高铁站之一，郑州北站作业量居亚洲编组站前列。高速公路"双千工程"加快建设，普通干线公路、农村公路、内河航道升级改造持续推进，路网通达能力和技术等级明显提升。截至 2023 年 9 月，共开通轨道交通线路 10 条，其中郑州市 8 条，洛阳市 2 条，计 282.4 公里。截至 2023 年 3 月，河南省辖 17 个地级市、54 个市辖区、21 个县级市、82 个县、692 个街道、1180 个镇、586 个乡。河南省人民政府驻郑州市金水区金水东路 22 号。

云南省 简称"云"或"滇"，中华人民共和国省级行政区，省会昆明。位于西南边境，西北紧依西藏，西与缅甸接壤，南与老挝、越南毗邻。总面积 39.41 万平方公里，占全国国土面积的 4.1%，居全国第八位，是全国边境线最长的省份之一。北回归线横贯云南省南部，属低纬度内陆地区。地势呈西北高，东南低，自北向南呈阶梯状逐级下降，为山地高原地形，山地面积占全省总面积的 88.64%，地跨长江、珠江、元江、澜沧江、怒江、大盈江 6 大水系。基本属于亚热带和热带季风气候。动植物种类数为全国之冠，素有"动植物王国"之称，被誉为"有色金属王国"，历史文化悠久，自然风光绚丽，是人类文明重要发祥地之一。是中国民族种类最多的省份。地处中国与东南亚、南亚三大区域的结合部，是长江经济带重要组成部分，全国热门旅游目的地和文旅大省。禹贡为梁州南境。秦为西南夷滇国。汉置益州郡，汉武帝元封二年（前 109）开西南夷，置县 24，云南为其一，取县名为"云南"有三种说法：一是"彩云南现"说，建县时，县治驻地现今云南驿村北面的龙兴和山出现五彩云霞，县城在彩云之南，称云南；二是"云山之南"说，云山

(即现宾川鸡足山)常凝云气高数丈,县城在云山之南,称云南;三是"武帝追梦"说,相传汉武帝夜梦彩云,遣使追梦,在今祥云县境追到彩云,因置云南县。汉属益州。三国属云南、永昌等郡。隋置南宁州。唐朝,南诏王阁罗凤遣使到长安拜唐王,王问:君在何方? 使遥指南曰:南边云下。于是在朝廷心目中"云南"便为祖国西南边疆地域的代称,开元十六年(728)唐王便封阁罗凤为"云南王"。宋为大理国。元至元十一年(1274)设云南等处行中书省,"云南"正式作为滇域的名称确定下来。明至清代为区分云南县名与省名,常将云南县称为"小云南"。清置云南省。民国因之。民国七年(1918),为免省县同名,将"云南县"改名"祥云县"。1949 年 12 月 9 日,云南和平解放。1950 年 3 月,云南省人民政府成立。云南省地质现象种类繁多,成矿条件优越,矿产资源极为丰富,尤以有色金属及磷矿著称,被誉为有色金属王国,是得天独厚的矿产资源宝地。已发现的矿产有 143 种,已探明储量的有 86 种,其中有 61 个矿种的保有储量居全国前 10 位,其中铅、锌、锡、磷、铜、银等 25 种矿产含量分别居全国前 3 位。云南是全国植物种类最多的省份,被誉为"植物王国"。还有"药物宝库""香料之乡""天然花园"之称。云南省动物种类数为全国之冠,素有"动物王国"之称。云南省珍稀保护动物较多,许多动物在中国国内仅分布在云南,国家一类保护动物有 46 种,如蜂猴、滇金丝猴、野象、野牛、长臂猿、印支虎、犀鸟、白尾梢虹雉等。截至 2022 年年末,在云南省工作的"两院"院士共计 13 人,有中国科学院昆明分院,建有中国西南野生生物种质资源库、模式动物(灵长类)表型与遗传研究基础设施、国家昆明高等级生物安全灵长类动物实验中心等大科学设施,有中央属科研机构 9 家、国家重点实验室 7 个、国家级高新技术产业开发区 3 个。截至 2021 年 6 月,云南省有云南大学等公办本科高校 32 所、民办本科高校 9 所,公办专科高校 44 所、民办专科高校 12 所,成人高校 1 所,军办高校 1 所,2022 年在校生 145.27 万人,在校研究生 7.16 万人。云南航空业始于 1922 年,是全国发展航空最早的地区之一,巫家坝机场是继北京南苑机场之后,中国第二座机场。截至 2021 年年底,云南省民用航空航线里程达 29.09 万公里,运输机场达 15 个,运营航线 666 条,基本实现南亚东南亚国家首都和重点城市全覆盖。截至 2022 年,云南省辖 8 个地级市、8 个自治州,17 个市辖区、18 个县级市、65 个县、29 个自治县、177 个街道、683 个镇、400 乡、140 个民族乡。省人民政府驻昆明市五华区华山路 78 号。

湖南省 简称"湘",别称"楚""湘楚""潇湘""三湘""三湘四水",古代湘江流域广植芙蓉,唐代诗人谭用之有"秋风万里芙蓉国"之句,故又有"芙蓉国"雅称。中华人民共和国省级行政区,省会长沙。在中国中南部,长江中游南岸,大部分在洞庭湖之南。湘江贯穿南北,故简称湘。南枕南岭与广东、广西相邻,北以滨湖平原与湖北接壤。总面积21.1829 万平方公里。地处云贵高原向江南丘陵、南岭山脉和江汉平原过渡的地带,地势呈三面环山,朝北开口的马蹄形地貌。由平原、盆地、丘陵地、山地、河湖构成,地跨长江、珠江两大水系，属大陆性亚热带季风湿润气候，温暖湿润。远在旧石器时代湖南境地就已有古人类活动。在原始社会时为三苗、百濮与扬越（百越一支）之地。早在五千年以前的新石器时代，湖南的先民就开始过定居生活。在夏、商和西周时为荆州南境。春秋战国时为楚国地。秦代置长沙郡。西汉初属长沙国，汉武帝之后属荆州，辖武陵、桂阳、零陵和长沙四郡。三国为吴国荆州。晋置湘州。唐初分属山南东道、江南西道和黔中道，唐广德二年（764）置湖南观察使，以位居洞庭湖之南而得名，湖南名始于此。宋分属荆湖南、北路。元属湖广行省。明属湖广布政使司。清康熙三年（1664）湖广分治，以洞庭湖为界，析其南境，沿用古湖南观察使名湖南省。是华夏文明的重要发祥地之一，相传炎帝神农氏在此种植五谷，织麻为布，制作陶器，坐落于株洲市的炎帝陵成为中华民族的精神象征。湖南处于东部沿海地区和中西部地区的过渡带、长江开放经济带和沿海开放经济带的结合部，具有承东启西、连南接北的枢纽地位。已发现 146 种矿种，探明其储量 111 种。2022 年年末，湖南省有国家工程研究中心（工程实验室）12 个，国家认定企业技术中心 68 个，国家工程技术研究中心 14 个，国家级重点实验室 19 个，发明专利授权量 20423 件。2022 年年末有普通高校 116 所，其中国防科技大学、中南大学、湖南大学为世界一流大学建设高校，湖南师范大学为世界一流学科建设高校，另有 3 所 985 工程重点建设高校、4 所国家 211 工程重点建设高校；研究生毕业生 2.9 万人，普通高校毕业生 44.9 万人。2022 年年末，实现省会长沙与 13 个市州全部高速公路相连，铁路交通较为发达，共有京广、沪昆、湘桂、石长、洛湛、焦柳、渝怀等 7 大铁路干线，醴茶、瓦松等若干支线，铁路营业里程达 6078 公里，其中高铁达 2408 公里。截至 2023 年 6 月 28 日，长沙轨道交通运营线路共 8 条，其中磁浮快线一条。拥有长沙黄花和张家界荷花 2 个国际机场，以及常德桃花源等 9 个国内机场。长沙黄花国际机场现已开通定期航线 200 余条，可通往中国 100 多个大中城市和日本、泰国、韩国、越南、美国、德国、英国、俄罗斯、肯尼亚等国家的 40 多个城市，成为湖南对外开放的主要门户和中国民用航空干线的重要枢纽。截至 2022 年 12 月 31 日，湖南省辖 13 个地级市、1 个自治州，36 个市辖区、19 个县级市、67 个县、422 个街道、1134 个镇、388 个乡。湖南省人民政府驻长沙市天心区湘府西路 8 号。

湖北省 简称"鄂"，别称"楚""荆楚"。中华人民共和国省级行政区，省会武汉。地处中国中部，长江中游，北与河南毗邻，东邻安徽。全省总面积 18.59 万平方公里，占全国 1.94%。湖北省地势大致为东、西、北三面环山，中间低平，略呈向南敞开的不完整盆地。在总面积中，山地占 56%，丘陵占 24%，平原湖区占 20%，属长江水系。湖北历史代表文化为"荆楚文化"。地处亚热带，大部分地区属亚热带季风性湿润气候。禹贡为荆州之域。春秋战国为楚国地。秦主要属南郡。汉为江夏郡、南郡及南阳郡南部。三国属吴、魏。晋时为荆州。隋开皇九年（587）江夏郡一度改称鄂州，因治鄂王城而得名。"鄂王城"是春秋战国时楚王熊渠分封其子熊红到此为鄂王修筑之城。亦为湖北省简称"鄂"的由来,据考,五千多年前,省内这段长江流域为"扬子鳄"繁衍之地,成群的鳄鱼常发出"噩"的吼声,给人们留下了深刻印象,人们便以"咢"为之地名,"鄂"通"谔",是直言进谏的意思。鄂字由"咢"而来,其本义是"坦诚"或"大声争辩",用"鄂"为名,以示"崇尚坦诚"鄂文化的高尚民风。唐置山南东道、淮南道、江南西道和黔中道。宋初置荆湖路,元丰年间(1078—1085)南北分治,此乃居北,名荆湖北路,简称湖北路,"湖北"之名始于此。元代属湖广行中书省。明时属湖广布政使司。清康熙三年(1664)湖广分治,其北境沿用古"路"名,称湖北省。民国因之。省东南江汉平原多湖,故有"千湖之省"之称。境内长江三峡水电站是世界上最大的水电站之一。1949 年 5 月,成立湖北省人民政府。湖北地势高低相差悬殊,西部号称"华中屋脊"的神农架最高峰神农顶,海拔达 3105 米;东部平原的监利县谭家渊附近,地面高程为零。山前丘陵岗地广布,中南部为江汉平原,地势平坦,土壤肥沃。境内矿产资源丰富,已发现矿产 136 种,约占全国已发现矿种数的 81%,其中已查明储量的有 87 种。2016 年实现 100%的县市通国道,100%建制村通沥青(水泥)路。境内有京广、京九、武九等 9 条铁路,京广高铁和汉宜客运专线。武汉是中国航空运输中心之一,武汉天河国际机场是华中地区规模最大、功能最齐全的现代化航空港,是全国十大机场之一,空中航线共 200 余条,省外和国际航线共 20 余条。湖北省已启用天河等 8 座民用机场。武汉自 2004 年正式开通地铁 1 号线,至 2022 年 12 月,武汉共运营地铁 11 条线路。2022 年,湖北省共登记重大科技成果 2247 项,其中,基础理论 73 项,应用技术成果 2146 项、软科学成果 28 项。有武汉大学、华中科技大学等普通高等院校 131 所,在校生 177.26 万人,在校研究生 21.89 万人。全省有武汉、荆州等 5 个中国历史文化名城。为历史名人屈原、王昭君的故里。截至 2022 年 12 月 31 日,湖北省辖 12 个地级市、1 个自治州,39 个市辖区、26 个县级市、35 个县、2 个自治县、1 个林区,335 个街道、761 个镇、161 个乡。湖北省人民政府驻武汉市武昌区洪山路 7 号。

南昌 简称"洪"或"昌",古称"豫章",别称"洪州",江西省省会,南昌市人民政府驻地。截至 2020 年,主城区面积 451.60 平方公里。地处中国华东地区,江西省中部偏北,赣江、抚河下游,鄱阳湖西南岸。有"粤户闽尾,吴头楚尾""襟三江而带五湖"之称,"控蛮荆而引瓯越"之地,是中国唯一毗邻长江三角洲、珠江三角洲和海峡西岸经济区的省会城市,也是华东地区重要的中心城市之一、长江中游城市群中心城市之一。南昌境内的安义曾出土过 50 万年前的旧石器。早在 5000 多年前,就已有人在此生产生活。至 3000 年前的南昌当时的土著居民有"三苗"之称,三苗为炎帝神农氏后裔。三苗时期南昌北至艾溪湖,南至青云谱,这一弧形地带形成了古代南昌居民的聚集区。禹贡属扬州地,春秋属吴。战国属楚。南昌地处吴、楚交界,吴楚相争多在于此。《左传》记载:昭公七年(前553),楚令尹子荡伐吴师于豫章。战国时期,南昌先民已掌握熔铁、铸铁技术和使用耐火材料等先进工艺。秦属九江郡。据《汉书》记载,汉高祖五年(前202)刘邦在垓下打败项羽之后,派大将灌婴率兵平定江南"吴、豫章、会稽郡"。灌婴平定豫章后,立即设官置县,首立南昌县为豫章郡之附郭,取吉祥之义"昌大南疆""南方昌盛"为县名,灌婴奉命驻军于此,修筑"灌城",城址在今南昌火车站东南约4公里的黄城寺,城周长十里八十四步,称为"灌婴城",开创南昌建城史。三国时为东吴豫章郡。晋元康初年(291)置江州(今江西九江)。两晋及南朝时为豫章郡、豫章国。此期,伴随中原文化南渡,南昌城得到了很大的发展,随着东晋经济的发展,在城的西北隅另筑新城(即今旧城区)。隋开皇九年(589)罢郡置洪州,大业三年(607)复为豫章郡。唐武德五年(622)复为洪州,设总管府,唐朝中后期改为江南西道,唐代洪州已成为江南一大都会。五代十国时期,南唐中主李璟于交泰元年(959)升洪州为南昌府,于宋建隆二年(961)将都城从江宁迁往南昌,号"南都",宋开宝八年(975)复名洪州,宋天禧四年(1020)属江南西路,宋天圣八年(1030)江南西路治南昌。南宋孝宗继位前曾封建王于此,隆兴元年(1163)升隆兴府。北宋年间,洪州已成为全国五大造船基地之一,城区面积达14～16平方公里,设16个城门,是历史上南昌古城最大时期。元至元十四年(1277)置隆兴路,元至元二十一年(1284)更名龙兴路,至正二十二年(1362)改置兴都府,次年更名南昌府,是含今江西、广东在内的江西行省治所,为全国最重要的十路之一。明洪武三年(1370)南昌、新建2县同城而治,直到清末。辛亥革命后,民国二年(1913)置赣东道。民国三年(1914)为豫章道。民国十五年(1926)北伐军(蒋中正)攻克南昌后,析南昌、新建县治置南昌市,由省直辖。民国十六年(1927)8月1日,在以周恩来为书记,李立三、恽代英、彭湃为委员组成的前敌委员会组织和领导下,贺龙、叶挺、朱德、刘伯承等人率领党所掌握和影响下的军队两万多人,在南昌城头打响了武装反抗国民党反动派的第一枪。经过4个多小时激烈战斗,起义军占领了南昌城。抗日战争爆发后,民国二十八年(1939)南昌会战失败,日军占领南昌。1949年5月22日,中国人民解放军第二野战军解放南昌,南昌成为中华人民共和国江西省直辖市、江西省人民政府驻地。"初唐四杰"王勃在《滕王阁序》中称南昌为"物华天宝,人杰地灵"之地。1927年"八一"南昌起义,诞生了中国共产党第一支独立领导的人民军队,是著名的革命英雄城市,被誉为军旗升起的地方。新中国成立后,南昌制造了新中国第一架飞机、第一批海防导弹、第一辆摩托车、第一辆拖拉机,是中国重要的制造中心、新中国航空工业的发源地,是国家历史文化名城。

南宁 简称"邕",古称"邕州",别称"绿城""邕城"。广西壮族自治区首府。南宁市人民政府驻地。Ⅰ型大城市、二线城市、北部湾经济区、珠江—西江经济带和北部湾城市群核心城市,西部陆海新通道陆港型国家物流枢纽。截至2020年,主城区面积3895

平方公里。地处中国华南地区,广西中部偏南。南宁位于广西壮族自治区南部偏西,地处亚热带,邕江河谷盆地,北回归线穿城而过。南宁一年四季绿树成荫,繁花似锦,物产丰饶。"草经冬而不枯,花非春而常放"之说,实属名副其实。南宁古属百越之地。秦朝属桂林郡辖地。汉高祖元年(前206)为南越国辖地,寻属交州。三国时为吴国辖地,吴将领方县改名临浦县,并从原属交州改属广州。东晋时为广州晋兴郡晋兴县,晋兴郡治晋兴县城,即今南宁。隋开皇十八年(598)将晋兴县改为宣化县,治今南宁。唐武德四年(620)在宣化县置南晋州,领宣化一县,州县并存。唐贞观六年(632)又将南晋州改置邕州,即为南宁简称"邕"的由来。唐咸通三年(862)析岭南道为东、西两道,岭南东道治广州,岭南西道治邕州(今南宁),即南宁在唐朝就已成为省级治所。元朝至元十六年(1274)改邕州为邕州路,泰定元年(1324)为庆边疆之绥服,以寓"南疆安宁"之义,改邕州路为南宁路,南宁得名即始于此。明洪武二年(1369)改南宁路为南宁府,今南宁为府治所,隶属广西布政使司。清朝改广西布政使司为广西省,省会治今桂林市,南宁府此时隶属于广西省左江道,所辖州、县基本沿袭明朝。此时南宁既为南宁府治,又为左江道治和宣化县治。民国元年(1912)10月,广西省临时议会决议,将省会由桂林迁至南宁。民国二十五年(1936)10月,广西省会又由南宁迁至桂林。1949年12月4日,中国人民解放军解放南宁,成立直属广西省的南宁市。1950年2月8日,广西省人民政府成立,省会设在南宁市。1958年3月5日,广西实行民族自治,广西僮族自治区在南宁宣告成立,南宁为广西僮族自治区首府。1965年,国务院决定改广西僮族自治区为广西壮族自治区。1949年前,南宁是商业城市,只有几家工厂和少量手工作坊。现已建成具有地方特色,以食品和轻纺工业为主,包括机械、电子、冶金、化工、建材、煤炭等门类齐全的工业体系。1949年前城区仅有4平方公里,现已扩建近4000平方公里,建造了一批高楼大厦,文化、娱乐及城市基础设施。现已是中国华南、西南和东南亚经济圈的结合部,是泛北部湾经济合作、大湄公河次区域合作、泛珠三角合作等多领域合作的交汇点。珠江—西江经济带的核心城市,也是中国—东盟博览会永久举办地、国家"一带一路"有机衔接的重要门户城市。南部战区陆军机关驻地,南宁是一座历史悠久的文化古城,同时也是一个以壮族为主的多民族现代化、国际化城市。北部湾城市群发展规划将南宁定位为面向东盟的核心城市,支持建成特大城市和边境国际城市。《广西壮族自治区国民经济和社会发展第十五个五年规划和2035年远景目标纲要》提出高标准建设南宁都市圈,提升南宁核心城市综合功能,"十四五"时期,广西将促进形成以南宁市为核心,柳州、桂林为副中心的都市圈。

济南 别称"泉城""齐州""泺邑",山东省省会,济南市人民政府驻地。副省级市,特大城市,济南都市圈核心城市,环渤海地区南翼的中心城市。截至2021年年末,主城区面积291.9平方公里。地处中国华东地区,山东省中西部,黄河下游南岸,京沪和胶济铁路交点。公元前22世纪,舜曾"渔于雷泽,躬耕于历山"。历山即今济南市历下区南部的千佛山,故今市内散落多个以"舜"命名的"舜井""舜耕路""舜华路""舜耕山"等地名。商代末甲骨文中就出现代表今"趵突泉"的"泺"字。西周时为齐国地。秦始皇统一天下后,称历下邑,属济北郡。汉代时,因地处古四渎之一"济水"(故道为今黄河所据)之南而改置济南郡,此为"济南"一名始现。西汉文帝十六年(前164)以济南郡置济南国,其辖境约当今山东省济南历下、市中、天桥、槐荫、历城、长清、章丘等7区,以及济阳县和滨州市邹平县等市县地。东汉时为济南国。隋开皇三年(583)改置齐州。宋徽宗政和六年(1116)齐州升为济南府。金仍置济南府,属山东东路。元初改置济南路,直隶于中书省。明初仍置济南府,属山东布政使司(简称行省),洪武九年(1376)省治由青州移治济南,济南遂成为山东省首府。清仍置济南府。明清以来,济南府一直为山东省治所所在地。清光绪三十年(1904),济南自开商埠,工商各业有长足发展。宣统三年(1911)年末,津浦铁路黄河大桥建成通车,济南成为南北交通枢纽。民国三年(1914)改称济南道。民国十年(1921)春,王尽美、邓恩铭在济南建立共产主义小组,成为国内最早建立的共产主义组织之一。民国十七年(1928)5月3日,日本帝国主义在济南制造了"五三"惨案,屠杀济南人民1.2万人。民国二十一年(1932)日军侵占济南,划为11个区。中国共产党领导山东人民建立山东抗日根据地,进行民族革命战争。民国三十七年(1948)9月27日,中国人民解放军解放了济南,置济南特别市。1949年5月,改置济南市,为山东省党政军等机关驻地。2016年2月,为中国人民解放军北部战区陆军机关驻地。2021年9月14日,提出将济南打造成为高能级的国家中心城市。2021年12月,第十四个"五年规划",支持济南建设国家中心城市,全力创建综合性国家科学中心,11月25日,国务院同意济南成为全国首个科创金融改革试点城市。济南城内百泉争涌,向有名泉七十二之说,如久负盛名的趵突泉、黑虎泉、五龙潭、珍珠泉、白泉、百脉泉、玉河泉、涌泉、袈裟泉、洪范池等十大泉群,与周围的千佛山、鹊山,华山等构成了独特的风光,成为少有的集"山、泉、湖、河、城"于一体的城市,自古就有"家家泉水,户户垂柳""四面荷花三面柳,一城山色半城湖"的美誉。

台北 简称"北",别称"北市",台湾省省会,台北市政府驻地。总面积271.8平方公里。地处台湾岛北部的台北盆地,被新北市环抱,西界淡水河及其支流新店溪。据最新考古研究,台北于旧石器时代晚期即有人类居住。据记载,台北最早为原住民中凯达格兰人(属于平埔族)的生活地,明代初期始有汉人来此地。到清代初期以前,此地均荒芜而未有大规模开拓。1709年,泉州人陈天章、戴天枢等5人合股立陈赖章垦号,向台湾府诸罗县申请开垦大佳腊地方,成为台北盆地开垦活动的开端。19世纪中叶,台湾经济重心逐渐北移,官方决定在艋舺与大稻埕间的田野地,兴建台北府城作为行政中心。清光绪元年(1875),钦差大臣沈葆桢在此置台北府,统管台湾行政,从此就有"台北"之名，以府地处台湾岛北部而得名。清光绪十一年(1885)置台湾省，省会位于桥孜图，但实际在台北。清光绪二十年(1894)，继任巡抚邵友濂正式将省会由桥孜图(今台中市)移至台北，从此台北逐渐成为台湾的政治中心。清光绪二十一年(1895)，因马关条约被割让给日本。民国九年(1920)改置台北市，隶属台北州。民国三十四年(1945)第二次世界大战日本战败，台湾省回归祖国，台北市成为台湾的城市，为台湾省省辖市。1949年国民党撤退到台湾的200万军民，以及20世纪60年代台湾众多中南部民众北上求学、工作的风潮，都使得台北市的人口快速增加，过去在美国的挹注下，道路、住宅社区、学校等公共设施的新建工程也开始逐步进行，城市的开发区域由市区西侧向市区东边的大片田野地拓展。台北市中心区域位于台北盆地底部。台北市境内的河流属于淡水河。台北市位于北纬25度线附近，北回归线以北，属亚热带季风气候，长夏无冬，只有热季与凉季之分，为台湾最大的工业生产区和商业区。

　　用东、西二字命名省区的地名有陕西省(以在陕原之西)、山西省(以在太行山之西)、山东省(以古在崤山之东)、江西省(唐置的江南西道之简称)、广东省(宋置的广南东路之简称)、广西壮族自治区(宋置的广南西路之简称)、西藏自治区(以为中国西部的"乌斯藏——圣洁中心")。以东、西二字名市县的亦很多，例如省会级的西安和西宁两市，以及安徽的肥东县与肥西县，湖南衡东县以在衡山之东得名，山东莱西市以在莱阳市之西得名等；另外，在水文方面，有安徽霍州市的城东湖与城西湖，东北辽河上游的东辽河与西辽河，浙江苕溪上源的东苕溪与西苕溪等。用左右区分方位的地名，有广西郁江上游的左江与右江等。

　　山东省　简称"鲁"，别称"齐鲁"。中华人民共和国省级行政区，省会济南。是中国华东地区的一个沿海省份，在黄河下游，北滨渤海，东临黄海。全省陆域面积15.58万平方公里。山东是中华民族古老文明发祥地之一。已发现最早的山东人——"沂源人"，可以把山东的历史上推到四五十万年以前。新石器时代早、中期的北辛文化，距今有8000年左右的历史，举世闻名的原始社会末期的大汶口文化、龙山文化都是在山东首先发现的。自夏朝开始，山东进入奴隶制社会。夏禹分九州时，属兖州、徐州、青州等地。公元前1046年，周武王灭商纣，首封辅佐有功的姜太公于齐，封其弟周公于鲁。春秋为齐、鲁等国地。战国时，人们将今河南省境内的崤山、函谷关以东的韩、赵、魏、齐、楚、燕六国的广大区域称之为山东。今山东省境，是时仅为齐、鲁等国之地，即古山东区域的东境部分。秦置临淄、济北、琅琊、薛郡、东郡、胶东等郡。汉武帝元封年(前106)为青、徐、兖三州地。唐时分属河南道和河北道。宋初属京东路和河北路。金改置山东东路及山东西路。元置东平、济南、益都、山东、淮南、楚州等行省。明置山东布政使司，以位于战国时广大山东区域的东部而得名，当时包括今辽东、北京、天津及河北。清初置山东省。民国二年(1913)，山东省置岱北、岱南、济西、胶东四道。1949年8月18

日,山东省全境解放。山东省地处暖温带季风气候区。矿产资源丰富,垦殖指数居全国首位。山东是中国经济发达的省份之一,中国经济实力强劲的省份之一,也是发展较快的省份之一,2007年以来经济总量在全国省区中居第三位。山东省境内中部山地突起,西南、西北低洼平坦,东部缓丘起伏,形成以山地丘陵为骨架、平原盆地交错环列其间的地形大势。泰山雄踞中部,主峰海拔1532.7米,为山东省最高点。黄河三角洲一般海拔2～10米,为山东省陆地最低处。山东省"山水林田湖"自然禀赋得天独厚,其中各占全省面积分别为山占14.59%、水占4.99%、林占15.98%、田占53.82%、湖占0.87%。山东已发现矿产资源147种,占全国173种的85.47%,其中,列全国第一位的有金、铪、自然硫等8种。山东省耕地率属全国最高,是中国的农业大省,农业增加值长期稳居中国各省第一位。山东省的工业发达,工业总产值及工业增加值踞中国各省前三位,特别是一些大型企业较多,号称"群象经济"。截至2022年,山东省有济南、济西、济南西和青西等4个特等火车站,高速铁路通车达2446公里。山东有济南遥墙等4个国际机场、德州等7个国内机场。山东省数字化综合发展水平位居全国第六。2022年,PCT国际专利申请量3380件,每万人口有效发明专利量18.65件,组织实施重大科技创新工程项目121项,实施"氢进万家""北斗星动能"2个国家级重大科技示范工程,建11家全国重点实验室,建高速列车、燃料电池、盐碱地综合利用3个领域国家技术创新中心,总量居全国第2位,拥有国家级孵化载体348家,居全国第3位。享受国务院政府特殊津贴专家3510人。截至2023年6月15日,有山东大学、中国海洋大学、山东科技大学等普通高等院校194所。截至2022年,山东省辖16个地级市,58个市辖区、26个县级市、52个县、696个街道、1072个镇、57个乡。山东省人民政府驻济南市历下区省政府前街1号。

山西省 简称"晋",中华人民共和国省级行政区,省会太原。位于华北,东与河北为邻,南与河南接壤。总面积15.67万平方公里。夏朝早期的统治中心在今山西晋南夏县一带,今夏县东下冯遗址是重要的夏墟。商朝时,山西南部在其"邦畿千里"之内,其余地方则散布着十几个方国部落。西周初期,主要是诸侯国晋国的领地。春秋时,晋国发展强大,成为春秋五霸之一。战国时,山西成为赵、魏、韩三国领地。秦始皇统一六国(前221),地方实行郡县制,今山西及周边河北、内蒙古一带为河东、太原、上党、雁门、代郡、云中等郡分割。西汉时,今山西及周边一带为并州、幽州、司隶州领地。东汉中期,山西北部、中部、西部成为多民族聚居地区。三国时,今山西全境属魏国。唐高祖李渊起兵太原,建立大唐,视山西为"龙兴"之地,封太原为唐王朝的"北都""北京"。元以在黄河之东、太行山之西,分置河东道、山西道,属行中书省。山西之名始于此。明置山西布政史司。清置山西省,以在太行山以西而得名。因省境春秋时为晋国地,故简称"晋"。亦称"山左",因位于太行山左边,故名。民国二年(1913)置中路道、北路道和河东道。抗日战争爆发后,八路军三大主力挺进山西,创立了敌后抗日根据地。民国三十八年(1949)4月,山西全省解放。9月,成立山西省人民政府。山西省地处中纬度地带的内陆,地势呈东北斜向西南的平行四边形,是典型的黄土覆盖的山地高原,地势东北高西南低。高原内部起伏不平,河谷纵横,地貌有山地、丘陵、高原、盆地、台地等,其中山地、丘陵占80%。山西地处秦晋文化区,代表文化为三晋文化。属温带大陆性季风气候。为黄河与海河两大流域的分水岭。矿产资源丰富,已发现的矿种多达120种,其中煤层气、铝土、镁矿、白云岩、耐火黏土这5种储量居全国第一位,煤炭储量居全国第三位,铁矿储量居全国第八位,金红石储量居全国第二位。有国家级企业技术中心32家。2022年,有山西大学、太原理工大学等普通高等院校84所,在学研究生5.6万人、本科生54.3万人。截至2022年年末,公路通车里程14.5万公里,其中高速公路5860.0公里,"三纵十一横十一环"高速公路网基本成型。太原市被列为首批国家"公交都市"试点示范城市。2013年,太原、大同两市分别被确定为42个全国性综合交通枢纽之一。山西省是华北地区重要铁路交通枢纽,为同蒲、京包、石太等9条客运专线等重要干线交会处。截至2018年,山西省有太原武宿4E级国际机场1座,运城张孝4D级国际军民合用机场1座,以及长治、大同、吕梁、临汾和忻州5个4C级民航机场。2020年9月1日,太原地铁开始空载试运行。山西素有文物大省的美誉,国家级非遗代表性名录项目182项,"国保单位"达531个,稳居全国第一。截至2022年10月,山西省辖11个地级市,26个市辖区,11个县级市,80个县,202个街道,564个镇,632个乡。山西省人民政府驻太原市小店区省府街3号。

陕西省 简称"陕"或"秦",中华人民共和国省级行政区,省会西安。位于中国内陆腹地,黄河中游,北接内蒙古,东临山西、河南。总面积20.56万平方公里。中国经纬度基准点大地原点。北京时间国家授时中心位于该省渭南市蒲城县。陕西是中华民族及华夏文化的重要发祥地之一,有西周、秦、汉、唐等14个政权在陕西建都。212万年前的西安蓝田上陈遗址,是东北亚最早的人类活动遗址,比此前公认的中国境内最早原始人类"元谋人"还要早42万年,改写了历史教科书。26万年之前的渭南大荔人,是中国人直系祖先的起源,打破了现代人类全都是非洲祖先后裔的认知。8000多年前,中华民族的始祖母、炎帝和黄帝的远祖、伏羲和女娲的母亲,华胥国女首领华胥氏,创造了中国的农耕文化,从华胥到华夏,从华夏到中华,形成了一脉相承的中华民族文化,是华夏文明的源头。6000多年前的西安半坡遗址,是黄河流域著名的仰韶文化母系氏族村落遗址。5000多年前,生活在陕西姬水流域的黄帝部落和姜水流域的炎帝部落,在冲突中走向融合,逐渐形成了中国历史上最早的民族共同体——华夏族,开启了中华民族五千年文明历史。上古时,陕西为雍州和梁州地,西周(前1046—前771)时,周是陕西关中一个古老的部落,始祖名弃,善种植,尧舜时被封为"后稷",封于邰(今武功县一带)。

公刘时由邰迁到豳(今郴州市一带),到古公亶父时迁到岐山之阳的"周原"(今扶风、岐山交界处)。周人在此建城邑,疆理田地、设置官吏、建立军队,商代晚期已为渭水中游的强盛诸侯国。姬昌(文王)迁都丰京(今西安市长安区马王村一带)。姬昌逝,其子姬发(武王)即位,在丰河东岸建镐京(今沣东新城斗门街道一带),并修文王绪业。受命十一年(前1046),经牧野之战,武王灭商建立周朝,史称西周。周幽王十一年(前771),申侯联合犬戎破镐京,杀幽王,西周亡。秦代(前221—前206)祖先大贵是皇帝之孙颛顼的后裔,舜赐其嬴姓。秦穆公时,任贤使能,虚心纳谏,灭国十二,开地千里,国力日盛。秦孝公元年(前361)嬴渠梁继位,重用商鞅变法,发展成为战国后期最富强的诸侯国,秦王嬴政先后灭韩、赵、魏、楚、燕、齐,完成统一大业。公元前221年,嬴政称帝,史称"秦始皇"。设三公九卿,管理国家大事,废分封制,代以郡县制,分天下为36郡,陕西北部为上郡,陕南为汉中郡,关中畿辅区域设内史。实行书同文,车同轨,统一度量衡。对外北击匈奴,南征百越,筑长城以拒外敌,凿灵渠以通水系。中央集权制度的建立,奠定中国2000余年政治制度基本格局,对中国历史产生了深远影响。秦始皇三十七年(前210),秦始皇巡游途中病死于沙丘(今河北省广宗县西北),其子胡亥即位,史称秦二世。秦二世元年(前209)因秦王暴虐,滥用民力,陈胜、吴广斩木为兵,揭竿而起,天下响应,刘邦、项羽起兵江淮抗秦。秦亡后,项羽自立为西楚霸王,把陕西关中和陕北地区分封给秦的三名降将,将应封为关中王的刘邦分封到偏僻的汉中区域。汉元年(前206),汉王刘邦率军暗度陈仓(今宝鸡),袭击关中,一位降将自杀,两位降将投降,陕西遂为刘邦所占。汉五年(前202)项羽乌江自尽,刘邦即皇帝位,建立汉朝,史称西汉,京师长安城(今西安)是中国历史上第一个大规模的城市。西汉末年,外戚王莽篡汉,改国号为新,定都长安。东汉初平元年和魏晋南北朝时西晋、前赵、前秦、后秦、西魏和北周均建都汉长安城,唯大夏建国都统万城(今靖边县境),隋文帝在汉长安城东南营造新都——大兴城,重新一统华夏,确立三省六部制,兴科举,建立政事堂议事制度、监察制度、考绩制度,强化政府机制,对后世影响深远。因其大力倡导节俭,废除杂税,并置仓储粮,很快使天下富庶,人民安居乐业,政治安定,史称"开皇之治"。唐代属关内、山南等道,唐代京师长安人口最多时超过100万,是当时世界上最大的城市,也是一个开放的城市。唐王朝曾与300多个国家和地区有来往,每年都有大批外国人通过陆路或海路前来长安。同唐朝关系较为密切的主要有波斯(伊朗)、日本、印度等国。唐代200多年间,日本派遣唐使达19次之多,唐代长安的外国学生中,以日本学生为最多。中和元年(881)黄巢率农民起义军攻入长安,在大明宫含元殿即皇帝位,国号"大齐"。北宋乾德三年(965)灭后蜀,控制陕西全境;太平兴国年间(976—983)置关西道;至道三年(997)改置陕西路。西周初成王时,周公[姬姓,名旦,周文王之子,武王之弟,西周初政治家,采邑在周(今陕西岐山北)称周公,曾助武王灭商,武王死,成王年幼,由其摄政]与召公

［姬姓，名奭，采邑在召（今陕西岐山西南）称召康公，曾佐武王灭商，成王时任太保，被封于燕（燕国始祖）］二人，以今河南省西部陕县西南的一条陕陌（陌，路也）为界，分区而治，自陕陌而东者，称陕东，周公主之，自陕陌而西者，称陕西，召公主之，"陕西"之名则始于此。陕西路辖区包括今陕西关中各市、延安、榆林东南部，以及甘肃庆阳市、山西省运城市及河南省三门峡市。靖康元年（1126）金国攻陕，控制关中地区，秦岭以南归南宋。元置陕西行中书省。明置陕西布政使司。清置陕西省。民国因之。土地革命战争时期，在陕北建有革命根据地。1937—1947年，延安为中共中央所在地。1949年12月，陕、甘、宁、青、新5省区全部及山西省西半部、湖北省和内蒙古部分地区的边区政府入驻西安。1950年1月10日，陕西省人民政府成立。陕西地跨西北和西南，古称三秦大地，纵贯南北、连通东西，位于中国地理版图的中心区，处于黄河中游和汉江中上游，历史悠长，是中华民族的摇篮和中华文明的发祥地。截至2022年年末，省认定有效期内高新技术企业12208家，有效发明专利拥有量82069件（29.762件/万人）。有西安交通大学、西北大学等普通高等学校97所、成人高校14所、双一流高校8所。陕西省境内已建有10条高速公路，7条高速铁路，1座咸阳国际机场和延安南泥湾机场等4座国内机场；截至2023年6月，西安市已开通运营9条地铁线路。截至2022年10月，陕西省辖10个地级市（其中1个副省级市），31个市辖区、7个县级市、69个县，323个街道、973个镇、17个乡。陕西省人民政府驻西安市新城区新城大院。

江西省 简称"赣"，中华人民共和国省级行政区，省会南昌。在中国东南部，长江中下游南岸，华东地区的一个内陆省份，东临浙江、福建，北毗湖北、安徽。总面积为16.69万平方公里，约占全国土地总面积的1.7%，土地分布有"六山一水二分田，一分道路和庄园"的素称。禹贡时为扬州之域。春秋为吴、越、楚三国纷争之地。战国时属楚。秦时属九江郡。汉高帝初年以纵贯境内豫章江（今赣江）置豫章郡。汉武帝时属扬州刺史部。三国时属吴。晋置江州。唐太宗贞观元年（627）置江南道。玄宗开元二十一年（733）置江南东、西二道，因此境属江南西道，简称"江西道"，"江西"之名始于此。元代改置江西行中书省。明代改置江西承宣布政使司。清代改置江西省。民国因之，治南昌。因西汉初置豫章郡，故别称"豫章"。属亚热带温暖湿润季风气候，是中国多雨省之一，为中国重要农业省份之一。是我国矿产资源配套程度较高的省份之一。江西地处长江三角洲、珠江三角洲和闽南三角地区的腹地，区位优越，交通便利，自古为"干越之地""吴头楚尾、粤户闽庭"，乃"形胜之区"，素有"文章节义之邦，白鹤鱼米之国"之美称。江西部分地区属海峡西岸经济区，境内有中国第一大淡水湖——鄱阳湖，也是亚洲超大型的铜工业基地之一，有"世界钨都""稀土王国""中国铜都""有色金属之乡"的美誉。江西"物华天宝，人杰地灵""雄州雾列，俊采星驰"，人文渊薮之地，孕育了红色文化、山水文化、陶瓷文化、书院文化、戏曲文化、农耕文化、商业文化、中医药文化等特色文化和临川文化、庐陵文化、豫章文化、客家文化等地域文化。安源是中国工人运动的策源地。江西井冈山是中国革命的摇篮,南昌是中国人民解放军的诞生地,瑞金是中华苏维埃共和国临时中央政府成立的地方。江西是中国人民解放军十大将军省之首。从汉代开始,江西就是内地重要的造船基地。"安史之乱"以后,江西境内纺织、陶瓷及以银、铜、铁、铅等采冶业均有发展,昌南(景德)镇瓷器则已名闻天下,景德镇成为闻名全国的瓷都。北宋胆水浸铜技术大规模用于生产,成为冶金史和化学史上的一大发明。江西是世界农业发源地之一。明代宋应星著《天工开物》成为中国科学史的巨匠。2022年,有国家级重点实验室6个,国家工程(技术)研究中心8个,全年授权专利7.6万件,每万人有效发明专利拥有6.9件。自唐至清,江西中进士1.05万人,占全国10.67%,其中状元48人。宋代多一门数进士的情形,婺源潘钰及子孙"一门十进士"。2022年年末,江西省有南昌大学、江西师范大学等普通高等院校(含普、职本专科)106所。有沪昆等上百条高速公路,居全国第9位。省内有几十条国道。有京台等5条高速铁路,位居全国第三。南昌昌北国际机场、赣州黄金机场是中国及国际客货运航空枢纽,以及井冈山、景德镇、宜春、九江等民用机场。截至2023年,江西省辖11个地级市,27个市辖区,12个县级市,61个县,186个街道,832个镇,552个乡,8个民族乡。江西省人民政府驻南昌市红谷滩区卧龙路999号。

表3-2 中国十大将军省

军衔＼省份人数	江西	湖北	湖南	安徽	河南	四川(含重庆)	山东	福建	河北	陕西	各衔人数
元帅		1	3			4					8
大将		2	6			1					9
上将	3	14	19	2	1	3		3		3	48
中将	38	31	45	12	9	3	3	3	2	5	157
少将	286	184	129	116	99	87	86	72	79	56	1194
各省总数	327	232	202	130	109	98	89	84	81	64	1416
各省占比(%)	23.09	16.38	14.27	9.18	7.70	6.92	6.29	5.93	5.72	4.52	

广东省 简称"粤",中华人民共和国省级行政区,省会广州。位于南岭以南,南海之滨,与香港、澳门、广西、湖南、江西、福建接壤,与海南省隔海相望。全省陆地面积17.98万平方公里,海域面积41.9万平方公里,占全国陆地面积的1.87%。禹贡时为荆、扬二州之南边境。周为番服。春秋战国时为百越(百粤)族居地,故今乃简称"粤"。秦置南海郡。汉初为南越国。汉末为交州,治广信。三国吴景帝永安七年(264)析交州

东境置一新州,以原治广信而名广州。唐初置岭南道,后分置岭南东道。北宋开宝四年(971)置广南路,宋至道三年(997)分置广南东路,简称广东路,"广东"之名始于此。元时分属广东道和海北海南道。明洪武二年(1369)改置广东布政使司。清置广东省。清设两广总督,初驻肇庆,乾隆十一年(1746)移广州。清代广东省最南的辖境是南海诸岛的曾母暗沙,属广东省琼州府的万州管辖。1842年,鸦片战争清政府战败,香港遭受英国殖民式统治。1887年葡萄牙诱逼清政府签订《中葡和好通商条约》,侵占澳门,1949年10月1日,中华人民共和国成立后,广东政区在继承历史传统的基础上,有所调整和变更。1988年,中央政府将海南行政区从广东省析出,另置海南省。广东省海岸线绵长,境内丘陵广布,约占全省面积三分之二。粤北为南岭,有罗浮、西樵、鼎湖、丹霞等风景名山,沿海有珠江三角洲和潮汕平原。除西南方雷州半岛为热带外,其他地方基本属亚热带湿润季风气候,除粤北山地外,终年不见冰雪,年降水量1500毫升以上,夏秋间有台风暴雨,北回归线从南澳—从化—封开一线横贯,从北向南,依次为中亚热带、南亚热带和热带气候,是全国光、热和水资源较丰富的地区,且雨热同季,降水主要集中在4—9月。全省年平均气温21.8℃,月平均气温最冷的1月为13.3℃,最热的7月为28.5℃,是农耕文明发祥地之一。广东是岭南文化的重要传承地,在语言、风俗、生活习惯等方面都有着独特风格。广东是中国人口较多的省份之一。广东亦是中国的南大门,处在南海航运枢纽位置上,早在三千年前就已经形成以陶瓷为纽带的贸易交往圈,并通过水路将其影响扩大到沿海和海外岛屿。到了清代,广州成为全国唯一的对外通商口岸,改革开放后,广东成为改革开放前沿阵地和引进西方经济、文化、科技的窗口。自1989年年初,广东国内生产总值连续居全国第一位,成为中国第一经济大省,经济总量占全国的八分之一,已达到中上等收入国家水平,中等发达国家水平。广东省域经济综合竞争力居全国第一。广东珠三角9市联手港澳打造粤港澳大湾区,成为与纽约湾区、旧金山湾区、东京湾区并肩的世界四大湾区之一。广东省2018年有中山大学等各类高等学校245所。广东省为国家数字经济创新发展试验区。2021年广东省数字化综合发展水平位居全国第四。2022年广东省专利授权总量83.73万件,居全国首位;全省有效发明专利量53.92万件,居全国首位。2022年,拥有国家重点实验室30家、国家工程技术研究中心23家、国家级制造业创新中心4家、国家认定企业技术中心129家;在建或建成国家技术标准创新基地6个、国家标准验证检验检测点2个。广东省境内有国家高新技术产业开发区、广州高新技术产业开发区等14家,国家级经济技术开发区6家。2022年年末,广东省公路通车里程达22.3万公里,其中高速公路11211公里,铁路运营里程5829公里,其中高铁运营里程2788公里。有京广、广深港等高铁10条。有广州白云和深圳宝安两个4F级国际机场,揭阳潮汕4E国际机场,以及珠海金湾等8所机场。广州、深圳、佛山和东莞四地均建地铁交通线。截至2022年

10月,广东省辖21个地级市、65个市辖区、20个县级市、34个县、3个自治县、486个街道、1112个镇、4个乡、7个民族乡。广东省人民政府驻广州市越秀区东风中路305号。

西安 简称"镐",古称"长安""镐京",陕西省省会,西安市人民政府驻地。是副省级市、特大城市、国家中心城市、西安都市圈以及关中平原城市群核心城市,中国西部地区重要的中心城市,国家重要的科研、教育和工业基地。截至2021年年底,主城区面积5048.37平方公里。西安是联合国教科文组织于1981年确定的"世界历史名城",是中华文明和中华民族重要发祥地之一,丝绸之路的起点,闻名世界的历史名城,与世界著名的罗马、雅典、开罗等古城齐名。是中国最佳旅游目的地、中国国际形象最佳城市之一,有两项六处遗产被列为《世界遗产名录》。西安是国务院公布的首批国家历史文化名城,是中国四大古都之一。是中国历史上建都朝代最多(13个王朝)、历时最长(历时1千多年)、影响力最大的都城之一。早在100万年前,蓝田古人类就在这里建造了聚落;7000年前仰韶文化时期,这里就出现了城垣的雏形;西安高陵杨官寨在2008年出土的距今6000余年的新石器时代晚期城镇遗迹,被选为当年中国考古发现之首,这是中国发现的迄今最早的城镇遗址。远古时代,"蓝田猿人"就在这里繁衍生息;新石器"半坡先民"在此建立部落,他们焚烧树木,开垦农田,种植粟等旱地作物,使用石头、兽骨、鹿角和陶片制造生产工具,并开始种植蔬菜、饲养猪和狗,进行打猎、捕鱼等生产活动。1957年在考古发掘基础上,建了中国第一座新石器时代遗址博物馆——西安半坡博物馆,也是中国第一座史前聚落遗址博物馆。有半地穴式的房屋、窖穴、圈栏及起防护和泄洪作用的大围沟等遗址,比较完整地保留了半坡原始社会村落的原貌。西安在西周时称"丰镐",是周文王和周武王分别修建的丰京(在今西安城西南)和镐京(在沣水东岸)的合称,前者为宗教、文化中心,后者为政治中心,合称"宗周",为西安建城之始。武王灭商建立周王朝后,以丰镐为都,是西安作为都城之始。秦都城咸阳、阿房宫、兵马俑和秦陵均在今西安市境内。公元前202年,刘邦在长安(今西安城西北郊汉城)建立西汉王朝,刘邦定都关中,取当地长安乡之含义,立名"长安",义即"长治久安"。新朝元年(9)王莽称帝,改都城长安为"常安"。隋开皇二年(582),在汉长安城东南择新址建造新城大兴城。唐朝定都长安后,改大兴城为长安城,并进行了增修和扩建。唐朝皇宫之大与今西安市明城墙重合。自隋文帝开皇二年(582)开始,至唐高宗永徽五年(654)基本就绪,历时72年,城市面积84.7平方公里,布局规划整齐,东西严格对称,分宫城、皇城和外廓城三大部分。长安城市结构布局充分体现了封建社会巅峰时期的宏大气魄,在中国建筑史、城市史上具有划时代影响。五代后梁改设大安府,后唐改大安府为京兆府。宋代置陕西路,后改置永兴军路。金代改永兴军路为京兆府路。元皇庆元年(1312)改置奉元路。明洪武二年(1369)3月,大将军徐达进兵奉元路,改奉元路为西安府,取"西部安定"之义而得名。民国十六年(1927)11月25日,改置西安市。民国三十六年（1947）8月1日，西安市升格为国民政府行政院直辖市，为全国12个院辖市之一。1949年5月20日，西安解放，属陕甘宁边区辖市。1950年改由西北军政委员会领导，1953年1月27日，改由西北行政委员会管辖，1953年3月12日，改为中央直辖市，为全国12个中央直辖市之一，1954年6月19日，改为省辖市。西安地处暖温带半湿润大陆性季风气候区，冷暖干湿四季分明。年平均气温13～13.7℃。西安铁路、船舶、航空航天和其他运输设备制造，计算机、通信和其他电子设备制造，电气机械和器材制造，汽车制造等规模以上工业增加值增长较大。西安是中国高校密度和受高等教育人数较多的城市之一，在全国具有重要地位。西安国防科技资源全国第二。西安聚集了国内航天1/3以上、兵器1/3以上、航空近1/4的科研单位、专业人才及生产力量。科技人才资源全国第三。西安科技人才、科技力量、研究水平居中国内地城市第三。西安地处中国陆地版图中心和中国中西部两大经济区域的结合部，是西北通往中原、华北和华东各地市的必经之路。在全国区域经济布局上，西安作为新欧亚大陆桥中国段——陇海、兰新铁路沿线经济带上最大的西部中心城市，是国家实施西部大开发战略的桥头堡，具有承东启西、连接南北的重要战略地位，是全国干线公路网中最大的节点城市之一。西安是陕西省"米"字形铁路交通的重要枢纽。并已开通至北京、广州、成都等地直达高铁线路。建有咸阳国际机场，年旅客吞吐量排名全国第七位。

西宁 古称"青唐城""西平郡""鄯州""夏都"，青海省省会。西宁市人民政府驻地。地处青海省东部，湟水中游河谷盆地。中国西北地区重要的中心城市，青海省的政治、经济、科教、文化、交通和通信中心。截至2021年年末，主城区面积486.9平方公里，西宁历史文化源远流长，商、周、秦、汉时期，为古羌人聚居的中心地带。秦汉之际称"湟中地"，西汉设西平亭。东汉建安年间（196—220）置西平郡，治西都县（今西宁市）。三国魏黄初三年（222）凭依故亭（西平亭）扩建西平郡，开始在此筑城。北宋崇宁三年（1104），取"西陲安宁"之义，名西宁，自此"西宁"之名始见于史。一说古地属西零羌牧地，"西宁"系从"西零"谐音得名。民国十八年（1929）青海正式建省，治西宁县。民国三十五年（1946）正式成立西宁市。1949年9月5日，中国人民解放军解放西宁，9月8日成立西宁市人民政府，为青海省辖市。西宁地处黄土高原向青藏高原过渡地带，深居湟水谷地，四周群山环抱，间有东西狭长的河谷盆地，市区海拔2261米。冬无严寒，夏无炎热，属大陆性高原半干旱气候，1月平均气温−8.4℃，7月平均气温17.2℃，年平均气温7.6℃，最高气温34.6℃，最低气温−18.9℃，夏季平均气温17～19℃，气候宜人，是消夏避暑胜地，有"中国夏都"之称。西宁是青藏高原的东方门户，古"丝绸之路"南路和"唐蕃古道"的必经之地，自古就是西北交通要道和军事重地，素有"西海锁钥""海藏咽喉"之称，是世界高海拔城市之一，也是国家确定的内陆开放城市，中央军委西宁联勤保障中心驻地。为青藏高原重要交通枢纽和青海省主要对外口岸。截至2022

年年末,西宁共有青海大学(双一流、211)、青海师范大学等12所普通高校,在校生9.52万人。截至2021年年末,西宁地区有独立的科研院所33个,其中有2所中国科学院院属科研院所(青海盐湖研究所、西北高原生物研究所),有高级专业技术职称543人,改革开放以来,共获国家级科技进步奖3项。西宁有着得天独厚的自然资源、绚丽多彩的民族风情,是青藏高原一颗璀璨的明珠,蕴涵"西陲安宁"之域。

用上下、内外方位字为语源命名的地名主要是县级以下的地名,"内",系指"里头",用"内"命名的省区级地名有内蒙古自治区。县级地名以"内"为语源命名的有河南北部内黄县,据应劭说:陈留有外黄,故加"内"字,陈留为旧县名,在河南东部,现已并入开封市。用作小地名的有台湾的大内等。县级地名用"上"字的有江西上犹县(以治处大犹山之南,犹水口上侧,故名)、上高县(以地处高安县之上方而得名);福建上杭县(以治所地形如木筏逆水而上航行,"杭""航"谐音,故名)。上、下用于县级以下的地名居多,云南大理市的上关与下关,其上关古名龙首关,因位于洱海上源得名,下关古名龙尾关,在洱海下游得名;上关和下关南北并峙,依苍山,傍洱海,自古被称为天险,故名曰"关"。江苏高淳区上坝和下坝,分别为西通长江、东通太湖的起点。此外还有溧阳市的上兴埠、上沛埠,句容市的下蜀镇,丹徒区的上党镇等。

用左、右方位字为语源命名的地名,主要是县级及其以下的地名。例如,左云县,在山西省北端,地处塞北高原,东靠大同,西接右玉,南临朔州,北眺呼和浩特市。商、周时属冀州北境。战国属赵国,置武州塞。西汉始设县,置武州县。隋开皇元年(581)属马邑郡云内县。明正德十四年(1449)于苍头河东玉林和云川两地设卫所,云川和玉林两地分立东西,因古风水说:东为左,西为右,故设于云川和玉林两地的卫所,分别称左云川卫和右玉林卫。清雍正三年(1725)改卫置县,将左云川卫改置左云县,右玉林卫改置右玉县。在内蒙古自治区还有类似的巴林右旗、巴林左旗,均为明嘉靖三十九(1560)成吉思汗十八世孙苏巴海创建巴格部落,清顺治五年(1648)析置左、右二旗(县),坐北面南居左者,名巴林左旗,居右者,则名巴林右旗,"巴林"一名,系为汉字音译的蒙古语部落名,义为"要塞""军塞""哨所"。

用部落名加前、中、后方位字为语源命名的地名,主要用于少数民族地区县级及其以下的民族语地名。例如:内蒙古自治区境内的乌拉特前旗(县),在内蒙古西部,古为匈奴地,汉为五原郡地。明为乌拉特部一部分,清天聪七年(1633)乌拉特部落从呼伦贝尔草原迁徙到乌加河流域一带草原。清顺治五年(1648)置乌拉特前、中、后三旗,此仍居前,故名乌拉特前旗,居中的乃名乌拉特中旗,居后的则名乌拉特后旗。"乌拉特"一名,为汉字音译的蒙古族部落名,"乌拉"是蒙古语"乌仁"之变音,义为"能工巧匠"。

4. 以相对位置为语源命名地名

聚落的形成和发展取决于生产力的发展水平,而地理位置亦是不可忽视的重要因素。因为聚落依山傍水，无论从农牧渔业的发展，还是从凭居天险以资自卫的军事方面看，都是极为有利的。因此，通过地名分析聚落所处相对位置的优劣，对研究区位在历史上对聚落经济发展所起的作用是十分显著的。

以相对位置为语源命名地名，系以示位的"阴""阳""尖""端""源""底""根""间""郊""边""沿""岔""段""位""临""滨""界"等字。

在生活和生产诸因素制约下，自古人类就多依山傍水而居，因而普遍以特定的地理位置命名地名。鉴于我国地处北半球，地势西北高、东南低，故约定俗成，规定"山南水北为阳、山北水南为阴"，"山东水西为阳、山西水东为阴"，"山东水西为右、山西水东为左"，"山北水南为右、山南水北为左"；"地高者为上，地低者为下"；"在左为上，在右为下"等，并以临、浦、滨、源等示位字表示偏附指位关系，显示实体的位置概念十分明确。我国自夏朝以来就依这一规律择词示位命名地名，但在晋代出现"风水学"后，将坐北面南的城池之东曰青龙、西曰白虎、南曰朱雀、北曰玄武，如今南京城东青龙山、龙蟠路，城西虎踞关、虎踞路，城南朱雀桥、朱雀路，城北玄武湖、玄武大道等。

在我国山南是阳坡，山北为阴坡，称山南的地方为阳，山北的地方为阴，这个道理很容易理解。而水南为阴，水北为阳，则不易被人们理解。其实江河所在之地即山谷，河岸与山坡紧密相连，或为一体。以河岸来讲，南岸即山之北坡，背着太阳光线，故是阴岸。北岸为山之南坡，则向着太阳光线，故为阳岸。因此，对在水之南的地理实体命名可以用"阴"字，对在水之北的地理实体命名可以用"阳"字。河的阴岸就是山的阴坡，河的阳岸就是山的阳坡，阴岸阴坡皆为阴，阳岸阳坡皆为阳。这是符合科学的命名原则。以水之阳得名的县市地名有三十多个，如辽宁省会、东北最大的工业城市沈阳，以位于沈水之阳而得名。我国著名的古都之一的洛阳市，以位于洛河之阳得名。南北交通要道之一河南的南阳市，以其地处伏牛山之南汉水之北得名。浙江杭州的富阳区，以位于钱塘江中游的富春江之阳得名。湖南的浏阳市位于浏阳河之阳，故名。另外，有些地名仅有"阳"字而无自然实体通称的，如陕西的咸阳市，位于渭水之北，九嵕山之南，因山水皆阳，以咸字的"全、都"之义，取名咸阳。安徽的凤阳县，以位于凤凰山之南而得名，以山水阴得名县市较少，如河南汤水之南的汤阴县，湖南湘江之南的湘阴县，江苏长江之南的江阴市，陕西华山之北的华阴市等。

贵阳 简称"筑"，别称"林城""筑城"，贵州省省会。贵阳市人民政府驻地。中国西南地区重要的中心城市之一，重要的区域创新中心和全国重要的生态休闲度假旅游城市。截至2020年，贵阳主城区面积2286.23平方公里。贵阳市属亚热带（副热带）高原季风湿润气候区。是西南地区工业基地及商贸旅游服务中心，是国家大数据产业发展集聚区，国家大数据综合试验区核心区。贵阳是首个国家森林城市、国家循环经济试点城市、中国综合性铁路枢纽、中国避暑之都，曾登"中国十大避暑旅游城市"榜首。春秋时,为牂牁国地。战国时属夜郎国。两汉时属牂牁郡,为牂牁郡治所。唐朝时属矩州。宋代,称贵阳为贵州。元至元十八年(1281)置顺元路宣慰司,以示归顺元朝。明弘治年间(1488—1505)置贵阳郡,《贵州图经新志》记载:郡在贵山之阳,故名。贵阳因在贵山的南面,山南为阳得名,"贵山在治城北二里""白崖山在贵山之麓""白崖山在治城北二里"。《名胜志》载:"城北二里有贵山,蜀道所经,一名贵人峰。"一说由于贵阳这里气候常年多阴雨,民间有"天无三日晴"的俗语,贵阳是因为"阳"贵而得名。因贵阳古代盛产竹子,故用"竹"的谐音"筑"来作为贵阳的简称。明隆庆三年(1569)置贵阳府。民国三年(1914)废府改置贵阳县。民国九年(1920),贵阳县直隶于贵州省长公署。民国二十六年(1937)直隶于省政府。民国三十年(1941)7月1日,撤县置贵阳市。1949年11月15日,贵阳市解放,11月23日成立贵阳市人民政府,并置贵阳专区。贵阳是贵州省政治、经济、文化与科技、交通中心,有众多的科研院所和丰富的科技人才储备,多项科研成果在全国处于领先地位。2022年,新增国家级重点实验室1个(计有4个),市级院士工作站1个,有中国科学院和中国工程院院士各2名,新增国家级众创空间1个。截至2022年,贵阳境内有贵州大学等高等院校35所,在校生46.85万人。是中国西南地区沟通珠三角、长三角的重要交通通信枢纽和区域性商贸物流中心之一,西南地区的铁路枢纽之一,西南地区公路、航空交通枢纽之一,为一类口岸城市。

沈阳 古称"盛京""奉天",辽宁省省会。沈阳市人民政府驻地。副省级市,特大城市,为东北地区和辽宁省的政治、经济、文化、科教和交通商贸中心,沈阳都市圈核心城市,中国东北地区的中心城市。截至2021年,主城区总面积3470平方公里。公元前300年,燕国将领秦开率军驱逐东胡,在此地筑候城,即"瞭望"之城。隶燕辽东郡襄平县。秦王政二十六年(前221),分天下为三十六郡,沈阳隶属于辽东郡望平县。三国时属玄菟郡治所。唐武则天圣历元年(698)渤海国于沈水旁置沈州,以水名州而得名沈州。辽、金时均为沈州地。元朝元贞二年(1296)置沈阳路,因地处沈水(今浑河)之北,"水北为阳",故名沈阳。另一说,元朝元贞二年,重建土城,后将辽阳、沈州二总管府合并置路,由辽阳、沈州各取一字名沈阳路。明洪武十九年(1386)改置沈阳中卫。明天启五年(即清天命十年)(1625)清太祖努尔哈赤从辽阳迁都城到沈阳中卫,着手修建盛京城,建皇宫(今沈阳故宫),并在此建立中国清朝,沈阳一跃变为清代两京之一的盛京皇城,开始成为东北中心城市。天聪元年(1627)扩建沈阳城,建盛京八门。天聪八年(1634)皇太极尊沈阳为"天眷盛京",故称"盛京"。崇德元年(1636),满、蒙、汉三族共呈劝进表,皇太极在沈阳称帝,改国号大清。顺治元年(1644),清世祖福临迁都北京后,盛京(今沈阳)为陪都。并开始实行移民奖励政策,拨内地各省人民来此开垦。此后有河北、河南、山东、山西的人源源不断来到这里安家屯垦,顺治十四年(1657)以"奉天承运"之义在盛京城(今沈阳)设奉天府,沈阳又名"奉天"。民国二年(1913)废府改县,奉天府改置沈阳县。民国十二年(1923)改置奉天市政公所。民国十六年(1927)在沈阳组建中共满洲省委。民国十八年(1929)改"奉天市"为"沈阳市"。民国二十年(1931)"九一八"事变后被日寇侵占,日伪又将"沈阳市"改为"奉天市",后建伪满洲国。民国三十四年(1945)抗日战争胜利后,"奉天市"恢复"沈阳市"。民国三十七年(1948)11月2日,沈阳正式解放,置沈阳特别市政府,隶东北行政委员会,沈阳县归沈阳市管辖。1949年5月改置沈阳市人民政府,隶东北人民政府领导。1953年改为中央直辖沈阳市。1954年改辽宁省辖沈阳市。1994年沈阳市升格为副省级市。沈阳地处中国东北地区南部、辽宁中部,为中国重要的工业基地和先进装备制造业基地,是中国人民解放军北部战区司令部驻地、沈阳联勤保障中心驻所和中华人民共和国最高人民法院第二巡回法庭驻地,"一带一路"向东北亚和东南亚延伸的国际性综合交通枢纽。沈阳是清朝发祥地,素有"一朝发祥地,两代帝王都"之称。沈阳地处辽河冲积平原,属温带湿润大陆性季风气候,四季分明。沈阳是全国重工业基地之一,是门类齐全的综合性工业城市,不仅能生产单机,还能为国民经济提供成套设备,产品80%~90%销往全国各地。沈阳产业基础雄厚,创造过新中国工业史上数百项第一。国民经济行业的41个工业大类中沈阳有37个,206个工业中类中沈阳有137个,666个工业小类中沈阳有307个。沈阳是全国产业转型升级示范区,位居数字转型百强城市第15位,汽车及零部件、机械装备形成千亿级产业集群,机器人、航空、IC装备、生物医学、新材料等新兴产业占规模以上工业比重达到25%,近年来特高压变压器、跨音速风洞主压缩机等一大批"大国重器"在沈阳问世,"沈阳制造"为嫦娥、天宫、载人深潜等国家工程做出重要贡献。2016年4月,沈阳技术产业开发区和大连技术产业区升级为沈大国家自主创新示范区,成为中国14个国家自主创新示范区之一。沈大示范区定位为"四区一中心",即东北老工业基地高端装备研发制造集聚区、东北老工业基地转型升级区、东北老工业基地创新创业生态区、东北老工业基地开放创新先导区、东北亚地区科技创新创业中心。有普通高等院校45所,2021年年末在校生45.1万人,在校研究生7.6万人。2021年取得国家级项目865项、资金7.3亿元。拥有两院院士32位。沈阳是联系东北三省和关内的重要交通枢纽,通往关内外多条铁路的交会点,并有通往朝鲜的国际联运线。沈阳桃仙国际机场是国家公共航空运输体系确定的全国八大区域性枢纽机场之一,是东北地区规模最大的复合型门户枢纽航空港,有多条国内航线飞往全国各大城市,还有多条国际航线,是中国东北联系各国的窗口,自2015年起已重点开发沈阳至亚太地区和欧美的国际航线。

  以"曲"为语源命名的地名,如山西省西北部的"河曲县",因位于黄河转弯处,则取河千里一曲之义而得名。

  以"间"为语源命名的地名,如河北省"河间市",因地处水涸断流的滹沱河上,子牙河在境内流过,县因位于二河之间而得名。

以"前""后"为语源命名的地名,以小地名较多。如江西的"衙前",福建和广东的"司前",福建的"岩前",河南的"宫前",江苏常州城内"局前街",浙江义乌城内"县前街"等;福建的"溪后",云南的"荞后",江苏南京城内"司背后"等地名。

以"尖""端""源"为语源命名的地名,均较确切地反映命名实体处于所依附地理实体顶部的位置。如江苏海边的"大淤尖",河南的"三河尖"和"桥端",山东的"沂源县",江西的"婺源县",云南的"洱源县"等,均表示聚落在河湖的上游。

用"沿""边"为语源命名的地名,说明命名实体处于相关实体的边际。用于命名省区的有吉林省等。

吉林省 简称"吉",中华人民共和国省级行政区,省会长春。地处东北亚地理中心位置。位于中国东北地区中部,与辽宁、内蒙古、黑龙江三省(区)相连,东与俄罗斯接壤,东南与朝鲜隔江相望。面积18.74万平方公里。占中国国土面积的2%。吉林省位于中纬度欧亚大陆的东侧,属于温带大陆性季风气候,四季分明,雨热同季。早在远古时期就有人类在吉林省这块土地上繁衍生息,舜、禹至夏商周时代,吉林境内的古代民族就开始与中原王朝建立具有隶属性质的贡纳关系并逐渐成为中华民族的重要组成部分,这一时期形成了肃慎、濊貊、东胡、山戎、夫余等民族地方政权。汉为扶余地。唐初置安东都护府和室韦都护府,后为渤海国地。辽代为东京道、上京道。金时为上京、北京、东京、咸平、海南江等路。元代属辽阳等行中书省。明代为女真地,领奴儿干都司。清顺治十年(1653)置宁古塔昂邦章京,康熙十二年(1673)在松花江沿岸建吉林乌拉城(今吉林市),"吉林"一名,系汉字音译的满语地名"吉林乌拉"的简称。"吉林",义为"沿";"乌拉",义为"江";"吉林乌拉"在满语中义为"沿江之城",后人为了方便,省略乌拉,简称吉林。清乾隆二十二年(1757),宁古塔将军正式更名为"镇守吉林乌拉等处将军",简称"吉林将军"。"吉林"由原来城邑名称扩大为行政区称谓。清光绪三十三年(1907)置吉林行省,以治吉林乌拉城而得名。1954年9月27日迁省会至长春。吉林省具有沿边近海优势,是全国9个边境省份之一,是国家"一带一路"向北开放的重要窗口,是吉林乃至中国对外贸易、对外交流的重要通道。吉林省具有老工业基地振兴优势,加工制造业比较发达,汽车、石化、食品、装备制造、医药健康为五大重点产业,尤其是汽车、高铁制造在国内处于领先水平;吉林省是国家重要的商品粮生产基地,人均粮食占有量、粮食商品率、粮食调出量及玉米出口量连续多年居全国首位。吉林省是国家生态建设试点省,长白山自然保护区被联合国确定为"人与生物圈"自然保留地。2022年3月,中央支持吉林省创建中国冰雪经济高质量发展试验区。矿产资源较丰富,已知储量的有74种。吉林平原和河谷地区农业发达,盛产大豆、玉米、高粱等,是中国重要商品粮基地之一,也是大豆重点产区和林业、甜菜基地。山区除木材外,以人参、貂皮和鹿茸等特产著名。并产东北虎、梅花鹿、紫貂、麝等珍贵动物。2022年内,在吉林省全职工作的中国科学院和中国工程院院士22人。国家高新技术企业达到253户,已建成国家重点实验室11个,国家检测中心13个。有吉林大学、东北师范大学双一流高校2所,有普通高等院校66所,在校生78.87万人,在学研究生9.69万人。2022年年末,吉林省公路总里程10.98万公里,其中高速公路4394.84公里;铁路以长春为中心,可直达哈尔滨、大连、北京、上海、广州、西安等全国主要城市,以及省内各市、州和广大城乡,营业里程为4985.50公里;有长春龙嘉和延吉朝阳川两个国际机场,以及三源浦、长白山、长安和查干湖四个机场,可直达北京、上海、广州、海口、宁波、大连、昆明、香港、深圳、韩国首尔、日本仙台等地。截至2023年6月,长春已开通运营5条轨道交通线路,运营里程111.22公里。截至2022年年底,吉林省辖8个地级市、1个自治州、21个市辖区、20个县级市、16个县、3个自治县,设354个街道、420个镇、6个民族镇、153个乡、28个民族乡。吉林省人民政府驻长春市宽城区新发路329号。

"沿""边""郊"字,用于县级及其以下地名命名语源的有青海省黄河沿、通天河沿,吉林省沙河沿,北京城内北河沿大街,南京的杨家边,四川的盐边县,江西的小江边,山西的古郊、大麦郊等。

"根""底",均为处于物体的最下部分或本原处。以此为语源命名的地名,反映命名实体处于相关的下部或是相关的本原处。如海南省营根,青海省山根,湖南省娄底市、水洞底,四川省巴底,江西省岭底等。

"岔""段",表示地物的分歧或分段,以此为语源命名地名,表明命名地理实体处于相关实体的具体部位,如吉林的双岔,山西的三岔,黑龙江的八岔、南岔、西北岔,江苏的十二里岔,吉林的二段等。

"临""滨""浦"字,冠于或后缀于水体名称的,表示命名实体位于相关水体之旁的位置关系,如内蒙古的临河区(地临黄河)、陕西的临潼区(地临潼水)、江苏的滨海县(地滨黄海)、福建的漳浦(位于漳江之滨)、江苏的江浦(位于长江之滨)。

"界",其义之一为地域范围的界限,即地界。在政区或行政区域的交界处常立碑石,为分界的标志。以此为语源命以地名的,如江西井冈山的黄洋界、海南的临高界,另外,江苏、山东、安徽、福建、湖南和广西都有界首等地名。

"交""合"等表示河流相汇之处的字,以此为语源命名地名,所反映的地理实体所处的地理位置最为确切。如河北的交河县,以滹沱河与高河在境内交流而得名。江西的赣县,东有章水,西有贡水,县在二水之间,二水之名合为"赣"字,因以名县。

合肥 简称"合"或"庐",古称"庐州""庐阳""合淝",安徽省省会。合肥市人民政府驻地,特大城市。截至2020年11月,主城区面积494.9平方公里。地处中国华东地区,安徽中部,江淮之间,长江三角洲西翼,环抱巢湖,是皖江城市带承接产业转移示范区核心城市。在新石器时代,合肥这里就有人类活动。"合肥"之名,早在春秋时就已出现,距今已有2500多年历史,因异流的施水(南淝水)与肥水(东淝水)两河流经此地合二为一,故名合肥,之后又南北向分别流入长江、淮河。是时已为全国商业名城之一。战国时为合肥邑。秦置合肥县,为中国最早县治之一,历为州、府、路、县治。合肥城区面积自秦汉起,历经战乱和朝代迭替,多有兴废、微移和扩缩,秦汉旧城遗址在今亳州路西,东南临南淝河。三国魏修复此城。唐初在南淝河南岸新建州城,经唐宋500年发展,城北沿河两岸形成工商业繁华的街市,南宋乾道五年扩建州城,容两岸市场于城圈内,南淝河穿城而过,城区段名金斗河,故合肥又别称"金斗城"。明正德七年(1512)兴建城垣西水关,引河水流出城外北濠,形成今环城内的老城区。1952年,合肥市正式成为安徽省省会之后,以老城区为中心向四面扩展,面积增加183倍,现形成以长江路为中轴的辐射式道路网。老城区为政治、文化、商业和服务行业区。古城墙、护城河改造成浓荫夹道的环城绿化带和环城路。冶金、电力、化工、纺织、家电、建材、橡胶等大中型工厂主要分布在城区东部和北部;重型机械、汽车制造、电子仪表、丝绸、制药、食品等工业多集中在城区西部和南部;城区西南部为文教和科研区,有中国科学技术大学、中国科学院安徽分院等高层次的教学和科研单位。西南部为高教科技开发区和经济开发区,南部建有45平方公里的科学城,成为"中国硅谷"。合肥地域是中华文明的重要发祥地之一,历史代表文化为庐州文化、皖江文化。在3000余年的建城史中,有2100余年的县治、1400余年的府治历史,数为州郡治所,是江淮地区重要的行政中心、商埠和军事重镇,素有"淮右襟喉、江南唇齿""江淮首郡、吴楚要冲""三国故地、包拯故里、淮军摇篮"之称。合肥市是合肥都市圈中心城市,国务院批复确定的中国长三角城市群副中心城市,国家重要的科研教育基地、现代制造业基地和综合交通枢纽、皖江城市带承接产业转移示范区核心城市、G60科创走廊中心城市、"一带一路"和长江经济带战略双节点城市、综合性国家科学中心、世界科技城市联盟会员城市、国家科技创新型试点城市。历朝历代都重视合肥地域的书院建设,历史上有庐阳书院、包公书院、景贤书院、秋浦书院、正学书院等众多书院。清代起,通过科举考试,合肥中进士48人,有李鸿章、龚鼎孳等代人物。合肥是世界科技城市联盟会员城市、中国综合性国家科学中心、中国重要的科教中心。2021年年末,合肥市共有各类高等院校60所,在校研究生7.0万人,在校本专科大学生65.14万人。合肥市共有院士工作站70个,在肥服务两院院士138人,国家级(重点)实验室12个、部属(重点)实验室36个、国家级工程技术研究中心7个,国家级工程实验室1个,国家级企业技术中心53个,国家级科技企业孵化器18个,国家级众创空间20个。获国家科技成果奖11项,其中一等奖1项、二等奖9项,国际科技合作奖1项。合肥对外交通便捷,境内铁路、公路、航空、水运交通发达,是国家规划建设中的全国性综合交通枢纽。合肥将朝着国家中心城市发展,加快"五高地一示范"建设,全面提升长三角世界级城市群副中心功能,加快建成国际化新兴特大城市。

"门"字亦用于表示位于河流入海、湖等处的地名。如福建的厦门市,地当尤龙江入海之口,为东南重要港口。明代为防御倭寇入侵,洪武二十七年(1394),在岛上筑城堡,为显示其地之重要,以大厦之门,号称厦门城。江苏海门市,五代显德五年(958)置县,因地处长江入海之门户,故名海门。

5. 以地理实体所处空间的某一部位为语源命名地名

为了生动地表示地理实体所处的环境,常采取拟人手法,以对应人身体一些部位的名称:以头、首、口、嘴、肩、腰、脚、尾等为语源,择字组词命名。

海口 别称"椰城",海南省省会,海口市人民政府驻地。地处海南岛北部,北濒琼州海峡。截至2021年,建成区面积94平方公里。先秦时,海口属百越之骆越部。秦末属南越国。西汉武帝元封元年(前110)属珠崖郡玳瑁县。东汉建武十九年(43)隶珠崖县。三国吴赤乌五年(242)隶朱卢县。南北朝时属崖州。隋大业六年(610)属珠崖郡颜卢县。唐武德五年(622)属颜城县。唐贞观元年(627)属琼山县。宋熙宁四年(1071)时,为南渡江入海口处的一块浦滩之地,称海口浦,为商船聚泊之港口,故名之"海口"。元时称海口港。明洪武三年(1370),海口地属广东布政使司琼州府琼山县,称海口都;洪武七年(1374)设海口千户所;二十八年(1395)筑海口城,称海口所城,为海南后卫千户所。清初设水师营,县丞署移置海口所。清康熙二十四年(1685),海口为全岛沿海所设十处海关的总口。清光绪三十一年(1905)称海口所,设海口商埠警察局。民国元年(1912),全岛设十三县,海口地属琼山县,称海口镇。民国十五年(1926)12月9日,海口从琼山县析出改设市政厅,始称海口市。民国十八年(1929)改设海口市政局(1931年撤销)。民国二十三年(1934),海口划为琼山县第十一区。1950年4月23日,中国人民解放军解放海口市。1950年5月成立中共海口市委员会,6月成立海口市人民政府,驻海口市秀英区长滨东四街6号。1957年置海口地级市。1988年4月13日,第七届全国人民代表大会通过《关于设立海南省的决定》和《关于建立海南经济特区的决议》,海南行政从广东省划出,独立建省,并成立海南经济特区,海口市定为海南省省会。2002年10月,海口、琼山两市合并,置新海口市,下辖秀英、龙华、琼山、美兰4个区(县级)。海口市地处低纬度热带北缘,属热带季风气候,冬无严寒,夏无酷暑,年平均气温24.4℃,年平均降水量1696.6毫米。全市拥有国家A级景区12个,4A级景区6个。2021年有普通高等学校12所,在校生16.72万人,在校研究生1.25万人。2020年有院士工作站51家,在建院士工作站45家。2021年成功引进设立外籍院士工作站2家,签批外籍人来华工作许可事项共822件。2017年海口美兰国际机场旅客吞吐量达2258万人次,升至全国机场第17名。海口是国家"一带一路"倡议支点城市,海南自由贸易港城市,北部湾城市群重要节点城市。海口拥有中国魅力城市、中国最具幸福感城市、中国十大美好生活城市、中国最具投资潜力城市、中国优秀旅游城市、全国文明城市、全国双拥模范城市等荣誉称号,而且是国家历史文化名城。

邯郸市 在河北省南端,西依太行山,东接华北平原。为河北省辖地级市。属暖温带大陆性季风气候,四季分明。河北省南部地区中心城市,是京津冀协同发展和中原经济区区域性中心城市,也是国家重点建设的老工业基地。是东出西联、通南达北的重要节点。邯郸城邑,肇始于商殷,有3100多年的建城史。商末殷纣王在邯郸建"离宫别馆"。邯郸之名由来有"姓氏""日出"和"部位"三说。据说"邯郸"本是一个复姓,春秋著名政治家、晋文公的老师赵衰的侄子赵穿被赵衰儿子赵盾封在邯郸,其后代姓邯郸。在战国之前,邯郸这两个字写作"甘丹",其中"甘"指日出刚过地平线的样子,而"丹"则像太阳落山时的模样,将"甘""丹"合在一起则表示该处为日出日落之地。《汉书·地理志》载:"甘",山名;"单",尽也。"甘山至此而尽,城郭字皆从邑,因以名焉。"其义即表明该地处于西边太行山之尾闾,蜿蜒曲折甘山的尽头,作为城镇名,加上耳旁表示城墙围绕着整座城镇,故名邯郸。邯郸,春秋晋国邯郸邑,战国为赵国都城,赵国敬侯元年(前386)自晋阳迁都于此,城周数十里。汉高祖九年(前198)封其子如意为赵王,都邯郸,重建宫城。在其周置邯郸县。到西汉后期,邯郸城有"富冠海内,天下名都"之称,除国都长安之外,与洛阳、临淄、成都、宛(南阳)齐享全国五大都会盛名。1945年在县城析置邯郸市。为中国历史文化名城,素有"我国古典成语高产地"之称,出自邯郸或与邯郸有关的成语典故达1584条,被中国文联等部门授予"中国成语典故之都"称号。尤以"黄粱美梦"和"邯郸学步"为著。唐代沈既济《枕中记》载:"卢生在邯郸客店中,昼寝入梦,历尽富贵繁华。梦醒,主人炊黄粱尚未熟。"后因以喻虚幻的事和欲望的破灭。"邯郸学步"成语来源于《庄子·秋水》:"且子独不闻夫寿陵余子之学行于邯郸与?未得国能,又失其故行矣,直匍匐而归耳!"其意指到邯郸去学走路的步法,比喻模仿别人不得法,反而把自己原有的本领也忘掉了,也比喻照别人的一套,出乖露丑。

6. 以史迹为语源命名地名

这类地名是以历史上某一事件而命名的,系以史实为基础,故了解它的来源很有意义。例如,河南省修武县,在商代名宁邑,周武王伐纣,由孟津渡河向东,到此遇雨,歇兵三日,遂将宁邑改名修武。河南省偃师区,相传周武王伐纣,功成旋师,至此筑城,息偃戎师,因名偃师。

开封 在河南省东北部,豫东平原,禹贡豫州地。相传春秋时郑庄公命令筑城,为囤粮之地,取开拓封疆之义,名开封。战国时改名大梁,魏惠王六年(前364)由安邑迁都于此。秦为三川郡地。汉置陈留郡。北周改称汴州。隋炀帝开大运河,疏通了汴渠,连接了黄河、淮河,汴州又兴盛起来。唐、五代梁在此建东都,升为开封府;后晋、后汉、后周复都于此,北宋都此,曰东京开封府。金初曰汴京,寻改称南京,贞佑年间复都之。明初定为北京,寻罢之。清为河南省治所。号称七朝古都,与北京、南京、洛阳、西安、杭州合称中国六大都。五代时,为全国的大都市,人烟辐辏,百物荟萃,繁荣异常。明末李自成率义军三打开封,周王朱恭枵决黄河大堤,企图阻挡义军,使之顿时变成汪洋泽国。清初此处为一片黄沙瓦砾。清康熙年间大力重建,但是1841年黄河决口,又遭重毁。现市内有铁塔、龙亭、相国寺、禹王台等名胜古迹。

成都 简称"蓉",别称蓉城、锦城,为四川省省会,成都市人民政府驻地。在中国西南地区,四川盆地西部,成都平原腹地。副省级市、超大城市、国家中心城市、世界美食之都。成都地势东部偏高。气候终年温暖湿润,四季分明。属亚热带季风性湿润气候,主城区总面积420.66平方公里。是国家重要的高新技术产业基地、商贸物流中心和综合交通枢纽、西部地区重要的中心城市、重要的电子信息产业基地;成渝地区双城经济圈核心城市,区域经济中心、科技中心、世界文化名城和国际门户枢纽,中国人民解放军西部战区机关驻地。截至2021年年底,拥有国家级创新平台130家、国家企业技术中心54家,世界500强企业落户312家,是第31届世界大学生夏季运动会的举办地。成都自古有"天府之国"的美誉,是首批国家历史文化名城,古蜀文明发祥地。在殷商晚期至西周初期,成都一带已经成为古蜀王国的中心都邑所在。据《太平寰宇记》记载,借用西周建都的历史经过,取周太王迁岐,一年而所居成聚,二年成邑,三年成都而得名蜀都。蜀语"成都"二字的读音就是蜀都。成者毕也、终也,成都的含义就是蜀国终了的都邑,或者说最后的都邑。另一说,"成都"系氐羌族一支的蜀语,"都"义为地区、地方,"成"为蜀人族称,义为"高原人"。"成都"义为成族人居住的地方。东周慎王四年(前316),秦国兼并蜀国,并置蜀郡于成都。秦昭襄王五十一年(前256)蜀郡太守李冰,吸取前人的治水经验,率领该地人民,主持修建了沿用至今的都江堰水利工程,并造石人作测量都江堰水则,是中国最早水尺。秦末汉初,成都取代汉中而称"天府"。西汉元封五年(前106)分天下为十三州,置益州。东汉末年益州移治成都,成都成为州、郡、县治地。三国时为蜀汉国都。两汉至三国蜀汉,成都因有专门织造精美蜀锦的官营作坊"锦官城"而别称"锦官城"和"锦城"。晋时称"成汉"。唐安史之乱时,唐玄宗幸蜀驻跸,升蜀郡为成都,作为南京,是唐王朝的陪都;唐时成都一带为全国最富庶的地方,时有"扬一益二"之说。五代时,王建、孟知祥先后割据川蜀,在成都称帝,国号蜀,史称"前蜀"和"后蜀"。后蜀主孟昶曾下令在成都城上遍植芙蓉,成都故此得到"蓉城"别称。北宋初年,成都诞生了世界上第一张纸币——"交子",时为汴京外第二大都会。元至元二十三年(1286)为四川等处行中书省首府驻地。明洪武四年(1371)为四川承宣布政使司首府、朱元璋第十一子朱椿的蜀王府,今人称其"皇城"。明末张献忠率军攻入成都,自立为帝,国号大西,称成都为西京。清朝置四川省于成都,康熙年间,实施"湖广填四川"大移民,成都逐渐恢复生机,并繁荣至今。清宣统三年(1911),保路运动在成都发起,致使辛亥革命总爆发。民国元年(1912)3月12日,成都大汉军政府改为四川军政府驻成都,民国三年(1914),北洋政府通令在成都设置西川道,领成都、华阳等31县,后废道复省,驻成都。民国十七年(1928)设立成都市。1949年12月27日,中国人民解放军进驻成都。1952年9月1日,恢复四川省建制,在成都成立四川省人民政府。1989年2月,成都成为全国14个计划单列市之一。截至2022年年末,拥有国家级科技创新平台139家,全年实施关键核心技术攻关重点研发项目128个。专利授权83616件,其中发明19560件,实用新型51810件。在亚太地区中,成都产业可持续发展能力位居第11位。2022年年末,在蓉高校65所,在校生116.4万人,其中研究生10.9万人,博士研究生2.0万人。有四川大学等普通本科院校32所,其中双一流高校12所;专科(高职)院校27所。有双流和天府两个国际机场。成都市轨道交通运营线路长度达558公里。成都拥有武侯祠、杜甫草堂、明蜀王陵等名胜。

7. 以地域风光为语源命名地名

以地域风光为语源命名地名,系以某一地域的风景或景象为语源进行命名。如浙江杭州西湖十景、河南白云山国家森林公园内豫邮苑的四座路亭、南京珍珠泉,以及宁夏银川市和新疆乌鲁木齐市等。

银川 简称"银",古称"兴庆府",别称"凤凰城"。宁夏回族自治区首府,银川市人民政府驻地。中国西北地区重要的中心城市。建成区面积196.05平方公里,属温带大陆性气候。是宁夏的政治、经济、文化、科研、交通、军事和金融中心。是国家历史文化名城,历史悠久的塞上古城。早在3万年前就有人类在水洞沟遗址繁衍生息,史上西夏王朝的首都。旧石器时代的水洞沟遗址和镇北堡、暖泉等处的新石器文化遗址是银川地区发现最早的居民点。殷商、春秋战国时期这里是北羌、獯鬻(荤粥)、匈奴等民族活动、游牧的地区。秦始皇二十六年(前221)为北地郡地。汉成帝阳朔年间(前24前后)建北典农城(又称吕城、饮汗城),此为银川建城之始。北周置怀远郡、怀远县。唐高宗仪凤三年(678)在故城西更筑新城(今银川兴庆区),为怀远治。北宋天禧四年(1020),党项族首领李德明将其都城由灵州(今灵武)迁至怀远镇(今银川市),更名为兴州。后李德明之子李元昊升兴州为兴庆府。宋宝元元年(1038),李元昊在兴庆府南筑坛受册,即皇帝位,建大夏国(史称西夏),兴庆府(银川)为其首府,即西夏王国都城,后改称中兴府。元改置中兴路,后改为宁夏府路,"宁夏"之名肇始于此。明置宁夏府。清沿明制,仍为宁夏府治,并为宁夏道与宁夏县治。民国元年(1912)改宁夏道为朔方道,仍属甘肃省。道署及宁夏、宁朔二县治均置宁夏城内。民国十八年(1929)置宁夏省,省会驻宁夏城。民国三十三年(1944)将宁夏省城改建制市,定名银川市。因地处黄河西畔,河套平原上纵横沟渠,其间的湖泊水光潋滟,在阳光照耀下,呈现出一条条闪亮的白色条带,酷似银色的河川,故名银川。"银川"一词,最早约在明末清初时就已出现在宁夏地方文献中,当时一些官吏、文人在咏唱宁夏平原沟渠交织如网,湖泊珠连其间的秀美景色时,就用"银川"形容其水光潋滟、水映晴光的水乡风光。如"俯凭驼铃临套,遥带银川挹贺兰","连山似奔浪,黄河一带宽。城郭渺如舫,银川亦寥廓","或是天吴聊小试,暂移鳅穴到银川"等。清雍正年间,"银川"一词逐渐有了指代地理实体的地名含义,如《惠农渠碑记》上"黄河发源于昆仑,历积石,经银川,由石嘴山而北……"这段碑文中的银川,已泛指银川平原引黄灌区了。清乾隆年间,宁夏知府赵本植在府城(今银川城区)创立"银川书院"等,"银川"一词的指代范围趋于具体、明确,已初具地名意义,并逐渐成为宁夏府城的代称。乾隆五年(1740)更筑宁夏府城(今城区址),称银川城。另有因宁夏土质碱性严重,地面常呈白色,故有宁夏古名银川之说。全境沟渠纵横交错,形成灌排网系,有效地促进了农业的发展,向有"塞上江南"之称。由于历史上黄河不断改道,湖泊湿地众多,古有"七十二连湖"之说,现有"塞上湖城"之美称。其中天然湿地占湿地面积的60%以上,自然湖泊近200处。银川地处宁夏平原中部,黄河从市境穿过,是古丝绸之路商贸重镇,宁蒙陕甘毗邻地区中心城市、沿黄城市群核心城市,中蒙俄、新亚欧大陆桥经济走廊核心城市,是国家向西开放的窗口。城市综合竞争力跻身全国百强。被评为"中国十大新天府"之一。银川地区矿产资源中贺兰石"石质莹润,用以制砚,呵气生水,易发墨而护毫",自古就有"一端二歙三贺兰"之盛誉,为中国"五大名砚"之一。灵武矿区的煤炭,具有高发热量、低灰、低硫、低磷等品质,在全国占有十分重要的地位。银川市公路有6条国道通往全国各地,境内有高速公路125公里。有包兰和太中银两条铁路。建有4E级河东民用国际机场,是区域枢纽机场、西北机场群成员。截至2022年,在学研究生1.212万人,有宁夏大学等普通高等院校16所、在校生14.87万人。2022年,银川市有效发明专利量3555件,万人发明专利量12.34件。

乌鲁木齐 通称"乌市",旧称"迪化",新疆维吾尔自治区首府。乌鲁木齐市人民政府驻地。Ⅰ型大城市,三线城市,国务院确定的中国西北地区重要的中心城市和面向中亚、西亚的国际商贸中心。截至2019年,主城区面积1746平方公里。乌鲁木齐地处中国西北地区、北疆中部,欧亚大陆中心、天山山脉中段北麓、准噶尔盆地南缘。属中温带大陆性干旱气候。毗邻中亚各国,是新疆的政治、经济、文化、科教和交通中心,世界上距离海洋最远的大城市,有"亚心之都"的称呼,是第二座亚欧大陆桥中国西部桥头堡和中国向西开放的重要门户,是世界上最内陆、距离海洋和海岸线最远的大型城市(2500公里)。乌鲁木齐地表水水质较好,河流均系内陆河,河道短而分散,源于山区,以冰雪融水补给为主,水位季节变化大,散失于绿洲或平原水库中。风能资源丰富。战国时为古车师人活动范围。西汉时为卑陆后国地。西域都护府曾派兵屯田。三国时车师后国在今南郊建淤赖城,为乌鲁木齐第一城。唐为轮台县,属北庭都护府。明时,属厄鲁特蒙古和硕特部。清康熙年间(1662—1722)为厄鲁特蒙古准噶尔部落游牧地。乾隆二十三年(1758)在今南关一带筑土城,城"周一里五分,高一丈二尺",为乌鲁木齐城池的雏形,乾隆二十五年(1760)始称乌鲁木齐,"乌鲁木齐"一名,系汉字音译的蒙古语地名,义为"优美的牧场",因城池地处优美的牧场之中,故名。乾隆三十一年(1766)接土城北垣展筑新城,名迪化,取"启迪感化"之义,城高一丈六尺,周五里四分,正方形,设四门,东门"惠孚",西门"丰庆",南门"肇阜",北门"景惠",中心为大十字,分东、西、南、北四条大街,呈"田"字形,为今市中心商业繁华区;乾隆三十七年(1772)在迪化城西北约四公里处筑巩宁城,周长九里三分,驻满营官兵,为乌鲁木齐都、迪化州知州治所,俗称"老满城",成为当时清王朝在乌鲁木齐的军政统治中心。同治三年(1864)城毁于战火。光绪六年(1880)在迪化城东北角外,今建国路一带筑新满城,民商居住迪化城,俗称"汉城";光绪十年(1884)置新疆省,迪化为省会,十二年(1886)扩建迪化城,汉城和新满城合为一城,周十一里五分,呈不规则五边形,开七门。民国二十九年(1940)置迪化市,1949年新疆和平解放,12月17日,迪化市人民政府成立。1954年"迪化"之名改称"乌鲁木齐",改置乌鲁木齐市。1955年新疆维吾尔自治区成立,乌鲁木齐始为自治区首府。1949年后,工业发展,推动市区外围城市化,城区主要向西北、东北方向延展,人口超百万,成为全国大城市之一;老城区是自治区、市机关和商业、服务业集中地区,城北是机械、纺织、电力等工业区,东北部是石化、煤炭基地,西北为钢铁工业区,北京路以东为高新技术产业开发区,曾是"丝绸之路"北道重镇,为全区最大的综合性工业基地。毗邻中亚各国,自古以来就是沟通东西商贸的重要枢纽,对中亚地区具有较强的辐射作用。为中国亚欧博览会永久举办城市,新疆国际汽车工业博览会为中亚地区最具规模的国际性车展。中国新疆国际煤炭工业博览会是亚洲两大煤炭展之一。乌鲁木齐是中国重要的交通枢纽,多条国家级高速公路及国道干线使得乌鲁木齐成为中国国家高速公路网中的重要节点;乌鲁木齐是中国西北地区重要的铁路枢纽,全疆铁路的总枢纽;是中国民航七大区域管理局所在城市之一,是中国民航局定位的中国八大航空枢纽港之一,中国南方航空公司第三大航空枢纽,乌鲁木齐地窝堡国际机场飞行区等级4E,是中国面向中亚、西亚和连接欧洲的国家门户枢纽机场。建有乌鲁木齐地铁1号线,长27.615公里。2022年年末共有普通高等院校22所,在校生25.12万人,其中新疆大学为"双一流"建设高校。有中国科学院新疆分院、中国科学院新疆生态与地理研究所、中国科学院新疆理化技术研究所、中国科学院新疆天文台等为主体的各类科研机构。有国家重点实验室4个、国家级工程技术研究中心3个、国家级认定备案的科技企业孵化器11家、国家级认定备案的众创空间22家。

第1~7种地名语源的其他地名示例请扫描二维码获得。

8. 以诗词语义为语源命名地名

以诗词语义为语源命名地名,多见于风景名胜的命名,系撷取历史名人撰述的诗词典章,加以浓缩提炼,化为言简意赅而意蕴深刻的雅名美称。如北京"陶然亭"之名,取自唐代大诗人白居易的诗句"待到菊黄家酿熟,与君一醉一陶然"。苏州名园"拙政园"之名,取自西晋文学家潘岳《闲居赋》中的名句:"灌园鬻蔬,此亦拙者之为政也"。长沙的"爱晚亭"则出自唐代杜牧的《山行》诗:"停车坐爱枫林晚,霜叶红于二月花"。安徽"九华山",原名九子山,因李白诗句"妙有分二气,灵山开九华","天河挂绿水,绣出九芙蓉",而改称九华山。

在河南嵩县白云山国家森林公园内,白云山脊岭北侧,有一排高矮参差不齐的连体石柱,远眺似几户人家的门面,高的那方石柱上有似窈窕淑女的人体图纹,屹立于以多云多雾为特色的白云山上,此景寓此境,可谓天赐,引用唐代杜牧《山行》诗"远上寒山石径斜,白云生处有人家"的诗句,题名"云雾人家",灵气和仙境的氛围陡增。

9. 以名胜古迹为语源命名地名

这类地名颇多,例如湖南省桃源县,因其西南桃源山下有桃源洞,相传为东晋陶渊明《桃花源记》中所描述的桃花源的遗址,故以此为名。山东鱼台县,以境内有鲁君的观鱼台而得名。江西庐山五老峰南麓、后屏山之阳的白鹿洞,是唐李渤读书处,渤养一白鹿甚驯,常行以自随,人因称渤为白鹿先生;后人以该处四山围合,似一洞天,故名之白鹿洞。山东淄博市淄川区东郊蒲家庄,是我国17世纪著名小说《聊斋志异》作者蒲松龄诞生地,故名。

10. 以古国为语源命名地名

以古国为语源命名地名,系指以在古代某个历史时期,在今欲命名的地理实体处或附近曾经存在过某一古代封国的国名为语源进行的命名。

周灭商、汉灭秦之后,封同姓子弟及功臣为诸侯,产生不少"封国"。这些封国虽然消亡已久,但是其国名往往为后世所沿用,尤其是汉封的王国,现今地名中遗存不少以这些"封国"名命名的地名,这类地名多数分布在北方,计有二十多个。例如河北的唐县,河南的虞城县、温县,山东的曹县。云南的大理白族自治州,得名于五代后晋段思平据此所建的大理国。陕西的韩城,在西周与春秋时,为韩国境地。

郑州 简称"郑",古称"商都",史谓"天地之中",今谓"绿城",河南省省会。在河南省中北部,黄河的中下游分界处,主城区面积 1078 平方公里。地势西南高、东北低,属温带大陆性季风气候。在黄河南岸,京广、陇海铁路交会处,地处黄河冲积平原。郑州是华夏文明的重要发祥地,国家历史文化名城,是国家重点支持的六大遗产片区之一,世界历史都市联盟会员。据《尚书·禹贡》之划分,郑州在上古时代属九州中的"豫州之域"。帝舜在位三十三年时,将天子之位禅让给禹。十七年后,舜在南巡中逝世。三年治丧结束,禹避居于阳城,将帝位让给舜的儿子商均。传说天下的诸侯都离开商均去朝见禹王。在诸侯的拥戴下,禹正式即王位,国号"夏"。夏朝早期建都于阳城(即今登封王城岗遗址处)。后夏朝迁都于阳翟(即今许昌禹州)。3600多年前,中国第二个奴隶制王朝商朝在此建都,为开国之都——亳都,今中心城区仍保留着7千米长的商代城墙遗址。仲丁二弟外壬仍建都于此。仲丁三弟河亶甲自嚣(今郑州商城)迁都于相(今安阳)。西周灭殷后,周武王将其弟叔鲜封于管(今郑州市管城区)建立管国,当时周朝在郑州地区的封国,除管国外,还有邵国、东虢国、祭国、密国等。西周灭亡后,平王东迁洛阳,置东周。此时诸侯兴起,互相争霸兼并,作为郑州地区政治中心的新郑,先后曾为郑国、韩国国都长达500多年。汉代以商城墙为基础,重新修筑北城墙,西起今市体育场以北,至城东路接东城墙,废弃北城墙以北约三分之一商城旧址,其后历代修筑沿用。隋开皇三年(583)改荥州为郑州,以其地处古郑国而得名。郑州作为州一级行政区名称,开始被用于指今郑州地区(549年,东魏孝静帝将颍州改名郑州,此谓最早的郑州),但该州治在颍阴县(今许昌市魏都区)。民国二年(1913)改置郑县。民国十七年(1928)始置郑州市。民国二十年(1931)撤市,仍为郑县城区。民国三十七年(1948)10月,中原野战军解放郑县后,在郑县城区置郑州市,直属河南省。1954年10月30日,河南省政府由开封迁驻郑州,郑州市自此成为河南省会。2016年3月30日,设立河南郑洛新国家自主创新示范区。12月26日,国家发改委发布《促使中部地区崛起"十三五"规划》,支持郑州建设国家中心城市。2017年4月1日,中国(河南)自由贸易试验区正式挂牌成立。2018年11月18日,国家明文指出,以郑州为中心引领中原城市群发展。郑州自成为河南省会以来,面积扩大200多倍,现有街道近600条,以"二七广场"为中心,黄河路、金水路、中原路、陇海路等东西干道与城东路、文化路、南阳路、嵩山路、大学路等南北干道构成网状。已建成为中国铁路枢纽和以轻纺工业为主的,包括机械、冶金、电子、食品、化学、建材等门类较齐全的综合性工业城市。郑州至2021年有普通高校68所,在校生127.4万人,其中国家"双一流"建设高校有郑州大学、河南大学,2110工程重点军事院校有中国人民解放军战略支援部队信息工程大学、中国人民解放军陆军炮兵防空兵学院2所。有研究生培养单位13个,在校研究生57584人。郑州是全国科技进步先进市、国家知识产权强市建设示范城市、国家知识产权示范城市、国家级大数据综合试验区核心发展区、国家新一代人工智能创新发展试验区,拥有全国第7个国家超级计算中心(郑州中心)。中国首个郑州大学超短超强激光平台实验装置("中原之光")。有国家超级计算郑州中心、中国计量科学研究院郑州中心等新型重点科研机构25家。拥有国家工程技术研究中心6个、国家级重点实验室6个、国家级企业技术中心24个。郑州新郑国际机场是中国八大区域性枢纽机场之一,国家一类航空口岸。郑州铁路局地处中原,位于全国路网中心,管辖线路横跨河南、山西、山东、陕西、湖北五省,构成东达沿海、南通两湖、西连秦晋、北接京津的铁路网络,在国民经济发展中有着较为重要的地位。

11. 以治所为语源命名地名

治所，系"地方长官办事的处所"。作为地方行政单位，以治所得名，民众与官方联系办事。

北京市 简称"京"，古称"燕京""北平"。中华人民共和国省级行政区北京直辖市。1949 年 9 月 27 日，中国人民政治协商会议第一届全体会议通过《关于中华人民共和国国都、纪年、国歌、国旗的决议》，决定将北平更名为北京，确定北京为中华人民共和国的首都。1949 年 12 月 9 日，北京市人民政府正式成立，因治北京，故名。叶剑英任北京市人民政府首任市长。北京市是国家中心城市，超大城市，国务院批复确定的中国政治中心、文化中心、国际交往中心、科技创新中心、中国历史文化名城和古都之一。北京市地处中国北部、华北平原北部，东与天津市毗邻，其余均与河北省相邻。是世界著名古都和现代化国际城市，也是中国共产党中央委员会、中华人民共和国中央人民政府和中华人民共和国全国人民代表大会常务委员会所在地。北京市被世界城市研究机构 GaWC 评为世界一线城市，联合国报告指出北京人类发展指数居中国城市第二位。北京市成功举办夏奥会与冬奥会，成为全世界第一个"双奥之城"。北京市是一座有着三千多年历史的城市，在不同的朝代有着不同的称谓。大致算起来有二十多个别称。据史书记载，公元前 1045 年，周武王灭商后，封召公于燕，因临燕山名燕国。西汉、魏、晋、唐时称幽州，五代十国时，辽国称此为南京，又称燕京。元代称大都。明初称北平，永乐取得皇位后改称顺天府，建城后称北京，迁都后称京师。民国初称京兆，民国十七年（1928）改称北平。北京市的气候为暖温带半湿润半干旱季风气候，夏季高温多雨，冬季寒冷干燥，春秋短促。《数字中国发展报告（2021）》显示，北京市数字化综合发展水平位居全国第二。北京市矿产资源丰富，工业门类齐全。为全国最大的消费市场和进出口岸之一。北京市是全国教育最发达的地区之一，截至 2021 年，北京市共有普通高等学校 92 所，其中包括北京大学、清华大学、中国人民大学、北京师范大学等全国著名的高等学府。全年本专科在校生达到 59.6 万人。有 58 所普通高校和 88 个科研机构培养研究生，在学研究生达到 41.3 万人。北京市是全国最大的科学技术基地，有中国科学院等科学研究机构和号称中国硅谷的北京中关村科技园区，有两院院士 911 人，为全国第一。每年获国家奖励的成果占全国三分之一。1998 年来，每年都成功举办以高新技术产业为主题的大型国际活动——北京高新技术产业国际周。北京拥有世界第三、亚洲第一大图书馆。北京是中国铁路网的中心之一。截至 2020 年北京市共辖东城、西城、朝阳、丰台、石景山、海淀、顺义、通州、大兴、房山、门头沟、昌平、平谷、密云、怀柔、延庆等 16 个市辖区，165 个街道、143 个镇、30 个乡、5 个民族乡。北京市人民政府驻通州区运河东大街 57 号。

上海市 简称"沪"，别称"申"。中华人民共和国省级行政区上海直辖市。国家中心城市、超大城市、上海大都市圈核心城市、中国国际经济、金融、贸易、航运、科技创新中心。中国历史文化名城，世界一线城市。地处中国华东地区，位于太平洋西岸，亚洲大陆东沿，中国南北海岸中心点，长江和黄浦江入海汇合处，北邻江苏省南通市域，东濒东海，南临杭州湾，西接江苏和浙江两省。总面积6340.5平方公里。2022年年末，上海市常住人口为2475.89万人。上海市地处长江三角洲前缘。约6000年前，现在的上海西部已成陆。春秋战国时，上海是春申君的封邑，故别称"申"。晋时，因渔民创造捕鱼工具"扈"，江流入海处称"渎"，因此松江下游一带称为"扈渎"，后又改称"沪"，故上海简称"沪"。南宋咸淳三年(1267)在上海浦西岸置上海镇。元至元二十九年(1292)将上海镇从华亭县划出，置上海县，并开始建城，隶属松江府。是时上海县域面积约2000平方公里，县域范围约今吴淞江故道以南市区、青浦区大部、闵行区大部、浦东新区大部和南汇区。元代后期，上海地区有松江府和嘉定州、崇明州2州及华亭县和上海县2县。明末，有松江府及所属华亭、上海、青浦3县，苏州府所属嘉定、崇明2县，金山卫。道光二十三年(1843)上海开埠，1845和1848年分别划出洋泾浜以北一带和虹口一带为上海英租界和上海美租界。民国元年(1912)1月，上海地区直属江苏省，民国十七年(1928)国民政府析上海县的11个市乡，宝山县的6个市乡，为上海特别市的实际境域，置上海特别市，以邻近的上海县得名，市域面积494.69平方公里(不含租界)，并改17市乡为17区，上海市始有区一级建制。上海地区的上海、嘉定、宝山、松江、川沙、青浦、南汇、奉贤、金山、崇明等10县仍隶属江苏省。民国十九年(1930)7月，上海特别市改称上海市。民国二十六年(1937)抗日战争全面爆发，上海沦陷。民国三十七年(1948)12月，上海市划分为30个区。1949年5月27日，中国人民解放军解放上海，成立上海市人民政府，设置黄浦、徐汇、普陀、闸北、虹口、杨浦等20个区和新市、吴淞、洋泾、真如、高桥等10个郊区。同时，上海的郊县划入苏南、苏北行署，后由江苏省管辖。1949年10月1日，中华人民共和国成立，上海市仍为中央直辖市，因治上海，故名上海直辖市，简称上海市。经多年多次调整后，至2016年，下辖的崇明县撤县设区，改署崇明区后，标志着上海市告别下辖县。2022年上海市全市2475.89万常住人口中，拥有大学(指大专以上)文化程度的人口为842.4214万人。上海作为中国现代工业和中国工人阶级的摇篮，早在1861年就有了引进国外先进设备的电机缫丝厂。1919年前后，上海已经是全国工人人数最多、工人比例最高的城市。近代上海作为中国最大的工业城市，集中了约50%的民族资本企业、约40%的资本额、约50%的年产值。上海市是中国的金融中心。上海市的贸易伙伴已从改革开放初期的20多个国家扩展至现在的200多个国家和地区。至2020学年末，全市共有普通高等学校63所、培养研究生机构49家，在校全日制研究生17.81万人，"双一流"高校13所，在沪两院院士196位。位于浦东的张江高科技园是国家级高科技园区，已构筑起三大国家级基地，重点发展以集成电路、软件、生物医药为主导的高新技术产业。中科院上海药物研究所始建于1932年,是我国历史最悠久的综合性药物研究所,承担着包括"863"计划项目在内的80多个项目的科研攻关任务。建有发车通往全国的上海站、上海虹桥站、上海南站三大火车站。拥有上海虹桥国际机场和上海浦东国际机场两座国际机场,其中上海浦东国际机场是中国(含港、澳、台)三大国际机场之一。截至2021年1月,上海市已拥有包括地铁、轻轨、磁悬浮等轨道交通路线19条,运营里程共772公里(磁悬浮线29公里),居全国第一位,已形成初步的网络格局。截至2020年12月31日,上海全市共辖16个市辖区,107个街道、106个镇、2个乡。上海市人民政府驻上海市黄浦区人民大道200号。

天津市 简称"津",别称"津沽""津门"。中华人民共和国省级行政区天津直辖市。国家中心城市、超大城市。地处中国华北地区,华北平原东北部,海河流域下游,东临渤海,北依燕山,西靠首都北京。天津市所在地原为海洋,四千多年前,在黄河泥沙的作用下慢慢露出海面,形成冲积平原。在商周时即有人类居住。汉武帝时,在武清设置盐官。隋朝修筑京杭大运河后,南运河和北运河的交汇处(今金刚桥三岔河口)即天津市最早的发祥地。唐朝在芦台开辟盐场,在宝坻设盐仓。辽时,在武清设"榷盐院",管理盐务。金贞祐二年(1214),在三岔口设直沽寨。元延祐三年(1316)"改直沽为海津镇",设大直沽盐运使司,管理盐的产销。明建文二年(1400)燕王朱棣在此渡过大运河南下争夺皇位。朱棣成为皇帝后,为纪念由此起兵的"靖难之役",在永乐二年十一月二十一日(1404年12月23日)将此地改名天津,即天子经过的渡口之义,并在三岔河口西南的小直沽一带筑城设卫,称天津卫,揭开了天津城市发展新的一页。清雍正三年(1725)升天津卫为天津州,雍正九年(1731)升天津州为天津府,辖六县一州。清末,为直隶总督驻地,清咸丰十年(1860)英、法联军侵占天津,设立租界。清光绪二十六年(1900)八国联军攻陷天津。民国二年(1913),为直隶省省会。民国十七(1928)国民革命军占领天津,设天津特别市,同年7月为河北省省会。10月省会迁北平。民国十九年(1930)6月,天津特别市改置天津直辖市,因直属南京国民政府行政院,治天津,故名。11月,河北省省会又迁至天津,改为省辖市。民国二十四年(1935),省会迁至保定,天津市又改为直辖市。民国二十六年(1937)7月30日因抗日战争全面爆发,天津沦陷。民国三十四年(1945)8月15日,日本投降后,天津仍为直辖市。1949年1月17日,天津市全境解放,划为华北人民政府直辖市,10月1日中华人民共和国成立,天津市被定为中央直辖市。1958年2月11日,改为河北省省辖市,4月18日省会由保定迁天津。1966年5月,省会再迁保定。1967年1月2日,天津市恢复为直辖市。2021年9月,天津市被列为超大城市、中国四大直辖市之一。截至2021年年末,市区总面积11966.45平方公里。天津市辖区分为中心城区、环城区、滨海新区和远郊区。其中心城区是天津市的发祥地,也是政治、文化、教育、商业中心。中心城区按其功能定位分为"金融和平""商务河西""科技南开""金贸河东""创意河北""商贸红桥"。滨海新区是天津市国家级新区和国家综合配套改革试验区，是北方对外开放的门户、高水平的现代制造业和研发转化基地、北方国际航运核心区和物流中心、宜居生活型新城区，由原塘沽、汉沽、大港以及天津经济技术开发区等区域整合而成。天津市是北京通往东北、华东地区铁路的交通咽喉和远洋航运的港口，有"河海要冲"和"畿辅门户"之称。对内腹地辽阔，辐射华北、东北、西北13个省（区、市）。对外面向东北亚，是中国北方最大的沿海开放城市。天津市矿产丰富，其中锰、硼不仅为国内首次发现，也为世界所罕见。自古以来就是著名的盐产地，拥有中国最大的盐场。已发现45个含油构造，储油十分可观。现已发展成为现代化和门类较为齐全的综合性工业基地之一。高校"双一流"建设项目全部通过国家首轮验收，"世界一流"建设学科增至14个。共有研究生培养机构24所、普通高校56所、全年在校研究生8.63万人，普通高校在校生58.34万人。有两院院士38位，攻克酶蛋白理性设计等关键核心技术，断热稀土涂层打破国外垄断，二氧化碳人工合成淀粉实现实验室条件下"从0到1"的突破，银河麒麟操作系统、"神工"脑机交互系统等在解决"卡脖子"问题中发挥重要作用。科技成果中属于国际领先水平有137项、达到国际先进水平有253项。天津市数字化综合发展水平位全国第七。天津滨海国际机场是国内干线机场、国际定期航班机场、国家一类航空口岸、中国主要航空货运中心之一。截至2022年11月，天津市共辖16个市辖区，124个街道、125个镇、3个乡。天津市人民政府驻天津市河西区友谊路30号。

重庆市 简称"渝"，别称"山城""江城"。中华人民共和国省级行政区直辖市。国家中心城市、超大城市，国家重要中心城市之一、成渝地区双城经济圈核心城市。地处中国内陆西南部，是长江上游地区的经济、金融、科创、航运和商贸物流中心。全国唯一兼具四种类型的国家物流枢纽、国际消费中心城市、西部大开发重要战略支点、"一带一路"和长江经济带重要联结点及内陆开放高地。重庆市是国家历史文化名城、巴渝文化发祥地，有3000余年建城史。夏、商时为百濮地。商至西周时为巴国地。隋开皇元年（581）以嘉陵江下游古称渝水，改楚州为渝州，并简称"渝"。唐时属渝州。北宋崇宁元年（1102）置恭州，南宋赵惇先封为恭王，领恭州，后于惇熙十六年（1189）接帝位（光宗），自诩"双重喜庆"，遂升恭州为重庆府，"重庆"由此得名。元末大夏在此建国。清末重庆开埠。民国十八年（1929）始置重庆市，为国民政府二级乙等四川省辖市。民国二十六年（1937）抗日战争全面爆发，国民政府迁都重庆，成为"战时首都"，是世界反法西斯战争远东指挥中心。中共中央在此成立"南方局"和"八路军驻重庆办事处"。大量工业企业内迁至重庆，重庆成为以军火工业为主的重工业城市。1997年2月14日，第八届全国人民代表大会批准设立重庆直辖市，因治重庆，故名。析原四川省重庆市、万县市、涪陵市和黔江地区，共38个区县，成立中华人民共和国省级行政区重庆直辖市。截至

2021年年底,重庆市区总面积8.24万平方公里。为中国北京、上海、天津、重庆四个直辖市之一。重庆市是西南地区最大的工商业城市,国家重要的现代制造业基地,中国老工业基地之一,已成为全球最大电子信息产业集群和中国国内最大汽车产业集群,亦为装备制造、综合化工、材料、能源和消费品制造等千亿级产业集群,是全球最大的笔记本电脑生产基地、全球第二大的手机生产基地。现有普通高等教育学校70所,有中国科学院重庆绿色智能技术研究院、国家重点实验室10个、国家级工程技术研究中心10个、高端新型研发机构77个,是国家重要先进制造业中心、西部金融中心、西部国际综合交通枢纽和国际门户枢纽、国家物流枢纽、西部大开发重要的战略支点,重庆拥有"一大四小"5座民用机场,其中江北机场为国家区域枢纽机场,2021年国际航线增至108条。重庆为"一带一路"和长江经济带重要联结点及内陆开放高地、山清水秀美丽之地,既以江城雾都、桥都著称,又以山城扬名。截至2022年10月,重庆市辖26个区、8县、4个自治县、239个街道、621个镇、157个乡、14个民族乡。重庆市人民政府驻渝中区人民路232号。

12. 以天体为语源命名地名

天体,系包括太阳、地球、月球和其他恒星、行星、卫星,以及彗星、流星、宇宙尘、星云、星团等的总称。

星子县 在江西省北部,现为庐山市。五代杨吴大和三年(931)于庐山置星子镇,因其东鄱阳湖中,昔有天星坠水化为石,故名。北宋太平兴国三年(978)改置星子县。有周瑜点将台、秀峰风景区有唐代诗仙李白赋"日照香炉生紫烟,遥看瀑布挂前川。飞流直下三千尺,疑是银河落九天"名诗之佳境。

日照市 在山东省东南缘。西汉置海曲县。金大定二十四年(1184)置日照县,以东临大海,日光先照此地而得名。1985年置日照市。

尼玛县 在西藏自治区北部,清代为纳仓宗(县)、香沙宗,属申扎县。1983年析申扎县部分地区置尼玛县,"尼玛"一名,系汉语音译的藏语地名,义为"太阳"。尼玛在藏族文化中是一个神圣的词汇,也是对太阳的尊称。因当地人希望太阳之光永远普照县城大地,以使自己生活能够日日向阳,故取名尼玛。

13. 以日地关系为语源命名地名

地球北回归线穿越云南省南部,每年夏至日太阳垂直照射在北回归线上,一年中夏至日北回归线上各地白天时间最长。此种天地关系,在地名中亦有表现。

畹町镇 在云南省西部,为我国西南边境城镇,是云南省通往缅甸陆上重要口岸。西汉为哀牢地。蜀汉、两晋、宋、齐均为永昌郡哀牢县地。明时属勐卯安抚司和遮放副宣抚司。民国二十一年(1932)置畹町镇,"畹町"一名,系汉语音译的傣语地名,义为"太阳当顶",太阳当顶则表明天地间处于垂直距离,亦即最近的距离。1954年2月,置县级畹町镇。1985年置畹町市。1999年1月1日并入瑞丽市。2月8日改置瑞丽市畹町经济开发区（副县级）。2005年12月更名为云南省德宏傣族景颇族自治州瑞丽市辖畹町镇。

14. 以气象为语源命名地名

气象气候是人类生存环境中重要的因素之一，不同的气候状况，给予人们不同的生产、生活条件及其方式，因而人们对气候特征历来十分重视，并以各种气象气候现象为语源命名地名，使之永远留驻，这对研究区域环境很有裨益。

在以气象命名地名中，常用"温""寒""凉""云""岚""霞""春""秋""雾"等字，以反映气候的特征。如黑龙江省的雪水温；安徽的寒亭、破凉亭，甘肃的平凉；山东的庆云，广西的凌云，云南的祥云，贵州的紫云，河北的旧庆云，北京的密云，山西的左云，黑龙江省的乌云，江苏的灌云，浙江的缙云。"岚"，为山里的雾气，以岚为名的地名有江西的高岚，河北的大巫岚，山西的奇岚。"霞"为日光斜射在天空中，空气的散射作用而使天空和云层呈现黄、橙、红等彩色的自然现象，多出现在日出或日落的时候，通常指这样出现的彩色的云。以"霞"为名的有山西的彩霞，江苏和山东的栖霞。以"春"为名的有黑龙江省的伊春、温春，吉林的珲春，江西的宜春，福建的永春。以"秋"为名的有贵州的花秋。以"雾"为名的有广东的乾雾。

台湾省南部具有四季如春的各项气候指数，该处一地名为"恒春"。以"春"命名的地名，有反映真实情况，如台湾恒春即是，但是也有仅在客观上反映人们的一种良好的愿望，如吉林的长春，那里春季很短，其实"长春春不长"，长春之名实际上源于当地的长春花。而云南省城昆明素有春城之称，实为"春城春长在"。

新疆克拉玛依有一地方一年四季刮大风，命名为老风口。桂林叠彩山上一个穿山洞口，那里微风阵阵，好凉快，游客到此总是却步不前，故命名为"风洞"。另外，非洲全称为"阿非利加"洲，其义为"阳光灼热"的大陆，是非洲气候特征的真实写照。河南嵩县的白云山，以春末夏初，山上多云多雾，白云缭绕，气象万千，而得名。山东栖霞市，在山东半岛腹部，境内群山起伏，丘陵连绵，金天会九年（1131）置县，以"每天晨晓，辄有丹霞流岩"之景而得名。

祥云县 在云南省中部偏西。战国时，这里的先民就是定居的农耕民族。汉武帝元封二年（前109）在今大理地区置益州郡，下设云南（今祥云）等28县，因汉武帝梦见彩云南现，故将该地取名云南县，治今云南驿镇。蜀汉建兴三年（225）诸葛亮平定西南，析置云南郡，治今云南驿，与县同治。唐天宝九年（750），南诏国于云南驿筑云南城，贞元年间南诏国于云南城设云南节度。元至元十三年（1276）改置云南州。明洪武十五年（1382），云南县治从云南驿迁至祥云城。"祥云"一名，因其地处滇西横断山脉地带，地势西北高，东南低，中部为盆地，夏无酷暑，冬无严寒，春秋宜人，常有彩云浮现，以"彩云南现,人以为祥"之义得名。寻降云南州为云南县。民国七年(1918),因其名与省名同,故改称祥云县。1956年,大理白族自治州成立,祥云县属大理州至今。

云龙县 在云南省西部。西汉元封二年(前109)置比苏县。元末置云龙甸军民总管府,因地处澜沧江,"江上夜覆云雾,晨则渐升如龙",故名。明置云龙州。民国二年(1913)改置云龙县。

云县 在云南省西南部。西汉时属益州郡哀牢地。明洪武二十四年(1391)设大侯长官司,明宣德四年(1429)升大侯御夷州,明万历二十六年(1598)改置云州,因境内常有彩云出现,故名。一说是因地处滇西横断山区,山高谷深,"一山分四季,十里不同天","冬无严寒,夏无酷暑",温湿多雾,终年云雾缭绕,故名。民国二年(1913)改置云县。

15. 以天气状况为语源命名地名

天气,即一定区域,一定时间内大气中发生的各种气象变化,如温度、湿度、气压、降水、风、云等的情况。

云浮市 在广东省中西部,西江中游以南。汉为端溪县地。南宋置安遂县。民国三年(1914)5月,东安县改置云浮县,因境内云雾山上终日为浮云缭绕,故名。1994年4月5日,置地级云浮市,辖云城区、新兴县、郁南县,代管罗定市(县级)。1996年1月,从云城区析9个镇置云安县。2014年9月,改云安县置云安区。至此,云浮市辖云城区、云安区、新兴县、郁南县,代管罗定市。

电白区 在广东省西南沿海。夏、商、周三代为扬州之南裔。春秋战国时为百越地。秦朝,为南海郡之西境,秦末将领赵佗乘机建立"南越王国"。汉时合浦郡地。三国时地属吴国,为广州高凉郡高凉县地。南朝梁析高凉郡置电白郡,这是以电白为郡县名之始,相传因内多雷电而得名。隋开皇九年(589)合并电白、海昌二郡置电白县,电白自此以县称。2014年撤销茂港区和电白县合并置电白区,成为广东省茂名市的辖区。

雷州市 在广东省西南部,位于中国大陆最南端的雷州半岛中部。雷州历史悠久,远在四五千年前的新石器时代便有人类繁衍生息,历来是雷州半岛的政治、经济、文化中心,文化积淀厚重,是国务院颁布的99个全国历史文化名城之一,素有"天南重地"之称。汉武帝元鼎六年(前111)析置徐闻县。隋开皇九年(589)改置海康县。唐贞观八年(634)改东合州为雷州,《太平寰宇记》载:"盖以多雷为名。"对雷州得名由来世间有"多雷"说、"雷水"说、"雷祖"说、"擎雷山"说四种不同说法,但异中有同,统一于"雷",缘于擎雷山,或擎雷水,山也好,水也好,名称的来源都和"雷"有关。当地人笃信"雷神""雷祖"的民俗,背景更离不开本地的"多雷"现象。因此不管哪个说法更有道理,"雷州"之名与"雷"有关是确定无疑的。

16. 以气候状况为语源命名地名

气候,即一定地区里经过多年观察所得到的概括性的气象情况。它与气流、纬度、海拔高度、地形等有关。

都兰县 在青海省中部,柴达木盆地东南部。古为羌地。明清时为蒙古、藏族牧地。民国六年(1917)设都兰理事公署,"都兰"一名,系为汉字音译的蒙古语地名,义为"温暖(暖和)",因当地气候不冷也不太热,故名。民国十九年(1930)置都兰县。

温州市 在浙江省东南部,瓯江下游南岸。夏、商、周时今温州地属百越之东瓯。秦朝时属闽中郡。西汉时为东瓯国。汉武帝建元三年(前138)东瓯国灭。东汉章和元年(87),为章安县东瓯乡。东汉永和三年(138)析章安县东瓯乡置永宁县,为温州建县之始。唐上元二年(675),从括州析永嘉、安固两县置温州,为温州得名之始,据引《图经》:"温州其地自温峤山,民多火耕,虽隆冬恒燠"。意思是温州地处温峤岭以南,冬无严寒,夏无酷暑,气候温润,故名温州。1949年5月7日,温州和平解放,8月26日设温州市。1981年9月,温州地区和温州市合并置省辖地级温州市。1984年辟为对外开放城市。是中国数学家的摇篮,是国家历史文化名城。

陆良县 在云南省东部。西汉元封二年(前109)始置同劳县。东晋更名为同乐县。元时改陆梁州,取夏时属梁州之义得名。明洪武二十二年(1389),有酋长刘氏兄弟五人倡乱,西平侯沐英统兵剿之,时值六月,阴霾清冷,因有"信是深山六月寒"之诗句,遂易"陆"为"六",易"梁"为"凉",更名"六凉州",取清凉之义。后于洪武三十一年(1398)增设六凉卫,"陆""六"二字同音,也写作陆凉卫。清仍为陆凉州,因地处滇东高原,气候终年温暖如春,故名。民国元年(1912)改为"陆凉县",民国二年(1913)邑人牛星辉以"凉"义近放薄,文嫌不驯,以"寄托陆地良好之愿望",首倡呈请政府改"凉"为"良",经省批准,名"陆良县",属省辖。素有"滇东明珠"之称。

17. 以地形为语源命名的地名

我国地形复杂多样,以地貌学上的地貌通名分为山、岭、崮、丘、陵、冈、阜、隰、甸、坪、坝、原、塬、梁、峁、盆地、岛屿、绿洲等18种,若按照实际反映到地名上的,据《中国地图册》初步统计,有一百六十多种。由此可见,地名的地形内涵是十分丰富的。现就其主要方面分述如下。

以山为语源命名的地名,分含"山"和不含"山"字的两种表现形式。含"山"字的县市名,全国有50多个,如有钢都之称的鞍山市(辽)、我国钢铁基地之一马鞍山市(皖),我国煤炭基地双鸭山市(黑)和平顶山市(豫),山东的避暑胜地崂山区,湖南衡山县,风景奇秀的三峡地区巫山县,以及陕西岐山、山东福山、湖北应山、江西铅山、广西宜山、安徽砀山、浙江江山、江苏锡山区和昆山市等。形式上不含"山"字,却因山而得名的市县有60多个,如山东峄城区得名于峄山,古时的峄,指附属的山,今峄山系泰山的南支。

河南嵩县得名于嵩山,古时的嵩,指"山大而高"者。此外,以同名山命名我国著名风景名胜地的有山西五台、浙江天台和普陀、四川峨眉、广西阳朔、广东花都区、江苏苏州等。

福州 简称"榕",别称"榕城",史称"闽都",福建省省会。福州市人民政府驻地。Ⅰ型大城市,地处福建省东部、闽江下游,属典型河口盆地,以山地丘陵为主,属典型的亚热带季风气候,温暖湿润,四季常青。截至2020年,主城区面积1043.7平方公里。是中国近代海军的摇篮、中国船政文化的发祥地。是中国人民解放军东部战区陆军机关驻地,是中国东南沿海重要都市、首批对外开放的沿海开放城市,是近代中国最早开放的五个通商口岸之一。福州历史悠久,新石器时代晚期昙石山文化至中原商周时期的黄土仑类型表明闽族先民们已在此以渔猎、采集,或从事原始农耕,使用磨制石镞、石斧、石刀等石器;已掌握纺织、制陶等生产技术和相应的装饰艺术。战国与秦汉时,福州闽族先民与越王勾践后裔融合形成闽越族地方政权。秦置闽中郡。汉高祖五年(前202)闽越王无诸都此,称东冶,乃福州建城之始。晋太康三年(282)太守严高在越王山(屏山)南建晋安郡城(子城),凿西湖、东湖灌溉农田,东晋衣冠士族与百姓南渡,许多百姓举族入闽,带来中原地区先进的生产技术和文化,促进福州经济、文化的复苏与发展。唐开元十三年(725)改闽州为福州,以州西北的福山得名。唐天复元年(901)在其外环建大城(罗城)。五代闽开平二年(908)在大城南北加建"夹城",开平三年(909)王审知建立闽国,定都福州。福州在五代非常繁荣,城池的扩建将乌山、于山、屏山圈入城内,从此福州也得名"三山"。北宋开宝七年(974)在城东南扩建外城,太平兴国三年(978)城毁。宋代是福州历史上的黄金时代,人口、经济、文化都达到一个高峰,城池两次扩建,大兴水利。宋治平二年(1065),福州太守张伯玉在福州遍植榕树,故简称"榕",别称"榕城"。宋代福州人口众多,经济极其繁荣,为宋代六大城市之一,南宋时城内人口超10万,农业高度发展,商品经济发达,是宋朝造船业中心,海外贸易发展迅速。文化上,两宋时期福州一共出了文状元10名,武状元11名,进士2247名,福建是中国出状元最多的省份之一,福州占福建大部分。从明代起,福州一直是福建的省会。明初的福州造船业发达、航海技术先进。明清两代较为稳定的社会环境使福州城大规模发展。清代中前期,福州为中国重要的海洋贸易中心,经济的繁荣也使人口猛增,道光年间城市人口已经达到50万。晚清的福州是中国较为现代化的城市。民国三十五年(1946)福州设市。1949年8月17日,福州获得解放。中华人民共和国成立后,福州市人民政府开始实施大规模社会改革。1980年3月30日,国务院批准福州成为沿海开放城市,2015年8月,国务院批复同意在福州市滨海地区设立福州新区,规划面积800平方公里。福州境内地热资源埋藏浅、水温高、水质好,自古有"闽中温泉甲天下"之美誉,福州曾获"中国温泉之都"称号。福州沿海多天然良港。福州有福州大学("双一流")等高等院校35所,2022年福州普通高等院校在校大学生41.34万人,在校研究生4.57万人。2022

年福州拥有国家重点实验室 3 个、国家级工程技术研究中心 4 个。现有高新技术企业 3784 家,有效发明专利 24778 件。建有 4E 级福州长乐国际机场,运营国内外航线 103 条,通航 75 个城市,其中地区航线 4 条,国际航线 12 条。通福温等 6 条铁路和福合等 2 条高铁,建有 5 条地铁线。是国家历史文化名城。

兰州 简称"兰""皋",古称"金城",甘肃省省会。兰州市人民政府驻地。是Ⅰ型大城市,主城区面积 1663 平方公里。年平均气温 10 ℃,夏无酷暑,冬无严寒,是著名的避暑胜地。秦统一六国后为陇西郡地。秦始皇三十三年(前 214)析置榆中县。西汉始元元年(前 86)置金城县,隶天水郡。始元六年(前 81)置金城郡。东汉光武帝建武十二年(36)并金城郡于陇西郡。西晋仍置金城郡,后迁治金城。隋开皇三年(583)改金城郡为兰州,因城南有皋兰山,故名兰州。明洪武二年(1369)攻取兰州,次年置兰州卫。清康熙二年(1662)复设兰州卫。康熙五年(1666)陕甘分治,置甘肃行省,省会由巩昌(今陇西)迁至兰州。从此,兰州一直为甘肃的政治中心。乾隆二十九年(1764),陕甘总督衙门自西安移驻兰州,自此兰州成为西北政治、军事重镇,用以"节制三秦""怀柔西域"。民国三十年(1941)将皋兰县城郊析出,新置兰州市,市县同治今兰州城关区。1949 年 8 月 26 日,中国人民解放军解放兰州。兰州是中国西北地区重要工业基地和综合交通枢纽,西部地区重要的中心城市之一,丝绸之路经济带的重要节点城市。地处中国陆域版图的几何中心,自古就是"联络西域、襟带万里"的交通枢纽和军事要塞,素有"黄河明珠"美誉。为重要交通要道,商埠重镇。成为中国最早接受近代工业文明的城市之一,新中国成立后被定为重点建设的工业基地之一,2012 年,国务院批复西北地区首个国家级新区兰州新区,明确把建设兰州新区作为深入实施西部大开发战略的重要举措。兰州是中国重要的科研教育基地,拥有兰州高新技术产业开发区、兰州经济技术开发区两个国家级开发区,2014 年经科技部同意开展兰白科技创新改革试验区建设试点,2018 年经国务院批准建设全国第 19 个、欠发达地区首个国家自主创新示范区。2019 年,在美国米尔肯研究所发布的"中国最佳表现城市指数"排行榜中,兰州位列第 4 名。2019 年年底,通过国家科技部创新型试点城市验收,标志着兰州已正式进入国家创新型城市行列。2022 年,兰州共有国家工程技术研究中心 3 个。现为国家重要的石油化工、生物制药和装备制造基地。现已发展为西北地区现代化大都市。有双一流、"985 工程"和"211 工程"重点建设高校兰州大学,以及西北师范大学等 23 所高校,2021 年在校学生 58.96 万人、在校研究生 5.38 万人。2018 年在世界著名期刊《自然》杂志发布的全球科研城市 200 强榜单中,兰州排名第 91 位,国内排名第 19 位。

以岭、峰、冈、崮、陉、丘、陵、阜、原等地形为语源命名的地名,为数不多。"岭",古时指"山小而高"者,以岭命名的有广东焦岭和浙江温岭(温峤岭)等县。

"峰",山的突出的尖顶地形,称峰。以峰命名的有内蒙古的赤峰市,江西横峰县。

"冈",为较低而平的山脊。以冈得名的县有湖南武冈和湖北黄冈,但是它们都是以同名小山命名的,与"冈"的原意已有所不同。

"崮",系花岗岩经长期风化和侵蚀,山顶形成了馒头形,四周是高度 33~110 米不等的峭壁。当地人称这种方形山顶为崮子,简称"崮"。以"崮"命名的地名,有山东孟良崮、抱犊崮、崮山。解放战争中的著名孟良崮战役,就发生在这里。

"陉",系山脉中断的地形。山地由于断层作用及河流切割,有许多横谷切山而过,这种横谷就是"陉"。以"陉"得名的在太行山有八处,以河北的井陉县最为著名。

"岫",指有穴的山。辽宁黄海之滨的岫岩满族自治县,因境内岩石受海潮冲击形成许多洞穴,县因以得名。

"塬""梁""峁"是西北黄土高原地区特有的地貌形态。

"塬",系其四周为流水切割,顶面广阔,是良好的农耕区,以塬得名的地名有陕北的洛川塬等。

"梁",系呈条状延伸的岭岗,有的为黄土塬经侵蚀分割而成的,如陕北长城附近的宁条梁、石家梁等。

"峁",系黄土丘陵,顶部浑圆,斜坡较陡,得名于峁地形的地名有陕西米脂县的桃花峁、无定河沿岸的薛家峁、神木市的沙峁等。

一般,山以石为主,丘则以土为主。《尔雅》对丘的分类很多,迄今沿用的很少。以丘命名的现存也很少,如山东章丘区,系以同名丘得名的。"章丘"是通名,不是专名,是《尔雅》关于丘分类中的一种,特指平顶丘而言。

河南省商丘市,系因上古帝喾子阏伯于此受封商星,死后葬于大丘而得名。河北内丘县,汉称中丘县,《太平寰宇记》载:"西北有蓬山,丘在其间,故名中丘。"隋开皇初年,因避隋文帝杨坚之父杨忠名讳,改为内丘县(因"中"与"内"二字义通)。安徽霍邱县,亦以境内多山丘而得名。

"阜",是指平地隆起的地形。以阜得名的县级行政区有山东曲阜,河北阜平等。曲是阜的形容词,曲阜,因《礼记》中有"鲁城中有阜,委曲七八里,故名曲阜"。阜平县,因境内少丘,相当平坦,因以得名。

"原",古时指高平的地形。《尚书大传》说:"大而高平者谓之太原。"可见太原本是地形的通名,后来成为专名,秦汉时为太原郡,即今太原市。现代,"原"与"高""平"组合,构成指海拔较高、地形起伏小的大片平地和海拔较低、地形起伏极小的广大平地的两种地形的通名,分别称之"高原"和"平原"。以此命名的地名有青藏高原、蒙古高原、云贵高原、江汉平原、华北平原、黄淮平原、太湖平原、松辽平原、三江平原等。

太原 简称"并(bīng)",别称"并州""龙城",古称"晋阳"。山西省省会。太原市人民政府驻地。在山西省中部,为国家中部地区重要的中心城市。以能源、重化工为主的工业基地。截至 2022 年,主城区面积 438 平方公里。太原是国家历史文化名城,一座有 2000 多年建城历史的古都,"控带山河,踞天下之肩背","襟四塞之要冲,控五原之都邑"的历史古城。太原三面环山,黄河第二大支流汾河自北向南流经,自古就有"锦绣太原城"的美誉。殷商时太原为古国北唐。西周时为晋国。战国时属赵国。秦庄襄王二年(前 248)于晋阳置太原郡,因地处又大又平的平原盆地,故名太原。西汉置晋阳县,隋为太原郡。唐为并州、太原府,天宝元年(742)加号北京。宋时,古晋阳被毁,移治阳曲,即今太原市。元太祖十三年(1218)置太原路。明、清时为太原府。民国十六年(1927),置太原市,隶属山西省政府直辖。1949 年 4 月 24 日,中国人民解放军解放太原。1949 年 9 月 1 日,山西省人民政府成立,改太原市为省辖市。太原地处晋中盆地北部地区,属于暖温带大陆性季风气候,气候干燥,降雨偏少,昼夜温差大。太原矿产资源丰富,以煤蕴藏最丰、铁矿次之、石膏居三,是中国重要的能源、重工业基地之一。也是我国著名的重工业城市,号称"十里钢城"的太原钢铁公司,为全国十大钢铁企业之一。2022 年年末,有普通本科高等院校 18 所,在校生 54.3 万人。2021 年拥有国家级企业技术中心 32 家,院士工作站 74 个。年末累计认定高新技术企业 2214 家。获批国家知识产权运营服务体系建设重点城市。荣获 2020 年度国家科学技术奖 9 项。其中,国家自然科学奖 1 项、国家技术发明奖 1 项、国家科学技术进步奖 7 项。在全国对外开放和经济发展布局中,具有承东启西、连接南北的双向支撑作用。太原是国家可持续发展议程创新示范区,是中国北方军事、文化重镇,世界晋商都会。中国优秀旅游城市,国家公交都市建设示范城市。

以地形平得名的地名颇多。如山西北部原平市、山西南部高平市、福建漳平市。

"隰",义为低湿的地方。《尔雅》:"下者曰隰。"山西的隰县,因其地泉汩汩下隰,故名。

"草甸子",义即低洼的湿地,简称甸。以甸为名的有吉林的桦甸市,辽宁的宽甸满族自治县等。

"坪",系指山区或黄土高原上的小块平地。在三峡的峭壁上有平缓的山坡,当地人称为"坪",由于土层比较深厚,因此成了峡谷的农耕地带。三峡所有村落名称几乎都带有"坪"字,如杨柳坪、核桃坪、白杨坪等。宜昌以西长江南岸的巨镇三斗坪。还有陕西南部的佛坪、镇坪,山西的西坪、井坪、阳坪、村家坪,安徽的鹞落坪,江西的茅坪,福建的禾坪。在我国南方各地的山区和西北地区,带"坪"的地名较多。

"坝子",是云贵高原局部平地或平原名称的通名,多见于山间盆地或河谷盆地,是当地农业比较发达的地方或城镇所在地。西南地区带"坝"字的地名不少,如云南的允景洪坝、怒江坝、小草坝、凤尾坝,贵州的贵阳坝子、平坝、茅坝、羊场坝、滥坝等。

"井",用作地形名称的通名,为高山中的小盆地。如革命圣地江西井冈山有上、中、下、大、小五井,井冈山就得名于这些井与其四周的山冈。

"陵",用作地形名称的通名,系指丘陵。例如江苏扬州,古名广陵郡,因境内丘陵岗地广布,故名。湖北江陵县,为秦置县,因以地临江,近无高山,所有皆陵阜,而得名。安徽铜陵市,以境域大部为山地丘陵,盛产铜而得名。

"澳",系海边弯曲可停船舶的地方。因此在沿海一带常见带"澳"字的地名,如福建的三都澳、晓澳、苏澳,台湾的底澳、苏澳、南澳,澳门等。

澳门特别行政区 简称"澳",中华人民共和国澳门特别行政区。在中国南部珠江三角洲南端,珠江口西侧,是中国内地与中国南海的水陆交汇处,毗邻广东省,与香港相距60公里,澳门北部的澳门半岛连接广东珠海市,而南方则是氹仔、路环和路氹城所组成的大岛,陆地面积32.9平方公里,截至2020年年底,总人口68.32万人。澳门特别行政区三面环海,一年中有两次太阳直射,辐射强烈,蒸发旺盛,属海洋性季风气候。澳门特别行政区古称"蚝镜",后"蚝"雅化为"濠",遂称"濠镜"。"蚝"以海滩盛产蚝(牡蛎)而得名;"镜"乃半岛海湾波平如镜之故。澳门其名始见明代史籍,"澳"义指海边弯曲可停船的地方;"门",是以其南面有四山,离立于海面上,成十字如门,故称澳门。亦说有南北两山,对峙如门,称澳门。澳门,东为东澳山,南有十字门,海水环绕,西南为横琴山,北为青州山,石壁峭立,形势雄伟。澳门先秦属百越地。秦时属南海郡番禺县地。南宋时始属广东省香山县。明嘉靖三十二年(1553)葡萄牙殖民者来澳门,借口船上货物水浸受潮,上岸暴晒,趁机侵占澳门,当时葡萄牙人在妈祖阁(妈祖庙)附近登陆,向当地人询问这里的地名,因处在妈阁庙旁,当地人便回答妈阁,于是澳门便被称为妈阁。嘉靖三十六年(1557)葡萄牙在明朝求得澳门居住权,澳门仍由广东省直接管辖。直至清光绪十三年(1887)葡萄牙政府与清政府签订了《中葡会议草约》和有效期40年的《中葡和好通商条约》后,正式占领澳门。澳门自被葡萄牙侵占以后,葡萄牙人在澳门一直拥有特权或特殊地位,使居民们普遍不满,出现多次反抗和斗争。直到1974年4月25日,葡萄牙革命成功,实行非殖民地化政策,承认澳门是被葡萄牙非法侵占的,并首次提出把澳门交还中国。1984年10月3日,邓小平首次提出用"一国两制"方针解决历史遗留的澳门问题。1986—1987年中葡两国政府为澳门问题举行了四轮谈判。签订了联合声明等文件,明确澳门地区是中国的领土,中国将于1999年12月20日对澳门恢复行使主权,在澳门实行"一国两制",保障澳门人可享有"高度自治,澳人治澳"的权利。为此,决定成立特别行政区,以澳门半岛名澳门特别行政区。1999年12月20日0时,在中葡两国元首见证下,葡驻澳门第127任总督韦奇立和第1任澳门特别行政区长官何厚铧于澳门文化中心公园交接仪式场馆交接澳门政权。此刻澳门正式回归祖国的怀抱。根据"一个国家,两种制度"的方针,宣布了对澳门的基本政策50年不变。除外交和国防事务属中央人民政府管理之外,享有高度自治权,现行社会、经济制度和生活方式不变,法律基本不变等。澳门特别行政区行政长官是澳门特区的首长,向中央人民政府和澳门特区负责。行政长官由年满40周岁,在澳门通常居住连续满20年的澳门特别行政区永久性居民中的中国公民担任。行政长官在本地通过选举或协商产生,由中央人民政府任命。任期为5年,可连任一次。特区政府的主要官员由在澳门通常居住连续满15年的永久性居民中的中国公民担任。根据"一国两制"的原则,特区的法律制度以大陆法为根基。澳门是中国人均GDP最高的城市。主要以第二、三产业为主。经济规模不大,但外向度高,是中国两个国际贸易自由港之一,货物、资金、外汇、人员进出自由,亦是国内税率最低的地区之一,具有单独关税区地位,与国际经济联系密切,更与欧盟及葡语国家有着传统和特殊的关系。澳门制造业以纺织制衣业为主,且以劳动密集和外向型为模式发展,大部分产品销往美国及欧洲。早期以爆竹及神香为主,纺织制衣业始于20世纪60年代,七八十年代进入黄金时期,除纺织制衣业外,玩具、电子和人造丝花等工业蓬勃发展。博彩业在澳门经济中产生举足轻重的影响,与蒙特卡洛、拉斯维加斯并称为世界三大赌城,1847年澳门已有赌博合法化的法令。赌业专营,由政府开设。1961年2月,葡萄牙海外省颁布法令,准许澳门以博彩作为一种"特殊的娱乐"。获准合法经营的博彩类别主要有:幸运博彩、互动博彩、互相博彩及彩票等。澳门官方货币单位是澳门元,纸币面额计有10元、20元、50元、100元、500元及1000元六种,硬币有1毫、2毫、5毫、1元、2元和5元六种。在澳门售卖的商品和所提供的服务收费一律以澳门元计算,但也可使用港元或其他流通货币。澳门有澳门大学等4所公立院校和澳门科技大学等6所私立院校,注册在校学生4.4万人。澳门行车道路总长度为462.5公里,2021年,经海路入境的旅客为20.1万人次。有位于氹仔岛东端的澳门国际机场,有澳门、亚太和国际商务三家航空有限公司提供航班服务。澳门特别行政区政府驻澳门半岛风顺堂区。

"浔",系指水边、江边之地。地名中有浙江的南浔,福建的杜浔。江西九江市别称浔,亦因此得名。

"陀",系为山冈,如浙江的普陀区。

"坨",系成堆或成块的东西,如河北的胡家坨、野鸭坨、王庆坨,吉林的苏公坨,辽宁的黄沙坨等。

"沱",为可以停船的水湾,如四川的朱家沱、石盘沱、金刚沱,吉林的海沱等。

"盩",系山曲为盩;"厔",系水曲为厔。盩厔,即山曲水亦曲的地方。盩厔县在陕西西安市西,渭河南岸,秦岭北麓,是地形特征涵蓄最深最隐的地名,现简作"周至"。

我国海岸很长,海上岛屿星罗棋布,以岛屿名为语源命名的地名不少,辽宁的葫芦岛市,以葫芦岛得名;浙江的舟山市,以附近的舟山岛命名;福建的金门县,以金门岛得名;广东的南澳县,以南澳岛得名。以岛名命名省名的有台湾省和海南省。

台湾省 简称"台",别称"宝岛",是中华人民共和国省级行政区,省会台北,在中国东南沿海的大陆架上。台湾省由中国第一大岛台湾岛与兰屿、绿岛、钓鱼岛及其附属岛屿、澎湖列岛组成,陆地面积3.6万平方公里。"台湾"一名,源于其南部少数民族"台窝湾"社的社名,义为滨海之地。福建移民依闽南语将此名译写为"大员""台员""大湾"等,后定名为"台湾"。台湾,夏商时属扬州,汉和三国时称"夷洲",隋唐时称"流求",宋时称"流"或"琉求",元时称"琉求"(或"瑠求"),元(后)至元年间(1335—1340)在澎湖设"巡检司",管辖澎湖、台湾民政,隶属福建泉州晋江县,为中国大陆开始在台湾设立专门政权机构。明朝在基隆、淡水两港驻屯军队,明万历年间官方正式在公文中使用"台湾"名称,但此时指的仅为台南地区。明万历四十五年(1617)在台南赤崁修建城堡,实施管理,中国政权的管辖权已正式及于台湾本岛。17世纪初,西班牙人侵占了台湾北部和东部的一些地区,1642年被荷兰人赶走,台湾沦为荷兰的殖民地。明朝末叶,大陆居民开始大规模移居台湾。清顺治十八年(1661)郑成功以南明王朝招讨大将军的名义,率2.5万将士及数百艘战船,由金门进军台湾,次年迫使荷兰总督签字投降。清康熙二十三年(1684)设置分巡台厦兵备道,并将全岛正式定名"台湾",设隶属福建省的台湾府。清光绪十一年(1885)置省,以其所在的"台湾岛",名台湾省。清光绪二十年(1894)日本发动甲午战争,次年清政府战败,被迫签订丧权辱国的《马关条约》,将台湾割让给日本。台湾遭受日本侵占50年,岛上的抗日烽火从未停熄过。1945年8月,日本在第二次世界大战中战败,10月25日,同盟国中国战区台湾省受降仪式于台北举行。至此,台湾、澎湖等重归中国主权管辖之下。1949年10月1日,新中国宣告诞生。蒋介石及国民党的部分军政人员跑到台湾,海峡两岸虽尚未统一,但中国的主权和领土完整从未分割,也不容分割。1979年1月1日,全国人大常委会发了《告台湾同胞书》,宣示了争取和平统一的大政方针。2005年3月14日,全国人大十届三次会议通过《反分裂国家法》,为反对和遏制"台独"势力分裂国家,促进祖国和平统一提供了法律保障。在远古时代,台湾与大陆相连,后因地壳运动,相连接的部分沉入海中,形成台湾海峡,出现台湾岛。台湾史前时期的人类主要是通过台湾海峡南部的"东山陆桥"从中国东南福建迁入。据文献载:中国大陆军民东渡台湾,垦拓、经营台湾岛,最早可追溯到三国时期。230年,三国吴王孙权派1万官兵到达"夷洲"(今台湾)。为了开垦和发展祖国的宝岛台湾,这些来自福建和广东等地的汉族移民渡过风急浪大的台湾海峡,战胜了千难万险和水土不服,可谓是"筚路蓝缕,以启山林"。他们在台湾大多是以姓氏宗族聚居,或是以同府同县同乡聚居,建立"血缘聚落"或"同乡聚落",因而很大程度上保留了家乡祖地的传统文化和风俗习惯。在清康熙皇帝心目中,台湾已经成为中国东南海疆的要地。雍正把台湾视作海疆重地"要紧地方",并为进行有效的治理,制定和采取了一系列影响久远的政策。台湾在清政府治理下,经济继续发展,民生继续改善,即如乾隆、嘉庆时人所评价:"台湾雄峙东海,横亘千余里,土田膏腴,家多殷实。"截至 2014 年,台湾省辖 6 个地级市、3 个县级市、13 个县、14 个县辖市(街道)、38 个镇、146 个乡、170 个区。台湾省政府暂驻南投县中兴新村。

海南省 简称"琼",是中华人民共和国最南端的省级行政区,省会海口,地处中国华南地区。地处热带边缘,是一个热带省份,属热带海洋性季风气候。海南省陆地面积 3.54 万平方公里,其中海南岛 3.39 万平方公里,海域面积约 200 万平方公里,是中国最大的"热带宝地"。地处热带北缘,属热带季风气候,素有"天然大温室"美称。这里长夏无冬,光温充足,光合潜力高。海南岛入春早,升温快、日温差大、全年无霜冻、冬季温暖,稻可三熟,菜满四季,是中国南繁育种的理想基地。海南岛在唐虞三代为"南服荒徼"(徼:边界)。春秋战国时为百越地。秦时为"越郡外境"崖州。秦统一中国后为象郡地,秦朝灭亡后为南越国属地。汉武帝元封元年(前 110)为交州刺史管辖的珠崖郡和儋耳郡地。西晋时属交州。隋大业三年(607)改崖州为珠崖郡、临振郡,由扬州司隶刺史管辖。唐武德五年(622)改儋耳郡为儋州,设崖州、儋州、振州、万安州、琼州等 5 州共 22 县,统属岭南道。海南简称"琼",系源于唐代的琼州。元至正末年,海南改隶广西行中书省。明代海南设琼州府,领儋、万、崖 3 州 10 县。清代在海南设琼州府,辖 3 州 10 县。民国元年(1912)设琼崖道于琼山府城,置道尹治理全岛。民国二十四年(1935),广东省在海口设第九行政督察区。抗日战争时,中共领导海南人民建立琼崖纵队,进行民族革命战争。1949 年,在海口成立海南特别行政区,海南建省筹备委员会。1950 年 5 月,海南宣告解放,成立海南军政委员会。次年 4 月成立广东省人民政府海南行政公署,1955 年 3 月改称广东省海南行政公署,并在岛南半部地区置海南黎族苗族自治州。1984 年成立海南行政区人民政府。1988 年 4 月 13 日撤销广东省海南行政区,置省和特区,以境内最大的"海南岛"名海南省和海南经济特区。海南省是中国的经济特区、自由贸易试验区。历史上的火山喷发,在海南岛留下了许多死火山口;岛上温泉分布广泛,多数温泉矿化度低、温度高、水量大、水质佳,属于治疗性温泉。矿产资源主要包括石油、天然气、黑色金属、有色金属、贵金属、稀有金属等 88 种。海南文昌航天发射场是中国唯一的濒海发射场,具有纬度低、射向范围广、运载效能高、运输限制少、落区安全性高等特点,主要承担地球同步轨道卫星、大质量极轨卫星、大吨位空间站、货运飞船、深空探测器等发射任务。2022 年,海南省新增国家级重点实验室 1 家,全年发放外国人工作许可证 1545 个,新设立院士工作站 7 家,海南省院士工作站达 75 家,获得国家自然科学基金项目立项 339 项。截至 2020 年年底,海南省有普通高等学校 21 所,在校生 24.05 万人。已启用海口美兰国际机场、三亚凤凰国际机场、琼海博鳌机场和三沙永兴机场 4 座机场,2011 年全年新辟 29 条国际国内空中航线。截至 2022 年,海南省共辖海口、三亚、三沙、儋州 4 个地级市、5 个县级市、4 个县、6 个自治县、22 个街道、175

个镇、21个乡。海南省人民政府驻海口市美兰区国兴大道9号。

香港特别行政区 简称"港",中华人民共和国香港特别行政区,驻香港岛。在中国南部,珠江口以东,西与澳门隔海相望,北与深圳相邻,南临珠海万山群岛,区域范围包括香港岛、九龙、新界和周围的262个岛屿,陆地面积1113.76平方公里,海域面积1641.21平方公里。截至2022年年末,总人口733.32万人,是世界上人口密度最高的地区之一,人均寿命全球第一,人类发展指数全球第四。香港自古以来就是中国的领土,1842—1997年曾受英国殖民统治。二战以后,香港经济和社会迅速发展,不仅跻身"亚洲四小龙"行列,更成为全球最富裕、经济最发达和生活水准最高的地区之一。1997年7月1日,中国政府对香港恢复行使主权,香港特别行政区成立。以境内香港岛得名。中央政府对香港拥有全面管治权,香港保持原有的资本主义制度长期不变,并享受外交及国防以外所有事务的高度自治权,以"中国香港"的名义参加众多国际组织和国际会议。"一国两制""港人治港""高度自治"是中国政府的基本国策。香港是一座高度繁荣的自治港和国际大都市,与纽约、伦敦并称为"纽伦港",是全球第三大金融中心,重要的国际金融、贸易、航运中心和国际创新科技中心,也是全球最自由经济体和最具竞争力城市之一,在世界上享有极高声誉,被GaWC评为世界一线城市第三位。香港是中西方文化交融之地,把华人智慧与西方社会管理经验合二为一,以廉洁的政府、良好的治安、自由的经济体系及完善的法治闻名于世,有东方之珠、美食天堂和购物天堂等美誉。先秦时期,香港所在岭南之域为百越之地,是中华文明的发源地之一,秦时属番禺县,从此时起直至清朝,随着中原文明向南播迁,香港地区得以逐渐发展起来。汉时属博罗县。东晋咸和六年(331)香港隶属东莞郡宝安县。唐至德二年(757)改宝安县为东莞县,香港仍然隶属东莞县。宋元时期,内地人口大量迁至香港,促使香港的经济、文化得到很大的发展。明万历年间(1573—1619)从东莞县析置新安县,为后来的香港地区。香港岛自明万历元年(1573)起,一直到清道光二十一年(1841)为止,一直属广州府新安县管辖。新安地区气候温湿,很适宜供提炼沉香的植物白木香树生长,自宋朝末年起,岛民就以种植此种植物提炼沉香为业。沉香自古销路就很广,明朝中叶,岛上产沉香值万两银锭,沉香要用"大眼鸡"海船运往各地,船多停泊在岛南部的一个小港湾,为转运南粤香料的集散港,因转运产在广东东莞的香料而出了名,被人们称为香港。后来整个海岛也随之称为"香港岛"。据说那时香港转运出去的香料,质量上乘,被称为"海南珍奇",香港当地许多人也以种香料为业,"香港"同种植的香料一起名声大噪,也就逐渐为远近的人们所认可,不久这种香料被列为进贡皇帝的贡品,可后来村里人不肯种植了,皇帝便下令杀了村长,村民们四散逃走,香料的种植和转运也就在香港逐渐消失了,但香港这个地名却保留了下来。另一说是因在此一天然港湾处有一甘香可口的溪水,被常在海上往来的水手们取饮后称之"香江",久之,香江入海的小港湾就被称为"香港",直至今日,"香江"仍为香港的一种别称。香港在清朝时,一直在对外通商中扮演重要角色。英国人早就看中了香港的今之维多利亚港有成为东亚地区优良港口的潜力,直到1840年鸦片战争后,其领域分批被割让及租借予英国。1842年8月29日,清政府与英国签订了不平等的《南京条约》割让香港岛给英国,香港岛正式成为英国在远东的殖民地之一。英国驻中国商务代表暨英国皇家海军军官查理·义律最先占领香港岛,并于水坑口登陆,称香港岛为贫瘠的小岛。后来英国人在香港的中环一带驻脚。1860年又依不平等的《北京条约》,割让九龙半岛界限街以南地区给英国。1896年英国又强迫清政府签订《展拓香港界址专条》强行租借九龙半岛界限街以北,深圳河以南地区,以及262个大小岛屿,租期99年(至1997年6月30日结束)。通过三个条约,英国共占有包括香港岛、九龙和新界总面积达1092平方公里的中国领土,二战期间香港被日本占领。二战后,香港经济和社会迅速发展。1997年7月1日,香港回归祖国,基本法开始实施,香港进入了"一国两制""港人治港""高度自治"的历史新纪元。同年9月,世界银行和国际货币基金组织年会在香港举行,这次年会是香港回归祖国后承办的首个大型国际会议,也是世界银行和国际货币基金组织第一次在中国举办年会。香港特别行政区是一个奉行自由市场的资本主义经济体系,其经济的重点在于政府施行的自由放任政策。美国和加拿大有关组织发表的自由经济体系报告一直将香港评定为全球第一位。香港特别行政区是国际金融、航运和贸易中心,经济发达。香港位居全球金融中心指数第三位,仅次于纽约和伦敦。2012年10月,世界经济论坛发布《2012年金融发展报告》,香港连续两年高居榜首。截至2019年,香港连续25年获得评级为全球最自由经济体,经济自由度指数排名第一。香港是全球主要银行中心之一,2019年年底香港金融管理局认可的银行业机构共194家。香港的货币是港元(HK＄),香港现有中国银行(香港)有限公司、汇丰银行和渣打银行三家发钞银行,维持7.8港元兑1美元。香港外汇市场发展完善,买卖活跃,在全球外汇市场中占不可或缺的地位。香港外汇市场的成交额在世界排行第六位。香港的黄金市场是全球第三大黄金市场。2018年香港新股市场总集资额2865亿港元,全球排名第一。香港国际机场是世界最繁忙的货运枢纽,也是全球十大最繁忙客运机场之一。教育开支是香港政府整体开支最大的项目。实行学龄前3年、小学6年、初中3年,计12年免费教育(由特区政府出资)。自2007年9月开始,推行新的"三三四"学制,即初中三年、高中三年、大学四年。香港高等教育包括法定大学、法定学院、注册(认可)专上学院、职业训练局院校和一般院校,目前共有22所可颁授学位的高等院校。其中法定大学有香港、香港中文、香港科技、香港城市、香港理工、香港浸会、岭南、香港教育、香港都会等9所大学。香港特别行政区主要由香港岛、九龙半岛和新界三部分组成,其中香港岛下设中西区、湾仔区、东区和南区4个区;九龙半岛下设油尖旺区、深水埗区、九龙城区、黄大仙区和观塘区5个区;新界下设北区、大埔区、沙田区、西贡区、荃湾区、屯门区、元朗区、葵青区和离岛区9个区。香港特别行政区政府总部驻香港岛金钟添马舰添美道2号。

"矶",系水边突出的岩石或石滩。以其得名的地名不很多。常见的地名有江苏南京北郊兀立在长江边上的燕子矶,安徽马鞍山市长江边上的采石矶,湖南岳阳市长江边上的城陵矶等,统称为"长江三矶"。

"砬",系山上耸立的大岩石。若在风景区,多为观赏物,是宝贵的旅游资源,如黄山风景名胜区北海景区的飞来石、天柱山的鼓槌岩。在地名中为数较少,如河北的青石砬、红石砬,辽宁的红石砬,黑龙江的白石砬子等。

18. 以水及水体为语源命名地名

有水才有生命,人们自古就傍水而居。定居在江湖附近的高地上,一可避水淹,二以便取水。一般有水之地,可以放牧、农耕、通行船只、建水磨、开设作坊,从事工农业生产;在雨水不多或缺水地方,则利用河水或地下水灌溉田地。所以水源附近,必然成为人们向往的地方。于是独家村或几家村就发展成为聚落,在交通便利的沿岸附近或几条河流的汇合处便产生了城镇。

我国河湖众多,天然河流有五千多条,大小湖泊有九百多个,因此与河流、湖泊有关的地名特别多。

我国河流的通名,现有江、河、水、川、溪、沟、泾、塘、浜、涧、渠、峡等。在古代,江、河专指长江与黄河,如《尔雅·释水》有"江、河、淮、济为四渎",《尚书·禹贡》有"寻河积石,至于龙门"之句。

黄河 始称河,源远流长,又多泥沙,因此,后有大河与浊河之称,长久之后人们认识到河中多泥沙的实质,弃大河、浊河之名,而以河水色泽改名黄河。据《汉书·高惠高后文功臣表》载:封爵之誓曰"使黄河如带,泰山若厉,国以永存,爰及苗裔"。实际上,黄河之名的出现,比史籍记载的更早,一般认为早在两千年以前就已经使用了。

长江 古称江,例如《诗经·周南·广汉》中有"汉之广矣,不可泳思,江之永矣,不可方思"。《山海经·西山经》有"嶓冢之山,汉水出焉,东南流,注于江"。此处"江"专指长江。长江之名,在三国时已有大量记载,例如《三国志·吴书·周瑜传》云:"曹公豺虎也……且将军大势,可拒操者,长江也……"唐代的诗文中提到长江之名的更为普遍,如李白《黄鹤楼送孟浩然之广陵》诗"孤帆远影碧空尽,唯见长江天际流"之句。三国桑钦《水经》则称长江为大江,有"岷山蜀郡氐道县,大江所出"之句。自此之后,大江之名一直与长江并用,如宋代苏轼《念奴娇·赤壁怀古》有"大江东去,浪淘尽,千古风流人物"。长江又称扬子江,自隋大业年间开始出现。明《隆庆仪真县志》曰:"炀帝既幸江都,春二月遂临扬子津,置扬子宫于方山。扬子之名始此。后因以名镇,而江亦称扬子。"

在秦岭淮河一线以北的河流,其通名多用"河"字,只有东北北部,河流通名用"江"

字。秦岭淮河一线以南的河流,其通名多用江,明代何景明《何子杂言》曰:"北方水之大者惟河,故北方之水通曰河,南方水之大者惟江,故南方之水通曰江。"

在全国二千八百四十四个县市区中,以河流命名的地名占有相当数量。其中以"江"得名的省有浙江和黑龙江两省。

浙江省 简称"浙",中华人民共和国省级行政区,省会杭州。位于长江三角洲南翼,中国东南沿海,东临东海,北与上海、江苏接壤,西与江西、安徽相连。浙江省是中国古代文明的发祥地之一。100万年前境内已出现人类活动,发现新石器时代遗址百余处,有距今4000~5000年的良渚文化、距今5000~7000年的河姆渡文化、距今6000多年的马家浜文化、距今7000~8000年的跨湖桥文化、距今1万年的上山文化,还有吴越文化、江南文化、宋韵文化等地域文化。夏、商时属扬州。春秋时,分属吴、越两国。战国时属楚国。秦朝,分属会稽郡、漳郡、闽中郡。西汉分属会稽郡、丹阳郡。东汉分属会稽郡、吴郡、丹阳郡。三国属东吴。晋时属扬州。隋朝时属扬州刺史部吴州总管府。唐朝属江南道、江南东道,乾元元年分拆江南东道,置浙江西道、浙江东道,以境内钱塘江因江流多曲折而旧称浙江,道以江名。五代十国时属吴越国。北宋置两浙路。南宋分属两浙东路,治绍兴;两浙西路,治临安。元至元十三年(1276)亡宋,立两浙都督府于杭州,至元二十一年(1284),自扬州迁江淮行省治此,改名江浙行省。明置浙江承宣布政使司,境内最大的河流钱塘江,因江流曲折,称之江,又称浙江,省以江名,简称"浙"。清置浙江省。民国因之。1949年,中国人民解放军发起渡江战役,解放浙江。浙江是中国面积较小的省份之一,陆域面积10.55万平方公里,是全国岛屿最多的省份。为"七山一水两分田"。地处亚热带中部,属季风性湿润气候,四季分明,光照充足,雨量丰沛。矿产种类繁多,有铁、铜、铅、锌、金、钼、铝、锑、钨、锰等,以及明矾石、萤石、叶蜡石、石灰石、煤、大理石、膨润土、沸石等。非金属矿产丰富,以探明资源储量而言,明矾石、叶蜡石居全国之冠,萤石、伊利石、铸型辉绿岩居全国第二,饰石闪长岩第三,沸石、硅灰石、透灰石、硼矿、膨润土、珍珠岩等列前十名之内。多数矿床规模大,埋藏浅,开采条件好。金属矿点多面广,但规模不大。海洋资源十分丰富。2021年5月,中共中央、国务院支持浙江高质量发展建设共同富裕示范区,浙江是唯一一个所有设区市居民收入都超过全国平均水平的省份。2022年有浙江大学、中国美术学院等普通高校109所,全年招研究生5.15万人。全省有国家认定的企业技术中心137家,建有沪杭、杭金衢等高速公路31条,104等8条国道。已建有沪杭、宁杭、杭黄等8条高速铁路。杭州、宁波、温州、绍兴、金华、台州等地共建有22条地铁交通线。在萧山建有4F级国际机场、宁波栎社与温州龙湾两地建有4E级国际机场,另在嘉兴和义乌等7地建有国内机场。在杭州湾等地建跨海大桥10座。境内有27座中国优秀旅游城市,全国重点文物保护单位134处,杭州西湖、京杭大运河浙江段和浙东运河入选世界文化遗产,江郎山入选世界自然遗产。截至2022年,浙江省下辖11个地级市,37个市辖区、20个县级市、33个县(一个自治县),488个街道、618个镇、258个乡。浙江省人民政府驻杭州市西湖区省府路8号。

黑龙江省 简称"黑",中华人民共和国省级行政区,省会哈尔滨。地处中国东北部,北、东部与俄罗斯隔江相望。辖区总面积47.3万平方公里,居全国第6位。先秦时肃慎、东胡、秽貊、汉人的部分先民就已定居在黑龙江地区,并开始与中原王朝建立具有隶属性质的贡纳关系,并逐渐成为中华民族的重要组成部分。夏、商、周时,为肃慎和索离人地,建立夫余政权。秦以后,在黑龙江地区生息活动的先后有挹娄人、夫余人、高句丽人、汉人、鲜卑人、勿吉人和靺鞨人等。唐初隶属安东都护府,唐圣历元年(698)粟末靺鞨首领大祚荣建立渤海国,定都上京(今宁安)。唐代设忽汗州、渤海都督府、黑水都督府、室韦都督府。辽代时,属东京道。金时,属上京道。元代置开元路、水达达路,隶属辽阳等处行中书省。明代,设奴儿干都司及护印军,驻奴儿干城。清代,设黑龙江将军和吉林将军,管辖黑龙江地区。顺治九年(1652),派梅勒章京率兵驻宁古塔,翌年升为昂邦章京。康熙十年(1671),沿黑龙江岸筑城,名黑龙江城。康熙二十二年(1683)决定,划出镇守宁古塔等处将军辖区之西北地区,增设镇守黑龙江等处地方将军,管辖黑龙江将军辖区。康熙三十年(1691)建齐齐哈尔城。康熙三十八年(1699)黑龙江衙门由墨尔根迁到齐齐哈尔,从此,齐齐哈尔成为黑龙江的首府。盛京、吉林、黑龙江三将军共同守卫东北。在第二次鸦片战争中,咸丰八年(1858)和咸丰十年(1860),沙俄通过不平等的《中俄瑷珲条约》和《中俄北京条约》,强行割占了黑龙江省以北,乌苏里江以东100多万平方公里的土地,使黑龙江省和吉林省的行政区域大为缩小。光绪二十六年(1900)江东六十四屯被沙俄占领。清光绪三十三年(1907)设黑龙江巡抚,"黑龙江"一名,系为汉字音译的满语"萨哈连乌拉"地名,"萨哈连"义为"黑龙",因江水微黑,又江势曲折东趋,状若游龙,"乌拉"义为"江","萨哈连乌拉"即义为"黑龙江"。后陆续添设道、府、厅、州、县,全具行省规模,寻置省,以流经北境最大河流黑龙江得名黑龙江省,并简称"黑"。黑龙江省地貌"五山一水一草三分田"。地势西北、北部和东南高,东北、西南部低,由山地、台地、平原和水面构成。地跨黑龙江、乌苏里江、松花江、绥芬河四大水系。属寒温带与温带大陆性季风气候。位于东北亚区域腹地,是亚洲与太平洋地区陆路通往俄罗斯和欧洲的重要通道,中国沿边开放的重要窗口,交通发达。2022年,取得各类基础理论成果319项,应用技术成果750项,软科学成果31项。有黑龙江大学、哈尔滨工业大学等普通高校78所,在校生91.2万人,在学研究生11.3万人。截至2022年年末,省境内有公路里程16.9万公里,其中高速公路4659公里。铁路以哈尔滨为中心,向四周辐射,并以齐齐哈尔、牡丹江和佳木斯为主要枢纽。主要有京哈、滨绥、滨州、滨北—北黑、平齐、哈佳、富西、牡佳、勃七等9条。并有哈大、哈齐、哈牡、牡佳、哈绥、哈伊、佳鹤等7条高速铁路及哈佳快速铁路1条。有哈尔滨太平、牡丹江海浪、佳木斯东郊3个国际机场，以及哈尔滨平房、齐齐哈尔三家子、大庆萨尔图、伊春林都等国内机场17座。截至2021年11月，哈尔滨已开通运营3条地铁线路。有全国重点文物保护单位15处、国家级自然保护区15处，国家重点风景名胜区2处，国家级森林公园54处，世界地质公园1个，国家地质公园5个。截至2022年10月，黑龙江省共辖12个地级市、1个地区行署，58个市辖区，21个县级市，46个县，314个街道，546个镇，345个乡。黑龙江省人民政府驻哈尔滨市南岗区中山路202号。

以"江"得名的县市有：吴江（苏）、松江（沪）、牡丹江（黑）、浑江（吉）、连江（闽）、潜江（鄂）、余江（赣）、沅江（湘）、柳江（桂）、元江（滇）、榕江（黔）、内江（蜀）、昌江（粤）等三十多县市。

以"河"得名的县市有：沙河（冀）、齐河（鲁）、唐河（豫）、白河（陕）、夏河（甘）、柳河（吉）、庄河（辽）、漠河（黑）等二十多个，均以大河支流或小河名称得名。

河流以"水""川"作通名的很古老，现存不多，有沂水、洛水、汉水、举水、倒水、澴水、溳水、涢水、章水、大富水、沮水、浙水、沭水、汶水、沁水和浙川、淄川、大金川、小金川等。

以"水"得名的县市有二十多个，如赤水（黔）、涟水（苏）、泸水（滇）、吉水（赣）、商水（豫）、沂水（鲁）、沁水（晋）。

以"川"得名的县市有十多个，如洛川（陕）、泾川（甘）、淅川（豫）、淄川（鲁）、金川（蜀）、黎川（赣）等。

分布在山区的小河流通称"溪"与"沟"，前者系指南方四季长流的，后者系指北方雨季才有水的。以"溪"得名的县市有近二十个，如兰溪（浙）、屯溪（皖）、绩溪（皖）、贵溪（赣）、竹溪（鄂）、辰溪（湘）、玉溪（滇）、巫溪（渝）等。以"沟"得名的县市区，有门头沟（京）等。

通名用"港"字的河流只限于沿海、长江下游和湖滨等地，以"港"字名县市的有江苏的张家港市等。

"渎"字在古代多指大河，如《尔雅·释水》说："江、河、淮、济为四渎，四渎者，发源注海者也"，亦有指小河的，如汉武帝元狩年间置盐渎县（今江苏盐都区），以其境内盐渎小河得名；现代只作小河的通名，如流入太湖的小河，往往以"渎"为名。另外，有不少以河流得名的地名，而名中无江、河等字样，这类地名比较多，县市级的全国有六十多个，如澜沧（澜沧江，滇）、渠（渠江，蜀）、钦（钦江，粤）、古田（古田溪，闽）、赣州（赣江，赣）、新沂（新沂河，苏）、东阳（东阳江，浙）、淇（淇河，豫）、易（易水，冀）、东辽（东辽河，辽）、上海（上海浦，沪）等，分布普遍。因这些地名的命名时代较早，其中河流之名依聚落地名而定的也完全有可能。

上海 简称"沪"或"申"，中华人民共和国省级行政区上海直辖市人民政府驻地。

为国家中心城市,上海大城市圈核心城市,中国国际经济、贸易、航运、科技创新中心。位于中国华东地区,太平洋西岸,亚洲大陆东沿,长江三角洲前缘,东濒东海,西邻江苏、浙江两省,北邻江苏南通市及长江入海口。上海为我国对外开放城市之一,是世界大城市之一,是中国最大的工业城市,工业的发展历史有100多年。1949年以来,上海轻纺工业经改造调整,进一步发展了化纤、塑料、日用化工、耐用消费品、家用电器等部门。而重工业、冶金、石油化工、机械、电子等部门发展迅速,航空、航天、汽车工业正在崛起,已成为能生产高精尖产品的综合性工业基地。工业总产值和上缴税利约占全国的十分之一和五分之一,化纤、电子、计算机、照相机等产量占全国40%以上。上海是我国最大的商业、金融中心,内外贸易额均占全国各大贸易中心首位,社会商品零售总额也在全国四个直辖市居第一位。服装、毛呢、皮鞋、化妆品、儿童玩具、金银饰品、各种传统工艺品、食品,花色品种齐全,是驰誉国内外的购物中心。外贸出口总值约占全国的四分之一。近年来上海金融业务迅速发展,在国内外金融交往中占有重要地位,在伦敦、巴黎、纽约、新加坡、香港等国际金融中心设有联行。上海是西太平洋地区重要国际港口城市,内外联系广泛,交通、通信比较发达。黄金水道长江和沪杭、京沪铁路干线,使上海成为贯通中国东西南北的交通枢纽,40多条航空线通往国际国内各大城市,上海港被称为上海经济命脉,现有万吨级码头泊位50多个,下设十多个装卸区。港口吞吐量占全国三分之一。黄浦江可通2万多吨级轮船。上海又是国内国际通信枢纽之一,全国对外通信中有三分之一通过上海卫星地面站和中日海底电缆传输。新型材料、电光源、激光、电子新技术、基础理论、边缘学科迅速发展。上海已形成由铁路、水路、公路、航空、轨道等五种运输方式组成的,具有超大规模的综合交通运输网络。上海浦东与虹桥两大国际机场年旅客吞吐量突破1亿人次,上海继伦敦、纽约、东京、亚特兰大之后,成为全球第五个航空旅客跨入亿级"俱乐部"的城市。

古代湖泊的通名用"泽""薮""寖"等字。据刘熙在《释名》中说"泽在山下","下而有水曰泽"。《周礼》说泽无水有草木曰薮,这说明薮是将干涸的湖泊。"寖"字有时指湖,有时又是河的通名。"湖"字在庄周《南华真经》中虽提到过,但是古代湖泊并不用"湖"字。现在"湖"几乎代替了湖泊所有的古称。以湖泊得名的全国有青海省和三十多个县市,如方正(方正泡,黑)、本溪(本溪湖,辽)、洪泽(洪泽湖,苏)、鄱阳(鄱阳湖,赣)、洪湖(洪湖,鄂)、通海(通海湖,滇)、巢(巢湖,皖)。

青海省 简称"青",中华人民共和国省级行政区,省会西宁。在中国西北内陆,长江、黄河、澜沧江源头地,故被称为"江河源头",又称"三江源",素有"中华水塔"之美誉,是联结西藏自治区、新疆维吾尔自治区与内地的纽带。特殊的地理优势让这里成为中华文明的重要源头;形成了以昆仑文化为主体,不同民族文化构成的多元文化。北部、东部同甘肃省相接,西北部与新疆维吾尔自治区相邻,南部、西南部与西藏自治区毗连,东南部与四川省接壤。位于四大地理区划的青藏地区。禹贡时为西戎域。秦汉时为羌地。汉武帝元狩二年(前121)派骠骑将军霍去病出兵击败河西匈奴,在河西设4郡。元鼎六年(前111)征讨河湟羌人,经略湟中,筑西平亭(今西宁市),汉宣帝神爵元年(前61)平羌后,罢兵田于河湟,先后设置临羌、安夷、破羌、允吾、允街、河关等县,将青海东部地区正式纳入中原王朝郡县体系。三国魏修成西平郡城(西宁市城)。隋置西海、河源等郡。唐宋为吐蕃(今西藏)地。宋时吐蕃臣属于宋,宋崇宁三年(1103)改鄯州为西宁州,是"西宁"见于历史之始。元至元十八年(1281)设甘肃等处行中书省,辖西宁诸州。明洪武六年(1373)改西宁州为卫,后又设"塞外四卫":安定、阿端、曲先、罕东(当今海北州刚察西部至柴达木西部,南至格尔木,北达甘肃省祁连山北麓地区),由西宁卫兼辖。清雍正初年,在青海置青海办事大臣,统辖蒙古29旗和青南玉树地区、果洛地区及环湖地区的藏族部落。青海东北部西宁卫改为西宁府,属甘肃省管辖。民国十八年(1929)置青海省,因境内有国内最大的内陆咸水湖——青海湖而得名,治西宁。1949年9月5日,中国人民解放军解放西宁,1950年1月1日,青海省人民政府正式成立,以西宁为省会。青海省总面积72.23万平方公里,占全国国土总面积十三分之一,排在新疆、西藏、内蒙古之后,居第四位。青海全省地势总体呈西高东低,南北高中部低的态势,西部海拔高峻,向东倾斜,呈梯形下降,东部地区为青藏高原向黄土高原过渡地带,地形复杂,地貌多样。青海省深居内陆,远离海洋,地处青藏高原属于高原大陆性气候。其气候特征是:日照时间长、辐射强;冬季漫长、夏季凉爽;气温日较差大,年较差小;降水量少,地域差异大,东部雨水较多,西部干燥多风,缺氧、寒冷。青海省水资源总量居全国15位,人均占有量是全国平均水平的5.3倍,每年有596亿立方米的水流出青海省。省内湖水总面积13098.04平方公里,居全国第二。矿产资源中有11种居全国第一位,25种排在前三位,56种居全国前十位。2022年,青海省发明专利授权458件。签订技术合同1133项,共有天气雷达观测站点8个,县级以上卫星云图接收站点9个,地震台站591个,地震遥测台网3个。有青海大学等普通高等学校11所,在校生10.25万人,在校研究生9918人。建有西宁曹家堡、格尔木和玉树巴塘等机场,已开通西宁至北京、西安、广州、重庆、深圳、拉萨、南京、沈阳、呼和浩特、青岛、格尔木、成都、武汉、上海、杭州、乌鲁木齐等地的航班。截至2023年10月,青海省辖2个地级市、6个自治州、7个市辖区、5个县级市、25个县、7个自治县、1个县级行委、37个街道、143个镇、195个乡。青海省人民政府驻西宁市城中区西大街12号。

以"池""泉""井"为语源命名的地名约有100多个,如山西神池县得名于神池,河南渑池县得名于渑池。

神池县 清雍正三年(1725)置,得名于城西门外的"神池"。相传,池水"出无源,去无迹,旱不涸,雨不盈,鱼藻胥不生",名曰"神池"。

渑池县 战国属韩,秦置县,因城西一池塘产一种金钱蛙,名黾,故称"黾池",后从水偏旁,称渑池,以池名县。

得名于"泉"的县市有9个,如山西阳泉、陕西甘泉、甘肃酒泉、福建泉州等。

酒泉 在甘肃省河西走廊西部,北大河流域。据《应劭地理风俗记》酒泉郡下注:"其水若酒,故曰酒泉也。"《颜师古汉书》注:"旧俗传云,城下有金泉,泉味若酒。"据酒泉碑记载:"汉时开筑河西水道,引通泉脉,里人相传,此水如酒,故曰酒泉。"又据传,汉武帝时,骠骑大将军霍去病率兵西征,在此战胜匈奴,武帝派人赐酒犒赏,因酒少人多,霍去病将酒倒入金泉,与将士同饮泉水,故名酒泉。酒泉方八九尺,四围水清见底,游鱼逐队,泉源半晌一发,喷沫如珠,向北渗入小湖,湖北有亭,亭北复有大湖,湖滨沙草丛绿,景色颇佳。该地本为匈奴昆邪王分地。汉置禄福县,为酒泉郡治所。后汉改名福禄县。隋改曰酒泉县,为肃州治所。唐陷入吐蕃。元置肃州卫。清改肃州。民国复为酒泉县。1958年设酒泉市,1964年复为县,1985年复改市。特产夜光杯、玉雕。

以"井"得名的城镇较多,如七角井(新)、羊八井(藏)、甜水井(甘)、四眼井(蒙)、甘井(陕)、灵井(晋)等。

以井、泉得名的集镇分布以黄土高原和蒙新干燥地区为最多。这充分说明在雨水少的地方,井、泉更为人们珍视,故其地即以井或泉名之。

以"溪"得名的县市,于闽、皖、赣较多。溪原指山里的小河沟。现泛指小河沟。以此为语源命名的地名多在山区,如:

郎溪县 在安徽省东南隅。宋洪拱元年(988)置建平县。民国三年(1914)改置郎溪县,以境内郎溪得名。

绩溪市 在安徽省东南隅。古称华阳镇。唐大历元年(766)置绩溪县,据《元和郡县志》载:"此县有乳、徽二溪,并流离而复,有如绩焉,故名绩溪。"县以绩溪得名。

第17、18两种地名语源的其他地名示例请扫描二维码获得。

19. 以水质为语源命名地名

水质,即水的质量,多就食用水的纯净程度而言。

甘泉县 在陕西省北部。秦置雕阴县,唐天宝元年(742)置甘泉县,因城南有泉,水质甘甜,故名。

乌苏市 在新疆维吾尔自治区西北部,天山北麓。三国属匈奴地。民国二年(1913)置乌苏里,"乌苏"一名,系汉字音译的蒙古语地名,义为"黑水",因地处绿洲平原为主地带,河渠清澈见底,故名。1996年7月10日,改置乌苏市。

阿克苏市 在新疆维吾尔自治区西部。汉时为温宿、姑墨地。民国二年(1913)置阿克苏县,"阿克苏"一名,系汉字音译的突厥语地名,义为"白色的水",因境内河水中含有微量泥沙，浑浊成白色，故名。1984年置阿克苏市。

双阳区 在吉林省中部，长春市郊。清宣统二年（1910）置双阳县，"双阳"一名，系汉字音译的满语地名，义为"水色发黄浊流"，因境内河水含泥沙量大，浑浊成黄色，故名。1995年改置双阳区。

20. 以组合名称为语源命名地名

以组合名称为语源命名地名，系由两地或数地地名中各取一字组合成专名进行命名的方式。此类地名在字面上大多数是没有实际意义的。例如，"青藏高原"，即由青海和西藏二省区名中分别取"青"和"藏"字组成"青藏"一词命名，该地名清楚地表明此高原主体空间的具体范围，其指代的意义很清楚。同样，"云贵高原""陕甘宁地区"等，其指代的意义也是很清楚的。清康熙六年（1667）置江苏省，取江宁、苏州二府首字组合命名，即无实际意义，同样，取安庆、徽州二府首字组合命名安徽省，亦无实际意义。因为这其二府均不能涵盖省区全境。

全国省级政区此类地名有福建、甘肃、江苏、安徽四个，县级以上的大约有五十多个。

福建省 简称"闽"，是革命老区，中华人民共和国省级行政区，省会福州。在中国东南沿海，东北与浙江省毗邻，西南与广东省相邻，东南隔台湾海峡与台湾省相望。陆地总面积12.4万平方公里，海域面积13.6万平方公里。福建省位于东海与南海的交通要冲，是历史上海上丝绸之路、郑和下西洋的起点，也是海上商贸集散地。开放优势明显，对外交流历史悠久，经济外向度高，是中国对外通商最早的省份之一，宋元时期泉州是世界知名商港、海上丝绸之路起点，福州是郑和下西洋的驻泊地和开洋地。拥有经济特区、自由贸易试验区、综合实验区、21世纪海上丝绸之路核心区等多区叠加优势。全国著名侨乡，现旅居世界各地的闽籍华人华侨1580万人，闽籍港澳同胞120多万人，80%以上台湾民众祖籍在福建。禹贡为扬州南境。周为七闽地，《周礼·职方》有四夷、八蛮、七闽、九貉、五戎、六狄等少数民族的记载，七闽即七支居住在福建省各地的闽族。"闽"，据汉代许慎《说文解字》说："闽为东南越蛇种。"福建地处亚热带，自古多蛇，居住在福建的古代民族是以蛇为图腾的。春秋时属越，战国属楚。秦始皇郡时不泛称"东越"，而改成"闽"，置闽中郡。汉初为闽越地，后属扬州。隋置建安、晋安二郡。唐置泉、建二州，后改闽州，又改福州。唐开元二十一年（733）为加强边防武装力量，设立军事长官经略使（军区长官职称），从福州、建州各取一字，名为福建经略军使，与福州都督府并存，这是福建名称出现之始。北宋时置福建路，领福、建、泉、漳、汀、南剑六州及邵武、兴化二军。南宋孝宗升建州为建宁府，福建路因此包括一府五州二军，府、州、军实为同一级行政机构，共计8个，故福建号称"八闽"。元代置福建等处行中书省。明洪武九年（1376）置福建等处承宣布政使司。清代，福建区划继承明制，设福建布政使司。清廷统一台湾后增设台湾府,属福建统辖。清光绪十一年(1885)台湾府单独设省。到清末,福建省共设有9府、2州、58县、2厅。1949年8月17日,中国人民解放军第三野战军解放福州,10月1日中华人民共和国成立。福建地形以山地丘陵为主,由西、中两列大山带构成福建地形骨架,两列大山带均呈东北—西南走向,与海岸线平行。因靠近北回归线,属典型的亚热带气候。大陆海岸线全国第二长,可建万吨级以上泊位自然岸线约258公里,全国领先。水产品人均占有量居全国第一。水能资源蕴藏量居华东地区首位。森林覆盖率65.12%,连续44年保持全国第一。拥有世界遗产5处,"双世遗"武夷山和世界文化遗产鼓浪屿、福建土楼景色宜人。毛茶产量全国第二、茶产业全产业链产值全国第一,大红袍、铁观音、白茶等名扬中外。矿产资源较丰富。截至2022年有福州大学、福建师范大学等普通高校89所,在校生107.61万人,在校研究生8.53万人。2022年拥有国家重点实验室10个、国家级工程技术研究中心7个、国家级工程研究中心6个、国家备案众创空间81家、国家专业化众创空间4家、国家高新技术企业8941家、国家企业技术中心8家。公路铁路运输跨入高速和高铁时代。拥有福州长乐国际机场等民航机场6个,近400条航线,通达世界主要城市。截至2023年8月,福建省已开通运营地铁福州5条线路、厦门3条线路,总里程长240.67公里。截至2021年12月31日,福建省下辖9个地级市,31个市辖区、11个县级市、42个县,195个街道、650个镇、239个乡、19个民族乡。福建省人民政府驻福州市鼓楼区华林路76号。

甘肃省 简称"甘"或"陇",中华人民共和国省级行政区,省会兰州。在中国西北地区,东通陕西,西达新疆,南瞰四川、青海,北扼宁夏、内蒙古,西北端与蒙古国接壤。总面积42.58万平方公里。甘肃地形呈狭长状,地貌复杂多样,山地、高原、平川、河谷、沙漠、戈壁,四周为群山峻岭所环抱,地势自西南向东北倾斜。地处黄土高原、青藏高原和内蒙古高原三大高原的交会地带。气候从南向北包括亚热带季风气候、温带季风气候、温带大陆性干旱气候和高原山地气候四大类型。甘肃历史代表文化为"河陇文化"。禹贡为雍州地域。春秋战国属秦和西戎,春秋时始置邽县和冀县,战国时置陇西郡和北地郡。秦一统天下,设置36郡,仍属陇西郡和北地郡,西部属月氏。汉为凉州,增置武威、酒泉、张掖、敦煌、天水、安定、武都、金城8郡。三国时大部分属曹魏,南部部分地区属蜀汉。西晋时隶属凉州、秦州和雍州。十六国时期,跨境或在甘肃省内先后建立的割据政权有:后赵、前秦、后秦、前凉、西秦、后凉、南凉、北凉、西凉。南北朝时先后为北魏、西魏、北周的统治区。西魏增置甘州、朔州、盐州、会州、武州、岷州、郑州等。隋时增置肃州、兰州、韦州等。唐改郡为道,分置关内道、陇右道和山南道。北宋年间,西夏统治河西时设甘肃军司,取境内甘州(今张掖)、肃州(今酒泉)二地名的首字组合成"甘肃","甘肃"之名始于此。元至元十八年(1281),析置甘肃行中书省,简称"甘",又因省境大部分在陇山(六盘山)以西,而唐代曾在此设置过陇右道,故又简称为"陇"。明代改省设司,省境属陕西布政司。清朝设陕西右布政司,后改甘肃布政司,驻地从巩昌(今陇西县)迁至兰州,辖今甘肃、新疆、青海、宁夏省区部分范围。光绪十年(1884)析出新疆部分。民国元年(1912),甘肃省境划分为宁夏(朔方)、西宁(海东)、兰山、泾原(陇东)、渭川(陇南)、甘凉(河西)、安肃(边关)等七道,辖今甘肃、内蒙古西部、青海北部和东部一些地方、外蒙古西南边和宁夏等地。民国十六(1927)年撤道为省。民国十八年(1929)分出青海和宁夏两省区。第二次国内革命战争期间,省境陇东地区属陕甘宁边区的陇东和关中两分区。民国三十八年(1949)8月26日,中国人民解放军解放兰州,同日成立甘肃行政公署。1950年1月8日,甘肃省人民政府正式成立。甘肃省已查明资源储量的75种矿产中,储量名列全国第1位的矿产有11种,居前5位的有33种,居前10位的有58种。有亚洲最大的金矿(甘肃阳山金矿),累计探获黄金资源量308吨,是亚洲最大类卡林型金矿,据估计,其潜在经济价值达500亿。截至2022年,甘肃省铁路营业里程4860.3公里;公路里程15.7万公里。有兰州中川和酒泉敦煌两个国际机场,以及嘉峪关、张掖、金昌、陇南、定西、庆阳、天水和甘南8个国内机场。兰州已开通2条轨道交通线路,总长34.96公里。截至2022年年末,共有国家工程技术研究中心5个,国家级企业技术中心19家。2021年全省有兰州大学等高校45所,在校生61.34万人,在学研究生5.47万人。截至2022年10月,甘肃省下辖12个地级市、2个民族自治州,17个市辖区、5个县级市、57个县、7个民族自治县,127个街道、892个镇、305个乡、32个民族乡。甘肃省人民政府驻兰州市城关区中央广场1号。

江苏省 简称"苏",中华人民共和国省级行政区,省会南京,在中国大陆东部沿海,长江、淮河下游,位于长江三角洲地区,与上海市、浙江省、安徽省、山东省接壤。江苏跨江滨海,湖泊众多,地势平坦,地貌由平原、水域、低山丘陵构成。东临黄海,地跨长江、淮河两大水系。江苏在地理上跨越南北分界线——淮河,气候、植被同时具有南方和北方的特征。江苏总面积10.72万平方公里。江苏是中华民族和中国古代文明重要发祥地之一,拥有"吴""金陵""淮扬""楚汉"多元文化及地域特征,共拥有13座国家历史文化名城。在夏、商、周三代,江苏北部属东夷、淮夷,江苏南部属勾吴。夏朝时隶属九州中的扬州和徐州之域。夏朝后期至西周,出现了徐、吴两个诸侯国。春秋时分属齐、鲁、宋、吴、楚等国。秦代时,长江以南属会稽郡,以北分属东海和泗水二郡。西汉时,先后分属楚、荆、吴、广陵、泗水等国;东汉时长江以南属扬州,以北属徐州。三国时分属孙吴、曹魏二国。西晋初,江南复属扬州,江北复属徐州。东晋及南北朝时,大体上以淮河一线为界,以南属南朝,以北属北朝,南迁移民多往江苏,其中南京、镇江、常州一带最为集中,苏北地区则以扬州、淮安等地为主。孙吴、东晋和南朝的宋、齐、梁、陈均定都于南京。隋统一中国后,江南置苏州、常州、蒋州(今南京)、润州(今镇江),江北置扬州、方州(今六合区)、楚州(今淮安)、邳州、泗州、海州和徐州。唐时分属河南道、淮南道和江南东道。五代时,淮北的徐州先后属梁、唐、晋、汉、周,江南的苏州属吴越钱氏,其他各州先后属杨吴和南唐。北宋分属江南东路、两浙路、淮南东路、京东东路和京东西路。宋金对峙,金人据淮北,南宋据江南和淮南。元代时,江苏南北分属江浙行省、河南江北行省。明初定都应天府(今南京),今江苏范围内先后称为直隶、南直隶,大致辖有今江苏、安徽两省和上海市。南京应天府治江宁、上元(今南京主城),辖江宁、上元、句容、溧水、高淳、江浦、六合、溧阳等8县。明永乐十九年(1421)迁都北京,改京师为南京,为陪都,改直隶为南直隶。清顺治二年(1645)以南直隶原辖区改置江南省,康熙六年(1667)析江南省东境,取两江总督住所江宁府(今南京)和巡抚驻所苏州府(今苏州)的首字,名江苏省,治苏州。辖江宁府(今南京)、镇江府、常州府、苏州府、松江府(今上海市)、扬州府、淮安府、徐州府以及通州、海州、太仓直隶州。到清末时,江苏省辖8府3直隶州1直隶厅。其间,太平天国曾在咸丰三年至同治三年(1853—1864)建都南京,称天京,并曾在境内短暂地设置过天京省、天浦省和苏福省。1904年以江宁府、淮安府、扬州府、徐州府4府和通州、海州2直隶州范围置江淮省,后旋即撤裁。1911年10月10日,爆发武昌起义,辛亥革命取得胜利,1912年为民国元年,中华民国临时政府在南京成立。民国三年(1914)江苏按省、道、县的设置,将全省60个县划分为金陵、沪海、苏常、淮扬、徐海共5个道。民国十六年(1927),国民政府定都南京,析江宁县置南京特别市,析上海县、宝山县置上海特别市,直隶于国民政府行政院,称院辖市。1928—1949年,镇江为江苏省省会。抗日战争时期,中国共产党领导江苏人民建立了苏南、苏中和苏北三个抗日根据地,进行民族革命战争。1949年4月23日,中国人民解放军横渡长江,南京解放。1949年6月,江苏全境解放,设苏北、苏南两行署区及南京直辖市三个省级行政区。1952年迁治南京。1953年1月,这三个省级行政区合并置江苏省,南京市改为省辖市,并将省会迁至南京,江苏省辖南京、无锡、徐州、常州、苏州、南通6个省辖市,徐州、淮阴、盐城、扬州、镇江、苏州、松江、南通8个专区,并将松江专区的嵊泗县划入浙江省。1955年,为了更好治理洪泽湖,安徽的盱眙县和泗洪县划归江苏,作为交换,萧县和砀山县划归安徽。1958年3月至1959年1月,原江苏省松江专区的上海、嘉定、宝山、松江、金山、川沙、南汇、奉贤、青浦9县和南通专区的崇明县先后划归上海市管辖,撤销松江专区。1983年,实行市管县体制,设立南京、无锡、徐州、常州、苏州、南通、连云港、淮阴、盐城、扬州、镇江11个地级市。1996年,扬州、泰州分设,撤县级泰州市,设地级泰州市;淮阴(今淮安)、宿迁分治,撤县级宿迁市,设地级宿迁市。2001年淮阴市更名为淮安市。江苏地处长江经济带,是全国唯一所有地级行政区都跻身全国百强的省份。综合实力百强区、百强县、百强镇数量位居全国第一。江苏地区发展民生指数(DLI)居全国省域第一,成为中国综合发展水平最高的省份之一,已步入"中上等"发达国家水平。江苏省域经济综合竞争力居全国前列,拥有全国最大规模的制造业集群,实际使用外资规模居全国首位。2022年年末,江苏省有南京大学、东南大学等普通高等学校168所(含独立学院),在校生221.9万人,在校研究生30.0万人。2022年,江苏省专利授权量56.0万件,年末全省有效发明专利量42.9万件,万人发明专利拥有量50.4件,省级以上众创空间1176家。2022年江苏省高新技术企业年度新增超7000家,总数超4.4万家。获得科技部入库登记编号的企业超8.7万家,约占全国1/4。全省已建国家高新技术产业化基地和火炬特色产业基地182个。2022年江苏省全社会研究与试验发展(R&D)人员达77.7万人年。全省拥有中国科学院和中国工程院院士118人。建设国家和省级重点实验室190个,省级以上科技公共服务平台259个,工程技术研究中心4945个,院士工作站156个。江苏省数字化综合发展水平位居全国第五。截至2021年12月31日,江苏省共辖南京市、无锡市、徐州市、常州市、苏州市、南通市、连云港市、淮安市、盐城市、扬州市、镇江市、泰州市、宿迁市13个地级市、55个市辖区、21个县级市、19个县,519个街道、699个镇、19个乡。县(市)中,昆山市、泰兴市、沭阳县3个为江苏试点省直管市(县)。江苏省人民政府驻南京市鼓楼区北京西路68号。

表3-3　中国脊梁——23位"两弹一星"元勋出生地

江苏	浙江	安徽	湖南	上海	天津
王大珩	吴自良	黄纬禄	陈能宽	钱学森	于敏
杨嘉墀	陈芳允	邓稼先	周光召		
程开甲	钱三强	任新民			
王淦昌	屠守锷				
姚桐斌					
钱骥					
辽宁	吉林	山东	河南	湖北	云南
孙家栋	彭恒武	郭永怀	赵九章	朱光亚	王希季

安徽省　简称"皖",中华人民共和国省级行政区,省会合肥。位于中国华东长江三角洲地区,东连江苏,西接河南、湖北,北靠山东,东南接浙江,南邻江西。总面积14.01万平方公里。安徽省是长三角的重要组成部分,处于全国经济发展的战略要冲和国内几大经济板块的对接地带,濒江近海,有八百里的沿江城市群和皖江城市带承接产业转移示范区,内拥长江水道,外承沿海地区经济辐射。经济、文化和长江三角洲其他地区有着历史和天然的联系。地势由平原、台地(岗地)、丘陵、山地构成,地处暖温带与亚热带过渡地区。安徽文化发展源远流长,由徽州文化、淮河文化、皖江文化、庐州文化四个文化圈组成。安徽省是中华文明重要发祥地。在芜湖市繁昌区人字洞发现了距今约

250万年的人类活动遗址,在和县龙潭洞发掘三四十万年前旧石器时代的"和县猿人"遗址。禹贡为扬州及徐、豫二州之域。商时为成汤之都"亳"之地。战国时楚国后期的首都治寿春(今寿县),秦朝实施郡县制,境内今淮北地区属砀郡、泗水郡,江淮间属九江郡,皖南属鄣郡。两汉时为扬、豫、徐三州地。三国时分属吴、魏之地。两晋至隋,分属扬、徐、豫三州。唐时分属江南、淮南及河南等道。宋时分属江南东路,淮南东、西二路及京西北路。徽商崛起,徽州的经济和文化开始对全国产生重要影响。元时分属河南和江浙行中书省。明时直隶南京。清顺治二年(1645)为江南省。康熙六年(1667)析江南省西境置安徽省,取原江南省安庆府和徽州府的首字"安""徽"二字而得名,先治安庆府,1945年迁治合肥。因东周时安庆是古皖国所在地,故简称"皖"。清朝建省时,辖安庆、徽州、宁国、池州、太平、庐州、凤阳等7个府及滁州、和州、广德等3个直隶州。民国初期,分为芜湖道、安庆道、淮泗道。抗日战争时中国共产党领导安徽人民建立了淮北、淮南、皖江三个抗日根据地。中华人民共和国成立之初,安徽省分为皖北、皖南两行署,分别驻合肥和芜湖二市。1952年,两行署合并,恢复安徽省,省会设于合肥市。安徽省是中国重要的农产品生产、能源、原材料和加工制造业基地,汽车、机械、家电、化工、电子、农产品加工等行业在全国占有重要位置。截至2022年年底,安徽省专业技术人才总量477万人,其中高层次人才49.7万人。全省共有科研机构7267个。从事研发活动人员35万人。已建成全超导托卡马克、稳态强磁场、同步辐射等3个国家大科学装置。有国家重点实验室(含国家研究中心)12个;有省级以上工程技术研究中心521家,其中国家级9家;有省级以上技术产业开发区20个,其中国家级8个。有国家质量监督检验中心23个;累计主导或参与制定国际标准59项、国家标准4045项。累计拥有国家地理标志产品85个、有效注册商标118.1万件。有中国科学技术大学、安徽大学等普通高校(含独立学院)121所,在校生155.4万人。有研究生培养单位21个,在学研究生11.1万人。安徽籍中国科学院和中国工程院两院院士有96位。截至2016年,全省有高速公路35条、国道8条,高速公路通车里程4543公里,一级公路达2623公里。截至2021年11月,高速铁路运营里程达到2329公里,居全国第一,是全国第二个市市通高铁的省份,并已开通至23个省会城市和100多个地级市的直达高铁动车。截至2021年4月,已建有合肥新桥和黄山屯溪两个国际机场,安庆天柱山等4个国内机场。建成并运营城市轨道交通线合肥市有5条(176.15公里)、芜湖市2条(46.2公里)、滁州市1条(49.66公里)。截至2022年12月31日,安徽省辖16个地级市,45个市辖区、9个县级市、50个县,287个街道、1011个镇、215个乡、9个民族乡。安徽省人民政府驻合肥市包河区中山路1号。

武汉 简称"汉",别称"江城",湖北省省会。武汉市人民政府驻地。中国中部六省唯一的副省级市、超大城市,中国中部地区的中心城市,全国重要的工业基地、科教基地和综合交通枢纽,中国人民解放军联勤保障部队机关驻地。截至2021年年末,主城区总面积892.48平方公里。武汉是国家历史文化名城,楚文化的重要发祥地,自春秋战国以来,武汉一直是中国南方的军事和商业重镇。江城之称始于隋唐,唐朝诗人李白曾在此写下"黄鹤楼中吹玉笛,江城五月落梅花"。因此武汉自古又称江城。商朝时武汉为方国宫城。春秋战国时为楚国地。西汉时为江夏郡沙羡县地。东汉末年,在今汉阳先后兴建却月城和鲁山城,在今武昌蛇山兴建夏口城。是时荆州牧刘表派黄祖为江夏太守,将郡治设在位于今汉阳龟山的"却月城"中,"却月城"遂成为今武汉市区内已知的最早城堡。吴黄武二年(223),东吴孙权在武昌蛇山修筑夏口城,同时在城内的黄鹄矶上修筑瞭望塔,取名黄鹤楼。南朝时,夏口扩建为郢州,成为郢州的治所。隋朝置江夏县和汉阳县,分别治于武昌和汉阳。唐朝时江夏(武昌)和汉阳分别升为鄂州和沔州的州治,成为长江沿岸的商业重镇。此后经宋以迄明、清,均为历代州府治所。两宋时武昌属鄂州,汉阳、汉口属汉阳军。南宋抗金将领岳飞驻防鄂州(今武昌)八年,在此兴师北伐。元世祖至元十八年(1281),武昌成为湖广行省的省治,这是武汉第一次成为一级行政单位(即省一级)的治所。明成化年间(1465—1487),汉水改道从龟山以北汇入长江,到嘉靖年间(1522—1566)在汉水新河道北岸(凹岸处)形成新兴的汉口镇,奠定了武汉三镇的地理基础。明末清初,汉口与北京、苏州、佛山并称"天下四聚",又与朱仙镇、景德镇、佛山镇同称天下"四大名镇",成为"楚中第一繁盛处",为全国性水陆交通枢纽,享有"九省通衢"的美誉。清咸丰八年(1858)中英两国签订不平等《天津条约》,汉口被辟为对外通商口岸,于咸丰十一年(1861)正式开埠,老汉口镇的下游沿长江先后开辟了汉口英、德、俄、法和日五国租界,置于中国政府管辖之外。清光绪二十五年(1899)析汉水以北地置汉口厅,治汉口。至此,汉口与汉阳、武昌城区统称"三镇"。清宣统三年(1911)10月10日,辛亥革命首义于武昌,宣布成立中华民国,建立中华民国军政府,武汉成为革命中心。在中国近代史上武汉数度成为全国政治、军事、文化中心。民国元年(1912)改江夏县为武昌县,废汉阳府留汉阳县,改夏口厅为夏口县。民国三年(1914)同属江汉道。民国十五年(1926)改武昌县城区为武昌市,夏口县与汉阳县城区并为汉口市。民国十六年(1927)1月1日,国民政府在汉口开始办公。武昌、汉口、汉阳三镇合为京兆区,定名"武汉",作为中华民国临时首都。9月16日,武汉市政委员会成立;三镇首次统一行政建制。民国十八年(1929)武汉分治,武昌、汉阳县城划出,汉口仍为特别市,为省辖市;6月21日,湖北省政府组建武昌市政委员会。民国二十年(1931)4月,武昌市政委员会改为武昌市政筹备处。民国二十一年(1932),汉口改为特别市,民国三十四年(1945),抗日战争胜利。民国三十五年(1946)10月1日,武昌市政府成立,汉阳城区划归武昌市管辖。民国三十八年(1949)5月16日,中国人民解放军第四野战军——八师解放汉口。17日,四野一五三师解放武昌,同日下午,江汉军区独立一旅解放汉阳。同年合武昌市、汉口市和汉阳县城为武汉市,取武昌市首字"武",汉口市和汉阳县两名的首字"汉"而得名,由中央人民政府直辖。1950年,武汉市由中南军政委员会领导。1952年,武汉市由中南行政委员会领导。1954年,武汉市改为湖北省辖的省会城市。《长江经济带发展规划纲要》将武汉列为超大城市。武汉属北亚热带季风性(湿润)气候,具有常年雨量丰沛、热量充足、雨热同季、光热同季、冬冷夏热、四季分明等特点。武汉为继北京、上海之后,全国第三个拥有"双国家制造业创新中心"的城市。2021年11月,"武汉国家级人类遗传资源库"正式投入运行。2022年,有国家重点实验室30个,国家级工程技术研究中心19个,中国科学院院士30人,中国工程院院士40人。每万人发明专利拥有量69.19件,PCT国际专利申请量1070件。武汉是中国四大科教中心城市之一、全国三大智力密集区之一、全面创新改革试验区。有武汉大学、华中科技大学"双一流"、985、211大学两所,武汉理工大学等"双一流"、211大学5所,中南民族大学、湖北大学等12所"国内一流学科建设高校",其他高校73所,有在校研究生19.76万人,本专科在校生113.54万人。2004年7月武汉首条城市轨道交通地铁1号线开通运营,现已开通12条地铁线。武汉天河国际机场是中国中部地区第一门户机场、首个4F级机场,为中国八大区域性枢纽机场之一,开通民用航空航线200条,其中国际及地区航线63条,覆盖全球五大洲,国内航线137条。

县市级政区地名,取组合构成的有:河南兰考县名,取兰封和考城两县名首字组成。广西平果市名,取平治、果德两县首字组成。四川自贡市名,取自流井、贡井两地首字组成。四川松潘县名,取松州、潘州首字组成。江苏连云港市名,因面向连岛、背倚云台山,又因为海港,各取一字组成。浙江诸暨市名,以诸山、暨浦两地的首字组成。河北的山海关,北依燕山,南临渤海,山海相接,因以得名。此外,还有以由一县析出而得名的,如江西的分宜县,以分自宜春市得名。

丰都县 在重庆市中部,长江北岸。东汉永元二年(90),以境内平都山之名,始置平都县。蜀汉并入临江县(今忠县)。隋取丰稳坝与平都山各一字,改置丰都县。明洪武十四年(1381)改作酆都县,1949年后复为丰都县。方象瑛《使蜀日记》:"酆都县城倚平都山,道教七十二福地之一。"素以"鬼国都城"闻名。丰都为"鬼国",名山为"鬼都"。相传汉代王方平、阴长生两人曾先后于平都山修道成仙,白日飞升。后人误读"王、阴"为"阴王",讹传为"阴间之王",丰都乃成为"阴曹地府"。唐李白诗"下笑世上士,沈魂北罗酆"之语。

以组合形式命名,是交通部门命名交通线路名的基本方法,海陆空线路名均用此法命名,简洁、明确,易记,便于书写,如京沪铁路、包兰铁路、沪渝航线等,因而实用价值大。

21. 以数字为语源命名地名

以数字为语源命名地名,系以命名实体的数量或序数特征进行命名。这类地名的数量概念或序数位置概念十分明确,不易混淆,因而识读快而准确。正因如此,邮政部门采用邮政编码,所以邮政编码是标准的数字地名,在实际使用时可省略投递区一类的通名。

西双版纳傣族自治州 在云南省南端,东南与老挝相连,西南与缅甸接壤。地处北回归线以南的热带北部边缘,属热带季风气候。面积19124.5平方公里。2019年,西双版纳少数民族人口79.03万人,傣族是其主体民族,世居着13种民族。西双版纳古称勐泐,勐泐先民是古代越人的一支。元灭宋后,在云南设行省,将云南划分为37路、5府,勐泐一带称为"车里路"。元泰定四年(1327),改设"车里军民宣慰使司",封召坎为宣慰使。明隆庆四年(1570),宣慰使召应勐为了分配贡赋,把所管辖地区划分为12个"贺圈",即"西双版纳"。"西双版纳"一名,系为汉字音译的傣语地名,义为"十二千田",即"西"义为十,"双"义为二,"西双"义为十二,"版"义为千,"纳"义为田,一千田即一个版纳,十二个千田,即为西双版纳。"版纳"义为一个提供封建赋税的行政单位,"西双版纳"实际上是指十二个行政区域。民国十八年(1929)置车里县。1953年民族自治,因傣族居民是主体,改置西双版纳傣族自治州。西双版纳是中国热带生态系统保存最完整的地区,素有"植物王国""动物王国""生物基因库""植物王国桂冠上的一颗绿宝石"等美称。有中国唯一的热带雨林自然保护区,是国家级生态示范区、国家级风景名胜区、联合国生物多样性保护圈成员、联合国世界旅游组织旅游可持续发展观测点,植物种类占全国的1/6,动物种类占全国的1/4。西双版纳是中国第二大天然橡胶生产基地,大叶种茶的原生地、普洱茶的故乡,建有1个5A级景区,9个4A级景区,西双版纳以热带雨林自然景观和少数民族风情而闻名于世,是中国热点旅游城市之一,先后获中国最具国际影响力旅游目的地、全球12个最热的旅游目的地之一殊荣。

我国邮政编码采用四级六位数编码结构。前两位数字表示省级大邮区,前三位数字表示地市级邮区,前四位数字表示县(市)级邮区,最后两位数字表示投递局(所)。如下图3-1:

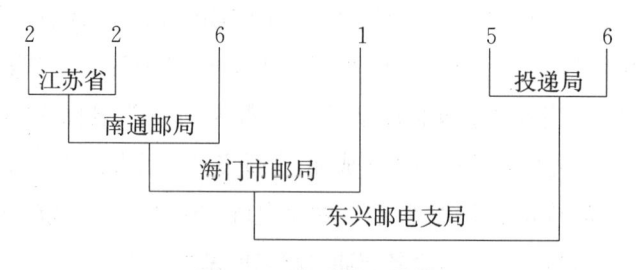

```
 2    2    6    1    5    6
 │    │    │    │    │    │
[江苏省]            [投递局]
      └─[南通邮局]
           └─[海门市邮局]
                └─[东兴邮电支局]
```

图3-1 邮政编码结构

除此之外,数字地名还有三峡、五岭、六尺巷、一〇二河、五道梁、三叠泉、五棵松、一站、二站,以及门牌号码,等等。

三峡 在重庆市东部,湖北省西部,长江中游。万里长江滚滚东流,至古城奉节,切穿巫山山脉,依次进入瞿塘峡、巫峡、西陵峡三个峡谷地带,故名三峡。整个峡区,两岸山峰对峙,水流湍急,迂回曲折,水力资源极为丰富。瞿塘峡居西,西起重庆市的白帝城,东迄巫山县大溪镇,全长7.5公里。"瞿者大也,塘水所聚也","瞿塘峡"义即大水所聚之峡谷。一名广溪峡。又因唐代属夔州,别称夔峡。以雄奇险峻著称,两岸崇山峻岭,高耸入云;临江一侧,峭壁千仞,宛如刀削。山高峡窄,仰望碧空,云天一线。白居易《夜入瞿塘峡》诗云:"岸似双屏合,天如匹帛开。"峡西端入口处,两岸断崖壁立,高数百丈,宽不及百米,形同门户,名"夔门",素有"夔门天下雄"之称。由此纳长江上游之水于一门而入峡,峡中水深流急,江面最窄处不及50米,波涛汹涌,奔腾呼啸,令人惊心动魄。《吴船禄》:"每一舟入峡数里,后舟方可续发,水势怒急,恐猝相遇,不可解拆也。"此狭区名胜古迹如白帝城、大溪新石器时期遗址及风箱峡古代悬棺等均有名,南岸石壁多古代题咏石刻。巫峡,西起重庆市巫山县大宁河口,东至湖北省巴东县官渡口,长44.5公里。长江横切巫山,山形似"巫"字,遂名巫山,一说唐尧时有御医名巫咸,深得人心,死后葬于此山,故名巫咸山。峡以山得名巫峡。巫峡西段称金盔银甲峡,东段称铁棺峡。"巫山七百里,巴水三回曲。"因山奇水秀,风光绮丽,为三峡之首。巫山十二峰,屏列南北两岸,挺拔秀丽,尤以神女峰(望霞峰)为著,以其峰形似娇美少女而得名。神女峰下大江南岸为授书台,民间传为神女授大禹书处。江北岸集仙峰下,有石壁临江,俗称孔明碑,刻有"重岩叠嶂巫峡"六字,传为诸葛亮所书。西陵峡,在湖北省境内,西起秭归县香溪口,东至宜昌市南津关,长120公里。因峡的东口紧靠西陵山,故名,又称巴峡。峡内有兵书宝剑峡、牛肝马肺峡、崆岭峡、黄牛峡、灯影峡、青滩、泄滩、崆岭滩、蛤蟆碚等名峡险滩和黄陵庙、三游洞、陆游泉等古迹。峡中峰峦夹江壁立,峻岭悬崖横空;奇石峰峋,飞泉重练,苍藤古树,翳天蔽日,江流回环曲折,礁石林立,险滩密布,水势湍急,浪涛汹涌,云雾升腾,气象万千,浑如一幅天然的巨幅山水画。

22. 以夸张的虚数数量特征为语源命名地名

以夸张的虚数为语源命名的地名,多半是用来夸大命名对象体量的规模,从而可以使人们对它更加崇尚,增加对它的好奇心、神秘感,乐于尽快接近它,饱览它的尊容。

百丈岩 在福建省永春县境内,马德山中,因其一峰峻拔,看似悬崖百丈,故名。

千佛崖 在江苏省南京东北郊栖霞山山崖之上。南朝齐永明年间(483—493),明僧绍之子在崖上首镌造无量寿佛和两侧的观音、大势菩萨,其窟称"无量殿"。此后至明代,各朝代均有增添。现存大小佛龛294个,大小佛像515尊,俗称"千佛崖"。龛平面多作马蹄形,单室。造像组合三壁一佛,三壁三佛,单铺七身、五身、三身不等。题材以阿弥陀佛、弥勒佛、千佛为主,还有释迦多宝、七佛等。1924年,寺僧以水泥涂附施彩,已失原貌。"文化大革命"期间又遭洗劫,保存完整者寥寥无几。个别佛像水泥剥落,可

万泉县　在山西省西南部,黄河东岸,汉为汾阴县地。唐武德三年(620)置万泉县,以城南山中多泉,故名。1954年,万泉、荣河合并为万荣县。

万县　在重庆市东北部。西周属巴国地。战国为朐忍县地。东汉置羊渠县,西魏置鱼泉县。北周改万川县。明洪武六年(1373)置万县,因地处四川盆地东部,长江经此东出夔门,义为"万川咸汇"之地,故名。

23. 以境内某地貌远看形似某物为语源命名地名

形象化的地名随处可见,它是根据人们的感觉命名的,最能表达地物的特征,而且在当地区别于其他地名的作用特别强。这类地名以自然实体——山、水、岛屿等为主要对象,因此虽然经历了自然的演变和社会历史的变迁,其中大部分仍然沿用至今。

人们往往从周围环境中所看到的自然现象,凭着直观感觉,为大自然取了许许多多形象而有趣味的名字。山河湖海和岛屿的形态成为构成这类地名的根据。这类地名既丰富多彩,又变幻无穷。因为一个自然实体形成之后,经过长期内外营力的作用,自然面貌逐渐在起着变化,同时由于人为的作用,当时十分逼真的地名,现在可能已经徒有虚名了,所以从地名的形象意义之中,可以看到自然演变的烙印。

命名此类地名,需要充分发挥洞察力和想象力,以便捕捉形似之物,以该形似物为语源,进行命名。这类地名在我国很普遍,比较典型的如台湾的日月潭、浙江雁荡山诸峰、辽宁的葫芦岛、山西五台山等。

日月潭　在台湾省中部山区。分两个部分,东北部的面积较大,略呈圆形,如一轮红日,故名日潭;西南部的面积较小,形如新月,故叫月潭,二者合称日月潭。但是自修建水电站之后,潭边低地尽被水淹,面积扩大了70%,岸线变得曲折,日潭不再似日,月潭形状也变得像一张枫叶了。

澳门　简称"澳",别称"濠镜""濠镜澳""香山澳""妈港""马交"。澳门特别行政区驻地,是澳门特别行政区的政治、经济、文化和交通中心。有说,澳门南北两山,对峙如门,故称澳门。地处亚热带地区,北靠亚洲大陆,南临广阔热带海洋,中国南部珠江三角洲南端,中国大陆与中国南海的水陆交汇处,毗邻广东省,距香港60公里,面积9.1平方公里。澳门实行资本主义制度,是国际自由港、世界旅游休闲中心、世界四大赌城之一,也是世界人口密度最高的地区之一,其著名的轻工业、旅游业、酒店业和娱乐场使澳门长盛不衰,成为全球最发达、富裕的地区之一。澳门扼珠江口,水陆交通便利,2018年修建了港珠澳大桥,融入粤港澳大湾区。对外贸易、旅游博彩业、建筑地产业和金融业为澳门四大经济支柱。工业有较完整的成套工业体系,纺织品和服装为主要出口产品,电子、玩具和人造丝花为新兴的出口工业品。建有澳门大学、澳门科技大学等10所大学。

马鞍山市　在安徽省东南部,长江下游,接壤南京。西周时属吴国。春秋战国时先属越国后属楚国。秦至西晋均属丹阳县。东晋咸和四年(329)淮河之滨的当涂县流民南徙于今南陵一带,侨置当涂县。隋开皇九年(589)侨置的当涂县徙治姑孰城(今当涂县城关镇)。北宋太平兴国二年(977)置太平州,治姑孰城,辖当涂、芜湖、繁昌三县。元改太平州为太平路。元至正十五年(1355),朱元璋率起义军攻占当涂县,改太平路置太平府。民国元年(1912)当涂县直属安徽省。1949年4月24日,中国人民解放军渡过长江,当涂获得解放。1954年2月析置马鞍山镇,以境内一座形似马背上供人骑坐的坐具马鞍的马鞍山而得名。1955年8月,置马鞍山矿区政府(县级),隶属芜湖专区。1956年10月12日置马鞍山市,为省辖市,为我国十大钢铁工业基地之一。

24. 以声响为语源命名地名

在自然界,有许多自然物,受到某种外界因素的作用而产生特殊的响声,因其奇特而常常用于命名发声的地理实体。声响按发声地理实体的性质,可分为天籁之声、地籁之声两种。"籁",泛指声音,一是指古代的一种箫,二是指孔穴里发出的声音。"天籁之声",系指自然界的声音,如风声、鸟鸣声、流水声等;"地籁之声",泛指刮风时山峪、地上种种孔穴所发的声音。与"天籁""地籁"(自然所发出的声音)相对的"人籁之声",系指由人口吹奏、乐笑之声。

石钟洞　在江西湖口县石钟山,是石灰岩溶洞;每当长江与鄱阳湖的水灌入洞内,水位上升的高度低于洞顶时,风兴浪作,水浪冲击洞顶、洞壁,轰然发声,回声激荡,响若洪钟,故名。

趵突泉　山东济南市岩溶地貌十分发育,自古以泉闻名。著名的泉有七十二个,其中以趵突泉为最,泉水涌出有声,状如跳跃,故名趵突泉。

铜锣峡　重庆涪陵区的铜锣峡,是长江切割基岩而成,江流湍急,声如铜锣,故名。

弹琴峡　北京延庆区的五贵岩,山洞口之北有一弹琴峡,水流石罅,声如弹琴,因以得名。

音乐泉　南京浦口区珍珠泉风景区内多泉,古有七十二泉,其一可以间歇地连续发出三种不同节奏和强弱的声音,故称音乐泉。

响水县　在江苏东北部沿海,盐城市响水县位于长江三角洲城市群最北部,东濒黄海,与朝鲜半岛、日本九州岛隔海相望。响水历史悠久,文化底蕴深厚,明太祖洪武年间(1368—1399),因"洪武赶散"迁来大量苏州移民,靠煮盐捕鱼为生。位于黄圩镇境内的"古云梯关"是古淮河入海口,是省重点文物保护单位。响水文化属江淮文化,响水人属淮扬民系使用江淮官话。2018年,中国田汉研究会授予响水县"中国小戏艺术之乡"称号。是国家对外开放县、国家级生态示范区、全国粮棉生产先进县、全国平原绿化先进县、中国最具投资潜力中小城市百强县。南宋之前,古淮河从县境内云梯关独流入海,县境大部处于沧海之中。宋高宗建炎二年(1128)黄河夺淮,境内开始逐渐淤积成陆。民国三十一年(1942)4月,撤涟(水)灌(云)阜(宁)地区办事处,置潮南县,寻改称滨海县。1966年析滨海县中山河以北、灌南县灌河以南地区置响水县,因治响水口而得名。响水口位于入海的灌河南岸,灌河潮汐差大,每逢潮落,村境各支流汇入灌河,跌水轰鸣,数里相闻,因以得名。

25. 以民族名为语源命名地名

我国自古以来就是一个多民族的国家,以古今所聚居或到达的某部族得名的地名亦有相当数量。在以古民族名命名的地名中,有陕西大荔县,以大荔戎得名。山西黎城县,以黎戎得名;芮城县,以芮戎得名;娄烦县,以娄烦部族得名。山东莒县,以莒夷得名。安徽舒城县,以舒蛮得名;六安市,以六夷的"六"加吉祥词"安"得名。江苏徐州市,以徐夷得名,一说以禹贡九州之一的"徐州"得名。湖北随县,以随姬(蛮的一种)得名。云南昆明市,因古滇族的一支昆明族得名。现今以民族名命名的地名,中外均较多。我国实行民族平等政策,在民族聚居地区实行民族自治,成立自治区、盟、州、县(旗),对这类地名的命名与一般地名命名的不同之处就在于在原地名的专名与通名之间加上该地区主体民族名称的专名,将通名"省"改为"自治区",例如:在新疆实行民族自治,成立自治区时,即在其专名"新疆"之后加主体民族维吾尔族名的专名"维吾尔"三个字,再将通名"省"改为"自治区"三个字,即成。我国实行民族自治的省级行政区还有5个,先后有内蒙古自治区、新疆维吾尔自治区、宁夏回族自治区、广西壮族自治区、西藏自治区。另有昆明等城市。

内蒙古自治区 简称"内蒙古",中华人民共和国省级行政区,首府呼和浩特。地处中国北部,南与山西、陕西、宁夏三省(区)相邻。截至2021年年底,总面积118.3万平方公里。远古时是仰韶文化分布区。古为猃狁(xiǎn yǔn)、獯鬻(xūn yù)、山戎所居。元之先人始号蒙古。春秋战国前为匈奴和东胡人游牧生活区。战国后期,中原的华夏民族开始在呼和浩特定居。秦国的北部领土已经拓到内蒙古地区。秦始皇修筑万里长城,以防御匈奴南侵。两汉时修筑汉长城,且对匈奴的三百战争最终胜利,在相当于今巴彦淖尔市、包头市和鄂尔多斯市一带置五原郡、朔方郡。北齐、北周和隋唐时突厥势力左右蒙古高原。五代十国初契丹部族建立辽国,在赤峰市巴林左旗附近建立了蒙古草原上第一个都城上京。辽被金灭了之后,今内蒙古的大部分地区属于金国。开禧二年(1206),成吉思汗建立了大蒙古国。元中统元年(1260)元世祖忽必烈在中原建立了元朝,历经四年之久,战胜了据有蒙古帝国初期的核心地漠北地区的阿里不哥。漠北、漠南尽为忽必烈所有。忽必烈因其政治、军事和经济力量的基础都在漠南地(今内蒙古),决定不再以漠北和林为都城,迁都于燕京,改称大都。漠北置和林宣慰司都元帅府镇守，改为岭北等处行中书省，省会和林，管辖范围大概为今内蒙古北部、蒙古国全境、西伯利亚南部。明朝成立后，元朝残余势力退回漠北。明隆庆六年(1572)，蒙古首领达延汗的孙子阿勒坦汗率土默特部驻牧呼和浩特，并与明朝订立藩属关系，阿勒坦汗被奉为"顺义王"。于万历年间赐其地汉名为"归化"，其义为：令少数民族归顺、化一，服从明朝廷的统治。漠南蒙古16个部49个封建主在清崇德元年(1636)前后归属于清朝。清亡之后，喀尔喀蒙古走向独立，而内蒙古则在中华民国的统治下，分属于若干省，民国十七年(1928)分属绥远、热河、察哈尔、宁夏、黑龙江等省。民国三十六年(1947)4月23日，在王爷庙(今乌兰浩特市)举行内蒙古人民代表大会，通过决议成立了内蒙古自治区政府，因其地处阴山南面的蒙古高原，阴山之南为内，之北为外，又蒙古族居民是主体，故名。选举乌兰夫为自治区政府主席，会议决定每年的5月1日为内蒙古自治区政府成立纪念日。1954年，内蒙古自治区人民政府迁到归绥市，并改称呼和浩特市，呼和浩特市定为内蒙古自治区首府。内蒙古自治区成矿地质条件优越，矿产资源丰富。列入区矿产资源储量表的矿产有119种，保有量居全国前十位的有103种，居全国前三位的有48种，居全国第一位有煤炭、铅、锌、银、稀土等21种。2022年，区科技项目中重大专项有37项，自然科学基金631项，重点研发和成果转化710项。科技企业孵化器50家、众创空间179家，全年专利授权量2.46万件。2022年底，区共有内蒙古大学等普通高校54所，在校生53.5万人。共有研究生培养单位11个，在学研究生3.8万人。计开通有特白塔等4个国际机场，包头东河等14个国内民航机场。截至2020年10月，首府呼和浩特已开通运营2条地铁线路，总长49.02公里。截至2021年，内蒙古自治区共辖9个地级市、3个盟，23个市辖区、11个县级市、17个县、49个旗、3个自治旗，7566个街道、20117个镇、11626个乡、1034个民族乡、151个苏木(乡级行政区通名)、1个民族苏木、2个县辖区。内蒙古自治区人民政府驻呼和哈特市赛罕区敕勒川大街1号。

新疆维吾尔自治区 简称"新"，中华人民共和国省级行政区，首府乌鲁木齐。位于中国西北地区，是中国五个少数民族自治区之一，且是中国陆地面积最大的省级行政区，面积166.49万平方公里，约占中国国土面积的六分之一。新疆地处亚欧大陆腹地，远离海洋，四周有高山阻隔，海洋气流不易到达，形成明显的温带大陆性气候。气温温差较大，日照时间充足(年日照时间2500～3500小时)，降水量少，气候干燥。陆地边境线长5600多公里，周与俄罗斯、哈萨克斯坦、吉尔吉斯斯坦、塔吉克斯坦、巴基斯坦、蒙古、印度、阿富汗八国接壤。新疆，禹贡时为雍州外地。汉武帝时称西域，义为中国的西部疆域，自古以来就是祖国不可分割的一部分。公元前138年，汉武帝派张骞出使西域，西汉政权与西域各城都建立了联系。公元前60年，西汉在乌垒(今轮台县境内)、龟兹延(今库车)设立西域都护府，标志着西域地区正式纳入中国版图。隋设鄯善、且末、伊吾郡。唐设北庭、安西都护府。宋时为乌孙、回鹘、于阗、龟兹诸国。元时,天山以北为阿力麻里及回鹘五城地,天山以南为别失八里诸国地。明时,山北为卫拉特地,山南为回部。清康熙十七年(1678),噶尔丹发动对天山南部维吾尔族地区的进攻,并进行叛国分裂活动,乾隆十年(1745)清廷出兵平叛,于1755年至1757年平定了准噶尔的叛乱,收复了天山北部疆土。乾隆二十四年(1759)清军在哈密、吐鲁番、库车、拜城、阿克苏、噶什噶尔(今喀什)、叶尔羌等地的维吾尔族、哈萨克族、柯尔克孜族等人民的积极支持下,平定了在准噶尔统治下的回部首领大小和卓木的叛乱,又收复了天山南部的疆土。从此,东起哈密,西至巴尔喀什湖以东及以南塔拉斯河、楚河流域,以及帕米尔高原的西域地区,天山南北又重新统一于清朝政府直接管辖的版图,设伊犁将军及副都统领大臣等官员,即留西征之军以为驻防。光绪十年(1884),清政府正式置省,并取"故土新归"之义,改称西域为"新疆",名新疆省。民国因之。1955年10月1日,实行民族自治,因维吾尔族居民是主体居民,故名新疆维吾尔自治区。首府治乌鲁木齐市(蒙古语义为"优美的牧场"),从此,揭开了各民族共同团结奋斗、共同繁荣发展的新篇章。新疆区矿产种类全、储量大,开发前景广阔。发现的矿产有138种,有9种储量居全国首位,32种居西北地区首位。其中石油资源量占全国陆上的30%,天然气资源量占全国陆上的34%,煤炭预测资源量占全国的40%。黄金、宝石、玉石等资源种类繁多,古今驰名。2022年,有国家级重点实验室5个、国家级高新技术产业开发区3个、国家级星创天地28个、国家级众创空间33个、国家级科技企业孵化器12个。有新疆大学等普通高等学校51所,在校生61.14万人,在学研究生4.33万人。全疆85个县(市)全部通柏油路,全疆铁路营运里程3009公里。新疆区已拥有23座民用机场,其中乌鲁木齐地窝堡、喀什两个国际机场,其余为国内机场,为中国拥有民航机场数量最多的省份。截至2019年6月,乌鲁木齐开通运营地铁1号线,长27.62公里。截至2023年1月,新疆维吾尔自治区辖4个地级市、5个地区、5个自治州、12个自治区直辖县级市,13个市辖区、17个县级市、60个县、6个自治县、210个街道、463个镇、426个乡、42个民族乡、1个县辖区。自治区人民政府驻乌鲁木齐市天山区中山路479号。

宁夏回族自治区 简称"宁",中华人民共和国省级行政区,首府银川。是中国五大少数民族自治区之一。位于中国西北内陆地区,南接甘肃,东邻陕西,西、北接内蒙古。总面积6.64万平方公里。宁夏是中华民族远古文明发祥地之一,早在3万年前的旧石器时代就有人类在这里生息繁衍。宁夏的水洞沟遗址是3万年前旧石器时代的遗址。宁夏还是中国长城博物馆,从战国长城到明长城的古长城遗址,在宁夏都有分布。宁夏还是红色土地、红军长征会师地、陕甘宁革命旧址等,既有优美的风光,又有深厚的历史文化底蕴。古今素有"塞外江南"之美称。西周,周王朝疆域以北称朔方的地区,含内蒙古河套、宁夏全境、陕西与山西北部地区。春秋战国为羌戎等族地。秦为北地郡。汉属朔方刺史部。南北朝时为西魏、北周地,是时匈奴首领赫连勃勃立夏国。隋置灵武、平凉、盐州三郡。唐置灵州、盐州、原州等,俗称灵夏或盐夏。北宋时年(1038)党项族拓跋氏后裔李元昊在兴庆府(今银川)称帝,立国号"大夏",宋人称"西夏"。公元1227年,蒙古人成吉思汗灭西夏,公元1271年忽必烈建元朝,在西夏故地置行省,取俗称灵夏谐音,以夏地自此安宁之义,名宁夏行中书省,元至元二十四年(1287),设宁夏府路,宁夏由此得名。寻改属甘肃行省。明初置宁夏府,后改宁夏卫。清顺治五年(1648)设宁夏巡抚,为准省级,后改宁夏府。民国元年(1912),改府为道,称朔方道。翌年改称宁夏道。民国十七年(1928)改置宁夏省。1949年9月,中国人民解放军解放宁夏,12月23日成立宁夏省,沿用宁夏原称。1954年撤宁夏省,并入甘肃省。1957年7月15日,第一届全国人民代表大会第四次会议决议成立宁夏回族自治区,因区内居民以回族居民为主体,故名。宁夏地势南高北低,呈阶梯状下降,全区属温带大陆性干旱、半干旱气候。因地处黄河河套,自古引黄灌溉,沟渠纵横,农牧业发达,故别称"塞外江南"。宁夏区2022年年末,拥有国家级工程技术研究中心3个、国家级重点实验室3个、国家级企业(集团)技术中心11个、国家地方联合工程研究中心26个。有普通高等学校宁夏大学、北方民族大学等20所,在校生17.25万人,在学研究生1.27万人。截至2022年7月,宁夏回族自治区共辖5个地级市,9个市辖区、2个县级市、11个县、48个街道、103个镇、90个乡。宁夏回族自治区人民政府驻银川市解放西街361号。

广西壮族自治区 简称"桂",中华人民共和国省级行政区,首府南宁。位于中国华南地区,南临南海北部湾。行政区域土地总面积23.76万平方公里。广西地处中国地势第二台阶中的云南高原东南边缘,两广丘陵西部,主要分布有山地、丘陵、台地、平原等类型地貌,中部和南部多丘陵平地,呈盆地状,有"广西盆地"之称。广西是个多民族聚居的自治区,少数民族人口数量居全国第一,占全区常住人口的37.6%。从地域上,岭南文化又分为广东文化、桂系文化(八桂文化)和海南文化三大块。岭南文化,源远流长。历史上,在汉民族的形成和发展,在维护国家统一、民族团结等多方面,岭南文化都做出了不可磨灭的贡献,在中华民族文化的发展史上居于重要地位,起着重要作用。广西地处低纬度,北回归线横贯中部,属亚热带季风气候和热带季风气候。气候温暖,雨水丰沛、光照充足。禹贡时为荆州南界。春秋战国时为百越地。秦始皇三年(前214)征服百越,在岭南置桂林郡、南海郡和象郡,今广西大部分地区属桂林郡和象郡,广西省简称"桂"由此而来。汉初属南越国,后属交州。三国属吴。晋为广州地。唐岭南道,后分置岭南西道。宋至道三年(997)分置广南西路,涵盖今广西全境及雷州半岛与海南岛等地,简称广西路,"广西"之名始于此。另曰,广西之名得名于古地名"广信",两广以广信为界,广信之东谓广东,广信以西谓广西,这是"广西"名称的一种由来。元至正二十三年(1363)置广西行中书省,为广西建省之始。明洪武九年(1376),置广西承宣布政使司,以古广西路得名广西省。清朝复置广西省,省会驻桂林府(今桂林市)。民国沿袭清制设省。1949年12月11日,中国人民解放军解放广西,置广西省人民政府,南宁为省会。1958年实行民族自治,因境内僮族居民是主体,广西省改置广西僮族自治区。1965年10月,因汉字"僮"简化为"壮"字,"广西僮族自治区"更名为"广西壮族自治区"。广西除简称"桂"外,历史上还有"西粤""粤西""粤右""岭右""广右""桂海""八桂"等别称。2022年取得省部级以上登记科技成果6715项,其中,应用技术成果6218项,软科学研究成果7项,基础理论成果490项。2022年年底有国家级检测中心10个。广西有广西大学等普通高等学校92所,在校生140.75万人,在校研究生6.41万人。截至2021年年底,广西公路总里程16.06万公里,其中高速公路里程7339公里。铁路营业总里程5216公里,其中高速铁路营业里程1771公里。有南宁吴圩和桂林两江两个4E级国际机场,柳州白莲等国内机场18个。现已开通运营南宁轨道交通1至5号线。截至2021年,广西壮族自治区辖14个地级市、41个市辖区、10个县级市、48个县、12个自治县、133个街道、806个镇、253个乡、59个民族乡。广西壮族自治区政府驻南宁市民生路2号。

西藏自治区 简称"藏",中华人民共和国省级行政区,首府拉萨。在中国西南地区,位于青藏高原西南部。面积120.28万平方公里,在全国省(区)陆地面积中居第二,约占中国国土总面积的八分之一,仅次于新疆维吾尔自治区。它北邻新疆,东北紧靠青海,东连四川,东南连接云南,南边和西部与缅甸、印度、不丹、尼泊尔等国接壤。国境线长达3842公里,是中国西南边陲的重要门户。远古时期,从古人氏族逐渐演变为赛、穆、顿、东、惹和柱"六大氏族",属大约4000多年前的现代人。到公元6世纪时,藏族先民的部落经过数千年的迁徙、发展和分化组合,形成大大小小的数十个部落联盟,其中分布在西藏地区的有所谓"四十小邦",后由四十小邦合并为"十二小邦"。到公元7世纪初,崛起于今西藏山南市雅隆的悉勃野部渐次征服各地部族,建立了有史以来首次统一青藏高原各部族的政权——吐蕃王朝。吐蕃赞普松赞干布仰慕中原文明,几次向唐求婚。唐贞观十五年(641)唐太宗把文成公主嫁给松赞干布。文成公主入吐蕃,密切了唐蕃经济文化交流,增进了汉藏之间的友好关系。8世纪初,唐朝又将金城公主嫁到吐蕃,吐蕃和唐朝"和同为一家"。经两次联姻,双方政治、经济、文化交流广泛而深入,民间往来全面发展,藏族与中国其他民族之间的关系达到前所未有的密切程度。唐蕃双方曾八次会盟,"唐蕃会盟碑"(也叫"长庆会盟碑""甥舅会盟碑",是第八次会盟后所立)至今仍屹立于拉萨大昭寺正门前。四百年间,藏族与北宋、南宋、西夏、辽、金等政权都有着密切联系。元宪宗铁木真蒙哥于公元1253年,派军队进入西藏,结束了当时的混乱局面,西藏地方从此正式纳入中国中央政府的直接管辖之下,成为统一的多民族的大元帝国的一部分。并根据藏族地区的实际情况,采取了一系列影响深远的施政措施,其中对于行政区域的划置,成为此后西藏行政区划沿革的基础。明朝时改置一套别具特色的僧官封授制度,各级军政机关的官员均封委当地的僧俗首领出任。清朝在总结元朝治藏经验的基础上,根据实况和形势变化做了重大而全面的调整,如设置驻藏大臣总揽全藏;调整西藏地方的政教管理体制,赐封达赖喇嘛、班禅额尔德尼名号,并确定了金瓶掣签制度;确定西藏地方涉外事务、边境国防的决定权归中央等原则;勘定今西藏与青海、四川、云南间的界线;规定达赖喇嘛、班禅额尔德尼的辖区权限。划分了驻藏大臣直辖区,为直属于中央的地方行政区。民国因之,其地分康(西康特别区)、卫(为前藏,驻拉萨)、藏(为后藏,驻札什伦布)、阿里四部。西藏之名,基于藏部,始于清康熙二年(1663),"西"是汉语,表示该地区在中国版图的方位,因元、明时期一直称此地区为"乌斯藏","藏"即"乌斯藏"的简称,"乌斯"藏语义为"中央","藏"义为"圣洁","乌斯藏"即义为"圣洁中心",以是中国西部的圣洁中心,而名西藏。1951年5月23日,西藏和平解放,1959年西藏叛乱平定后,中央政府开始对西藏进行全面直接管理。1965年9月9日,西藏自治区正式宣告成立,因藏族居民占95%以上,是该地区居民的主体,故名。青藏高原是世界上隆起最晚、面积最大、海拔最高的高原,因而被称为"世界屋脊",被视为南极、北极之外的"地球第三极"。西藏高原位于青藏高原的主体区域。青藏高原总的地势由西北向东南倾斜,地形复杂多样、景象万千,有高峻逶迤的山脉,陡峭深切的沟峡以及冰川、裸石、戈壁等多种地貌类型;有分属寒带、温带、亚热带、热带的种类繁多的奇花异草和珍稀野生动物,还有垂直分布的"一山见四季""十里不同天"的自然奇观等。地形大致可分为喜马拉雅山区,藏南谷地,藏北高原和藏东高山峡谷区。气候总体上具有西北亚寒干燥,东南温暖湿润的特点。气候类型也因此自东南向西北依次有:热带、亚热带、高原温带、高原亚寒带、高原寒带等各种类型。在藏东南和喜马拉雅山南坡高山峡谷地区,由于地势迭次升高,气温逐渐下降,气候发生从热带或亚热带气候到温带、寒温带和寒带气候的垂直变化。藏南和藏北气候差异很大,藏南谷地受印度洋暖湿气流的影响,温和多雨,年平均气温8℃。藏北高原为典型的大陆性气候,年平均气温0℃以下。西藏是中国水域面积最大的省级行政区,是中国河流最多的省区之一。亚洲著名的长江、怒江、澜沧江、印度河、恒河、雅鲁藏布江都发源或流经西藏。西藏冰川面积占全国的49%、冰储量占全国的45.32%、年融水量占全国的53.4%,均居全国之首。共有大小湖泊1500多个,总面积达2.4万平方公里,居全国首位,区属湖泊中,淡水湖少,咸水湖多,盐湖周围是多种珍贵野生动物经常成群结队出没之地。已发现101种矿产资源,查明其储量的有41种,已开发利用的有22种,其优势矿种有铜、铬、硼、锂、铅、锌、金、锑、铁,以及地热、矿泉水等。西藏区水能资源蕴藏量2亿千瓦,约占全国的30%,居中国首位。各种地热显示点有1000多处,地热总热流量为每秒55万千卡,相当于一年烧240万吨标准煤放出的热量;羊八井热田是中国最大的高温湿蒸汽热田,热水温度为93～172 ℃,已开发为地热电站和重要旅游景点。太阳能资源居全国首位,是世界上太阳能最丰富的地区之一,大部分地区年日照时间达3100～3400小时,平均每天9小时左右。据推测年风能储量930亿千瓦时,居全国第七位。西藏现有青藏、新藏、川藏、滇藏和中尼等5条公路,分别通往青海、新疆、四川和云南四省区及尼泊尔国;有青藏铁路、拉日(拉萨—日喀则)铁路、拉林(拉萨—林芝)铁路。2011年7月,已开通航班的机场有拉萨贡嘎国际机场、昌都邦达机场、林芝米林机场、阿里昆莎机场、日喀则和平机场5个机场。截至2022年10月,西藏自治区辖6个地级市、1个地区,8个市辖区、2个县级市、64个县,12个街道、139个镇、544个乡、1个民族乡。西藏自治区人民政府驻拉萨市城关区康昂东路1号。

昆明 简称"昆",雅称"春城"。云南省省会。昆明市人民政府驻地。国家确定的中国西部地区重要的中心城市之一,特大城市,滇中城市群中心城市,中国重要的旅游、商贸城市。截至2020年主城区面积1290平方公里。昆明地处中国西南地区,云贵高原中部。早在三万年前就有人类在滇池周围繁衍生息。公元前278年建立的滇国定都于此。昆明历史悠久,文化灿烂,拥有2200多年的建城史。战国时即滇国地。西汉元封二年(前109)置益州郡,下设谷昌、建伶等。三国时改置建宁郡。东晋时改置宁州。隋文帝改置昆州。唐代中叶建南诏国,武则天(697)改置窦州。南诏国赞普钟十四年(765)筑拓东城,为昆明建城之始。元世祖至元十三年(1276)置云南行中书省和昆明县,昆明自此成为全省政治、经济、文化中心。"昆明"一名,系为汉字音译彝语古代"西南夷"部族名称,义为"海边之民"(即滇池边民之义),另晋常璩解释"昆明"一词的含义时说:"夷人大种曰昆,小种曰叟。"这句话的意思是人口众多的夷人称为"昆明族"。清光绪十年(1884)创立的云南机器局,成为昆明近代工业的开端,之后,造币厂、制革厂、官印局、电报局、邮政局等官办企业也应时而生。光绪三十年(1905)辟为商埠。清宣统二年(1910)滇越铁路的修通,使昆明成为一个开放城市。民国十一年(1922)成立市政公所,划定省会区域,脱离昆明县,置昆明市,辖区东西长5.4里,南北宽6.3里,面积4.49平方公里。是云南省重要工业基地,有白药、云烟、牙雕、班铜等传统产品。有普通高等院校51所,在校生54.73万人。2018年全年共登记科技成果223项,其中基础理论类15项、应用技术类195项、软科学类13项。为全省交通枢纽,有1910年建成通往河内的滇越铁路(今称昆河铁路),至1966年以前,这条米轨铁路一直是昆明与外界联系的主要通道,昆明也成为中国唯一一个"火车不通国内通国外"的省会城市,被称为"云南十八怪"之一。1966年以后,从昆明通往外省的数条铁路陆续通车,并建有南昆和沪昆两条高铁。建有昆明长水国际机场,国内、国际航线100多条。昆明具有"东连黔桂通沿海,北经川渝进中原,南下越老达柬泰,西接缅甸连印巴"的独特区位,处在南北国际大通道和以深圳为起点的第三座东西向亚欧大陆桥的交会点,是中国面向东南亚、南亚开放的门户城市,位于东盟"10+1"自由贸易区经济圈、大湄公河次区域经济合作圈、泛珠三角区域经济合作圈的交汇点。是国家历史文化名城。

第21~25种地名语源的其他地名示例请扫描二维码获得。

26. 以部落为语源命名地名

我国自古以来就是一个多民族的国家,以古今所聚居或到达的某部落得名的地名,亦有相当数量。

杭锦旗 在内蒙古自治区中部。战国时为西戎胡人牧地。明天顺年间(1457—1464)为杭锦部落牧地。清顺治六年(1649)置杭锦旗(县),"杭锦"一名,系汉字音译的突厥语"康里"正音"杭里"演化而来,义为"车子",因地处杭锦部落牧地,故名。

乌审旗 在内蒙古自治区中南部。战国时为娄烦地。明初为蒙古族乌审部落驻牧地。清顺治六年(1649)置乌审旗(县),"乌审"一名,系汉字音译的蒙古族一部落名,是蒙古最早的一个部落名称,义为"网",以部落名旗。

改则县 在西藏自治区西部。1960年由几个牧业部落合置改则县,"改则"一名,系汉字音译的藏语地名,为一部落名,以部落名县。

革吉县 在西藏自治区西部。1960年并革吉、雄巴、邦巴、亚热、强巴等部落置革吉县,"革吉"一名,系汉字音译的藏语地名,原为由西康藏区迁来的革吉部落名,取革吉部落名为县名。

27. 以姓氏为语源命名地名

以家族姓氏为语源命名地名,在地名命名中是较为普遍的一种现象。如石家庄、祝家庄、王家庄、裴刘庄、丁家村等,可以说是比比皆是。一般是取"先入为主"或"复合"的原则,以先到的住户姓氏为名,取一个,或两个、三个姓构成村名。但也常有以财大,或旺姓,或德高望重的家族命名的现象。在江苏省如皋市境内,以冒姓命名的村庄有冒家庄、冒家巷、冒家圩等13处之多,据传,冒姓源于蒙古族,始祖为冒致中,元末任两淮盐运使,后隐居如皋。明末四大公子之一冒襄,后来居如皋城北绘水园。研究此类地名,对研究村史和区域经济开发史很有裨益。

石家庄 简称"石",旧称"石门",河北省省会。石家庄市人民政府驻地。是中国京津冀地区重要的中心城市之一。地处中国华北地区,河北省中南部,环渤海湾经济区,中部战区陆军机关驻地。夏禹时为冀州地。战国时属中山国。秦代属巨鹿郡。西汉高祖三年(前204)始置恒山郡,汉高祖十年(前196)改秦时东恒县为真定县。三国时为魏地。宋代属河北西路(治今正定镇)。元代属中书省真定路、保定路、广平路。明代属京师正定府、保定府,在明嘉靖十四年(1534)重修上京毗卢寺碑记中即有"石家庄"村名,村在今市内新华区东南部的北大街以西,大桥路以北,北后街以南,北于家胡同以东。

其名因何而得,传说颇多,有因"石姓聚居"而名,由"十家庄"讹传而来,亦有村里多"石匠"之说,均无史载,有待续考。据市志记载:石家庄原是一个小村子。1903 和 1907 年,京汉铁路和正太铁路在此建站,从此石家庄商贾云集,日臻繁华。清代属直隶省真定府、保定府、赵州、定州。民国元年(1912)沿清制。民国三年(1914)裁府,设范阳道。民国十四年(1915)置石门市。民国三十六年(1947)11 月 12 日,中国人民解放军解放石门市,12 月 26 日复称石家庄市。民国三十八年(1949)8 月划归河北省,为省辖石家庄市。1960 年 5 月改置地级石家庄市。1968 年 7 月 27 日,河北省会迁至石家庄。1978 年 3 月划为河北省直辖石家庄市,现在石家庄主城区面积 405 平方公里,常住人口 290.1 万人,成为"天下第一庄"。石家庄是国务院批准实行沿海开放政策和金融对外开放城市,是全国重要的商品集散地和北方重要的大商埠、全国性商贸会展中心城市之一、中国国际数字经济博览会永久举办地、中国(河北)自由贸易试验区组成部分。京广、石太、石德、石济客运专线,及京广与石济高铁干线交会,是中国铁路运输主枢纽城市,被誉为"南北通衢,燕晋咽喉"。是国家首批科技创新示范城市,国家半导体照明、卫星导航、动漫产业、生物医药产业基地,是全国文明城市、国家森林城市、中国优秀旅游城市。2022 年,有效发明专利 14546 个,每万人发明专利拥有量 13.67 件。2022 年末,拥有河北师范大学等普通高等院校 48 所,在校生 83.99 万人,在校研究生 2.81 万人。

南宫市 在河北省南部,东南隔清凉江与故城、清河县相望。远在新石器时期就有居民聚落。原属九州之"兖"。西汉高祖始置南宫县,以西周"八士之一"南宫适之复姓得名。以后归属更迭,县域兴废,至 1947 年始置南宫市,1949 年废市为县,1986 年复置南宫市,隶属邢台地区。

任丘市 在河北省中部,白洋淀东南。汉元始二年(2),巡海使中郎将任丘在此筑城,以防海口,遂以其姓名为城名。北齐时置县,即以城名为县名。清雍正三年(1725)为避孔子之名,改"丘"为"邱",属直隶省河间府。1949 年 8 月,划归河北省沧州专区。1982 年地名普查时,将任邱县之"邱"字改为"丘"。1986 年置任丘市,现为沧州市代管县级市。地下石油和天然气资源富集,为华北地区重要的石油产地和石化基地。是国务院确定的对外开放县市和环京津经济圈的重要市县之一。当选中国工业百强县(市)。是神医扁鹊故里,华北油田总部所在地。抗日战争期间任丘人民谱写了白洋淀游击战和地道战等家喻户晓的敌后斗争史。

28. 以动物为语源命名地名

以动物为语源命名地名多为乡镇级以下小地名,县市以上的地名以动物为语源命名的较少。

哈尔滨 简称"哈",别称"冰城",黑龙江省省会。哈尔滨市人民政府驻地。副省级市,特大城市,哈长城市群核心城市,中国东北地区重要的中心城市和国家重要的制造业基地。截至 2021 年,主城区总面积 2198.2 平方公里。地处中国东北地区、东北亚中心地带,是中国东北地区北部政治、经济、文化中心,被誉为欧亚大陆桥的明珠,是第一条欧亚大陆桥和空中走廊的国际性综合交通枢纽,哈大齐工业走廊的起点,国家战略定位的沿边开发开放中心城市、东北亚区域中心城市及"对俄合作中心城市"。是"一国两朝"即金、清两代王朝发祥地。哈尔滨是国际著名的冰雪文化和冰雪旅游城市。属中温带大陆性季风气候,冬长夏短,四季分明,冬季漫长寒冷,而夏季则显得短暂凉爽。哈尔滨的历史源远流长,早在两万两千年前,旧石器时代晚期,这里就已经有人类活动。殷商晚期,哈尔滨进入青铜器时代,属于黑龙江地区最早的古代文明——白金宝文化的分布区域。金太祖收国元年(1115),在上京(今哈尔滨阿城区)建都。金大定十三年(1173)上京重新被立为陪都。明末清初时期,女真人曾在此城遗址修筑阿勒楚喀要塞。清中后期,随着"京族移垦"和"开禁放荒"政策的实施,大量满汉百姓移居哈尔滨地区。清末民初,哈尔滨属吉林省滨江县治。19 世纪末,哈尔滨已出现数十个村屯,约有 3 万居民,交通、贸易、人口等经济因素开始膨胀,为城市的形成与发展奠定了基础。随着中东铁路建设,工商业及人口开始在哈尔滨一带聚集。中东铁路建成时,哈尔滨已经形成近代城市的雏形。20 世纪初,哈尔滨已成为国际性商埠,先后已有 33 个国家的 16 万余侨民聚集这里,19 个国家在此设领事馆。民国二年(1913)1 月 29 日,吉林省民政公署将吉林省西北路分巡兵备道改为吉林省西北路道,治哈尔滨。民国三年(1914)5 月,吉林省西北路道改置滨江道,辖滨江、长寿等 8 县。民国十八年(1929)撤滨江道,滨江县直接隶属于吉林省政府。民国二十年(1931)中国抗日战争开始,民国二十一年(1932)2 月 5 日,哈尔滨沦陷,3 月 1 日伪满洲国建立,民国二十二年(1933)7 月 1 日伪哈尔滨特别市公署成立。"哈尔滨"一名的由来有多种说法,一说是女真语"阿勒锦"一词的译转,是"荣誉""声望"之义;一说来自"哈鲁滨",满语义为"鱼网",据说数百年前,附近一带是满人一大捕鱼区,汉人称之为晒网场,后哈鲁滨音讹为哈尔滨;另有一说是昔日此地为松花江岸的一片草原地带,蒙人以此地草甸平坦,遥望如哈喇,故称哈喇滨,后音讹哈尔滨。经历了百余年争论,各说各有所凭,莫衷一是,使哈尔滨这个地名越发显得神秘。近年,学者王禹浪经历十载的认真研究,艰辛考证,认定"哈尔滨"即女真语"天鹅"之义。且地理学、动物学和考古学也为此结论提供了佐证,发现从前此地的松花江两岸曾有大量天鹅栖息,当今也仍是天鹅迁徙的必由之路。哈尔滨是党领导东北人民进行革命斗争和抗日斗争的指挥中心。民国三十四年(1945)哈尔滨从日伪统治下解放,人口 70 余万。民国三十五年(1946)9 月 28 日,哈尔滨正式建立人民政权,成为全国解放最早的大城市,同年滨江省改为松江省。1949 年 4 月 21 日,哈尔滨特别市政府改称哈尔滨市人民政府,为松江省省会。1954 年 8 月 1 日,改属黑龙江省。在"一五"时期,苏联援建的 156 项重点建设工程,有 13 项设在哈尔滨,哈尔滨成为国家重要工业基地,并迅速由一个消费城市转变为新兴工业城市。城区主要分布在松花江南岸,市井多为欧式建筑,建有15个外国领事馆。截至2022年,哈尔滨有国家级企业技术中心13个,国家级科技企业孵化器15家,国家备案众创空间17家。截至2022年年末,哈尔滨市共有普通高校48所,成人高校11所,具有研究生培养资质的科研机构8所。哈尔滨1950年起步民航事业,全省只有5条航线,每周15个航班。1979年年底建成太平国际机场,成为中国东北地区乃至东北亚的重要空中交通枢纽,可到达北京、香港、台北、上海、深圳、广州、南京、天津、西安、沈阳、乌鲁木齐等国内各主要城市,以及东京、大阪、首尔、叶卡捷琳堡、哈巴罗夫斯克、符拉迪沃斯托克、安克雷奇、巴黎等国际城市。哈尔滨是全国文明城市、国际湿地城市、东亚文化之都和中国十佳冰雪旅游城市,被联合国授予"音乐之城"称号。2022年,中国奥委会授予哈尔滨"奥运冠军之城"纪念奖杯。

塔城市　在新疆维吾尔自治区西北缘。与俄罗斯交界处。西汉为匈奴右地。三国属鲜卑地。隋属突厥地。清光绪十四年(1888)始设塔城直隶厅。民国二年(1913)改置塔城县。先后属塔城道、塔城专区。1984年置塔城市。"塔城"系"塔尔巴哈台城"简称,因塔尔巴哈台山而得名,"塔尔巴哈台"系蒙古语,义为"旱獭出没的地方",因此地产旱獭,以动物名市。隶伊犁哈萨克自治州塔城地区,地区行政公署。

特克斯县　在新疆维吾尔自治区西部。民国二十三年(1934)析巩留县地置特克斯设治局,民国二十六年(1937)改置特克斯县,"特克斯"为突厥语,义为"野山羊",以动物名县。现隶伊犁哈萨克自治州伊犁地区,驻特克斯镇。

29. 以人物为语源命名地名

这类地名是以某一历史事件中的某一值得后人怀念的具体人物为语源命名的。例如:山西长子县,相传该县城为尧之长子丹朱所筑,故以名县。安徽省滁州市琅琊山,因东晋元帝琅琊王登基前曾避难于此而得名。湖北兴山县昭君村,原名"宝坪村",系王昭君的故里,故名。湖北秭归县的屈原沱因著名爱国诗人屈原而得名。山西介休市,相传为春秋时晋侯介子推不言禄,乃偕其母隐于此处一山中,故名。广西柳州市,唐代文学家柳宗元曾谪居于此,为纪念他,因此得名。以近代人物命名的,如民主革命先行者孙中山先生出生在广东香山县翠亨村,为纪念他,1925年改名中山县。陕西保安县,是刘志丹将军故乡,为纪念他,改保安县为志丹县。山西辽县,1942年左权将军在抗日反扫荡战争中牺牲于此,为纪念他,改名左权县。吉林濛江县,1942年抗日英雄杨靖宇在此壮烈殉国,为纪念他,改名为靖宇县。陕西安定县,在反围剿中牺牲的陕甘工农游击队总指挥谢子长的故乡,为纪念他,改名子长县。

30. 以祖籍地为语源命名地名

祖籍,即祖先、祖辈的居住地。从以祖籍地为语源命名的地名中可以一目了然地知其地居民的来处,以及该地的风俗习惯等民情。移民到了新的地方,生活在新的环境,常思念远方的故乡,为宽慰心灵,常以祖籍地名命名新居地。如台湾省居民大多是从大陆移居的,以福建的居多,亦有从陕西等地迁去的,因此在台湾岛上就有不少大陆上的地名,如"陕西村""安平港"等。安平港地名是郑成功收复台湾后,以郑氏故乡福建泉州安平镇命名的。江苏镇江市的"南徐州"是徐州籍移民命名的。江苏东台市靠近海边一村庄,系清康熙年间梁垛场北行街练姓迁此,以其原籍地"北行"名村。1985 年中国首次南极洲考察队,在南极洲建观测站,名长城站,并命名了长城海湾,以及八达岭、龟山、蛇山、平顶山 4 个祖籍地的山峰名称。英国伦敦东面的孟加拉城,即以居民是来自孟加拉国的移民得名。

祖籍地名也包括借原址地名的某个字注新址地名,举例如下。

宿迁市　在江苏省北部,骆马湖畔。春秋为钟吾国。秦置下相县等。西汉元鼎四年(前 113),西汉泗水国在此建都。东晋义熙元年(405),改下相县为宿预县,因春秋时宿国人迁此,故名。唐代宝应元年(762),因避代宗李豫名讳,改宿预县为宿迁县,属徐州。明、清初属淮安府,为江南省的一部分。清康熙六年(1667)析江南省置江苏、安徽二省。宿迁属江苏省淮安府。清中后期改属徐州府。民国三十五年(1946)宿迁县隶属淮阴专区。1983 年属淮阴市,1987 年改置县级宿迁市。1996 年改置地级宿迁市。

杭州　简称"杭",古称"临安""钱塘",浙江省省会。杭州市人民政府驻地。副省级市、特大城市,杭州都市圈核心城市,是浙江省经济、文化、科教中心,长江三角洲中心城市之一。在浙江省钱塘江北岸,京杭运河南端。主城区面积 1097 平方公里。地处中国华东地区、浙江省北部、钱塘江下游、杭州湾西端、京杭大运河南端,是 G60 科创走廊中心城市,环杭州湾大湾区核心城市。其西部为浙西丘陵区,东部属浙北平原,水网密布,物产丰富。属亚热带季风气候,四季分明,雨量充沛。是国家历史文化名城,著名的书香世家杭州厉氏家族的发源地,以"东南名都"著称于世。杭州人文古迹众多,西湖及其周边有大量的自然及人文景观遗迹,具代表性的有西湖文化、良渚文化、丝绸文化、茶文化,因风景秀丽,素有"人间天堂"的美誉。2016 年二十国集团领导人第十一次峰会、2018 年世界短池游泳锦标赛、2023 年第十九届亚运会均在杭州举办。跨湖桥遗址的发掘显示 8000 多年前,就有人类在此繁衍生息。距今 5000 多年的良渚文化被称为"中华文明的曙光"。夏、商、周时,杭州属扬州之域。传说在夏禹治水时,全国分为九州,长江以南的广阔地域均泛称扬州。公元前 21 世纪,夏禹南巡,大会诸侯于会稽(今绍兴),曾乘舟航行经此,并舍其杭("杭"即方舟)于此,故名"余杭"。一说,禹至此造舟以渡,越人称该地为"禹杭"。其后,口语相传,讹"禹"为"余",乃名"余杭"。春秋时,吴国、越国两国争霸,杭州先属越、后属吴,越灭吴后,复属越。战国时,楚国灭越国,杭州又归楚。秦统一六国后,在灵隐山麓设县治,称钱唐,属会稽郡。西汉承秦制,杭州仍称钱唐。新莽时改钱唐为泉亭县,到了东汉,复置钱唐县,属吴郡。三国、两晋,杭州属吴郡,归古扬州。隋开皇九年(589)废钱唐郡置州,以州治初设在余杭县,名杭州,寻移州居钱唐城,开皇十一年(591)复移州于柳浦西(即今江干一带),依山筑城,始创杭州州城。隋炀帝六年(610)筑成沟通南北的大运河,杭州为其南端起点,便利的交通为往后的繁荣奠定了基础。唐代置杭州郡,旋改余杭郡,治钱唐。因避国号讳,于武德四年(621)改钱唐为"钱塘"。乾元元年(758)复为杭州。到唐代后期,杭州已是一副"骈樯二十里,开肆三万室"的兴旺景象。到了唐代中后期元和八年(812),在中央任命官员的制文中就已出现"江南列郡,余杭为大"的赞誉。五代梁龙德三年(923),镇海军节度使钱镠立吴越国,都杭州,称西都,杭州始为都城。吴越以隋城为基础,在凤凰山下筑子城,故杭州有凤凰城之称。其外又修筑罗城,向北拓展,自秦望山东经今南星桥,向北沿东河西侧,至环城北路武林门外,包括凤凰山在内,南北狭长,周围达70里,初步奠定今日城区规模。南宋建炎三年(1129)升杭州为临安府,于绍兴八年(1138)定为行都,为南宋的政治、经济、文化中心。建皇宫于凤凰山,大事扩建杭州城,分内、外城。内城,即皇城,方圆九里,环绕着凤凰山,北起凤山门,南达江干,西至万松岭,东抵候潮门,在皇城之内,兴建殿、堂、楼、阁,还有多处行宫及御花园。外城南跨吴山,北截武林门,西濒西湖,东靠钱塘江,气势宏伟,设城门13座,城外有护城河。从凤山门向北至武林门是一条纵贯全城的御街,长达1.3万余尺,两旁店铺林立,市肆繁华。杭城为人口超百万的全国第一大城市。南宋君臣不图恢复中原,而在城内和西湖四周大建行宫御园、水阁别馆,寻欢作乐。正如林升《题临安邸》描写的:"山外青山楼外楼,西湖歌舞几时休?暖风熏得游人醉,直把杭州作汴州。"杭州地理位置得天独厚,湖山秀丽,林泉优美,风光旖旎,是我国著名的风景区。西濒西湖,南临钱塘江。西湖为古潟湖,三面环山,风景优美,著名的名胜古迹有灵隐寺、岳庙岳坟、西泠印社、宝石山、吴山、玉皇山、虎跑、六和塔、烟霞三洞、灵山洞、九溪十八间、龙井等。苏轼的"水光潋艳晴方好,山色空蒙雨亦奇。欲把西湖比西子,淡妆浓抹总相宜"已为千古绝唱。元初旧城被毁,元末重建,划凤凰山于城外,向东扩展至今环城东路一带。元至元十五年(1278)置杭州路,为浙江行省省会。明改置杭州府,为浙江承宣布政使司治所。清顺治二年(1645)置浙江巡抚,驻杭州;康熙元年(1662)改置浙江行省,杭州为省会。清初,在杭州城西沿西湖一带建造"旗营",俗称"满城",内驻八旗精兵,称旗下营,光绪二十一年(1895)中日《马关条约》签订后,杭州开始为日本通商商埠,拱宸桥辟为日本租界。民国元年(1912)废杭州府,并钱塘、仁和二县为杭县,仍为省会所在地。民国三年(1914)置钱塘道,驻杭县。民国十六年(1927)废道制,析杭县城区置杭州市,直属浙江省,立为市建制。辛亥革命后,满城和杭城城垣逐渐拆除。今城区主体仍呈南北向长形,西濒西湖,南临钱塘江。主要道路呈方格状和放射状。主要居住区、商业区和文化区在上城区、下城区,文化教育区和高新技术开发区在西部,工业主要分布在城西北、北和东部。杭州是著名轻工业品和手工业品产地,丝绸、织锦、绸伞、剪刀、杭扇、龙井茗茶享誉中外。杭州是国家信息化试点城市、电子商务试点城市、电子政务试点城市、数字电视试点城市和国家软件产业化基地、集成电路设计产业化基地。杭州致力于打造"滨江天堂硅谷",以信息和新型医学、环保、新材料为主导的高新技术产业发展势头良好,已成为杭州的一大特色和优势。通信、软件、集成电路、数字电视、动漫、网络游戏等六条"产业链"正在做大做强。2022年,杭州全年新增发明专利授权量3.0万件,PCT国际专利申请量2305件,年末有效发明专利拥有12.3万件,年末拥有国家级企业技术中心43家,国家技术创新示范企业14家,国家级科技企业孵化器179家,国家级众创空间85家。万松书院创办于明弘治十一年(1498),是中国古代著名书院之一,是明清时期杭城规模最大、历时最久、影响最广的浙江文人汇集之地。今浙江大学前身的求是书院则是中国近代史上效法西方学制最早创办的几所新式高等学校之一。2022年年末,杭州拥有普通高等学校浙江大学、中国美术学院等40所,在校生61.4万人,其中研究生11.3万人。杭州萧山国际机场,是中国重要的干线机场、中国客流十大国际机场之一、中国对外开放的一类航空口岸和国际航班备降机场,是浙江省第一空中门户。杭州是国家首批历史文化名城,以"东南名郡"著称于世。

广州 简称"穗",别称"羊城""花城""五羊城",广东省省会,广州市人民政府驻地。副省级市、国家中心城市、超大城市、南方最大城市、广州都市圈核心城市,国际商贸中心和综合交通枢纽,世界一线城市。是中国南部战区司令部驻地。主城区面积2345.74平方公里。地处中国华南地区、珠江下游、濒临南海,珠江三角洲北缘,东、西、北三江汇合处,为丘陵地区,地势东北高,西南低,背山面海,属南亚热带季风气候,气候温和,海洋性气候特征显著。相传,周夷王八年(前878)楚人在城区设楚亭,纪念居南海边的南越民族和楚国人民友好往来的友谊,故广州初名楚亭,镌刻"古之楚亭",清人建石碑坊,至今仍矗立在越秀山中山纪念碑旁。据民间传说:周夷王时南海有五仙人,穿五色衣,骑五色羊,来集楚亭,各予谷穗一茎留以亭人,教楚人种稻谷,繁衍生息,且祝曰:"愿此闤阓,永无饥荒。"言毕腾空而去,羊化为石,故又有"羊城""穗城"之称。秦始皇三十三年(前214),统一岭南后置南海郡,治番禺,南海郡尉任嚣在郡治处修建城郭,称"任嚣城",为广州建城之始。后赵佗续任南海郡尉,汉初赵佗将岭南地区称南越国,自立为南越武帝,建都于此,扩建"任嚣城"改称"赵佗城""赵城",东汉建安十五年(210),交州刺史步骘把交州治所从广信东迁于赵佗城,重修赵佗城。三国吴黄武五年(226)析交州东部另置一州,取原治所广信的首字"广",改名广州。隋置广州总督府。唐武德四年(621)复置广州,并为岭南道治。五代时为南汉国都,改称兴王府。北宋开宝三年(970),平南汉后复称广州。此后一直沿用广州名称,并为广南东路治地(简称广东,广东省之称自此开始)。广州在元代称广州路,明、清时称广州府。分别为元时广东道、明时广东布政司、清时广东省的治地。民国十年(1921)置广州市政厅,为广州建市之始。

民国十四年(1925)置广州市。1949年为中央直辖市。1954年为广东省辖市。广州区位优越,春秋时为都会,行销珠玑、犀、玳瑁、果品、布匹等,到唐、宋时,对外贸易日益繁荣,之后一直为我国对外贸易口岸。广州亦是近代中国革命的策源地。1841年5月,广州三元里人民抗英斗争揭开了中国人民反帝反封建斗争的序幕。1911年4月27日,广州起义吹响了辛亥革命的号角。截至2022年年末,有国家重点实验室21家、国家级科技企业孵化器54家、国家级大学科技园3个。广州院士活动中心服务在穗全职院士人数70人,其中中国科学院院士29人,中国工程院院士30人,境外机构获评院士11人。获国家市场监管总局批准的国家产品质量检验检测中心2个、国家产业计量测试中心2个。截至2022年,广州有普通高等学校105所,其中,985、"双一流"大学有中山大学、华南理工大学2所,211、双一流大学有暨南大学、华南师范大学2所,双一流大学有华南农业大学、广州医科大学和广州医药大学3所。在校生148.93万人,在校研究生16.16万人。始建于20世纪30年代的广州白云国际机场,是中国三大国际航空枢纽机场,国家"一带一路"倡议和"空中丝绸之路"重要国际航空枢纽,飞行4F级,已成为中国面向东南亚和大洋洲地区的第一门户枢纽,开通国际航线149条,通达亚、非、欧、北美和大洋洲五大洲共200多个国家和地区。广州风景秀丽,越秀山、白云山、镇海楼、中山纪念堂、六榕寺、南海神庙、黄花岗七十二烈士墓等,均为游览胜地。广州是首批国家历史文化名城,广府文化的发祥地,首批沿海开放城市,是中国通往世界的南大门,粤港澳大湾区、泛珠江三角洲经济区的中心城市以及一带一路的枢纽城市,被GaWC评为世界一线城市,中国百强城市排行榜第三位。2018年,广州人类发展指数居中国第一位,国家中心城市指数居中国第三位。

31. 以陵墓为语源命名地名

我国古代对逝人的坟墓称谓有个演变过程,依墓主身份地位用词区分等级也有严格规定。在汉代以前还没有称帝王坟为"陵"的规定,秦朝时称天子冢曰"山"。大概到了汉代才出现按墓主身份地位采词区分,规定圣人的坟曰"林",帝王坟曰"陵",将相王侯坟曰"冢",社会官员坟曰"墓",百姓的则曰"坟"。全国至圣只有文圣人孔子和武圣人关羽二人,他们的墓园分别为山东曲阜的孔林、河南洛阳的关林。帝王陵有陕西黄陵、秦陵、乾陵、浙江禹陵、湖南炎帝的茶陵、北京明十三陵、江苏明孝陵、中山陵、河北东陵,等等。

以临前人墓地而居,发展成村落或置行政区,以墓名而得名的地名,在县级以上的地名中为数很少,但在小地名中却有一定的数量。陕西黄陵县,相传城北桥山之巅为中华民族始祖轩辕黄帝陵寝黄帝陵所在,因以得名。河南太康县,有夏太康陵,因以得名。河北献县,汉时为河间献王封国,献陵即在城东,因以得名。陕西乾县,因境内有唐高宗李治和其皇后武则天的陵寝而得名。浙江绍兴禹陵镇,相传大禹治水,东巡会稽而死,葬于会稽山麓,镇以陵名。北京十三陵村,以位于明十三陵陵区得名。北京西郊公主坟,以境内公主墓而得名。南京东郊有一村落,以位于坟茔的上首,故名坟头,为志留系中上统地层坟头群的命名地,具有科学价值。湖南茶陵县,有炎帝葬于茶乡之传说,因以得名。此外还有河北寿王坟,江苏陈墓荡、陈墓镇等地名。

32. 以交通设施或方式为语源命名地名

以与交通有关的一些设施或方式为语源命名地名,常用通、津、渡、渡口、港口、口岸、场、港、路、大路、路口、桥、站、码头、驿站、店、铺等有交通意义的字构成地名。

"津",系渡口,是诸种交通设施之一,即提供渡水上船的地方。通常是重要的交通设施,这类地名分布较广。以"津"为语源命名的地名有河南洛阳孟津区,"孟"义第一,相传夏禹治水时,由三门峡至此建立第一个渡口,故名孟津。山西茅津,是黄河的重要渡口。此外,山东的利津、河南的延津等都以交通要津得名。

河津市　在山西省西南部,汾河下游,黄河东岸。春秋末,为魏地。战国时,为魏国皮氏邑。秦代置皮氏县,为河津设县之始。南北朝北魏太平真君七年(446),改皮氏县为龙门县。宋宣和二年(1120)改龙门县为河津县,因境内有黄河渡口而得名。1994年,撤河津县,置县级河津市。2000年由运城地级市代管。

江津区　在重庆市西南部。是长江上游航运枢纽和物资集散地。夏、商时属梁州。南北朝时南齐永明五年(487)置江州县。西魏(553—557)改置江阳县。隋开皇十八年(598)置江津县,因县城地处长江之要津而改江阳县为江津县。1992年撤县设市,为省辖县级江津市,由重庆市代管。1997年江津市划归重庆直辖市,2006年撤市设区,置重庆市江津区。

盐津县　在云南省东北部。西汉建元六年(前135)为犍为郡地。民国六年(1917)析大关县置盐津县,因该地设津渡于城北产盐之地,故名。

弥渡县　在云南省西部。西汉至南朝均为云南县地。唐初始置勃弄县。明设弥渡市巡检司,"弥渡"义为此地渡口众多,易使行者迷津,故名。清雍正年间设弥津市督捕通判。民国元年(1912)3月,置弥津县。民国十八年(1929)弥津县直属云南省。1949年4月18日,弥渡县解放。1962年弥渡县属大理州管辖。

以"渡"或"渡口"为语源命名的地名较多,如四川的原渡口市,扼金沙江的重要渡口,现为新兴的钢铁工业基地,已更名为攀枝花市。重庆市的大渡口,为川江的重要港口。贵州的乌江渡、赤水的太平渡和云南金沙江的绞车渡,都是当年红军长征路上的重要渡口。此外,还有湖北的仙人渡、安徽的新安渡、江苏的南渡、陕西的秦渡、山西的军渡等地名。

用"通"字为语源命名的地名较多,如江苏的南通市,古名通州,据《读史方舆纪要》曰:州据江海之会,由此历三吴,向两越,或出东海,动齐燕,亦南北之咽喉矣。五代周显德五年(952)取其地,始通吴越之路,命名"通州"。这说明了当时取名通州的历史背景及其交通形势上的重要意义。北京的通州区,取"漕运通济"之义。甘肃的通渭县,位于渭河支流上,由此可通渭河平原,故名。此外,甘肃的通北口、内蒙古的通辽市、陕西的通镇等,都是具有交通意义的地名。

以"大路""路口""口""港""口岸"为语源命名的地名有:江苏南京市溧水区的岔路口,南京市六合区的划子口,南通市的天生港,启东市的吕四港,泰兴市的口岸街道等。

以交通线上停靠或转运站的"站"名为语源命名的地名,大部分分布在北方,有马站或骆驼站等。黑龙江省内,嫩江上游东岸有地名一站至十三站,其对面的黑龙江南岸有二站至二十五站。此外,山东省的腰站、云南省的大腰站等,都是交通线上的中途站。甘肃省的两当县是开封与川西之间的交通要道,据《方舆胜览》载:县西有两当驿,东抵汴京,西达益州,皆三十六程,故名"两当",它也是一个重要的中途站。

驿站是古代传递政府文书的人中途更换马匹或休息、住宿的地方。当是交通要道,多为村镇的发祥之地。以"驿"命名的地名颇多,较大的城镇有江苏省的高邮市,原为秦代的驿站号秦邮,汉代改高邮;此外,有黑龙江省的黄坝驿、四川省的朝天驿、甘谷驿、江苏省的利国驿、河南省的白马驿、安徽省的白马驿、湖北省的吕堰驿、建阳驿、官塘驿、湖南省的塔市驿、郑家驿、马底驿和山塘驿等地名。

码头,系江河沿岸及港湾内,供停船时装卸货物和乘客上下的建筑。亦指交通便利的商业城市。以"码头"为语源命名的地名,如江苏淮阴区的码头镇、涟水县的朱码头等地名。

以"店"和"铺"为语源命名的地名,皆为旅店所在地。如河南的驻马店,甘肃的脚力铺,湖南和江西的大路铺等地名。

以"桥"为语源命名的地名是水乡代表性的地名。凡是跨河建桥处,往往成为重要的居民点,如江苏宜兴市的和桥、芳桥,常州武进区的漕桥,泰州姜堰区的黄桥,苏州市的枫桥街等地名。

"场",具有交通意义,系指渡口处,如贵州的安顺场等地名。

33. 以道路的里程为语源命名的地名

以道路里程为语源命名地名,系以交通道路的里程数及其所在地理实体性质命名地名。这类地名是距离的显著标志,有利于计算旅途所用时间,在军事上有着重要意义。

以道路里程为语源命名地名,几乎到处都有,这也说明它在人们生活中的特殊作用。如江苏省仅仅征市就有三里店、五里墩、七里井、八里庵、十里墩、十二里岔、三十里铺等。在南京五台山西南有百步坡,南起峨眉岭,北至拉萨路,因以平地到坡顶约为百步而得名。六合区竹镇仇庄村三里桥,因桥距竹镇三里,故名三里桥。

34. 以"圣地"为语源命名地名

圣地，系指宗教徒对与教主生平事迹（出生地、葬地、悟道地等）有重大关系的地方的尊称，包括宗教圣地、革命圣地等。以圣地为语源命名地名，以西藏地区较多，例如西藏自治区的拉萨、隆子县、贡觉县等。

拉萨 别称"逻些""日光城"。西藏自治区首府。拉萨市人民政府驻地。地处中国西南地区，西藏高原中部，喜马拉雅山脉北侧，雅鲁藏布江支流拉萨河中游河谷平原，拉萨河流经此，在其南郊流向雅鲁藏布江。其海拔高度3650米。主城区面积523平方公里。是国务院批复确定的中国具有雪域高原和民族特色的国际旅游城市。是西藏的政治、经济、文化和科教中心，也是藏传佛教圣地。拉萨以风光秀丽、历史悠久、风俗民情独特、宗教色彩浓厚而闻名于世。拉萨先后荣获中国优秀旅游城市、欧洲游客最喜爱的旅游城市、全国文明城市、中国最具安全感城市、中国特色魅力城市200强、世界特色魅力城市200强、2018畅游中国100城等荣誉称号。2018年4月2日，入选开展创新型城市建设的名单。2018年11月，入选中国城市全面小康指数前100名。拉萨境内蕴藏着丰富的各类资源，相对于全国和自治区其他地市，具有较明显的资源优势。约6世纪末7世纪初，崛起于山南一带的雅隆部落，占领了拉萨地区。7世纪，"骁勇多英略"的松赞干布继父位，决定将根据地及政治中心，从山南迁到拉萨，在拉萨建立了强大的吐蕃王朝。迁都前的拉萨是一片沼泽荒芜。松赞干布迁都后，造宫堡，修河道，建寺院（大昭寺等），奠定了拉萨城市雏形。始建时此地称卧马塘，据唐文成公主进藏时，此处还是一片荒草沙滩，文成公主据天文地理及五行学说，在卧马塘建庙宜用白羊背土填湖为大吉。拉萨古称"惹萨"，藏语"山羊"称"惹"，"土"称"萨"，叫成"惹萨"，后转写为"逻萨""拉撒""逻些"等，其义均为"山羊地"或"羊土"。佛教兴起之后，"惹萨"成为佛教圣地，后约定俗成为"拉萨"。"拉萨"藏语翻译为口头语言"是"，做事只需敬顺佛圣旨意，如理即化，亦表示精确，不容置疑与改变，差之毫厘，失之千里。"是"通"寺"与"侍"。此地以佛寺立城，故名拉萨，以佛居圣地得名。元朝时称裕萨。明朝在拉萨近郊先后修建了甘丹寺、哲蚌寺和色拉寺。清朝时称喇萨，到乾隆时在布达拉宫以西2公里处修建了占地36万平方米的罗布林卡园林，由此形成以布达拉宫为中心，辐射八廓街、罗布林卡周围约3平方公里的拉萨古城。1951年5月23日，西藏和平解放。1960年置拉萨市。拉萨是世界上海拔最高城市之一。拉萨地处高原温带半干旱季风气候区，年日照时数3000小时，比成都多1800小时，比上海多1100小时，在中国各大城市中名列前茅，故有"日光城"的美称。全年多晴朗天气，降雨稀少，冬无严寒，夏无酷暑，历史上最高气温29.6℃，最低气温-16.5℃。年降水量为200~510毫米，集中在6—9月份，多夜雨。2022年1月，中国重点城市空气质量排名，168个重点城市中，拉萨排名第一。拉萨民族手工业有着悠久的历史，传统手工艺品有藏腰刀、卡垫、地毯、金银首饰等。拉萨农村公路通车总里程达 5312.4 公里，公交运营里程达 1057 公里。环绕拉萨城路全长近 100 公里。截至 2022 年，途经拉萨的铁路有青藏铁路、川藏铁路、拉日（拉萨—日喀则）铁路 3 条。位于山南市贡嘎县甲竹林镇贡嘎机场为 4E 等级机场，可供波音 747、空中客车等大型飞机起降，是世界上海拔最高的民用机场之一。西藏航空主要从事国内航空客货运输业务，是世界首家以高原为基地运行的航空公司。有西藏大学（双一流）、西藏藏医药大学等 5 所高等院校。拉萨是中国具有雪域高原和民族特色的国际旅游城市，是首批国家历史文化名城。

35. 以帝王的言行为语源命名地名

在封建社会里，常用帝王的所作所为及其所用物等（如御用、御览、御旨、御驾等）为语源命名一些地名。如：

重庆　简称"渝"，别称"山城""江城"。中华人民共和国直辖市，重庆市人民政府驻地，为重庆市的政治、经济、文化、科教和交通中心。为国家中心城市、超大城市、长江上游地区经济中心。主城区面积 481 平方公里。成渝地区双城经济圈核心城市，国家重要先进制造业中心、西部金融中心、西部国际综合交通枢纽和国际门户枢纽。地处中国西南部，全国唯一兼具四种类型的国家物流枢纽、国际消费中心城市。是中国山地城市典范、世界温泉之都、中国火锅之都。为成渝金融法院驻地，中欧班列首发城市。重庆有 3000 余年建城史，自古被称为"天生重庆"。夏商时为百濮地。周慎靓王五年（前 316），秦国灭巴国后，屯兵江州，在今渝中区长江、嘉陵江汇合处，朝天门附近筑巴郡城（江州城），为重庆建城之始。隋开皇元年（581），废郡，以渝水（嘉陵江下游古称）绕城，改楚州为渝州，治巴县，这是重庆简称"渝"的来历。北宋崇宁元年（1102），宋徽宗以"渝"有"变"之义，改渝州为恭州。南宋淳熙十六年（1189），宋光宗赵惇先封恭王，后即帝位，自诩"双重喜庆"，升恭州为重庆府，重庆由此得名。南宋嘉熙年间，江州城扩大了两倍。清初，发生的"湖广填四川"运动，使四川具有了悠久的移民历史和丰富的移民文化，奠定了近现代重庆社会的根基。根据光绪十六年（1890）中英签订《烟台条约续增专条》，重庆开为商埠。光绪二十一年（1895）中日"甲午战争"中国战败，与日签订的《马关条约》规定，重庆成为第一批向日本开放的内陆通商口岸，设立了日本租界。民国十八年（1929）重庆正式建市，编制为国民政府二级乙等四川省辖市，水陆总面 93.5 平方公里，人口 28 万人。抗日战争开始后，沿海地区有 243 家工厂迁到重庆，占全国内迁工厂的 54％。民国二十六年（1937）11 月 16 日迁都重庆，12 月 1 日在重庆办公。成为"战时首都"，即成为中国抗战时期大后方的政治、军事、经济、文化中心，抗日民族统一战线的政治舞台，更是世界反法西斯战争远东指挥中心，并成为以军火工业为主的重工业城市。民国二十八年（1939）升格为甲等中央院辖市（即直辖市），析出四川省，成为继南京、上海、天津、青岛、北平后的第六个中央院辖市，辖区范围为今重庆主城区，即渝中、九龙坡、沙坪坝、江北、南岸和北碚等六区地。民国二十九年(1940)9月6日,国民政府命定重庆为中华民国陪都。民国三十至三十四年(1941—1945),重庆成为大韩民国(流亡政府)临时驻地。1997年3月14日,八届全国人大五次会议批准设立重庆直辖市。至此,重庆在历史上已第三次成为直辖市。重庆三面环江,形如半岛,依山建城,有"山城"之称。冬春多雾,有"雾都"之称。处于中亚热带湿润季风气候,冬暖夏热,夏季因地形郁闭,气候闷热,成为长江三大"火炉"之一。是一个门类齐全的综合性的新兴工业城市,是长江上游地区的经济、金融、科创、航运和商贸物流中心,国家物流枢纽,西部大开发重要的战略支点,"一带一路"和长江经济带重要联结点及内陆开放高地。是山清水秀美丽之地,既以江城、雾都、桥都著称,又以山城扬名。重庆是"红岩精神"起源地,巴渝文化发祥地,"火锅""吊脚楼"等影响深远。重庆作为西南地区最大的工商业城市,工业互联网标识解析国家顶级节点。有中国(重庆)自由贸易试验区、中新(重庆)战略性互联互通示范项目、两江新区、西部陆海新通道等战略项目。重庆是全国性综合铁路枢纽,2022年铁路营业里程2781公里,其中高铁运营里程突破1000公里。拥有"一大四小"五座民用机场,其中江北机场是国家区域枢纽机场,2021年江北机场国际航线增至108条,2021年国际货邮吞吐量达到22.1万吨,连续10年领跑西部主要枢纽机场。2023年重庆开通轨道交通11条,运营里程501公里,覆盖主城全城。重庆于民国十九年(1930)9月,在北碚创立中国西部科学院,下设生物、理化、地质、农业4个研究所和博物馆、图书馆、兼善学校等单位,从事科学研究及人才培养。截至2022年年底,重庆有国家重点实验室10个、国家级工程技术研究中心10个、国家质检中心18个。重庆在民国二十六年(1937)以前,只有国立重庆大学和省立教育学院两所高校。1937年国民政府迁都重庆,先后迁到重庆的大专院校有中央大学、复旦大学、交通大学、陆军大学、国立社会教育学院、国立音乐学院、国立江苏医学院等十几所院校。2022年,重庆有普通高等院校重庆大学、西南大学等70所、成人高校3所、军队院校2所。重庆是国家历史文化名城。

天津 简称"津",别称"津沽""津门"。中华人民共和国直辖市,天津市人民政府驻地。为天津市的政治、经济、文化、科教和交通中心。为国家中心城市、超大城市。地处中国华北地区,华北平原东北部,海河流域下游,东临渤海,北依燕山,西靠首都北京。截至2021年,主城区面积175平方公里。中国北方对外开放的门户,中国北方的航运中心、物流中心和现代制造业基地,环渤海地区的经济中心,区域商贸中心城市,中国国际航空物流中心。属暖温带半湿润季风性气候,四季分明。天津现已发展为现代化和门类较齐全的综合性工业基地之一。成为中国北方广大内地发展对外贸易的主要通道和商品流通的主要集散地,中国北方的工商业城市和经济中心。城区中部为市机关、商业、金融业、服务行业和信息中心。有传统的解放北路金融街,有国际大厦、凯旋门大厦、今晚报大厦、河川大厦等高大建筑较集中的南京路,有劝业场、小白楼、黄家花园等繁华商业区和以劝业场为中心的和平路、中山路等商业街。城西南为高教科研区。天津是中蒙俄经济走廊主要节点、海上丝绸之路的战略支点、"一带一路"交汇点、亚欧大陆桥最近的东部起点,位于海河五大支流的汇合处和入海口,素有"九河下梢""河海要冲"之称。天津是中国北方最大的港口城市、国际性综合交通枢纽、国际消费中心城市、国家物流枢纽、全国先进制造研发基地、北方国际航运核心区、金融创新运营示范区、改革开放先行区、首批沿海开放城市、亚太区域海洋仪器检测评价中心。天津有天津滨海国际机场、塘沽机场、滨海东方直升机场和武清杨村机场等。滨海国际机场是国内干线机场、国际定期航班机场、国家一类航空口岸,中国主要的航空货运中心之一。为区域航空枢纽、中国国际航空物流中心。截至2022年11月,天津已建成运营8条轨道交通线路。位于滨海新区的天津港是世界等级最高、中国最大的人工深水港,是吞吐量世界第四的综合性港口。服务和辐射京津冀及中西部地区的14个省、市、自治区,航线通过世界180多个国家和地区的500多个港口。2022年有国家级专精特新"小巨人"企业累计192家,国家级企业技术中心77家,国家级制造业单项冠军28家,国家科技型中小企业10719家。2022年年末,有普通高校56所,在校生59.45万人;研究生培养机构24所,在校生9.28万人。其中双一流大学有南开大学、天津大学等6所。天津是国家历史文化名城。

36. 以神话、传说为语源命名地名

神话传说,鉴于古代人们受科学知识的限制,对某些自然现象或社会现象无法解释,或为了实现某种愿望,但又无能为力,于是就借助于无法抗衡的神仙的力量或神化的古代英雄的神力,进行自圆其说,给予一种天真的解释或圆了美好的向往。在那人类文明启蒙时期,神话故事给劳动人民大众带来一种虚幻的精神安慰,信的人甚多,颇有市场。为了使这种神奇能永远留住,世世受益,便用于命名身边的地理实体,从而可以朝夕相见,日不离口。因此这类地名颇多,几乎到处都有。

神农架 位于湖北省长江三峡北岸,系大巴山余脉,这里山高林密,被称为华中屋脊,是我国著名的"绿色宝库"——原始森林之一。相传远古时代神农氏(炎帝)曾在此定居种田,遍尝百草,采药医治百病。由于千峰陡峭,万壑深切,神农氏只好搭架上下采药,因此有"神农架"之名。2016年7月17日,神农架被正式列入《世界遗产名录》,至此,神农架成为中国首个获得联合国教科文组织"人与生物圈自然保护区""世界地质公园""世界遗产"三大保护共同录入的"三冠王"名录遗产地。

黄鹤楼 在武汉市蛇山西首的黄鹄矶头上,楼之得名传说不一。据《南齐书·州郡志》称:仙人王志安乘黄鹤过此,故名。《太平寰宇记》则称:费文祎登仙,曾驾黄鹤憩此,故名。

藤县　在广西。相传古代这里有一条巨藤，从江东跨过北流河到达河对岸，形成一条天然桥梁，人们从藤上来来往往，日子久了，聚居在河对岸的人越来越多，后来，便形成了藤县这个聚落。

蓬莱区　在山东，以神话中的蓬莱山得名。据《史记封禅书》说："蓬莱、方丈、瀛洲，此三神者，在渤海中，盖尝有至者，诸仙人及不死药在焉。"秦始皇曾派方士带童男童女到海里寻找三神山，找了几年毫无结果。

第30～36种地名语源的其他地名示例请扫描二维码获得。

37. 以土质、土壤为语源命名地名

这类地名得名于当地地表覆盖层的性质，即土质，如沙漠、戈壁等；亦有取名于当地的土壤类型，如沙土、白土等。

"沙"，即细小的石粒。以沙得名的地名不少。上海的原川沙县，江苏的原沙洲县、沙窝子，北京原北沙滩，河北邯郸市北沙村，重庆南川区白沙镇等均反映出当地是沙土地的地面性质。西北地区和华北西北部，是我国沙漠广布的地区，著名的有毛乌素沙漠、腾格里沙漠、塔克拉玛干沙漠等，在这些地方，地面完全为沙所覆盖，缺乏雨水，气候干燥，植物稀少，生长在沙漠里的植物特点是根很长，叶很小，呈针状，表层多有蜡质，以减少体内水分的蒸发。

"洲"是河流中由沙石、泥土淤积成的陆地，其地面亦是沙性的，如江苏的八卦洲、江心洲、瓜洲，广西的丹洲，福建的莱洲，湖南的波洲等。

"涂"，即泥，或泥质滩地。以此得名的地名有安徽的当涂县。

"垡"，即翻耕过的土块。因以得名的地名有北京的立垡等。

"碛"，为沙石积成的浅滩。多分布在现代或古代的冰缘地带，在冰川间尾多终碛，因以得名的有四川的冷碛等。这类地名对指示区域气候特征有重要作用。

土壤为地球表面陆地上能够生长植物的疏松表层。以土壤为语源得名的地名有广东的白土、广西的白土、贵州的沙土等地名。

对以土质、土壤为语源命名的地名研究，可以了解该地的地理环境和发展经济的客观条件，对编制区域发展规划有着重要意义。

长沙　简称"长"，别称"星城"，湖南省省会，长沙市人民政府驻地。地处湖南省东部偏北，湘江下游。属亚热带季风气候，气候温和，降水充沛，雨热同期，四季分明。历代均为湖南及周边的政治、经济、文化、交通中心。世界考古奇迹马王堆汉墓、四羊方尊、世界上最多的简牍均在长沙，岳麓书院是湖湘大地文化教育的象征，凝练出"经世致用、兼收并蓄"的湖湘文化。在周初，成王之前，即以地处夹杂长形大颗粒沙粒土地之域，名长沙。战国时为楚南重要城邑，又名青阳。自秦始，历为县、郡、州、路、府、省治所。秦置长沙郡，治临湘县。西汉徙封吴芮为长沙王，置长沙国，在湘江东岸筑王城，史称"临湘故城",奠定全城区基础;城垣北侧设集市,史称"故市"。两晋南北朝时,故城以北再建新城,史称"临湘新城",为湘州治。隋唐时,故城、故市、新城三片联体,合为一城,构成明清时长沙府城基本轮廓,隋开皇九年(589)改临湘县为长沙县。唐置长沙郡。五代为楚国都,置长沙府。宋置荆湖南路。元置长沙府。明洪武年间(1368—1398)将元以前所筑砖土城墙全部改为石城墙,设九门,城外绕以护城河。清末增开四门,城围达七公里。清康熙二年(1664)置湖南省,为湖南省会。民国三年(1914)始拆城墙,民国十七年(1928)改成环城马路。随粤汉铁路、湘江航运和对外商埠开通,商业渐兴,尤以粮集散为盛,曾誉为全国四大米市之一。民国二十二年(1933)8月析长沙县城置长沙市。1949年定为省辖市。2017年11月,长沙从全球多个城市中脱颖而出,正式加入联合国教科文组织"全球创意城市网络",成为亚洲首个、中国首个获评世界"媒体艺术之都"称号的城市。是特大城市、长江中游地区重要的中心城市、长株潭城市群中心城市。长沙地处中国华中地区、长江中游城市群和长江经济带重要的节点城市,是综合交通枢纽和国家物流枢纽。长沙既是清末维新运动和旧民主主义革命策源地之一,又是新民主主义的发祥地之一。长沙是中国(大陆)国际形象最佳城市、东亚文化之都、世界"媒体艺术之都"。打造了"电视湘军""出版湘军""动漫湘军"等文化品牌。长沙传统手工艺品湘绣,为我国四大名绣之一。有京广铁路、沪昆铁路,以及京广高铁、沪昆高铁交会于长沙火车南站;此外还有石长铁路、长株潭城际铁路、重长厦铁路等。有长沙黄沙国际机场和大托铺机场(军用)两个机场,实现五大洲直航,进入全国大型繁忙机场行列。截至2023年6月,长沙拥有7条地铁线路、1条磁浮线路,运营线路里程达226.6公里。2022年,长沙高新技术产业增加值比上年增长11.0%。截至2022年年末,长沙有普通高校52所,在校生76.24万人,在学研究生8.66万人。有中国人民解放军国防科技大学、湖南大学、中南大学、湖南师范大学等4所双一流大学。长沙是首批国家历史文化名城之一。

萨迦县 在西藏自治区南部,日喀则市中部,雅鲁藏布江南岸。公元11世纪,昆·贡觉杰布为传授佛教新密,在仲曲河北岸山坡上建萨迦寺。"萨迦"一名,系汉字音译的藏语地名,"萨"义为"土","迦"义为"灰白色","萨迦"即义为"灰白色的土",以土质名寺。公元13世纪,元朝在此建立地方政权萨迦豁(乡)。1960年并萨迦豁、色仁则宗(县)置萨迦县人民政府,隶属日喀则市管辖。

额济纳旗 在内蒙古自治区最西端,北与蒙古国接壤。夏、商、周时属乌孙。秦朝为大月氏领地。西汉太初三年(前102),置居延都尉府,治居延县。西夏设黑水镇燕军司。元至元二十三年(1286)设亦集乃路总管府。清康熙年为土尔扈特部落的牧地,雍正七年(1729)置额济纳土尔扈特旗(县)。1956年改置额济纳旗,"额济纳"一名,系为汉字音译羌语"亦集乃"地名,义为"戈壁、沙漠瀚海"。境内"东风航天城"(酒泉卫星发射中心)是我国导弹、卫星、载人飞船的发祥地,被誉"中国航天第一港"。

隆格尔县 在西藏自治区西部。清代为卓书特部落辖地。1954年为仲巴洛强谿(乡)所辖。1983年由仲巴县析置隆格尔县,"隆格尔"一名系汉字音译的藏语地名,义为"白沟"或"白色之地",因县境地处盐碱地地带,故名。

38. 以矿物为语源命名地名

这类地名系以当地特有的某种矿产为语源命名的地名,因而分布很广,具有很高的经济价值。

以"铜"得名的地名,如安徽铜陵市的铜官山,因唐代设采铜之官,故名。与此相似的地名有安徽广德市的铜官,在古代曾设官采炼,因以得名。另外,在湖北大冶市铜绿山,发现东周时期曾经开采的古铜矿,由此可见铜绿山因以得名。

以"铁"得名的地名,有辽宁的铁岭,山东峄城区牛角岭的铁牛,广东兴宁市的铁山嶂,河南南阳市的铁河,四川石龙峡的铁厂沟,可能都开采过铁。

以"冶"为名的地名,如湖北大冶市,在唐宋时代已设炉炼铁。河北滦州市的古冶山(产铁)、山西五台市东冶镇(产铁)、山西闻喜县的刘庄冶(产铜)等,这些地名虽然只有"冶"字而无"银"或"铜"的字样,但是考其冶矿事实,都是以冶铁或冶铜而得名。江苏与安徽两省分界的界山冶山,是今南京钢铁厂的矿石基地之一。

以"金"得名的地名,有北京昌平区的金马山、河北遵化市的金山峪沟、湖南平江县的黄金洞、山东青州市的金岭镇和牟平区的金牛山、台湾的金瓜石,以及长江上游的金沙江等。

以"银"得名的地名,有河北承德市的银矿山、江西德兴市的银山、浙江宁波市的银山、福建古田县的银场和宁德市的银盘山、河南罗山县的银铜冲等。但是这些名为"银"实际上大半都产铅锌矿。

古代人们因冶炼知识和技术极为有限,不可能正确认识各种有色金属,在觅得一种矿物之后,往往以"宝"来命名。现已证实,有"宝"字的山名,大都有铅锌矿和其他矿产,如湖南桂阳县的宝山(有钨钼铅矿)、吉林延吉市的天宝山(有铜铅锌矿)、辽宁岫岩县的东宝山(有铅矿)等、湖南新化县的锡矿山(有锑矿)。这些名不副实的山名,充分反映了当时科学技术的局限性。

我国煤矿分布很广,因而含有"煤"字的地名颇多。如安徽安庆市的煤炭山、山西大同市的煤峪口、云南富民县的老煤山、宁夏固原市的煤炭山、甘肃永登县的煤炭岭、浙江长兴县的煤山等。

我国的石油发现较早,不少地名中含有"油"字,如甘肃玉门市的石油河、新疆乌鲁木齐的石油泉、青海柴达木盆地的油泉子、四川江油市和巴中市的石油沟等。四川盆地天然气的发现大致始于战国时代,汉时称气为火井。现今的自贡市,为昔日的自流井和贡井合称而成。隆昌市的圣灯山,曾经燃起熊熊烈火,像神话中永放光芒的"宝灯"。所谓圣灯,实际上就是天然气的自燃现象。

我国的产盐地分布很广,含"盐"字的地名也不少。如江苏的盐城,浙江的海盐,四川的盐边、盐源,云南的盐丰、盐兴、盐津,山西运城的盐池等。

以其他矿物命名的地名也有相当数量。吉林的三盛玉、山东的右玉、湖北的珠玉、四川的鸣玉、甘肃的碧玉、新疆的墨玉等地名,均为与玉石有关的地名,此外还有一些地名字面上未含"玉"字,但确实是以某玉石命名的,如安徽的灵璧(古代一种扁而圆的玉器)、江西的珀玗(珠状的琥珀玉)和琅琚(佩戴的一种玉石)、福建的白琳(美玉)、湖南的大瑶(美玉)、广东的沙琅和黄琅(玉石)、广西的木圭(玉器)。在浙江平阳县和安徽庐江县都有矾山,以产丰富的明矾而得名。四川大渡河畔的丛山中,有我国最大的石棉矿,石棉县因以得名。河北磁县,即以附近产磁土而得名。贵州的石板寨遍地为页岩,家家户户房顶盖的全是页岩片,菜园四周的篱笆也是用的页岩片,寨因以得名。陕西礼泉县,以境内一泉,盛产甘甜的水而得名。

以矿物命名,可以生动揭示地方的矿藏资源信息,这对统筹区域经济开发意义重大。

39. 以树木为语源命名地名

这类地名常以当地特产的某种树种为语源而得名。红柳是西北干旱地区沙漠外围地带的特有树种,其在地面上的部分为枝叶,呈灌丛,树干在地下,故有地下森林之称,以此得名的地名有新疆的红柳沟,青海的红柳河、红柳园,陕西的红柳沟、红柳河等。

北方地区常见有榆树和水曲柳,这在地名中也有反映。如陕西的榆林市,吉林的榆树市和水曲柳镇,黑龙江的榆树屯等。南方产松、柏、杉、竹,以此得名的地名有福州的松柏关,广东的松坝,闽赣边界上的杉岭,贵州的断杉,广东的古竹,广西的穗竹、筋竹、丹竹,江西的古竹、大金竹、文竹、甘竹,海南的黄竹,台湾的新竹等。

以果树命名的地名,全国各地皆有,如甘肃的沙枣园;陕西的枣林坪、枣林村,延安的枣园;河北的枣强县;新疆吐鲁番的葡萄沟;河北固安县的栗园;吉林的梨树园,这些地名都反映了秦岭以北果品的特色。

福州市多榕树,故又名"榕城"。泉州别称桐城,因五代重筑城垣时,于城周环植刺桐,故名。浙江淳安县的茶园镇、东阳市的茶场镇,湖南的茶园铺,都以产茶得名。

贵州黄果树瀑布,以黄果树得名。江西樟树市,以盛产樟木得名。

研究以树木命名的地名,可以获取区域地理环境和气候变迁的相关信息。

40. 以花卉为语源命名地名

以自然界各种花草或花木为语源命名地名是较常见的一种地名命名方法,几乎到处可见,例如南京市高淳区,以花命名的地名就有:花山,因旧时山上盛产白牡丹花,故名；花山路,因县境有名山花山,以山名路；花园里,因村里原有一大户人家花园,故名；花木塘,因村中大水塘四周多种花栽木,人称花木塘,村以塘名,等等。全国以花木命名的最大地名可能是吉林省的长春了。

长春 简称"长",别称"北国春城",古称"喜都""茶啊冲"。吉林省省会。长春市人民政府驻地。副省级市,Ⅰ型大城市、哈长城市群核心城市,二线城市,中国东北地区中心城市之一和重要的工业基地。截至2021年,主城区面积295.21平方公里。在吉林省中部,伊通河畔。地处中国东北平原腹地松辽平原,是东北地区天然地理中心、"一带一路"北线重要节点城市、中蒙俄经济走廊节点城市、长吉图开发开放先导区战略腹地城市。属温带大陆性半湿润季风气候,春季干旱多风,夏季温暖短促,秋季晴朗温差大,冬季严寒漫长。年平均气温4.6℃,历史上最高气温可达40℃、最低气温为－36.5℃,全年冰冻期为5个月。旧石器时代(约四万年前),长春出现原始人类"榆树人"。新石器时代出现原始农业及原始纺织技术,进入着装时代。在两千多年前为肃慎族地。汉至晋朝,为扶余国属地。北魏太和十八年(494),其部分入高句丽,改为扶余城。唐朝中后期,属渤海国扶余府,为渤海国边防重镇。五代时辽重熙八年(1033)置长春州,治长春(今塔虎城),"长春"一名,实源于当地生长着许多乘枝纷披、花团锦簇的"长春花",即蔷薇科野生月季花,月季花自古就叫长春花。州以长春花得名。清嘉庆五年(1800)在长春堡(今长春市南)筑城,置长春厅。道光五年(1825)移治宽城子(今长春市),同治四年(1865)挖城壕,筑城垣,长春城成型。清光绪十五年(1889)长春厅升为长春府,光绪二十三至二十七年(1897—1901)筑东清铁路经此设站,人口骤增,遂成为东北地区较大的开放商埠。民国二年(1913)长春府改置长春县。民国九年(1920)成立长春市政公所。民国二十年(1931)"九一八"事件后,日本侵略者侵占我国东北,建立伪满洲国,以长春作伪都,改名"新都"。民国二十一年(1932)置长春市。民国三十四年(1945)光复后复称长春市。民国三十七年(1948)10月19日,长春和平解放,10月21日长春市改称长春特别市,隶属东北行政委员会。1949年3月改回称长春市,1953年长春改为中央直辖市,1954年8月1日改为吉林省辖市,9月27日吉林省人民政府从吉林市迁至长春,长春成为吉林省省会。以长春站为起点,以人民大街为中轴线,中轴线以东为城区,以西为新城区。新城区以人民广场为中心,路街呈放射状,东西向的重庆路、解放大路、自由大路、西安大路,与南北向的同志街、新民大街,东西向民主大街构成网状道路。老城区,以西北—东南向的大经路、大马路两老商业街为骨干,二马路至七马路与之交叉,大体成格状,以永春路、光复路为繁华。长春是中国大学在校生在城市人口中比例最高的城市之一。长春拥有中国现今办学规模最大的普通高校——吉林大学、中国光学英才的摇篮——中国人民解放军空军航空大学。长春是科教文化名城,在光学、精密仪器、激光技术、高分子材料、生物制品、超导、汽车等方面的科研均居国内领先水平,是中国智力密集型城市之一。长春是国家创新型试点城市,国家知识产权示范城市,位列"自然指数—科研城市2021"全球第37名、中国第13名。2015年,由中国科学院长春光学精密机械与物理研究所研制的"吉林一号"卫星发射成功,这是我国第一套自主研发的商用遥感卫星组。截至2021年9月27日,"吉林一号"在轨卫星数量为30颗。截至2020年,拥有两院院士68人(含双聘院士33人)、国家重点联系专家93人,"万人计划"专家102人。长春拥有高等院校43所、科研院所94个,国家重点实验室11个,国家工程技术研究中心5个,国家级技术转移示范机构10个,国家级国际科技合作基地16个,众创空间等国家级创新创业服务平台27家,高新技术企业1322家,院士工作站24家,国家级技术转移人才培养基地1家。发明专利授权量3472件。长春工业发达,汽车制造工业名闻中外,素有"汽车城"之称。此外,电机、冶金、仪表、橡胶、化工、制药等工业较发达,手工业以长春地毯驰名遐迩,畅销国内外。长春龙嘉国际机场共有37家航空公司累计运营航线150条,通航城市73个,已初步形成了辐射国内、布局东北亚、连接东南亚主要国家和俄罗斯地区重点城市的空中交通网络。长春是东北亚经济圈中心城市,著名的中国老工业基地,新中国最早的汽车工业基地和电影制作基地,同时还是新中国轨道客车、光电技术、应用化学、生物制品等产业发展的摇篮,诞生了著名的中国第一汽车集团有限公司、中车长春轨道客车股份有限公司、长春电影制片厂、中国科学院长春光学精密机械与物理研究所、中国科学院长春应用化学研究所、长春生物制品研究所。长春具有众多历史古迹、工业遗产和文化遗存,是近代东北亚政治、军事冲突完整历程的集中见证地。也是四大园林城市之一,享有"北国春城"的美誉,绿化率居于亚洲大城市前列。是中国历史文化名城。

班玛县 在青海省东南部。古为羌地。唐至元属吐蕃。1955年置班玛县,"班玛"一名,系汉字音译的藏语地名,义为"莲花",因花名县。

41. 以动物为语源命名地名

此类地名常以当地某种动物或动物栖息地而得名。例如:东北乌苏里江支流挠力河畔的雁窝岛,即以大雁和其他鸟类聚集在此处筑窝产卵而得名。辽宁庄河县城沿海岸外有一岛,在其星罗棋布的礁石上蛤蜊丛生,如同一座蛤蜊山,即驰名中外的蛤蜊岛。青海湖中一岛,以栖息着成千上万条蝮蛇而名蛇岛。海南陵水县新村港对面的南湾半岛,三面碧波环绕,一面依傍青山,岛上猴子众多,人称之猴岛。胶东半岛东南海面上有一岛屿,因濒黄海近渤海,冬暖夏凉,是鱼虾南北洄游必经之地,向以盛产鱼虾著名,故名鱼岛。安徽蚌埠市,相传古时此地采蚌取珠,船舶云集,故名蚌埠集,市因以得名。南京八卦洲一村庄,一度蚂蚁遍地,成群结队穿梭不断,故名蚂蚁村。江西贵溪市鹰潭镇,紧濒信江南岸,有座龙头山突出江中,使江水旋成深潭,龙头山上古木参天,每当傍晚成群的苍鹰上下飞旋于此,故人们称此潭为鹰潭。广东新会的雀岛,又名鹤洲,二三百年来，由于当地人民的保护，鸟类得以安居繁殖，每当傍晚，成群的鹤雀等鸟类，从海面湖滨觅食飞回，顿时树丛上空十分热闹，蔚为奇观。巴金曾游览至此，写了一篇散文，称它为"小鸟天堂"。南海诸岛中的东沙群岛亦是鸟类密集的地方，故亦有鸟岛之称。云南大理点苍山下丛林中有一清泉，泉边有一巨大合欢树，每逢农历四五月盛开形若粉蝶的花，浓郁芬芳，香气扑鼻，而且树上还分泌出一种油亮的黏液，诱致群蝶来此聚会，首尾衔接，组成长链，悬垂枝上，随风荡漾，五彩缤纷，因名蝴蝶泉。江苏南通临长江有一座山，名狼山，是南通一处风景游览地，一说此山形似一只卧狼，又说此山过去藏有一只白狼，故名。南京郊外的老虎山亦因有此两种说法而得名。

42. 以色相为语源命名地名

以色相为语源命名地名，即以待命名的地理实体外观呈现的红、橙、黄、绿、青、蓝、紫、黑、白等各种色相特征为语源进行命名，如黄河、黑龙江、青海、鸭绿江、赤水河、丹水、火焰山、红山、长白山、白河、青山、青岛、黑山峡等。

黄河　为中国北方地区的大河，属世界长河之一，中国第二长河（亦称第二大河流），发源于青藏高原巴颜喀拉山北麓的约古宗列盆地内三条河中间的一条，叫阿尔坦河（即玛曲）。黄河自西向东分别流经青海、四川、甘肃、宁夏、内蒙古、陕西、山西、河南及山东9个省（区），最后流入渤海。黄河全长约5646公里，其流域总面积79.5万平方公里（含内流区面积4.2万平方公里）。流域冬长夏短，冬夏温差悬殊，季节气温变化分明。流域降水量小，以旱地农业为主。冬干春旱，降水集中在夏秋七八月份。黄河中上游以山地为主，中下游以平原、丘陵为主。由于河流中段流经中国黄土高原地区，因此夹带了大量的泥沙，所以它也被称为世界上含沙量最多的河流，但是在中国历史上，黄河下游的改道给人类文明带来了巨大的影响。黄河流域是中华文明最主要的发源地，中国人称黄河为"母亲河"。黄河每年都会携带十六亿吨泥沙，其中有十二亿吨流入大海，剩下四亿吨常年留在黄河下游，形成冲积平原，有利于种植。黄河流域是中国开发最早的地区，在世界各地大多还处在蒙昧状态的时候，我们勤劳勇敢的祖先就在这块广阔的土地上斩荆棘、辟草莱，劳动生息，创造了灿烂夺目的古代文化。黄河在青海省积石山以西的黄河源头部分，河水几乎终年澄清，在积石山东南的黄河大湾区段，水色仅在夏季和初秋混浊，中游流经黄土高原，沿途携带大量泥沙，以致河水浑浊，呈黄色，故由古称"河"改称"黄河"。

青海　是我国最大的内陆咸水湖，长105公里，宽63公里，湖面海拔3260米，环湖周长360多公里，面积4456平方公里，平均水深21米多，最大水深32.8米。青海位于青藏高原东北部，青海省境内，由祁连山脉的大通山、日月山与青海南山之间的断层陷落形成。藏文写作"错温波"，"错"义为湖，"温波"义为蓝色或青色，错温波就是青色之湖。湖盆边缘多以断裂与周围山相接，距今20万～200万年前成湖，形成初期原是一个大淡水湖泊,与黄河水系相通,那时气候温和多雨,湖水通过东南部的倒淌河泄入黄河,是一个外流湖。至13万年前,由于新构造运动周围山地强烈隆起,从上新世末,湖东部的日月山、野牛山迅速上升隆起,使原来注入黄河的倒淌河被堵塞,迫使它由东向西流入青海湖,出现了尕海、耳海,后又分离出海晏湖、沙岛湖等子湖。盛产全国五大名鱼之一青海湖裸鲤(俗称湟鱼)和硬刺条鳅、隆头条鳅。

呼和浩特 通称"呼市",旧称"归绥",内蒙古自治区首府,呼和浩特市人民政府驻地。我国北方沿边地区重要的中心城市。位于亚欧大陆内部,内蒙古自治区中部,大青山南侧,地处环渤海经济圈、西部大开发、振兴东北老工业基地三大战略交会处,也是东北地区连接西北、华北的桥头堡。同时也是中国北方重要的航空枢纽。除天津、石家庄外距离首都北京最近的省会城市。Ⅱ型大城市,内蒙古自治区政治、经济和文化中心。主城区面积2060.5平方公里。属中温带大陆性季风气候,四季气候变化明显,年温差大,日温差也大。是呼包鄂城市群中心城市之一,连接黄河经济带、亚欧大陆桥、环渤海经济区域的重要桥梁,也是中国向蒙古国、俄罗斯开放的重要沿边开放中心城市。呼和浩特是国家历史文化名城,华夏文明发祥地之一,有着悠久的历史和光辉灿烂的文化。公元前306年,赵武灵王在阴山下筑长城,并置云中郡。西汉武帝时,在河套地区兴建了一批军市。魏晋南北朝时期,鲜卑族拓跋部在北方兴起。唐代呼和浩特一带是突厥人的活动范围。唐太宗贞观年间(627—649),唐军大败突厥于白道。唐中宗景龙二年(708)在河套地区设立了东、中、西3个"受降城"。公元10世纪初,辽国在此置天德军及丰州。公元12世纪初,女真灭辽建金,呼和浩特仍称丰州,是当时人口密集、商业繁荣的州邑之一,亦为当时的军事重镇。元朝时,丰州的经济、文化发展迅速。明洪武元年(1368)元亡明兴,元朝的残余势力退往岭北地区,明在漠南地区先后设立卫所40多处,时为东胜卫所在地。明隆庆六年(1572),蒙古土默特部领主阿勒坦汗(即俺答汗)来丰州一带驻牧,不久统一了蒙古各地和漠南地区。明万历九年(1581)阿勒坦汗和他的妻子三娘子在这里正式筑城,名呼和浩特。"呼和浩特"一名,系为汉字音译的蒙古语地名,义为"青色的城",其中"呼和"为青色之义,"浩特"义为城市、城郭,因中心城区北依大青山,故名。亦曰:因城墙用青砖砌成(一说是因城内房屋多用青砖瓦所盖),远望一片青色,故而得名,蒙古语为库库和屯。明王朝赐名为"归化"。长城沿线的人们为纪念三娘子,将此城称作"三娘子城"。汉蒙在这里互市友好。清初,三娘子城焚毁。清康熙三十三年(1694)在原三娘子城外增筑了一道外城,包围了原城东、南、西三面。后又在距旧城东北2.5公里处另建一驻防城,即新城,命名为"绥远城"。新城(绥远城)城边主要是军营,旧城(归化城)内则聚居着居民。清末,将这两城合并,称"归绥"。民国三年(1914)置绥远特别区,绥远都统驻归绥。民国十七年(1928)置绥远省,以归绥县城区置归绥市,作为省会。抗日战争时期,日本侵略者将归绥市改为"厚和浩特市",中国共产党领导人民在绥远地区建立大青山抗日根据地。民国三十四年(1945)8月,中国晋绥军区部队曾攻入归绥城内,日寇投降后,复称归绥市。1949年9月19日,绥远省及省会归绥获得和平解放,中国人民解放军进驻归绥。1950年1月20日,成立归绥市人民政府。1954年3月5日,原绥远省辖区并入内蒙古自治区,同时,从4月25日起,将归绥改名古称呼和浩特,为内蒙古自治区的首府。已建成使用的呼包高速公路,为京藏、京新高速公路的一段,实现了各旗县通公路,内蒙古省级大通道贯穿自治区全境,还开辟了与蒙古国、俄罗斯边境省区通班车的6条客运路线。是中国铁路呼和浩特局集团有限公司总部所在地,始发列车基本覆盖全国城市,并有国际班列发往蒙古国乌兰巴托和德国法兰克福。白塔国际机场(4E级)是内蒙古第一大航空枢纽,其航线基本覆盖全国各大省会城市及中小城市,计96个通航城市(其中国内86个、国际及地区10个)。自2019年以来已开通2条城市轨道交通地铁。截至2021年年末,有双一流内蒙古大学,以及内蒙古工业大学等计24所普通高校,在校生25.5万人。

青岛市 在山东省,是山东半岛西南部胶州湾口处一小岛,因岛上终年草木青翠,故名。

沧县 在河北中南部。春秋时属燕齐。北魏熙平二年(517)置沧州,因濒临大海,"大海"水深呈青绿色,故称沧海,州取沧海之义得名。民国二年(1913)改置沧县。

第40、42两种地名语源的其他地名示例请扫描二维码获得。

43. 以味为语源命名地名

以味为语源命名地名,系以命名实体自身特有的一种气味或味道为语源进行命名。"香",系指好闻的气味等,以此命名的地名有贵州的蔗香、山西的勃香、云南的益香。"芳",义香,以此命名的地名有河北的胜芳、广西的加芳。"芬",义香气,以此命名的地名有辽宁的南芬。"辣",义刺激性的味道,以此命名的地名有广西的古辣等。

44. 以该地历史上两次称谓的整合为语源命名地名

以一地历史上两次不同称谓的整合为语源命名地名,这在地名的命名史上,可以说较为罕见。但今日四川省之名的由来,即其中的一例。

四川省 简称"川"或"蜀"。中华人民共和国省级行政区,省会成都。位于中国西南地区内陆,地处长江上游,与重庆、贵州、云南、西藏、青海、甘肃和陕西等7省(区、直辖市)接壤。四川省总面积48.6万平方公里。是中国道教发源地、古蜀文明发祥地、全世界最早的纸币"交子"出现地。素有"天府之国"的美称。四川盐业文化、酒文化源远流长;三国文化、红军文化、巴人文化精彩纷呈。四川历史代表文化为"巴蜀文化"。夏禹时为梁州地。周时并入雍州,为蛮夷、巴、蜀诸国地。故四川地区古称"蜀"。秦国兼并蜀、巴二国,分别置蜀郡(治成都)、巴郡(治江州,即今重庆)。汉为广汉郡。三国时属蜀。晋为梁、益二州。唐属剑南道及山南东、西等道。北宋初(960)置西川路，寻析置峡西路，又并为川峡路。咸平四年(1001)又将川峡路分置为益州(今成都)、梓州(今三台)、利州(今广元)、夔州(今重庆奉节)四路，并将这四路与40年前所置的"川峡路"整合称为"川峡四路"或"四川路"。其间设四川安抚制置使、四川宣抚使等官职，后来简称"四川"，四川由此得名。元至元二十三年(1286)置四川行中书省。明置四川布政使司。清置四川省。民国因之。1949年12月27日，四川省省会成都解放，12月31日成立"中国人民解放军成都市军事管制委员会"，国民党四川省政府对四川的统治宣告结束。1997年中央政府析原重庆市、万县市、涪陵市、黔江地区所辖行政区域置重庆直辖市，自此，川渝分治。四川省地貌东西差异大，地形复杂多样，位于中国大陆地势三大阶梯中的第一阶青藏高原和第三阶长江中下游平原的过渡地带，高低悬殊，地势呈西高东低的特点，由山地、丘陵、平原、盆地和高原构成。四川省气候分属四川盆地中亚热带湿润气候、川西南山地亚热带半湿润气候、川西北高山高原高寒气候三大气候，总体气候宜人，拥有众多长寿之乡，如都江堰市、眉山市彭山区、长宁县等90岁以上人口均超过千人。2019年10月，入选国家数字经济创新发展试验区。四川省矿产资源丰富且种类比较齐全，已发现各种金属、非金属矿产132种，占全国总数的70%，已探明一定储量的有94种，占全国总数的60%，分布在全省大部地区。国家一级保护动物有：大熊猫、金丝猴、牛羚、绿尾虹雉、苏门羚、黑鹳、云豹、猞猁、雪豹等。四川省是中国西部工业门类最齐全、优势产品最多、实力最强的工业基地。机械、电子、冶金、化工、航空航天、核工业、建筑材料、丝绸、皮革等行业在西部地区乃至全国占有重要地位。新一代信息技术、高端装备制造、新能源、新材料、生物、节能环保等战略性新兴产业快速发展。2022年年末共有普通高校134所，在校生205.2万人；研究生培养单位36个，在校研究生15.9万人。有四川大学等双一流大学8所。2022年年末有高新技术企业14582家，国家级高新技术产业开发区8个，国家级农业科技园区11个，国家级科技企业孵化器45个，国家级大学科技园7个，国家级众创空间84个，国家级星创天地83个，国家级国际科技合作基地22个，国家级重点实验室14家，两院院士61名。四川省数字综合发展水平位居全国第十。四川省公路以成都为中心，干、支线公路呈辐射状分布，均有主要公路通往相邻的各个省(区、市)，截至2022年，四川高速公路通车里程突破8600公里。四川已形成包括宝成铁路等5条铁路干线、8条铁路支线和4条地方铁路组成的铁路网。四川省境内有成都、自贡、宜宾西、邓关、富顺等高铁站。民航以成都为中心。有成都双流和天府两个国际机场，以及绵阳南郊机场等15个国内机场。双流国际机场是中国西部地区最繁忙的民用枢纽机场，中国西南地区的航空枢纽和重要客货集散地，使用该机场的有16家航空公司，140多条航线，可直飞国内外众多城市，2011年，旅客吞吐量达2907.4万人次，货邮吞吐量47.27万吨，机场排名全国第五、城市排名全国第四。

2020年,成都开通地铁共13条线路,线路总长558公里。截至2021年,四川省辖18个地级市、3个自治州、55个市辖区、19个县级市、105个县、4个自治县、459个街道、2016个镇、626个乡。四川省人民政府驻成都市锦江区督院街30号。

45. 以讹传为语源命名地名

以讹传为语源命名地名,系以因读音讹传而递变的名称为语源进行的命名。此类地名较少。如由"贾复城",音讹成"寡妇城";"韩侯城",音讹成"寒侯城"。

贵州省 简称"黔"或"贵",中华人民共和国省级行政区。省会贵阳。北接四川省和重庆市,东毗湖南省。地势西高东低,自中部向北、东、南三面倾斜,素有"八山一水一分田"之说,属亚热带季风气候。总面积17.62万平方公里。地处中国西南内陆地区腹地。是中国西南地区交通枢纽,长江经济带重要组成部分。全国首个国家级大数据综合试验区,世界知名山地旅游目的地和山地旅游大省,国家生态文明试验区,内陆开放型经济试验区。历史代表文化为"黔贵文化",此外还是中国古人类的发祥地和中国古文化的发源地之一,距今五六十万年前就有人类在这片土地上栖息繁衍。禹贡为荆、梁二州界外。商、周为鬼方地。春秋战国时,东部为楚黔中地,西部为夜郎、且兰等君长国。秦时,属黔中郡、象郡及夜郎国地。汉初为西南夷地。三国时,分属吴、蜀汉、南蛮。晋属荆、益、宁三州。隋时置牂牁郡、明阳郡。唐时分属黔中、剑南、岭南三道。宋初主要属夔州路;宋开宝七年(974)土著首领普贵以他所领地盘"矩州"归顺朝廷,因当地语音脂微不分,故土音将"矩"讹为"贵",普贵入朝,宋朝在敕书中有"惟尔贵州,远在要荒"一语,这是以贵州之名称此地区的最早记载。宋宣和元年(1119)朝廷为奉宁军承宣使知思州军事土著首领田佑恭加授贵州防御使衔,"贵州"才成为行政区域的名称。但当时的"贵州"仅限于今贵阳一带。自此,"贵州"始见于文献。元代,此地分属湖广、四川、云南三行省。明代永乐十一年(1413)置贵州承宣布政使司,正式建制为省,以宋廷敕书中的"贵州"称谓而得名。清朝置贵州省。民国因之。因古为黔中地,故简称"黔",亦简称"贵"。1949年11月15日,中国人民解放军第二野战军解放贵阳,12月26日,成立贵州省人民政府。贵州岩溶地貌发育非常典型。喀斯特地貌面积109084平方公里,占全区国土总面积的61.9%。境内岩溶分布范围广泛,形态类型地域分布明显,构成一种特殊的岩溶生态系统。贵州气候温暖湿润,年平均气温15℃左右,冬无严寒,夏无酷暑。独特的气候特征,使贵州成为理想的休闲旅游和避暑胜地。为典型夏凉地区。贵州气候呈多样性,有"一山分四季,十里不同天"之说。2023年7月,贵州省高速公路通车里程达8472公里,排全国第四位。贵州省会贵阳是中国西南铁路枢纽,以贵阳为中心,黔桂、川黔、贵昆和湘黔四条铁路干线贯穿贵州,营运里程达2093公里,后三者已实现电气化改造,2014年12月26日,贵广高铁正式通车,贵州跨入"高铁时代"。贵州省民航系统已形成"一干九支"机场布局,贵阳龙洞堡国际机场为干线机场。截至2022年年末,贵州省拥有国家级科技合作基地5个,院士工作站93个,国家重点实验室6个,全国重点实验室1个。省部级以上科技成果登记193项。有贵州大学、贵州医科大学等普通高等院校75所,在校生89.47万人;研究生培养单位10个,在学研究生3.68万人。截至2021年3月,贵州省辖6个地级市、3个民族自治州,16个市辖区、1个市辖特区、10个县级市、50县、11自治县,362个街道、832个镇、122个乡、193个民族乡。贵州省人民政府驻贵阳市云岩区中华北路242号。

46. 以功能为语源命名地名

以功能为语源命名地名,系以命名实体实际起的作用或用途为语源命名的地名。此类地名在现代地名中较多,尤其是在城镇和旅游规划中,更为常见。如"工业园区",即用作工业开发的区域名称。"高新技术开发区",系用作发展高新技术产品的区域名称。"水上世界",系用作开展水上娱乐活动的区域名称。"美食苑",即集中加工多种特色食品的区域名称。"蔬艺苑",系为专门用作种植多种高品位蔬菜的区域名称。"水族苑",系为集中养殖多种水生动植物场所的名称。从这类地名的字面上,不难看出它所指代的地理实体的功能价值。

47. 以热量为语源命名地名

以热量为语源命名地名,系以"火""汤""温""雪""冰"等寓热(冷)之义的字为语源进行命名,反映命名实体蕴藏的热量特征。此类地名为数不算太少。

以"火"字为语源命名地名,寓命名实体处于高温的地理环境。如分布于云南腾冲县城周围的腾冲火山群,在城南10公里的左所营,因火山喷发的熔岩沿澡塘河谷奔泻而下,蜿蜒起伏,形似一条黑色大蟒,称"火山蛇"。这里有丰富的地热资源。有的外喷如礼花,有的声震如虎吼,有的烟雾缭绕,热气冲天。火山群十分壮观,为祖国山河增添无限风采。在新疆吐鲁番盆地北部的"火焰山",东西长达100多公里,南北宽达10公里,海拔500米,主要为红色砂岩所构成。因夏季气候干热,在强烈阳光照耀下,红色砂岩熠熠发光,宛如阵阵烈焰,故名。在炎热的夏季,裸露的表层在太阳烘烤下温度可达75℃,热浪翻滚,使人透不过气来。唐朝诗人岑参的"火口突兀赤亭口,火山五月火云厚。火云满天凝未开,飞鸟千里不敢来"的诗句,形象地描写了火焰山的壮景。明代吴承恩的小说《西游记》中所描写的孙悟空过火焰山,斗铁扇公主的神话故事,就取材于此山。

温泉,系水温在当地年平均气温以上的泉水。"汤",即开水,汤泉之水,其温度一般比较高,有的接近或超过沸点。新疆的"塔合曼温泉",在慕士塔格山西北的温泉山上,海拔3000米,水温达80℃,含硫、磷等矿物质。台湾大屯火山群地带,虽然无喷发活动,但是多硫气孔和温泉。"北投温泉"在台北市北郊,为台湾北部著名温泉区,泉水温度达90℃;"乌来温泉"在台湾新北市乌来区,"乌来"土语义即温泉,该泉水温80℃,是台湾著名的温泉之一。在河北遵化市汤泉村,一泉因水如汤沸而名汤泉,泉口筑池,冬日水汽为云,缭绕天际,每当红日凌空,彩虹映照,俯视泉池,旭日在底,故有"汤泉浴日"之说。在安徽巢湖市城东北7公里汤山脚下泮汤镇,一泉因水温相差较大,相距约千米的热泉和冷泉二水汇合,冷热各半,而名半汤温泉,亦作泮汤温泉。据查,此地有温泉四十八处,昼夜出水30000吨,水温50 ℃以上。另外,在黑龙江省汤泉、东汤,安徽东汤池、西汤池、汤口,山东汤头、温汤泉,江西温汤,江苏汤泉、汤山等均因有水温较高的汤泉而得名。

雪山,系为长年覆盖着积雪的山,那里的气温必然终年在0 ℃以下。云南自然环境复杂,自然景观地区差异显著,境内山高谷深,山川并列,其气候复杂程度,如人们所说:"一山有四季,十里不同天",但是这还不能完全概括,实际上是:谷底四季常青,全年无冬,类似热带;海拔1500～2000米,四季如春;山地上部,冬寒夏凉;有些高山上部终年白雪皑皑,有的还有冰川分布,如玉龙山、梅里雪山、大雪山、雪山、玉龙雪山,等等。对"雪",人们常用"玉"比喻,如台湾的玉山与其附近的雪山,高度只差66米,都是冬季常有积雪,所以玉山也就是雪山的意思。有冰川分布的地区,多有以"冰"命名的地名,如冰山、冰川、冰斗等。

48. 以主地名派生为语源命名地名

以主地名派生为语源命名地名,系以某一知名地名的专名,命名周边其他有关地理实体。这些新命名的地名,又称派生地名。如以漾山之名,命名山旁的河流为漾水。以南京雨花台地名命名其周边的村镇、道路等,如雨花台区、雨花街道、雨花乡、雨花路、雨花村、雨花商场、雨花医院、雨花中学、雨花小学、雨花热处理厂,等等。以派生为语源命名地名,可以形成地名群体,指位清晰,便于人们记忆和寻找。

49. 以对称关系为语源命名地名

以对称关系为语源命名地名,系以新旧(老)、大小、内外、前后、东西、南北、上下等对称词命名相关地理实体。这类地名颇多,尤其在城镇道路地名中更为普遍。如新城、旧县,南象山、北象山,中山南路、中山北路,太平南路、太平北路,北京东路、北京西路,东长安街、西长安街,内环路、外环路。根据实体大小,对称命名的地名典型实例也很多,例如江西鄱阳湖口附近的大孤山与长江中的小孤山。四川大渡河上游的大金川与小金川。福建厦门附近的大金门岛与小金门岛。黑龙江的大兴安岭与小兴安岭。四川西部的大凉山与小凉山、大相岭与小相岭。辽宁的大凌河与小凌河。山东的大汶河与小汶河。青海柴达木盆地的大柴旦和小柴旦。南京雨花台区的南上(因村在永定洲之南部上首)、南下(因村在永定洲之南部下首),马前(因村在白马庙前面)、马后(因村在白马庙后面)、马东(因村在白马庙东面)、马西(因村在白马庙西面)。

50. 以工程为语源命名地名

以某项工程设施名称为语源命名的这类地名,常以坝、堰、埝、埭、闸、渠、关、门等字为语源,如江苏高淳区筑东坝,控制长江水入太湖,东坝街道即以水利工程得名;洪泽区的蒋坝镇,以蒋坝得名。以坝得名的,还有江苏省溧水区的石湫街道、淮阴区的西坝镇,湖北省白果坝、茅坝等村镇地名。

"堰"是控制水位和过船的水利工程。用"堰"为语源命名的地名,江苏有常州的戚墅堰街道、东台市的时堰镇、姜堰区的姜堰镇、如皋市的丁堰镇,湖北省有大堰、肖堰、高家堰等村镇地名。

"埝"是防水堤坝,用"埝"为语源命名地名,有丹徒区的宝埝镇等。

"埭"与"闸"同样是控制水位的工程,均可作命名地名的语源。埭是一种坝,用于命名的地名,有江苏邵伯埭、方山埭、浙江钟埭,安徽石埭等。以闸为语源命名的地名有江苏板闸镇、唐闸镇,安徽铜城闸、黄姑闸,宁夏的尾闸等。

"关"与"门"属工程设施,系指城垣上的关口和出入口。以此为语源命名的地名,如南京麒麟街道,因南京古城外郭的麒麟门而得名;尧化街道因尧化门得名。甘肃的嘉峪关市,因万里长城最末一关口——嘉峪关而得名。河北山海关区,因万里长城的第一关——山海关而得名。

山海关 一称榆关,又称渝关。在河北秦皇岛市东北。北依燕山,南临渤海。明洪武十四年(1381)置关,因地处山海之间,故名。关城辟四门,东曰"镇东",西曰"迎恩",南曰"望洋",北曰"威远"。各门均筑城楼,城中心筑钟鼓楼,城外绕以护城河。东门外筑有瓮城,外绕有东罗城,"天下第一关"城楼雄踞门上。南面老龙头筑有周一里的宁海城,内有澄海楼,北有南翼城,山海关与长城衔接处城上有奎光阁,东罗城有牧营楼,北面城墙上有临闾楼、威远堂,关北有北翼城,关东1公里欢喜岭上方城名威远城。关城周围烽火墩台星罗棋布,彼此呼应。主体两翼建筑在军事上互为犄角,前防后卫,主次分明,建筑造型美观,具有民族风格。东门城楼上悬有巨幅匾额:"天下第一关",系明成化八年(1472)进士萧显所书。城楼高13米,分上下两层。形势显要,是华北与东北之间咽喉要冲。历史上为兵家必争之地,有"两京锁钥无双地,万里长城第一关"之说。关南4公里的南海口关,俗称老龙头,为长城的起点,京哈铁路经此。

嘉峪关 在甘肃省嘉峪关市西。明长城终点。明洪武五年(1372)置关,以据嘉峪山麓,故名。依山而筑,居高凭险,两侧城墙横穿戈壁,与南面祁连山、北面龙首山、马鬃山相连,为东西交通要冲。号称"天下雄关"。关城呈梯形,周长733米,高11.7米。垛墙高1.7米。城四隅有角楼。东西城垣开门,均筑瓮城,城楼对称,三层五间式,周围有廊,单檐歇山顶,高17米,南、北墙中段有敌楼,一层三间式带前廊。两门内北侧有马道达城顶。西面城垣凸出。中间开门,门额刻"嘉峪关"三字,西有砖砌罗城,东、南、北三面土筑围墙,连接长城。城外有城,重关重城,成并守之势。俗传当年建关时,匠师计算用料十分精确,竣工后只剩一砖。此砖今存西瓮城门楼后檐台之上。西门外不远处立一石碑,上刻"天下雄关"四字。东瓮城外有文昌阁、关帝庙等古迹。兰新铁路经此。嘉峪关是世界文化遗产,全国重点文物保护单位,国家5A级旅游景区。

友谊关 始建于汉朝,原名雍鸡关,又名大南关、界首关、鸡陵关、镇夷关。在广西壮族自治区凭祥市西南18公里,明初置关,以镇南方,名镇南关。1953年以与邻邦越南睦邻相处,改名睦南关。1965年又以与越南世代友好,改称友谊关。与水口关、平而关并称"桂三关"。清雍正三年(1725)建关楼一层,在中法战争时被法军焚毁。后重建关楼二层,抗日战争又被焚毁。1965年改建成雄伟的拱式城门和三层关楼,额书"友谊关"为陈毅元帅题字,城楼雄伟。湘桂铁路通此,南与越南铁路相连,为中国通往越南交通要口之一。2006年被国务院公布为全国重点文物保护单位。

玉门关 汉武帝置,因西域输入玉石取道于此而得名。故址即今甘肃敦煌西北小方盘城。关呈方形,北、西两面有门。是古丝绸之路北路必经的关隘。城北坡下有条东西大车道,即历史上中原与西域来往过乘及邮驿之路。北望长城,犹如龙游瀚海,俯仰关外,大地苍茫,人迹罕至,故唐代诗人王之涣有"春风不度玉门关"之句。六朝时,因自今西安至哈密的通道日益重要,关址东移至今安西双塔堡附近。

51. 以军事设施为语源命名地名

以军事设施为语源命名地名,系以军事驻扎营地、阵地、哨所及其他设施为语源命名地名。常见用字有卫、所、哨、司、营、营盘、盘城等。

"卫",是明代军队编制的名称,其时,数府划为一个防区,设卫守之。卫下设千户所和百户所。每卫有五千六百人左右,其首长称指挥使。各卫所分属于各省的都指挥使司(都司),统由中央的五军都督府管辖。洪武二十六年(1393)定全国为都司十七,行都司三,留守司一,内外卫三百二十九。明成祖时增至内外卫四百九十三。卫所驻地,均为要害之地。以卫、所军事要地命名地名的,有南京孝陵卫、龙虎卫(在浦口),山东的安东卫,辽宁的前卫,河北的左卫,浙江的金山卫;河北的龙门所,辽宁的前所、沙后所,山西的后所,山东的寻山所、石臼所、宁津所,江苏的丁家所,浙江的前所,福建的武所,海南的九所、八所,云南的新安所、前所,贵州的摆所等。以"司"命名的地名有:湖北的巡检司、旧司、百福司,湖南的羊楼司、下摄司、高亭司、黄阳司,陕西的巡检司、三国司,云南的巡检司,贵州的余庆司、王司、下司、上司等。以"营"命名的地名,如南京的雨花台区的郑家营,原为兵营,后郑姓居此,故名;唐家营,清末为兵营,后唐姓居此,故名;王官营,清末王姓军官领兵在此扎营,因此得名;营盘山,军营古代称之营盘,相传太平天国时期,湘军攻天京,在此山上扎营,故名。"哨所"是哨兵所在的处所,在军事活动频繁的地区或林区,此类地名较多,如吉林的样子哨,辽宁的太平哨、拉古哨、蛇牛哨,贵州的天堂哨、南哨、甘耙哨、姚家哨、大山哨等。古代将军营称之营盘,而将专供军队驻扎的城池称为盘城。南京浦口盘城镇,在宋代那里即一座城池,是兵塞,故名盘城。在甘肃敦煌县城西北60公里处的戈壁滩上,汉建一土城,东西长132米,南北宽17米,高约7米,是汉至魏晋时期我国西部防线储备粮秣的军需仓库,供玉门关一带官兵与军马食用;在敦煌县城西北80公里的戈壁滩上,筑一土城,东西长24米,南北宽26.4米,高约10米,是丝绸之路北路必经的关隘,驻军把守,故前者名大方盘城,后者名小方盘城。

阳高县 在山西省东北端。秦置高柳县。明洪武二十六年(1393)置阳和卫,宣德元年(1426)徙高山卫于此与阳和卫同治,清顺治三年(1646)二卫合并,取两卫首字定名阳高卫。雍正三年(1725)升卫为县,故名。

五寨县 在山西省西北部。战国属赵武州寨。辽置宁远县。明洪武七年(1374)设镇西卫,嘉靖十六年(1537)建五寨堡,因堡辖东、西、南、北、中五大牧寨,故名。清雍正三年(1725)改置五寨县,县以五寨(明镇西卫五个所)得名。

52. 以产品为语源命名得名

以产品为语源命名地名,即用当地生产出的某种物品名称或该物品的加工方式、生产部门、生产机构、生产场所等为语源命名地名。例如:江苏仪征市的朴席镇,以生产畅销大江南北的草席而得名。"油坊""纸坊"等手工作坊,在全国广大农村较为普遍。"油坊",是榨植物油的场所,以此得名的地名有江苏扬州市的油坊镇,河北的邓油坊,山西的梁家油坊等。"纸坊",为制纸的作坊,以此得名的地名有湖北的纸坊街道,北京的白纸坊等。

以产盐而得名的地名,在江苏北部沿海一带较多。古代盐业生产建制为监—场—团—灶—镦—锅。唐在盐城县置盐城监,下设伍佑、刘庄、白驹、新兴、丁溪、草堰、南八游、竹溪等盐场,其中新兴场之名沿用至今。场下设若干团,如宋置草堰场下设有西团、南团、北团、东团、戚家团等,均为现今大丰区的重要居民点。团下设若干灶,如大丰区的沈灶镇、八灶庄,东台市的南沈灶、包家灶、六灶、头灶、四灶等。"镦",系一种扁而圆的煮盐器具,因以得名的有东台市的曹镦和华镦等。以煮盐用的锅命名的地名有阜宁县的新锅子,东台市的叶家锅等。此外,以囤盐的仓库命名的地名,亦有一定数量,沿用至今的有盐都区的便仓、东台市的三仓等,现都为所在地的村镇名。

"窑",有多种,有烧砖、烧瓷、采煤和住宅窑洞等种类。江苏邳州市的窑湾、兴化市戴家窑、通州区的螃蟹窑,辽宁的石灰窑,吉林的煤窑,宁夏的石灰窑、杨家窑、瓦窑,贵州的罐子窑等。现亦均为所在地的村镇名。

53. 以商贸为语源命名地名

自古以来,人们往往喜欢在交通要道上设立便于商旅往来歇息的茶亭、酒店,所在的地点即以茶亭、酒店为名。如河北的煎茶铺,四川和陕西的茶店子,贵州的茶店、酒店垭,山东的酒馆,甘肃的酒店子等。这些店铺实际上就是后来集镇形成的基础,其名亦成为集镇地名的专名。

我国传统的集市贸易,相传起源于商、周之际。农村的牧畜以及土特产品,就有固定的交易地点,这种集市又往往以交易物品命名,如河南的牛市屯,江西的牛行,广西的黄牛市,广西和江西的马市,北京的牛街,南京的鱼市街,四川的橘子铺,辽宁的貂皮屯等。这些地名准确地反映出当时市场的性质。

香港岛 简称"港岛",香港特别行政区驻地。是香港特别行政区的政治和商业中心,是中国香港最繁华的地方,在维多利亚港南岸,是中国香港仅次于大屿山岛的第二大岛屿,是整个香港的心脏,集购物、娱乐、休闲、经济、政治于一身。香港岛气候温湿,很适宜供提炼沉香的植物白木香树生长,自宋朝末年起,岛民就以种植此种植物提炼沉香为业。沉香自古销路就很广,明朝中叶,岛上产沉香值万两银锭,沉香要用"大眼鸡"海船运往各地,船多停泊在香港岛南部的一小港湾,为转运南粤香料的集散港,因转运产在广东东莞的香料而出了名,被人们称为香港,后来整个海岛也随之称为"香港岛"。19世纪至20世纪初,香港主要是以商业贸易为经济主轴,几乎所有公司都在中环一带进驻,中环成为当时香港岛的商业中心区。此外,香港岛还有很多高级住宅区,像中环山上的半山区、太平山顶和浅水湾等地。民国十九年(1930)初,英军意识到日军可能会攻占香港,加上黄泥涌峡在军事上的重要性,兴建了包括皇家炮兵第5AA高射炮阵地、榴弹炮炮台以及多个机枪堡等。但最终未能抵挡住日军攻势,最后选择投降。自二战后,香港岛人口急增,因中环一带的土地不敷应用,香港岛的商业中心除了在中环外,慢慢地移向湾仔和铜锣湾一带。香港岛分中西区、湾仔区、东区和南区四个区。香港岛人口有127.0876万人,约占全中国香港人口的19％,人口密度每平方公里1.8万人,高于整体密度(7000人/km^2)。

蚌埠市 在安徽省中北部。夏、商、周为钟离国地。明时为凤阳县西北边陲小镇,旧称蚌埠集,因是时淮河中下游盛产河蚌,"蚌步"先义为采蚌人的"步头","步"为水边停靠船只的地方,"步"通作"埠","埠"即码头。"蚌埠"后演变为交易河蚌的码头市场。民国元年(1912)津浦铁路通车后,遂发展为市,民国三十六年(1947)置蚌埠市。因采蚌可取珠,故称珠城。

玉门市 在甘肃省西北部,河西走廊西段。西汉元鼎年间(前116—前111)置玉门县,据《西域考古录》载"酒泉西六十里之嘉峪山因产美玉,一名玉石山,又称碧玉山",又地处西域和阗玉输入中原必经的关隘而称之玉门关(亦名小方盘城),县以此得名。1955年改置玉门市。

喀什市 在新疆维吾尔自治区西南缘。汉为疏勒国地。清光绪八年(1882)析置疏附县。1953年析疏附县部分地区置喀什市,"喀什"一名,系汉字音译维吾尔语地名,义为"玉石集中地",因该地为新疆玉石交易市场和集散地,故名。

54. 以比喻为语源命名地名

以比喻为语源命名地名,系依据命名实体的特点或命名者的主观愿望,设词比喻进行命名。如"黄金戍",比喻某一戍地之重要程度,其珍贵犹如黄金一般。"铁城""铁瓮城""铁门关",均比喻城或关之坚固程度,犹如铜墙铁壁,坚不可摧。"金汤门",以"金城汤池"的略语命名,其义是以金属铸造的城,滚水(煮沸的水)的护城河,形成坚固不易攻破的城池。江苏省南京市原江浦县老城在今浦口区,在明万历四十六年(1618 年),跨浦子山重修近江城垣,新建其南门,是时于门外增筑半里长护城石堤,以御江潮蚀堤,城遂固若金汤,因以名金汤门。江西庐山山北有一上山小路,其中有一段坡度极大,步行相当吃力,谁能走完它,谁就可称之英雄好汉,故名"好汉坡"。

55. 以吉祥词为语源命名地名

以吉祥词为语源命名地名,系采用富有吉祥含义的词(字)进行命名,来表达人们的祈望。我们国家在历史上是饱经内忧外患的国家,在久经内忧外患之后,人们渴望安居乐业,因此用吉祥含义词命名地名相当多。用于省区地名的有辽宁省等。

辽宁省 简称"辽",中华人民共和国省级行政区,省会沈阳。位于中国东北地区南部,南濒黄海和渤海,西南接河北,西北与内蒙古毗连。总面积 14.8 万平方公里。地势大致自北向南、自东西两侧向中部倾斜,山地丘陵分列东西两厢,向中部平原下降,呈马蹄形向渤海倾斜。属温带季风气候。夏商时,属幽州、营州之地,周分封属燕国。春秋战国时属燕国辽东郡、辽西郡。秦并天下,置辽东、辽西、右北平三郡。西汉武帝元封五年(前 106)属幽州,后改置辽东、辽西、玄菟三郡。三国时属魏。隋置柳城郡、辽西郡、辽东郡,郡下设县。唐时为河北道营州都督府的安东都护府。金时置东京、北京、上京和咸平等四路。元置辽阳行中书省。明置辽东都指挥使司。清置盛京,康熙初因辽河流域为满族的发祥地,故取"奉天承运"之义,乃置奉天省。辛亥革命爆发,清朝灭亡,奉天省改置辽沈道、东边道、洮昌道。民国十八年(1929)南京国民政府改奉天省为辽宁省,以企"辽河流域永远安宁"之义得名。新中国成立初期,改置辽东省、辽西省和沈阳、旅大、鞍山、抚顺、本溪 5 个中央直辖市。1954 年将辽东、辽西两省合并,置辽宁省,原 5 个中央直辖市划归辽宁省辖。因地处辽河流域,故简称"辽"。辽宁省已发现各类矿产 110 种,对国民经济有重大影响的 45 种主要矿产中,辽宁省有 36 种。辽宁的菱镁矿是世界上具有优势的矿种,质地优良、埋藏浅,保有矿石量 25.6 亿吨,分别占全国和世界的 85.6%和 25%左右。在全国具有优势的矿产还有硼、铁、金刚石、滑石、玉石、石油等 6 种。截至 2022 年年底,有国有检测中心 38 家,国家级地面气象观测站 298 个。2022 年有东北大学、辽宁大学等普通高等学校 108 所,在校生 118 万人,研究生在校生 17.2 万人。辽宁省陆路交通比较发达,路面里程达到 28660 公里,其中黑色路面 6478 公里,水泥混凝土路 90.5 公里,高级、次高级路面 8556 公里。截至 2018 年 10 月,省内通车高速公路 2800 公里。2021 年年末,铁路营业里程(不含地方铁路)6302.1 公里,其中高速铁路 2213.8 公里。辽宁省有 8 个民航机场,其中有沈阳桃仙和大连周水子两个国际机场。截至 2019 年 12 月,沈阳拥有 4 条地铁运营线路、大连拥有 6 条地铁运营线路。新中国成立后,辽宁是新中国工业的摇篮,为新中国贡献"1000 个全国第一",被誉为"共和国长子""辽老大"。截至 2022 年 10 月,辽宁省共辖 14 个地级市,59 个市辖区、16 个县级市、17 个县、8 个自治县、513 个街道、640 个镇、147 个乡、54 个民族乡。辽宁省政府驻沈阳市皇姑区北陵大街 45 号。

用吉祥词或字面吉祥含义明显的词为语源命名县市的地名颇多,如永丰(赣)、安庆(皖)、安平(冀)、安康(陕)、安吉(浙)、吉安(赣)、定兴(冀)、定安(粤)、兴化(苏)、和顺(晋)、崇礼(冀)、德安(赣)、宁安(黑)、静安(甘)、福安(闽)、乐安(赣)、丰顺(粤)、富源(滇)、顺昌(闽)、保康(鄂)等县市。另外,长安(陕)、长治(晋)、长寿(蜀)、长乐(闽)、延寿(黑)、繁昌(皖)、隆昌(蜀)等县市名的吉祥意义更为浓厚。再如泰兴市,在江苏中部,长江东北岸,汉为海陵县地,南唐升元元年(937)升海陵县为泰州,析海陵南五乡地置县,以"随泰州而兴起",名泰兴县。

在集镇一级用吉祥词命名的地名更多,如安居场(蜀)、保寿屯(吉)、磐安(浙)、康乐(甘)、富庶(桂)、和睦(桂)、天堂(陕、湘、粤)等。

此外,用吉祥词与山或水体名结合,命名地名,以祈望大山献宝献福,江河不要兴灾泛滥。其地名如山东的泰安市,"泰",即泰山。广东的宝安县,"宝"即宝山。四川的江安县和江苏的江宁区,"江"即长江。江苏的淮安市,"淮"即淮河。陕西的延安市,"延"即延水。云南的绥江县,"江"即金沙江。浙江的海宁、定海、宁波等县市名中的"海"与"波"均即大海。

江宁区 在江苏西南部,西北滨长江。西晋太康元年(280)析建业置临江县,二年以"江外无事,宁静于此"更名为江宁县。2000 年 12 月,撤江宁县改置南京市江宁区。

康平县 在辽宁省北部,辽阳河西岸,清光绪六年(1880)置县,取治所康家屯的首字,兼取太平之义,名康平县。

永定河 在河北省,原名无定河,因经常泛滥改道成灾,故名。清康熙忌讳"无定"这个名称不吉利,就下诏改名永定河。实际上这条河仍然到处乱窜,从未安定过。只有在新中国才能治好,使它永定了。

祥瑞,又称"福瑞",系指吉祥的征兆。被儒学认为是表达天意的、对人有益的自然现象。如出现彩云、风调雨顺、禾生双穗、地出甘泉、奇禽异兽出现等,常被人们用于地名命名上。

瑞安市 在浙江省东南沿海。夏、商、周为扬州之域瓯地。三国吴赤乌二年(239)

析永宁县大罗山南境置罗阳县,为瑞安建县之始。宝鼎三年(259)改罗阳县为安阳县。西晋太康元年(280)改安阳县为安固县。唐昭宗天复三年(903)有白鸟栖县北集云阁,时以为祥瑞之兆,钱镠奏改安固为瑞安。1987年撤县置瑞安市(县级),隶属浙江省温州地区。

灵石县 在山西省中部,汾河中游。春秋,始置邬县。秦代,始置界休县。西晋,改界休为介休。北魏太和八年(484)复置介休县。隋开皇十年(590)析置灵石县,因隋文帝杨坚巡太原,挖河开道获一石,其色苍苍,其声铮铮,上有"大道永吉"四字,以祥瑞之兆,誉"灵气之石",故名。1961年,归晋中行署管辖。2000年隶属地级晋中市。

56. 以讳颂为语源命名地名

以讳颂为语源命名地名,系因地名上有的字与历史上当朝的统治者及其亲属或圣人的名字用字相同或同音,为避讳而改地名上的用字。另外,历史上为树立国威,对统治者歌功颂德,对社会伦理推崇,或为强化少数民族,亦需更改一些地名的用字,以表示对其颂扬。

因避讳而改称是时尚存的地名有:湖南的邵阳县,三国吴命名昭阳县,晋为避司马昭讳,改昭为邵。浙江龙泉市,晋置龙渊县,唐避高祖李渊讳,改名龙泉县。四川的内江市,北周时置中江县,隋避讳改中江为内江。江苏的宜兴、陕西的宜川、湖南的宜章,原名分别为义兴、义川、义章,因避宋太宗赵匡义名之讳,均改"义"字为"宜"字。汉恶前朝"秦"字,将"秦邮"改名"高邮"。晋朝以国号重新命名了晋安、晋兴、广晋、安晋等地名。

常用颂扬的有社会伦理忠、孝,以及昌、兴、宁、丰、康等字。

绍兴 古称会稽。据载:大禹巡至苗(茅)山,大会诸侯,计功封爵,更苗山为会稽山(即会计之义)。春秋战国时为越国国都,越王勾践在此卧薪尝胆,经过"十年生聚,十年教训",终于在公元前473年打败吴国。汉置山阴县,后为会稽郡治所。隋析置会稽县。宋初为越州。南宋建炎三年(1129)金兵大举南下,高宗由临安(杭州)渡江,经越州、明州出奔东海。1130年4月返回越州,越州官绅上表乞赐府额,高宗赵构题"绍祚中兴"四字,义为继承帝业、中兴社稷。1131年改年号为绍兴,并升越州为绍兴府,作为驻跸之所,地以府名绍兴。元朝为绍兴路。明、清两代为绍兴府治所。民国为绍兴县治所。1950年设市,1962年并入绍兴县,1981年改县为市。绍兴自然条件优越,土壤肥沃,物产丰富,素有鱼米之乡的称誉。早在春秋战国时,冶炼、陶瓷业就很发达,制造的青铜剑驰名天下,至唐代越窑青瓷已成贡品,其胎质细腻,釉色晶莹。居民善制酒,闻名于世。绍兴是名流荟萃,人才辈出之地。东晋大书法家王羲之在此任会稽内史,永和九年(353)在兰亭写下了墨冠中华的《兰亭序》。近代辛亥革命的先驱徐锡麟、秋瑾、陶成章、蔡元培以及文化革命的前驱鲁迅等都出生在这里。绍兴河道如织,水澈似镜,千桥缀点,渔舟泛泛。三山鼎立,遥相呼应,绿树成荫,苍翠欲滴。王羲之的"山阴道上行,如在镜中游",即为真实写照。沈园、青藤书屋、卧龙山、鉴湖等名胜古迹和鲁迅故里,王羲之、贺知章、蔡元培、秋瑾、马寅初的故居,中华人民共和国开国元勋、首任国务院总理和外交部长周恩来的祖居,融风景和文化于一体,令人流连忘返。

在我国历史上曾出现过不少得到社会赞美和效仿的忠、孝、仁、义之士。人们为了进一步弘扬这种品德和精神,就以这类事迹作语源命名更名了一些地名,以企通过地名永存于世,教育子孙后代。宣扬社会伦理的地名如下。

忠县 在重庆市中部,西汉置临江县,西魏置临州。唐贞观八年(634),以"意怀忠信",改名忠州,1913年改名忠县。

孝义市 在山西中部。北魏太和十七年(493)置永安县,唐贞观元年(627),因邑人郑兴的孝行闻于朝廷,唐太宗敕赐县名"孝义"。

孝感市 在湖北省中部。汉置安陆县。南朝宋孝建元年(454)置孝昌县,五代唐同光二年(924)避讳,以孝子董永卖身葬父"孝行感天"的故事,改名孝感县。

宣扬安边定远的地名如下。

定州市 在河北中部。春秋为鲜虞国,战国为中山国。晋安帝隆安元年置安州,嗣取"平定天下"之义,更名定州。民国三年(1914)改名定县。1986年改设定州市。

怀安县 在河北省西北部。唐长庆二年(822)置县,取"朝廷施行仁政,百姓怀恩而安"之义,名怀安县。

第55、56种地名语源的其他地名示例请扫描二维码获得。

57. 以方言为语源命名地名

以方言命名,即以方言词命名地名。浙江、福建、江西、广东等地为我国主要方言区,因而有较多的方言地名。在方言地名结构中,可以专名为方言,也可以通名为方言。通名为方言的,如浙江的深圳,广东的深圳等。圳(甽),其方言义为田野间的水沟。深圳与深圳,均为田野间的深水沟。我国改革开放示范城市深圳即以与九龙、新界间的一条颇深的小河——深圳河而得名。在江西有温家圳、广东有三圳等地名。在福建,山的通名多用崃、嶂、尖,亭名多用寮,河滩名多用浦、涂、芸,河湾名多用澳、港、角,水渠名多用圳,居民地名多用坊、屋、家等。

专名中的方言词各地均有,例如,在福建:鸡角石,"鸡角"即指公鸡;石鼓湾,"石鼓",即指石头;吾旗岭,"吾旗"即蚂蟥;料罗湾,"料罗"义喽啰;天萝坞,"天萝"指丝瓜;茶梨湾,"茶梨"指一种油菜;糁元岭,"糁元"义栗子;垌瑶"指瓷窑;骹带苍,"骹带"义裹脚布;斗门头,"斗门"义小水闸;硙埕里,"硙埕"指瓷场;婆奶弄,"婆奶"义保姆;江墘社,"江墘"义江边;涂虱巷,"涂虱"指带刺的泥鳅;破柴巷,"破柴"指劈柴火。

58. 以属相为语源命名地名

以属相为语源命名地名,系用十二生肖的动物名称代表集市贸易活动的日期,以此命名农村物资集散地的地名,反映农村经济活动的情况。如在云南贵州不少县市境内都有马场、牛场、羊场、猪场、狗场、羊街等地名。集市,在贵州称为"场",云南称为"街",所谓"赶场""赶街",即相当于北方的"赶集"。云贵这一带农村集市,以前大约以十二天为一期,各集市逢集日期错开,每天总有地方逢集,总有生意可做,总有购物的好去处。某地若总是在地支逢辰或逢午的那一天举行集市,相沿一个时期,人们便习惯地将这里称作"龙场"或"马场",久之即俗成为地名。云贵地区以生肖命名的地名多为县级以下的集镇,少数为现行的县城,而且也是近晚期才设置的。

十二生肖按照地支顺序排列为子鼠、丑牛、寅虎、卯兔、辰龙、巳蛇、午马、未羊、申猴、酉鸡、戌狗、亥猪。因民间习俗存在的某种忌讳,有些生肖字在地名上不直接出现,如虎、蛇两个生肖,但地名并不称为"虎场""虎街",而改称为"猫场""猫街"。云南省南涧彝族自治县有虎街,当地却读作"猫街",这与云贵一些地方的虎姓,写作"虎",但读作"猫"如出一辙。云南省弥渡县有寅街,则以地支寅代虎讳了。地支巳属蛇,但地名中不用蛇字,云贵人把蛇称为"小龙"或"长虫",云南省景东彝族自治县有小龙街,南涧彝族自治县有长虫街。生肖地名演变到后来,出现雅化现象,如猪场写作珠藏、朱昌,狗场写作久长,羊场写作阳长,鸡场写作基长,等等。

生肖地名大多集中在贵州的安顺、毕节、兴义、六盘水地区和黔南布依族苗族自治州,云南省的曲靖、昭通、玉溪地区和楚雄、红河、文山一带,这与历史上少数民族分布有关。因为这一地区范围广大,同一天举行集市的当然不止一处,故异地同名相当多。如在上述地区内,贵州省内就有七八个马场,云南省有八九个龙街,贵州省织金一县便有四个牛场、两个猫场,并以大小相区别。

59. 以词义为语源命名地名

以词义为语源命名地名,系由命名所用词的词义来体现地名的语源。这类地名的寓意较深邃。如甘肃"敦煌",是丝绸之路上的名城重镇,咽喉孔道。城内及周边有享誉中外的莫高窟(即千佛洞)、月牙泉、鸣沙山、大方盘城、小方盘城、阳关、玉门关、白马塔等众多的名胜古迹。据《汉书·地理志》释曰:"敦,大也;煌,盛也。"取盛大辉煌之义命名敦煌。北京城内"景山"属皇家公园,南门内有绮望楼三楹,供奉孔子牌位,山北有永思殿、观德殿,山东麓一棵古槐树,崇祯十七年(1644)三月十九日拂晓,李自成率农民起义军攻入北京,崇祯帝朱由俭仓皇出逃,就在这棵槐树上自缢身亡。山有五峰,东西排列,古柏参天,风景宜人。身临中峰,可俯瞰北京城秀丽景色。清顺治十二年(1655),以此山景致宜人,将万岁山(俗称煤山)改名为景山。南京珍珠泉风景区内,在珍珠泉源头上方的山顶上有一座亭,名"媚泽亭",这亭名曾引起不少人遐想联翩,有说泉上方崖面像少女面孔,有说崖面上石纹像美女的秀媚等,其实它是词义地名的佳作。媚,美好也;泽,聚水的地方。亭之下方正是聚集珍珠般好水的源头地,故亭名媚泽。

泰山 在山东省中部。古代帝王登基之初,太平之岁,多来泰山举行封禅大典,祭告天地。据传,夏、商、周三代即有72个君主来此祷告,自秦始皇以来12位皇帝举行泰山封禅授拜大典。古称岱山,又名岱宗,春秋时改称泰山,最早见于《诗经·鲁颂》:"泰山岩岩,鲁邦所瞻。""泰山"在此是"高大"之义。又备受古代帝王尊崇,封禅泰山即祈求"国泰民安",因而其"泰"字亦为"平安"之义。山大即稳,有稳才能安,故有"稳如泰山"之说。泰山成山于太古代,为片麻岩构成的断块山地。山势磅礴雄伟,峰峦突兀峻拔,景色壮丽,山上名胜古迹众多,为我国名山之首。汉武帝赞叹曰:"高矣,极矣,大矣,特矣,壮矣,赫矣,骇矣,惑矣。"汉武帝按五行说,创立五岳,汉宣帝正式将五大名山封为五岳,《汉书·郊祀志》:"东岳泰山、西岳华山、中岳嵩山、南岳天柱山(后改衡山)、北岳恒山。"古人以东方为万物交替、初春发生之地,故东岳泰山有"五岳之长""五岳独尊"之称誉。杜甫《望岳》诗云:"会当凌绝顶,一览众山小。"山分丽(山麓)、幽(登山东路)、妙(山顶)、奥(后石坞一带)、旷(登山西路)五个游览区。登山路线分东西两路,至中天门会合直达山顶,总路程9公里,阶6293级。沿途名胜古迹30余处,有中天门、云步桥、望人松、对山松、瞻鲁台、日观峰、月观峰、南天门、碧霞祠、红门宫、普照寺、王母池、斗母宫、壶天阁,以及历代无数石刻。"旭日东升""晚霞夕照""黄河金带""云海玉盘"为岱顶四大奇观。现列入世界文化和自然遗产名录。

60. 以主观愿望为语源命名地名

以主观愿望为语源命名地名,系以人们心理上的感受或主观想法为语源命名地名。此类地名能揭示出命名地理实体的某种重大特点,如"好望角",即反映航海员们对未到非洲南端此海角之前一段海域恶劣水情的恐惧心理,在他们看来能到达此海角就有希望了,故名。再如"高兴高地""悲愁海""可怕海峡"等地名所指代的地理实体,均在人们心灵上产生重大冲击。

61. 以宗教为语源命名地名

以宗教为语源命名地名,即以寺院庙宇命名与我们人类社会生活有关的地理实体。这类地名很普遍,到处都有。如内蒙古的百灵庙镇,在阴山北麓,清朝在此修建了一座大型喇嘛庙,名百灵庙,镇因以为名。四川红原县的刷经寺镇,因曾有印刷藏经的寺院而得名。此外,香港的红香炉山、红香炉岛,江苏的仙女镇、天王镇等亦均以寺庙等宗教设施为名。

过去闽浙沿海一带的人们在海上从事渔业或航运,常受海上风暴袭击,因而苦难的劳动人民祈望有一"妈祖娘娘"做他们的保护神,福建的马祖岛和台湾澎湖列岛的马公(妈宫)均由此演化而来。

62. 以告诫为语源命名地名

以告诫为语源命名地名,系以提醒人们注意命名实体可能产生某种危害的一类词

(字)进行的命名。例如：警惕岩、远离岩、躲开湾、北京西山鬼见愁和青海省柴达木盆地腹地的魔鬼城等，其义溢于言表。

63. 以警句为语源命名地名

警句，系指简洁而含义深刻动人的句子，一般是一句话，或一段引语，主要是用来激励和告诉当事人某些道理，提醒着人们在生活中时刻保持着某种精神品格。用于地名可以长期时刻激励人们。

进贤县 在江西省中部偏北，鄱阳湖南岸。汉建安中期，析南昌地置钟陵镇。晋太康元年(280)升钟陵镇为钟陵县。南朝宋时废县，归南昌县。唐武德五年(622)复置钟陵县，武德八年(625)改钟陵县为进贤镇，以撷取《国语·晋语九》中"献能而进贤，择材而荐之"里"进贤"二字得名。宋崇宁二年(1103)，析南昌县的归仁、崇礼、崇信、真隐4乡和新建县的玉溪东和玉溪西2乡归进贤镇，置进贤县，属江南西路隆兴府，明代时属南昌府。民国十五年(1926)由江西省直辖。1949年5月16日，进贤获得解放，11月隶属南昌地区。1983年划归南昌市。

淳安县 在浙江省西部，杭州市西南部丘陵山区。春秋时属吴、越。战国时属楚。秦时为歙县县辖地。南宋绍兴六年(1131)改淳化县为淳安县，撷取"淳而易安"佳句中"淳""安"二字构成"淳安"得名。1963年，淳安县划属杭州市。

扶风县 在陕西省中西部，宝鸡市境东部漳河流域。战国时，秦孝公十二年(前350)始置美阳县。唐武德三年(620)在武功长宁镇始置扶风县，撷取"扶助京师，以行风化"佳句中"扶""风"二字构成"扶风"得名。"风化"，义为风俗教化，以提高庶民的素养水平。中华民国初属陕西关中道。民国二十四至三十八年(1935—1949)隶宝鸡第九行政专员公署。1961年隶属宝鸡市。

丰润区 在河北省东北部，唐山市北部。夏时，属幽州。周属燕国。春秋时属无终国。北齐天保八年(557)设永济务。金大定二十七年(1187)改永济务置永济县。大安元年(1209)更名丰闰县。明洪武元年(1368)因县境内"负山带水，涌地成泉，疏流导河"，撷取"润泽丰美"佳句中"丰""润"二字构成"丰润"得名。民国十七年(1928)，丰润直隶河北省，民国三十八年(1949)，丰润属唐山专署。1983年，丰润县属唐山市。2002年撤丰润县和唐山市新区，改置唐山市丰润区。

64. 以成语(或其意境)为语源命名地名

汉语成语，是汉语言中经过长期使用、锤炼而形成的固定短语。源自古代经典著作、著名历史故事等，意思精辟，往往隐含于字面意义之中，不是其构成成分意义的简单相加，具有意义的整体性。

秭归县 在湖北省西部，长江西陵峡两岸，三峡工程大坝库首。秭归县属长江三峡山地地貌，山岗丘陵起伏，河谷纵横交错。属亚热带大陆性季风气候，气候温暖湿润，光照充足，雨水充沛，四季分明。殷商时为归国地。西周前期为楚子熊绎之始国，西周后期至春秋前期，为夔子国。春秋中期属楚。战国后期，称归乡。秦统一中国后，属南郡。西汉元始二年(2)置秭归县。"秭归"之名，缘于其地为楚三闾大夫屈原之故乡。据《水经注》载："屈原有贤姊，闻原放逐，亦来归，喻令自宽，全乡冀其见从，曰秭归。"县名源于此。"秭"古时大数目名，即一万亿称秭。屈原姐知原被处以流放，赶紧回来，与县令理喻，要求县令宽容屈原，全乡亲都希望县令能采纳屈原姐的意见，真可谓"众望所归"，即"秭归"。为著名爱国诗人楚三闾大夫屈原的故里。

天长市 在安徽省东端，与江苏省交界处。除西部部分地区与本省来安县相连外，其余各部分均与江苏省南京市、扬州市和淮安市为邻。夏商至西周为淮夷境地。春秋至唐，历经变迁。唐天宝七年(748)始置天长县。据《旧唐书·玄宗纪》载，为纪念李隆基生日，将每年的八月初五为千秋节，并于天宝元年(742)"割江都、六合、高邮三县地置千秋县"，与千秋节呼应。为何割这三地建千秋县呢？一是因为"天下之江淮（含天长）为国命"，唐玄宗生于东都洛阳时，文靖天师选国土之东江淮区域的鱼米之乡与之呼应；二是因为三皇五帝之一的尧出生在三阿（天长一带旧称）时，有"神随""赤龙负图出"等吉兆，唐玄宗承接远古贤帝，将尧出生地设为千秋县。后来，天宝七年(748)三月乙酉日，皇都大同殿柱上生出灵芝等异事，群臣在五月壬午日联奏：皇恩浩荡，感动上天，皇上生日"千秋节"，千秋万代有限，希望皇上顺应天道，改为"天长节"，让大唐江山天长地久，皇上与天地同生，应与天地齐寿。于是八月己亥日颁诏：千秋节改为天长节，千秋县随之易为天长县。天长县的规模自此确定后，历朝无大变化，其建置一直延续至今。天长县，唐时属扬州。五代周显德四年(957)为雄州治。宋朝时，包拯曾在此就任县令。元至清属泗州。1946年为纪念新四军名将罗炳辉改名炳辉县。1959年复名天长县。1993年撤县改置天长市。有朱寿昌、宣鼎、王贞仪、戴兰芬等历史名人，境内景点众多，如红草湖湿地公园、龙岗抗大八分校纪念馆等。

65. 以年号为语源命名地名

年号，是中国封建王朝用来纪年的一种名号，通常由君主发起。年号制度最初形成于汉武帝时期，他使用的第一个年号是"建元"。在封建社会时期，每当皇帝即位时，通常会改变年号，这个过程称为改元。例如，唐高宗在位期间使用了14个年号，而自明朝起，每个皇帝大多使用一个年号，如"洪武"和"永乐"等。年号的使用也受到一些文化和其他因素的影响，如果一个皇帝在一年中去世，继位的皇帝通常会继续使用当前的年号，直到新年后再改元。例如，明永乐皇帝在永乐二十二年七月去世，继位的皇帝在第二年才使用新年号"洪熙元年"。此外，年号的使用不仅限于中国，朝鲜、日本和越南等地区也受中国影响，曾使用过年号。

在中国现今仍在使用以古代年号为语源命名的地名中，以江西省景德镇市为著。

景德镇市 别称"瓷都"。位于江西省东北部,西北与安徽省东至县交界,南与万年县为邻,西同鄱阳县接壤,东北倚安徽省祁门县,东南和婺源县毗连。属亚热带季风气候,境内光照充足,雨量充沛,温和湿润,四季分明。面积5256平方公里。春秋战国时属楚国东南境。秦代,属九江郡番县。汉代,属豫章郡鄱阳县。三国时为吴地。东晋,设昌南镇。唐武德四年(621),置新平县,以在昌江之南,又称昌南镇;开元四年(716),置新昌县,以治在新昌江口而得名;天宝元年(742),改名浮梁,镇先后隶于新昌、浮梁县。北宋赵恒景德元年(1004),因镇产青白瓷质地优良,遂以皇帝年号为名置景德镇,辖于浮梁县,沿用至今。元代,属浮梁州。明代,州改称为县,镇改称为县辖区。民国五年(1916),浮梁县治迁至景德镇;民国十六至十八年(1927—1929)一度建市,称景德市;民国十九至二十三年(1930—1934)中国共产党曾在景德镇建立苏维埃政权和组织;民国二十四年(1935)江西省第五行政区督察专员公署从鄱阳县迁至景德镇,景德镇成为赣东北的政治、经济、文化、军事的中心。抗日战争全面爆发后,民国二十七年(1938),在景德镇设有中国共产党的新四军办事处,1949年4月29日,景德镇和浮梁县解放,景德镇与县划开建市,同年5月4日成立中国共产党景德镇市委员会和景德镇市人民政府,先后隶属赣东北行署、上饶专区、乐平专区、浮梁专区。1953年景德镇市被国务院批准为江西省辖市。1960年浮梁县并入景德镇市。景德镇市是世界瓷都、中国直升机工业的摇篮、首批国家历史文化名城、世界手工艺与民间艺术之都、中国最具魅力文化旅游城市和国家生态文明建设示范市。瓷都景德镇瓷器造型优美、品种繁多、装饰丰富、风格独特,以"白如玉,明如镜,薄如纸,声如磬"著称。其青花瓷、玲珑瓷、粉彩瓷、色釉瓷,合称景德镇四大传统名瓷。历史上的景德镇瓷器,不但海内擅声,而且海外亦广为流誉。据有关史书记载,古代东南亚、阿拉伯、非洲及欧洲地区的人十分喜欢中国瓷器,特别是景德镇的瓷器。明永乐三年(1405)开始,郑和七次下西洋,携带大量瓷器,景德镇瓷器占有重要地位。陈志岁《景德镇》诗:"莫笑挖山双手粗,工成土器动王都。历朝海外有人到,高岭崎岖为坦途。"诗朴实地记载了"瓷都"的历史形迹,且写出了景德镇瓷器在国际市场上的地位。后来,日本著名陶瓷考古学家三上次男率学者在东南亚、非洲考察了中国古代陶瓷输出亚非各国的大量碎片,著有《陶瓷之路》一书,称海上丝绸之路为陶瓷之路,也是古代景德镇陶瓷的国际贸易之路。景德镇是中国国家35个王牌旅游景点之一,中国优秀旅游城市,中国最值得去的50个地方之一。

66. 以民风为语源命名地名

民风,系指民间的风尚、风气。一般指好的方面,指人的道德本性或特质,特别是指一个地区之内的人在其习惯性行为中所表现的流行道德本性。民风是存在于人们行动之中的一种客观现象,它不是人为创造出来的,而是由人们的行动所决定的。民风随着时间的推移而发生改变和变化。不同历史时期的人们所表现的民风亦有所不同。民风在不同的地域上表现出不同的特色,不同地区的人们所表现出的民风也有所不同。

在中国现今仍在使用以民风为语源命名的地名中,以浙江省奉化区为著。

奉化区 位于浙江省东部沿海,宁波市区南部,东濒象山港,隔港与象山县相望,南连宁海县,西接新昌县、嵊州市和余姚市,北交海曙区和鄞州区。属亚热带季风性气候,四季分明,温和湿润,年平均气温 16.3℃。面积 1278.30 平方公里。早在新石器时代,境内已有人类活动。夏禹时,为堇子国,在相当一段时期内是宁波境内的政治、经济和文化中心。春秋战国时,周元王四年(前 742),越王勾践起兵灭堇子国,周显王三十五年(前 334),楚威王灭越,属楚国。秦王政二十五年(前 222),秦一统江南,以吴越地置会稽郡,在堇子国故地设鄞邑。唐开元二十六年(738)置奉化县,以其地民风淳朴、乐于奉承王化,故名"奉化"。元元贞元年(1295),奉化县升为下州。明洪武二年(1369),奉化州复为县,属明州府;洪武十四年(1381),以府名同国号,改称宁波府。民国元年(1912),废府存县;民国三年(1914),奉化县属会稽道;民国十六年(1927),直属浙江省;民国十七年(1928),属浙江省鄞县区。1949 年 5 月 24 日,奉化县解放,属浙江省第二专区。新中国成立后,奉化县属宁波专区。1970 年,改属宁波地区。1983 年,撤宁波地区改置地级宁波市,奉化属宁波市。1988 年 10 月 13 日,奉化撤县设县级奉化市。2016 年,撤县级奉化市,改置宁波市奉化区。奉化区地貌大体为"六山一水三分田",西部多高山峻岭,东北部属宁奉平原,沿象山港尚有小块狭长低平地带。2023 年,有国家科技型中小企业 344 家。2023 年全年,新引进大学生 1.49 万人,新建博士后工作站 4 家、招收博士后科研人员 22 人,获批国家博士后工作站 1 家,推荐入选国家级引才工程 2 人,培育国务院特殊津贴 1 名、全国技术能手 1 名。奉化为五代后梁布袋和尚(弥勒佛)出生、出家、得道、圆寂、归葬之地,被誉为"弥勒圣地"。宋代有以"梅妻鹤子"著称的林逋,元代有"江南夫子"、诗坛名家戴表元,近现代有蒋介石、蒋经国、"中国奥运之父"王正廷等,还涌现了早期浙江省委书记卓兰芳及卓恺泽、王鲲等一批杰出革命志士。溪口滕头旅游景区是宁波首个国家 5A 级景区,蒋氏故里溪口是全国对台工作重要窗口。雪窦山自古就是浙东著名的旅游胜地,汉代即有人以"海上蓬莱,陆上天台"赞誉它,被宋代皇帝赐为"应梦名山"。雪窦寺为"天下禅宗十刹"之一。溪口镇和"全球生态 500 佳""世界十佳和谐乡村"滕头村分别入选上海世博会城市未来馆亚洲唯一代表案例和城市最佳实践区唯一乡村案例。溪口北端商量岗为国家 5A 级旅游景区,另有 2 个国家 4A 级旅游景区、5 个国家 3A 级旅游景区。

67. 以登高眺望远方的动作或所获为语源命名地名

在中国现今仍在使用以眺望的动作或所获为语源命名的地名中,以江苏省的盱眙县和扬州市郊的平山堂为著。

盱眙县 位于淮安市西南部,洪泽湖南岸,江淮平原中东部地处北亚热带与暖温带过渡区域,属季风性湿润气候。面积 2497.30 平方公里。春秋时,盱眙名"善道",属吴国。战国时,名曰都梁,为楚邑。秦始皇统一中国,于秦王政二十四年至二十六年(前 223—前 221)间置"盱台"县(台,音怡),后为"盱眙"县。许慎《说文》:"张目为盱,举目为眙,城居山上,可以瞻远,故名。"盱眙,两字连起来有张目上视的意思,张目为盱,直视为眙,即张开眼睛朝前方直看,因古县治在圣人山一带,登山可以远眺,故名。盱眙这个地名寓意着登高望远,高瞻远瞩,象征着这里人们开阔的视野和远大的志向。东晋义熙七年(411),改置盱眙郡。南朝齐复置盱眙县。隋开皇三年(583),废盱眙郡留盱眙县。元至元十五年(1278)改置临淮府,至元二十七年(1290)废府复为盱眙县。明洪武四年(1371)改属凤阳府。民国,盱眙县开始直属安徽省。民国三十七年(1948)十二月,盱眙县全境解放,成立盱眙县人民政府。1955 年,为加强洪泽湖管理,盱眙县划归江苏省,属淮阴专区。1966 年改属六合专区。1971 年,改属淮阴地区。1983 年,盱眙改属淮阴市。2001 年淮阴市更名淮安市,盱眙县隶属淮安市。境内有低山、丘陵、平原、河湖圩区等多种地貌,地势西南高,多丘陵低山;东北低,多平原;呈阶梯状倾斜。境内蕴藏着凹凸棒石黏土、石油等多种矿产,预测有用黏土总资源量 21.77 亿吨,占全国总量的 73%,初步探明的石油储量,占江苏省的三分之一。2022 年全年,国家科技型中小企业评价入库 259 家,获批国家级高新技术企业 27 家,有效期内国家级高新技术企业 64 家。有国家级文物保护单位 4 个。"下草湾人"股骨化石的发现打破了"南方更新世晚期的地层中,无原始人类踪迹可寻"的论说,是迄今为止江苏人类乃至中国人类老祖宗的发源地之一。盱眙拥有众多文化旅游资源,曾获"中国旅游强县"等荣誉称号。2016 年被国家旅游局评为第二批国家全域旅游示范区。为 2018 年度全国投资潜力百强县市。盱眙汉代建州,为唐宋名城——古泗州府所在地,曾孕育一代开国帝王朱元璋。入选 2017—2019 周期国家卫生乡镇(县城)命名名单,境内出土过世界最早的彗星运行图和战国时期的陈璋圆壶。有国家 4A 级景区铁山寺国家森林公园、黄花塘新四军纪念馆,国家 3A 级景区朱元璋曾祖父、高祖父的衣冠冢明祖陵等名胜。

平山堂 位于江苏省扬州市西北郊蜀冈中峰大明寺内。是扬州蜀冈上标志性的文化景观,由平山堂、谷林堂、欧阳祠三部分构成,由南至北依次排列。平山堂位于大明寺大雄宝殿西侧的"仙人旧馆"内,始建于北宋仁宗庆历八年(1048),元代曾一度荒废,明代万历年间重新修葺。清代咸丰年间,山堂毁于兵火,乃于清同治九年(1870)重建。因为平山堂名播海内,历史上人们便习惯将这里的名胜古迹,包括西园、天下第五泉、谷林堂、乾隆御碑等统称平山堂。北宋文学家、史学家欧阳修在扬州做太守的时候,极赏这里的清幽古朴,于此筑堂。坐此堂上,江南诸山,含青吐翠,历历在目,似与堂平,平山堂因而得名。当时欧阳修因参与以范仲淹为首发起的"庆历新政"被贬,41 岁的欧阳修由滁州太守转知扬州。经过欧阳修精心打造,时人称平山堂为"淮东第一观"。此后,欧阳修经常邀请宾客好友在这里赏景、饮酒、作诗、互相唱和,一时成为佳话。"过江诸山到此堂下,太守之宴与众宾欢"悬挂于平山堂上的这副名联,就是再现当年情景的。上联指"江南诸山,含青吐翠,飞扑于眉睫而恰与堂平",真实而又形象地呈现了平山堂前开阔高敞,一目千里的壮美景色。平山堂居高望远,不仅望到本地,还可望到江南,所谓"过江诸山到此堂下"是也。下联源于欧阳修的《醉翁亭记》里的名句:"太守之宴与众宾欢",生动活泼地刻画了当年欧阳修与众文人雅士在这里饮酒作诗,相聚甚欢的场景。这副名联,因句既佳,书法古朴,被誉为平山堂楹联之冠,为清代乾隆年间时任扬州知府的伊秉绶所撰并书,后因楹联木板毁坏,又由光绪年间黔南人袁韩重书。梁章矩称赞此联:"语特壮伟,至今不忘。"

68. 以该地物产丰饶为语源命名地名

物产是地方经济发展的基础。一地的发展状况好歹,与当地物产是否丰饶有着直接关系。

常熟市 简称虞,位于江苏省东南部,长江下游南岸,北濒长江,与南通市隔江相望,东邻太仓市,南接苏州市相城区和昆山市,西连无锡市锡山区和江阴市,西北与张家港市接壤。境内地势低平,水网交织,地处温带,属亚热带季风性海洋气候,四季分明,气候温和,雨量充沛。面积 1276.32 平方公里。常熟古称琴川、海虞、南沙等。6700 多年前常熟境内就有人类活动。商末,为勾吴北境。周初,常熟地方属吴国。春秋战国时,先后属越、楚、秦。秦代常熟属会稽郡吴县。西汉时,常熟仍属会稽郡吴县,设有虞乡。东汉时,属吴郡吴县,境内有虞乡、南沙乡,在南沙乡设司盐都尉,为地方设吏治的开始。三国时期,在虞乡设虞农都尉。西晋太康四年(283),以虞乡设置海虞县,治设海虞城(今虞山街道古城区),隶于吴郡,为常熟境域有县治之始。东晋咸康七年(341),以南沙乡建立南沙县,隶于晋陵郡。南朝梁大同六年(540),于南沙之地置常熟县,县治设南沙城(今海虞镇福山),隶于信义郡,是为常熟县名之始。常熟因"土壤膏沃,岁无水旱之灾"得名"常熟"。隋朝,以海阳、前京、兴国、海虞、南沙等县并入常熟县,县治设南沙城,隶于吴州(今苏州)。隋开皇九年(589),以常熟县置常州,设常州理,不久,又移常州理于晋陵县,常熟复为县,隶于苏州。元元贞元年(1295),常熟县升为常熟州。明洪武二年(1369),常熟州复为县,弘治十年(1497),将常熟双凤的 5 个都划给太仓州。清雍正四年(1726),析常熟县东境置昭文县,两县同城分治。宣统三年(1911),辛亥革命后,两县重新合并为常熟县。1949 年 4 月 27 日,常熟解放。5 月,以常熟县城区及近郊设市,市、县合署办公。1958 年 4 月,撤销常熟市,常熟市境归常熟县管辖。1961 年 11 月 18 日,析常熟县太义公社以北的 14 个公社和常阴沙农场近 3.33 万公顷耕地、34 万人口归属新设置的沙洲县(现张家港市)。1983 年 1 月 18 日,撤销常熟县建置,以常熟全境设立常熟市(县级),归苏州市管理。境域海拔大都在 3~7 米,其南部低洼,属太湖水网平原,局部地段最低为2.5米;西北部与东北部略高,属长江冲积平原。境内山丘主要有虞山、顾山、福山等,其中以虞山为最,海拔263米,山脊长6400米。常熟市境内水网交织,各河流湖荡均属太湖水系,其分布呈以城区为轴心向四乡辐射状,东南较密,西北较疏,河道较小,水流平稳。主要有望虞河、白茆塘、张家港等,湖泊有昆承湖、尚湖、南湖荡等。地下水均以第四系孔隙水为主,由于埋深适中,地层稳定,分布面广,水量丰富,水质上乘,曾被广泛采用。地下水常以下降泉形式出露,形成间歇性涧泉,流量较少,但水质优良。2023年,新认定高新技术企业476家、科技型中小企业1560家,获评省、市潜在独角兽企业13家、瞪羚企业72家;年末拥有有效发明专利10498件,按常住人口计算,万人发明专利拥有量达62.03件。常熟市的交通四通八达。其中招商城的客货联运中心,有1000多条线路通达全国各主要大中城市。常熟位于通沪铁路、南沿江城际铁路、通苏嘉甬铁路三条跨省铁路主干线的交会之处,常熟将成为中国沿海地区最重要的铁路枢纽城市之一。常熟是国家历史文化名城,地处江南水乡,素有"江南福地"美誉,是吴文化发祥地之一;同时,也是中国优秀旅游城市、国际花园城市、国家生态城市、全球首批国际湿地城市。沙家浜·虞山尚湖旅游区为5A级旅游景区。全市位于中国县域经济、文化、金融、商贸、会展和航运中心城市的前列,2018年以来,先后被评为国家卫生城市(区)、全国绿色发展百强县市、全国新型城镇化质量百强区、全国营商环境百强县、全国综合经济竞争力十强县、全国农村创新创业典型县、全国双拥模范城(县)、中国智慧城市百佳县市、全国首批创新型县(市)。

第65～68种地名语源的其他地名示例请扫描二维码获得。

三、地名通名的文化内涵

地名通名,联合国地名专家组解释为:"地名中表示该地名所指地理实体类别的字眼,这类字眼在某一类里,用于各个地名时有相同的意义。"这与"地名通名是地名中用以区别地域、地点性质或类型的部分"是异曲同工。但从地名整体来讲,通名在地名中既反映地理实体的类别、特征、隶属关系和性质,也反映与地理实体有关的各种自然或人文的历史及现时的背景信息。同一个地理实体,因择取的背景信息不同,其通名也不相同,例如,在平原地区,对一个大土堆,因所取标准不一,有人称之丘,有人却称之山。一体有几称,就会有几个通名用字。通名这种变化是缘于分类分级指标的变化,就某一分类的结果来讲,通名仍不失对地理实体类别的一种反映。

鉴于同一个通名用字,在同类里的不同地名中含义相同的特点,可以通过地名中通名的异同,判断所指代地理实的类型,在方言地区,有许多特定语词,亦是构成繁多地名通名的一部分。同时,正因为通名蕴涵有历史及现时自然或人文背景信息,所以通名具有丰富的文化内涵。例如,同为dòng读音的洞、峒、硐和垌这四个通名字,蕴含的自然背景信息却不同。"洞",是由流水作用形成穿透或凹入的地貌类型,有水帘洞(辽)、黑洞(鄂)、狗牙洞。"峒",指山洞,即山上无水的洞,有良峒(粤)、麻峒(桂)、燕峒(桂)。"硐",指山洞、窑洞或矿坑,即石质的洞穴,有川硐(黔)。"垌",为方言,义"田地",如合伞垌(黔)、儒垌(粤)。当前,我国在县级行政区域地名的通名中,有用"市""县"和"旗"等字的,因其字义不同,而给人的印象就不一,"市"的本义为"集中买卖货物的固定场所——市场",因此设市的地方都是工商业集中处或政治、文化和经济的中心。"县"与"旗",系一种上隶属于省或地、州,下辖乡和镇的行政区划单位,包括广大农村的一级行政区域,以第一产业为主,工商第二、三产业欠发达,市政设施条件水准较低。"乡"与"镇"均为隶属于县(市)的同一级别的基层行政区域单位;"镇"的本义是较大的集市,设镇的地方,亦是工商业集中或政治、文化、经济的中心,仅在其规模上较市小一些而已;"乡",顾名思义是乡村或农村,二、三产业很少,社会环境质量很低。正因为上述的实际情况和概念上的这种差异,给人的印象,市与镇是城镇,不仅二、三产业发达,而且市政设施条件好,投资环境优于县与乡,在发展区域经济、对外开放、招商引资中,其效果迥异。市与镇是外资老板投资的首选目标,县与乡在这一方面成交的难度较大。同理,自然镇与自然村(庄)给人的印象亦不同,前者的二、三产业比后者发达,投资环境优于后者,在招商引资中较自然村容易中标。另外,路、街、巷、弄,均为城镇内通道地理实体地名的通名,但是因其宽窄和路面质量的差异,二、三产业布局的程度有异,在社会环境方面就会给人一种明显的差异感。

地名通名与专名一样,一般分为自然地理通名和人文地理通名两大类,各自又可以细分若干小类,在小类下又聚集不同方言区域内的多种不同称说的词汇。这样,反映小类的地名通名,在不同方言、不同区域、不同民族语言地名中,往往会有多种不同用字,例如,相同地理形态的"湖"一词,在汉语中不同地区就又有池、泊、淀、海、漾、荡、泡等多种称呼,在藏语里称"错"、维语里称"库勒"、蒙语里称为"诺尔"。人们一般对于常见地名通名比较熟悉,可以理解,而对部分地名通名,尤其是在特定区域内民间使用的地名通名中的土俗字、生僻字则不太熟悉,在识别地名的专名或通名时可能会产生误解,如前文所述的"垌"字,就有可能误认为与"洞"相同。

地名通名还有互相转换的现象,其转换的结果,造成了地名通名的多义性和多类性,形成了或保留原义,或失去原义,或赋予新义的地名通名词,使原本起地名分类作用的词乍看起来不能确切地说明类别。常见有以地理形态、周围环境或个人愿望等给地理实体命名的现象,从而出现诸如"山"既是山体类的通名,又是岛屿类通名的情况,"黄泥岗"从字面上看,它是地貌类型名称,而实际上是居民区的街巷地名。再如"岙"(ào),即山深奥处,在方言里同"澳",即海边弯曲可停船的地方、沙滩、山间平地,主要在浙江省部分地区用作山谷名称,如慈溪市龙头岙、周家岙、长坑岙,临海市白岩岙等;

用作山口名称的,如定海区小芦岙,庆元县上岱岙,龙泉市山头岙等;在我国华东、华南等地区,用作山的名称,如浙江余姚市蔡家岙、安吉县石塘岙,广西凤山县三层岙等;用作自然村落名称,如浙江上虞区六步岙、普陀区蓝田岙,福建仙游县牛垄岙,广西乐业县香棚岙;在浙江沿海地带,用作海湾名称,如临海市清水岙、嵊泗县芦成岙、象山县外东嘴岙等;用作沙滩名称,如玉环市后沙岙、岱山县龙潭岙等。

第七节 地名方言性及其用字的文化内涵

一、地名方言性

地名方言性,系指各个民族语地名所用语言除普通语词之外,还有相当一部分用的是方言语词,致使地名具有一定方言的基本属性。

方言,系指民族语言的地方变种。它并不是一种外族的语言,各地区由于历史和地理环境的不同,社会经济和政治制度的差异,历史背景、文化特色,风俗习惯、思维方式的区别,以及与外地、外族交往程度的不一,所以语言产生了地区分化,形成具有地方特色的方言。在我国南方广大地区,自古就是水乡泽国,陵阜棋布,交通不便,加之北方移民南下的时间、途径、人数和定居地点的不同,所以相对于北方,方言种类多而杂,差别甚大。

我国幅员广大,方言复杂,作为语言词汇一部分的地名,同样带有浓厚的方言色彩。每个地名,实际上都是某一语言里的一个词。人们在交往中常常以自己的方言土语指称地理实体,因而使地名又有了方言的特色。在每个方言地区,地名就是这个地区特有的一种方言词。地名的这种方言词和一般的方言词一样,在有的地区只有特殊的字音,而字形、字义与普通话的没有区别,例如,"毛家桥"这个地名中的"家"字就有"jiā""gā""gū",等几种不同地区的读音,字形、字义仍和普通话的一样。但是,在不少地区地名的音、形、义都带有浓厚的方言色彩。相同的地理实体在不同地区常有不同的称呼,例如"山"这个通名就有"嶂""崍""岗""岭""尖""顶"等许多称法。不仅如此,一些比较特殊的方言词地名还有一音多字、音字不符和有音无字的复杂情况(如 qián、pán 等)。一音多字的表现为同样的音和义而有几种不同的写法,有用本字,有取常用的或笔画少的同音字,也有用俗字的。如在闽东、闽北常见的"墩"字写成"敦""垱""当""狪";闽北常见的"步"字写成"埠""布""坿""佈"等。音字不符,即所标注的字与当地的实际读音不一致。有的将粗俗的方言词地名写成同音或近音且意义较文雅的字,如将"牛田"雅为"龙田","尽尾"雅为"集美";有的因其本字太生僻或根本就没有现成的字,且又无意义明确的同音字可替代,于是就采用意义相同的普通话常用字,如晋江市的"硋(ài)灶"写成"磁灶",福清市的"宏垵(无此字)"写成"宏路"。有音无字即随意写成不规范的俗字、怪字,如"墘"(Qián),义边缘、岸边(沿江)之地等,"爿"(盘 pán),义田地一片、店铺一家。

在现代词典中增加通语的地名字特殊方言读音,即对已变成通语的方言地名字,给予地名上的特殊读音。这类特殊读音也因地而异,如广东省的大埔县的"埔"读 bù,黄埔的"埔"读 pǔ。在现代词典里增加了这类读音,如繁峙(shì)、蚌埠(Bèngbù)等。方言不仅影响到读音,而且还影响到用字,我国古代地名,很多是从方言音而改其字的,例如南北朝西魏设射江县,当地人讹江为洪,五代后周从俗,改县名为射洪县。

地名的方言特性对于语言学和民族学等学科的研究都有重要参考价值。

二、地名方言字的文化内涵

各个方言区都有一些特殊的方言词,这些方言词的产生都是由地方的社会经济生活、自然界的地貌和水文等特点所决定的,所以,从方言地名上人们可以看出一地方的社会生活,或地貌与水文自然特征等多种区域差异。方言地名实如一个万花筒,从中可以看到五彩缤纷的文化世界。

据初步不完全统计,我国现今的汉语地名中方言字有 200 多个。在全国各地区均有不同程度的地名方言用字,但总的来说,以华东和中南地区偏多。现将其文化内涵和区域分布简要介绍如下。

滼:bàn,义烂泥。用作自然村落名,如湖洋滼、滼山(赣),竹鸡滼(湘),滼迳(粤),木威滼(桂)。

邦:bāng,义村庄。用作自然村落名,如黄邦、郑邦、吴家邦、龙溪邦(闽)等。

浜:bāng,义小河沟,多呈胡同式。用作河名,如万塘浜(苏),方浜(沪);用作自然村落名,如沙家浜、罗汉浜、王巷浜(苏),张家浜(沪),罗家浜、木石浜(浙)。

塝:bàng,义田边土坡、沟渠或土埂的边。用作自然村落名,如张家塝、郑家塝(鄂),坳谷塝、大田塝(黔)。

膀:bǎng,义坡脊上的田墩。用作自然村落名,如罗家膀(鄂),黄家膀、书院膀、鹅公膀(湘)。

垉:bāo,义山头、山口。用作自然村落名,如猪头垉、汪家垉(皖),寨垉、土垉(渝)。

坌:bèn,义洼地。用作自然村落名,如高金坌(浙),中坌(赣),八里坌(台),白泥坌(粤)。

笔:bǐ,义陡立。用作山峰名,如皇佐笔、金山笔、双亚笔(粤)。

砭:biǎn,义傍山临沟较平缓的狭长地带,一般为山间小径所经过之处。用作自然村落名,如黄家砭、西沟砭、桃花砭(陕)。

匾:biǎn,义狭长坡地。用作自然村落名,如曹家匾、横岭匾、大路匾、大寨匾(鄂)。

坖:bó,义河边筑起的圩堤或堤围中间的平地,山上宽阔平坦地。用作礁石名,如牛母石坖、律礁坖、盐町坖(粤)。用作自然村落名,如来宗坖、大坪坖、兰水坖(粤),湖坖(桂)。

卜:bǔ,义低洼地。用作自然村落名,如高土卜、刘家卜(冀)。

布:bù,义水边码头。用作自然村落名,如罗溪布(闽),下岭布、至大布、沙塘布(粤)。

步:bù,义同"埠",即码头,多指有码头的城镇、商埠。用作自然村落名,如麻步、白碇步(浙),大增步、西虎步、塘步、王步(桂)。

埗:Bù,义土坡,缓坡地,水滨码头,商埠。用作自然村落名,如南埗、分界埗(赣),茶埗、葛埗(闽),筋埗、潭埗(粤)。

埔:bù,义山脚或水滨平地,未开垦的荒地。用作山名,如塔埔、大雾山埔、前山埔(闽)。用作自然村落名,如大埔、延长埔、忠心埔(粤)。

埠:bù,义同"埠",即码头,多指有码头的城镇、商埠。用作自然村落名,如深水埠(港),米埠、高埠(粤),石埠(桂)。

操:cāo,义瀑布下泻,小溪。用作自然村落名,如门楼操、白水操、金鸡操、芦基操(赣)。

车:chē,义作坊。用作自然村落名,如陈家车、羊家车(浙),倒流车(粤),新路车、板桥车(桂)。

塍:chéng,义同"塍",即田间土埂,小堤,山间平地较高处。用作山丘名,如钓鱼塍、天子塍(赣),用作自然村落名,如丝茅塍、杲禾塍、角背塍(赣)。

塍:chēng,义田间土埂,小堤,山间平地较高处。用作自然村落名,如新大塍(苏),石田塍(浙),竹篙塍(湘),横塘塍(赣),北桥头塍(闽),大路塍(桂)。

冲:chōng,义山区的平地,三面环山的狭长地带。用作沟谷名,如枯峡冲、三里冲(粤),担杆冲(湘),都罗冲(粤),杉木冲(桂)。用作河流名,如白岩冲、叫水冲、江湾冲、沙龙冲、石门冲(粤)。用作山峰名,如六房冲、箸坎冲(皖)、藕洞冲、九箭冲、蕨冲(桂)。用作自然村落名,如鞍子冲(蜀),实竹冲(湘),牌楼冲(黔),芳冲(皖),金外冲(滇)。

涌:chōng,义河汊、山旁垅间狭长地。用作河名,如官山涌、南沙涌、左岸涌、刘家引水涌、黄涌(粤)。用作自然村落名,如西基涌、滘涌、后门涌(粤),三桠涌、水潭涌、笃尾涌(港)。由"涌"地名,就可以知道这里有河汊分布和水网密布程度。

处:chù,义房屋。用作自然村落名,如新处、毛家处、朝北处、吴处、严处(浙),下新处、祖处(闽)。

厝:cuò,义石筑房屋。用作自然村落名,主要分布在多石的闽南丘陵地区,反映了当地古代的居住条件。如萧厝、吴仁厝(浙),凤厝、同安厝、何厝(闽),崁头厝、海丰厝(台),佘厝、新厝(粤)。

厝寮:cuòliáo,义房屋。用作自然村落名,如陈厝寮、辛厝寮、赵厝寮、郭厝寮、钱厝寮、林厝寮(粤)。

达:dā,义同"埭",即土坝。用作自然村落名,如河北达、倪家达、杨家达(浙),李家达(沪)。

笪:dá,义为一种用粗竹篾编的形状像席的东西,通常铺在地上晾晒粮食,拉船的绳索。用作自然村落名,如周格笪(苏),凌笪、鲁笪(皖),大垳笪、塘古笪(粤)。

墶:dā,义平原中地势较高的平地。用作自然村落名,如李家墶、张家墶、朱都墶、下郭墶、郑家墶(浙)。

岱:dài,义山的凸处。用作自然村落名,如马家岱(苏),下林岱(浙),贞岱(闽),周家岱(粤)。

埭:dài,义土坝。用作自然村落名,如胡家埭、黄家埭(苏),邱家埭、沿河埭、竹桥埭(浙),柳厝埭、前土埭(闽)。

碓:dài,义弯曲,山麓,坝。用作自然村落名,如沙帽碓、涩碓、高塘碓、大竹碓(桂)。

丼:dǎn,义低洼小盆地或小水坑。用作自然村落名,如杨家丼(鄂),流水丼、无底丼(浙),纳丼(黔)。

崊:dán,义窝。用作自然村落名,如军洞崊、寿崊、珠玉崊、苏家崊、寨山崊(桂)。

氹:dàng,义同"凼",即水坑或小坑,田地里沤肥的水坑,池塘。用作港湾名,如仙人氹、火船氹(粤)。用作自然村落名,如流水氹、金盆氹(湘),黄泥氹、清水氹、河尾氹(粤),浸牛氹(桂)。

凼:dàng,义水坑或小坑,田地里沤肥的水坑,池塘。用作湖泊名,如董家凼(鄂),天鹅凼(湘)。用作自然村落名,如黄家凼(鄂),芭蕉凼(闽),麻窝凼(黔),大窝凼(蜀),涩田凼(桂)。

垱:dàng,义小山丘,为便于灌溉而筑的小土堤、低凹地。用作礁石名,如打铁垱、内大垱、壳菜垱(闽)。用作港湾名,如马家垱、孙家垱(湘)。用作自然村落名,如大屋垱(鄂),野鸭垱(湘),雷公垱(桂),李沙垱(浙),石竹垱(闽)。

到:dào,义山的弯凹处。用作自然村落名,如马叉到、禾仓到(桂)。

倒:dào,义同"到"。用作自然村落名,如佛子倒、旧屋倒、凤凰倒(桂)。

的:de,义里面。用作自然村落名,如桂家的、赵家的、岩湾的(鄂),老屋的(赣)。

垫:diàn,义凹地。用作自然村落名,如张家垫、七里垫、沙家垫、华家垫(浙)。

埞:dīng,义同"堤",即阻挡水流不使旁溢的长条状建筑物。用作自然村落名。如九埞(苏),下溪埞、走马埞(闽)。

峒：dòng，义田地。用作自然村落名，如大屋峒、那郭峒（粤），思合峒、新塘峒、苦竹峒（桂）。

斗：dǒu，义窝、拐弯处。用作自然村落名，如旁北斗、翁家斗（浙），鹅麻斗（赣），石猪斗、白鸽斗（粤）。

坯：dōu，义小河的尽头处或小港湾，旧方志作兜或澳，义为环绕、围绕。用作堤坝名，如南湖大坯、小金坯、东西坯（浙）。用作自然村落名，如严家坯、花家坯、赵界坯、和睦坯、三湾坯（浙）。

启：dū，义同屚，即底部、尾部。用作自然村落名，如寨地启、石牛启（粤），利山启、孔初启（桂）。

屚：dū，义底部、尾部。用作山谷名，如石龟屚、大冲屚、立魁冲屚（桂）。用作自然村落名，如大湾屚（赣），罗家屚（鄂），黄岭屚（粤），长岭屚（桂）。

塅：duàn，义面积较大的平坦地区。用作自然村落名，如梨树塅（赣），中塅、外上塅（闽），赵家塅（鄂），中潘塅（湘），凉口塅（粤）。

涁：dūn，义深潭。用作自然村落名，如河清涁、和莲涁、水竹涁、黄獠涁（粤）。

垡：fá，义耕地翻土，翻耕过的土块。用作自然村落名，如北寺垡、大垡、寇家垡（冀），卜落垡、南黑垡（京），落垡（津）。

畈：fàn，义大片田地。用作自然村落名，如苏家畈（皖），洋塘畈（浙），辛家畈（鄂），汪家畈（湘），亭子畈（赣）。

份：fèn，义村。用作自然村落名，如上什四份、北十七份（蒙），汪八份（苏），南野份、日山份、八一份（浙）。

坟：fén，义堤、高地。用作自然村落名，如王家坟（京），刘家坟（晋），丘家坟（沪），茅家坟（浙），松名坟（桂）。

咈：fǔ，义小洼地。用作自然村落名，如出水咈、蚊子咈、牛咀咈、深水咈、清水咈（粤）。

塝：gǎng，义田埂。用作自然村落名，中塝、茶溪塝、青塝（赣）。

圪垯：gēda，义同"疙瘩"，即小土丘。用作丘陵名，如敖包圪垯、老庙圪垯、毛英圪垯（陕）。用作山峰名，如李家圪垯（晋），黑圪垯（陕），黑硬圪垯（宁）。用作自然村落名，如珍珠圪垯（陕），白草圪垯、金家圪垯（晋），西大圪垯（蒙），大圪垯、田圪垯（冀）。

圪塔：gēda，义小土丘，较小的台地。用作丘陵名，如黑龙王庙圪塔（陕）。用作自然村落名，如西双圪塔、白圪塔（宁），马连圪塔、房圪塔（晋），高圪塔、刘家圪塔（陕）。

圪旦：gēdān，义顶部呈圆形的小土丘。用作山峰名，如马鬃圪旦、木兰圪旦、山神庙圪旦、铁圪旦（晋）。用作自然村落名，如孟家圪旦、沙圪旦、马家圪旦（晋），河北圪旦、迎红圪旦（蒙）。

圪道：gēdào，义小坑，山势曲折低凹处。用作自然村落名，如老灰圪道、张三圪道、老圪道、孤石圪道、营圪道（晋）。

圪倒：gēdào，义小坑。用作自然村落名，如东圪倒、荒地圪倒、白杨圪倒、荆圪倒、赵家圪倒、南圪倒（晋）。

圪洞：gēdòng，义较深的坑、凹地、小洞。用作自然村落名，如老虎圪洞、黄圪洞、胶泥圪洞、大水圪洞（晋），南沙圪洞、树圪洞（蒙）。

圪堵：gēdǔ，义小山包，地形凸起部。用作丘陵名，如黑圪堵、母猪刺圪堵、龙神山圪堵（陕）。用作自然村落名，如陈家圪堵、牛蹄圪堵（陕），梁家圪堵、丁家圪堵、张家圪堵（蒙）。

圪堆：gēduī，义小土丘，小山包。用作山峰名，如老王圪堆、南圪堆、油篓圪堆（晋），稽圪堆（陕）。用作自然村落名，如荆秧圪堆、和尚圪堆、上凹圪堆、沙圪堆、杏树圪堆（晋），北圪堆、沙圪堆（蒙）。

圪垛：gēduǒ，义小土丘；地形凸起部。用作自然村落名，如和尚圪垛、花圪垛、程圪垛、申家圪垛、曹家圪垛、王家圪垛（晋）。

圪埆：gēduò，义圆形洼地。用作自然村落名，如郭家圪埆、田家圪埆、张家圪埆、牧里圪埆（晋）。

圪廊：gēlàng，义可通行的山谷、巷道、低洼地。用作自然村落名，如柏圪廊、雅圪廊、狗圪廊、杨圪廊、塌土圪廊（晋）。

圪崂：gēláo，义山窝、凹地。用作自然村落名，如天圪崂、上圪崂、个圪崂（晋）。

圪㘞：gelǎo，义山窝，山坡上被洪水冲刷而成的沟谷、凹地。用作自然村落名，如红土圪㘞、吴家㘞（晋），崔家圪㘞、蒲家圪㘞（陕）。

圪埂：gēlèng，义田埂、田边坡地。用作自然村落名，郝家圪埂、李家圪埂、刘家圪埂（晋），高圪埂（宁）。

圪塄：gēléng，义田边坡地、田中高处。用作山名，如吴家圪塄、麻子圪塄（宁），秦家圪塄、严家圪塄（甘）。用作自然村落名，如索圪塄（晋），史家圪塄（陕），赵家圪塄（蒙）。

圪梁：gēliáng，义地面隆起呈长条状的地形。用作山峰名，如黑豆圪梁、西洼圪梁（晋）。用作丘陵名，如老南家湾圪梁、梨树圪梁（陕）。用作自然村落名，如官地圪梁、南圪梁、关家圪梁、蒿圪梁（晋）。

圪垴：genǎo，义山头、小土丘。用作山峰名，如福堂圪垴、龙瓜圪垴（晋）。用作自然村落名，如正圪垴、红圪垴、大圪垴（晋）。

圪脑：gēnǎn，义圆顶小山、小土丘。用作自然村落名，如白松圪脑、高家圪脑、柏树圪脑（晋）。

圪台：gētái，义小台地、小土丘。用作自然村落名，如花圪台(蒙)，阳圪台、贺家圪台、窑圪台(晋)，王家圪台、青坪圪台(陕)。

圪套：gētào，义小坑、河流弯曲处。用作自然村落名，如老王圪套、西坡圪套、长畛圪套、骡圈圪套(晋)。

圪凸：gētū，义小山包、小土丘。用作自然村落名，如兔林圪凸、马圪凸(晋)，董家圪凸(陕)。

圪坨：gētuó，义低凹处、大坑、山峁凹部。用作自然村名，龙王圪坨、上东圪坨、水圪坨(晋)，阎家圪坨、潘家圪坨(陕)。

圪凹：gēwā，义洼地、山坡地。用作自然村落名，如富家圪凹、胡家圪凹、李家圪凹、麻地圪凹(晋)。

圪嘴：gēzuǐ，义山梁伸出来的部分。用作自然村落名，如骆驼圪嘴、狮圪嘴、楼圪嘴、土铺圪嘴、龙王圪嘴、柏树圪嘴(晋)。

隔：gé，义狭长的、人烟绝迹的河谷及山峡，独立的陡峰。用作沟谷名，如坑头隔、石部隔、山平隔(闽)。用作隘口名，如石门隔、赤水隔、观音隔(闽)。用作山名，如岭头隔(浙)，凤高隔、雷公隔、南山隔(闽)。用作山峰名，如牛栏隔、乌田隔(闽)。用作自然村落名，如地寮隔、凤门隔、南网隔(浙)，青洋隔、郑宅隔、虎头隔(闽)。

塥：gé，义沙地，土地坚硬、贫瘠。用作自然村落名，如青草塥、响石塥、蛮牛塥、李大塥、檀香塥(皖)，张家塥(鄂)。

拱：gǒng，义中间高两侧低的地形。用作自然村落名，如源头拱、神拱、黄泥拱、清水拱、龙拱(桂)。

沟脑：gōunǎo，义河边台地。用作自然村落名，如后通沟脑、大冰沟脑、霸王沟脑、头道沟脑(冀)，路家沟脑、黑虎沟脑(宁)。

垞垛：gǔduò，义高地，小土丘。用作自然村落名，如聂垞垛、马家垞垛、杨家垞垛、四十亩垞垛、露水垞垛、柴洼垞垛(晋)。

旭：guǎi，义偏僻的角落。用作自然村落名，如蔡家旭、李家旭、金家旭、北旭、西旭(皖)。

海子：hǎizi，义湖。用作湖泊名，如双海子(陕)，柯家海子、张家海子(黔)，大海子(滇)。

珩：héng，义山背。用作自然村落名，如白珩、小石珩、山珩(闽)。

笏：hù，义指弧状地形。用作自然村落名，如园头笏、宫口笏、葫芦笏(粤)，亚妈笏、山鸡笏(港)。

湖：hú，义水流弯曲的海湾、港湾。用作港湾名，如贾家湖、费家湖、杉木湖(湘)。用作海湾名，如白沙湖、品清湖、小湖(粤)。用作自然村落名，如吊水湖(吉)，苔湖(浙)，西太湖(冀),黄圯湖(桂)。

化:huà,"乸"的规范字,义低洼。用作自然村落名,如竹根化、高岭化、亚塘化、木窑化、棚乾化(桂)。

滑:huá,义同"铧",指地形似犁铧,后演变为"滑"。用作自然村落名,如裴家滑、枣滑、卫家滑、刘家滑(晋)。

碈:hūn,义指埋藏在地下以利排灌的水管。用作自然村落名,如六合碈、瓦连碈、赵家碈(湘)。

圾:jí,义指两山相夹的狭窄之处。用作自然村落名,如石圾(赣),黄圩圾(皖)。

漈:jì,义瀑布、水边。用作瀑布名,如百丈漈(闽),白水漈(粤)。用作自然村落名,如黄淡漈(浙),山漈、朱漈(闽)。

浃:jiā,义指两洲之间或田地之间的狭长水道、小河。用作自然村落名,如新浃、潘浃(浙),渔棚浃(鄂),胭脂浃(湘)。

架:jià,义座。用作自然村落名,如茶寮架(浙),茶山架、那岭架(桂)。

江:jiāng,义海滩或退潮后的水道。用作水道名,如横江(浙),浔江、山营江、关门江(闽)。用作岛屿名,如西老旱江、东老旱江(辽),大方瓜江、基江(鲁)。用作礁石名,如道子大江、孤江(辽),三段江、大黑江(鲁)。用作港湾名,如白沙江、云约江、风流岭江(桂)。

降:jiàng,义泛滥。用作自然村落名,如百册降、马步降、黄石降(粤),黄垌降、上蚌降、北降(桂)。

蛟:jiāo,义山间低凹地。用作自然村落名,如黑铁蛟、井蛟(冀),小南蛟、杨家蛟(晋),塘蛟、汪家蛟(浙)。

塪:jiǎo,"角"的俗写,义湾角。用作自然村落名,如大陂塪、白石塪(闽),塘仔塪、保鸭塪(粤),细荒塪(桂)。

滘:jiào,义河道的分支,两条以上小涌交汇的地方,水相通处,水边。用作河名,如双滘墟、道滘、黄鱼滘(粤)。用作自然村落名,如马鞍滘、北滘、沙滘、仙滘(粤),大埔滘(港)。

漖:jiào,义同滘。用作自然村落名,如金漖(粤),水蛇漖、搏箩漖、牛路漖(桂)。

界:jiè,义山地平缓处。用作山名,如石桥界(陕),玉莲界(鄂),门山界、凉风界(湘)。用作山峰名,如三塔界(皖),三角界(鄂),上九界、芷江界(黔)。用作山口名,如佛子界、盘岭界、接龙界(桂)。用作自然村落名,如七里界(吉),西水界、乔儿界(晋),南蛇界(粤)。

浸:jìn,义有水或湖泽的地方。用作自然村落名,如水溪浸、磅竹浸、百里浸、四季浸(桂)。

冚：kǎn，义盖、湾、曲。用作自然村落名，如大兴冚、和冚（粤）。

崁：kàn，义台阶或高崖，多分布于河岸或溪谷中。用作自然村落名，如六分三崁、赤崁、南崁、下崁（台）。

堪：kān，义突起的地方。用作自然村落名，如大塘堪、大田堪、涩田堪、方堪（粤）。

塇：kàn，义高的堤岸，陡岸，高坎。用作自然村落名，如下高塇（皖），鲍家塇（浙），龙崩塇（鄂），黄土塇（湘），樟木塇（赣）。

科：kē，"窠"的讹字，泛指住房或窑洞、凹陷地和低洼地。用作自然村落名，如路家科（宁），王家窑科（晋），苏家科（浙），矮屋科（闽），桥梓科（桂）。

窠：kē，义鸟兽昆虫的窝，泛指住房或窑洞、凹陷地和低洼地。用作自然村落名，如马庄窠（冀），新舍窠（陕），胡竹窠（赣），洋金窠（浙），江家窠（闽）。

坑：kēng，义为山地或丘陵区的小坳谷或小溪涧。用作沟谷名，如鱼龙坑（浙），塭坑（赣），东山坑（湘），甲峒坑（粤）。用作峡谷名，如沙坑、大垄坑、流坑（浙）。用作自然村落名，如杨家坑（吉），张水坑（鲁），石记坑（宁），下坞坑（皖），崩山坑（台），板坑（黔）。在台湾地名中，带坑的地名有262个，多以坑字收尾，如大坑、粗坑、乾坑、后坑等。

崆：kōng，义两山间低洼地。用作山峰名，如内崆、仓头崆（闽），石坑崆（粤）。用作山口名，如龙门崆（闽）。用作自然村落名，如山圻崆、鱼潭崆、香崆、云底崆（粤）。

控：kòng，义两山间的低洼地。用作自然村落名，如王家控（苏），上控（闽），过水控（粤），龙控（桂）。

硿：kòng，义山洞中的水声、瀑布跌落声。用作自然村落名，如石子硿（台），虎硿、留地硿（闽），张河硿（粤）。

坤：kūn，义地势低洼的自然村落。用作自然村落名，如岭坤、岙坤，捣血坤（浙）。

砬：lá，义山上耸立的大岩石，也称"砬子"。用作山峰名，如鸡冠砬子、七星砬子（黑），黄石砬、双井沟大砬子（冀）。用作礁石名，如石砬子（辽），长脚砬（闽）。用作自然村落名，如骆驼砬子（黑），城墙砬子（吉），南石砬（鲁），桐油砬（湘）。

兰：lán，义同"栏"，山腰横路。用作自然村落名，如牛杜兰、大墓兰（闽），钟广兰、里兰（桂）。

岚：lán，义同"栏"，山腰横路。用作礁石名，如蟹子岚（辽），鹁鸪岚、烟墩石岚（鲁）。用作自然村落名，如前牛岚（晋），北竹岚子（鲁），王家岚（浙），长尾岚（闽）。

栏：lán，义山腰横路。用作礁石名，如黑石栏、西石栏（鲁），横栏（粤），堂石栏（桂）。用作自然村落名，如后垟栏、岩石栏（浙），杉树栏、横路栏（闽）。

郎：láng，"廊"的讹字，义室外有顶的过道。用作自然村落名，如顾家郎（苏），李家郎、唐宁郎、高地郎（浙）。

埌：làng，义沙丘或山间坡地，也指可通行的山谷或巷道。用作自然村落名，如彭家埌、老屋埌(湘),荒田埌(粤),圪地埌(桂)。

崀:làng,义小山。用作山峰名,如青头崀、大肚崀、白刀崀(浙)。用作山名,如双门崀、赤竹崀、万丈崀、金竹崀(粤)。用作自然村落名,如金坑崀、石桥崀、八排崀(粤)。

躴:lāng,义窄小的地方。用作自然村落名,如万家躴、弄躴、石躴(桂)。

瑯:láng,义像波浪起伏之状。用作自然村落名,如木棉瑯、白马瑯、沙瑯(粤)。

欗:làng,义山林间的田地。用作自然村落名,如霍家欗、龙石欗(桂)。

垇:lǎo,义同"垴",小山丘。用作山峰名,如白衣垇、岩山垇(湘)。用作自然村落名,如光家垇、高家垇(湖),沙堡垇(赣)。

堎:lèng,义同"塄",河沟两旁的高地或山梁、田地边上的坡。用作山峰名,如高地堎、石堎(晋)。用作山名,如大壁堎、曾家堎(赣)。用作自然村落名,如正峁堎(晋),田家堎(陕),龙骨堎、铁堖堎(赣)。

塄:léng,义河沟两旁的高地或山梁、田地边上的坡。用作山峰名,如西坡塄、南北塄(晋)。用作丘陵名,如六道塄、三道塄(陕)。用作自然村落名,如沙河塄、沙圪塄(冀),渠塄、榆树塄(晋),高家塄(陕)。

圿:lì,义山间隆起的长形地。用作自然村名,如板桥圿(鄂),大水圿(赣),水圿(闽),中隘圿(台),蕉子圿(桂)。

利:lì,义同"里",里面、内部,街坊、家乡,城市中的巷、胡同、小区。用作自然村落名,如坨利、顶坨利、桥头利(闽)。

沥:lì,义河汊。用作河名,如前林沥、后岸沥(浙),淇奇沥、潭洲沥(粤)。用作自然村落名,如瓜沥(浙),黄竹沥、清水沥、河树沥(粤)。

俚:lǐ,义同"里",里面、内部,街坊、家乡,城市中的巷、胡同、小区。用作自然村落名,如漠俚、元俚、壕俚、曲俚(闽)。

良:liáng,义同"梁",即山梁或高地。用作自然村落名,如黄土良、南良(鲁),护良、白岩良、冲良(桂)。

苘:liǎng,义河滩或长满荆棘和多种藤的山坡、草地。用作自然村落名,如雅兰苘、金解苘(粤),沙洲苘、麻子苘(桂)。

艼:liáo,义同"寮",小屋。用作自然村落名,如田艼北艼、乔方艼、麻风艼(粤),生鸡艼(桂)。

嵺:liáo,义山坡或山坳间的田地。用作自然村落名,如上嵺(浙),赵家嵺、岗屋嵺(赣),坡嵺(桂)。

寮:liáo,义棚式小屋,系"草棚""木板棚"或用瓦片盖顶而不一定有围墙的棚子。用作自然村落名,如周家寮(浙),上山寮(湘),安溪寮(台),火灰寮(粤),三马寮(桂)。

橑:liáo,义同"寮",小屋。用作自然村落名,如谢屋橑、塘橑、油榨橑、太平橑(闽)。

坽：líng，义指人工挖成或自然形成的流水小溪。用作自然村落名，如品湖坽、北星坽、刘家坽(赣)。用作洲名，如苏家洲、严家洲新坽(赣)。

岽：lōng，义指山洞或四周被环绕的地方。用作自然村落名，如水松岽、大甲岽、银岽、白石岽、地罗岽(粤)。

弄：lòng，义小巷、胡同。用作巷名，如天赐弄、大成弄(苏)，百福弄、公和弄(浙)。用作自然村落名，如王家弄(沪)、土家弄(皖)，傅家弄(赣)，白岩弄(闽)。用作沟谷名，如康山弄、黄鳝弄、山界弄(浙)。

峬：lóng，义坑道或小洞。用作自然村落名，如瓦窑峬、龙狗峬、细线峬、螃蟹峬(桂)，出水峬、塘坐峬、蛇峬、官庄峬(粤)。

埲：lòng，义低谷地。用作沟谷名，如博士埲、祝家埲(浙)。用作自然村落名，如达山埲、里木埲、袁家埲、湖口埲(浙)。

碃：lòng，义乱石堆积的山谷。用作山峰名，如大毛碃(浙)。用作自然村落名，如乌阴碃、张碃、坑碃、上闲碃、长碃(浙)。

崬：lòng，义石山间的小片平地。用作沟谷名，如崬甲、崬恩、崬东(桂)。用作山名，如羊山崬、邑法崬(桂)。用作自然村落名，如崬汉、瑶背崬、坡江崬、深崬(桂)。

窿：lǒng，义坑道或小洞。用作自然村落名，如马窿、状元窿、老虎窿、蕉窿、保窿、赶窿(桂)。

甅：lóu，义一丘田。用作自然村落名，如八甅、两甅(桂)。

麓：lù，"圥"的规范字，义山脚下。用作沟谷名，如大排麓、雷庙麓、亮坑麓(桂)。用作自然村落名，如龙江麓、荒田麓、青菜麓(桂)。

埊：luàn，义同"埊"，山间小片茂密树林。用作自然村落名，如栗埊、丛埊、松树埊、朱家埊(湘)。

埨：lǔn，义田地间的土垄。用作自然村落名，如鹤落埨、四坂埨(苏)。

箩：luó，义竹制的盛物器，指环状的地形。用作礁名，如东契箩，汀港箩、九头箩、咸水箩(闽)。

马架：mǎjià，义小窝棚。用作自然村落名，如王马架、后四马架(黑)，腰三马架、十二马架(吉)，大马架、下马架子(蒙)，上马架(冀)。

美：měi，"尾"的雅化字，义末端、末尾。用作自然村落名，如树雅美、湖洋美(闽)，新埔美、饶美(粤)，冲美、衡紫美(桂)。

囊：náng，义低洼，水之曲折。用作自然村落名，如董家囊、铜盆囊(湘)，蛤囊、大坡囊(粤)，罗亚囊(桂)。

㫰：náng，义低洼。用作自然村落名，如窝㫰、大㫰(桂)。

垴：nào，义山丘，山岗，丘陵较平的顶部，山坡的最高处。用作山名，如黄庵垴、寒山垴(冀),竹子垴(湘),雷公垴(赣)。用作山峰名,如大东沟垴(晋),祖师垴、团包垴(皖),鸡心垴(滇)。用作丘陵名,如青木沟垴、大洞沟垴(陕),牛鼻垴、狮子垴(湘)。用作自然村落名,如陈家垴、官地垴(晋),大堡垴、东湾垴(宁),白沙垴、岩尾垴(鄂)。

硇:nǎo,义指山沟或水的源头。用作自然村落名,如黑硇、彭硇、社硇(冀),东硇(晋)。

坭:ní,义同"泥"。用作自然村落名,如兰坭(浙),白坭、赤坭(粤),寻坭、涟坭(桂)。

泥:ní,义沙滩。用作沙滩名,如条子泥、枕头泥、馒头泥、新泥(苏)。

坵:ōu,义低洼地。用作自然村落名,如陈坵(晋),高坵、东坵(苏),中田坵(闽),坵峒(粤)。

扒:pá,义同"朳",即山凹处的小片用柴林。用作自然村落名,如陈家扒、松树扒(陕),常家扒、乱石扒、庙扒(鄂)。

朳:pā,义山凹处的小片用柴林。用作自然村落名,如黄竹朳、黑林朳、花栗朳、黄柏朳(陕),胡栗朳、唐家朳(鄂)。

派:pài,义同"排",即山坡。用作自然村落名,如赤水派、芦派、地派、黄惊派(粤),那楼派、沙田派、杉木派(桂)。

爿:pán,义田地一片、店铺。用作自然村落名,如顶头爿、卢家田爿、施家爿、高坎爿、捣臼爿(浙)。

泡:pāo 义小湖。用作湖泊名称可后缀"子",如牛场泡、黑泡子(黑),西泡子(辽)等。用作自然村落名,如四方泡(黑),月亮泡(吉),马鹿泡(辽),刘家泡(冀),双泡(京)。

培:péi,义较平缓的山坡、山排、山坳。用作自然村落名,如前谢培(苏),徐家培(浙),王家培(赣),大山培(闽)。

沛:pèi,义拦水坝、引水渠。用作自然村落名,如大沛、岗沛(浙),横沛、湖沛、上金沛(闽)。

埲:pěng,义凹坑。用作自然村落名,如吉头埲、独岭埲、大松埲(桂)。

蓬:péng,义同"棚",即用竹、木、芦苇等材料搭成的棚架或简陋的小屋。用作自然村落名,如邱家蓬、郑阳蓬(浙),茶仔蓬(闽),龙湖蓬(桂)。

陂:pí,义山坡、小水坝。用作自然村落名,如黄陂(鄂),黄陂、河陂头(浙),大石陂、上芫陂、黄家陂(湘)。

埤:pí,义低洼潮湿的地方。用作自然村落名,如大港埤、三江埤、走落埤(粤),公鸭埤、龙门埤、泗水埤(桂),红毛埤、乌鬼埤(台)。

僻:pì,义山坡。用作自然村落名,如仰望僻(鲁),长僻(浙),后僻、外山僻(闽)。

劈:pī,义低洼潮湿之地。用作自然村落名,如鸭母劈、上塘劈、鱼木劈、茅中劈、大塘劈、猪乸劈(粤)。

璧：pì，义高耸，同"壁"，即陡峭的山崖。用作自然村落名，如山璧、山塘璧、横璧（粤）。

镢：piě，义烧盐用的敞口锅、烧盐的作坊。用作自然村落名，如七里镢（鄂），华镢、曹镢、潘家镢、野镢头（苏）。

坡：pō，义低洼的大片田地。用作山名，如黄家坡（宁）、寨子坡（鄂），斗笠坡（赣），九盘坡（蜀）。用作山峰名，如楼子坡（京），营盘坡（甘）、大尖坡（滇）。用作丘陵名，如关力坡、曹家坡（陕）、茅石坡、何家坡（湘）。用作自然村落名，如朝阳坡（吉），寨前坡（鲁），落马坡（湘），海丰坡（台）、三脚坡（桂）。

坡脚：pōjiǎo，义山脚处。用作自然村落名，如望城坡脚、哨营坡脚、大箐坡脚、龙臂坡脚（黔）。

埔：pǔ，义山脚平地处、未开垦的荒地、大片的平地。用作自然村落名，如溪埔、瓦窑埔（浙），南田埔、下坪埔（闽），顶后埔、九甲埔（台），松兜埔、龙埔、大发埔（粤）。

埼：qí，义陡。用作自然村落名，如横埼（赣），宁家埼（浙）。

琦：qí，义临海的大土墩。用作自然村落名，如白塘琦、贾家琦（浙）。

碶：qì，义水闸、堰坎。用自然村落名，如杨家碶、涨鉴碶、杨木碶、丁家碶、三眼碶（浙）。

磜：qì，俗称小石山或陡峭石壁为"磜"，同"潦"，或义水涯、瀑布。用作自然村落名，如杨梅磜、小磜（赣）、磜头、邱家磜、苦竹磜（闽）、鸭麻磜、黄磜（粤）。

墘：qián，义边缘、岸边之地，地形稍高仰、地势较高的田墩。用作山峰名，如落岭墘、八种墘、通门墘、黄泥墘（闽）。用作礁石名，如赤墘、圆墘、粪箕墘（粤）。用作自然村落名，如溪仔墘（浙），黄台墘（闽），埔子墘（台），山塘墘（桂）。

磏：qiān，义溶洞。用作自然村落名，如大磏、黄石磏、苦马磏（黔），楠木磏、枇杷磏、长岩磏（蜀）。

屻：rèn，义山埂。用作自然村落名，如张屋屻（粤）。

岃：rèn，义山埂。用作山名，如高寨岃、弔钩子岃、鹧麻岃（粤）。用作自然村落名，如天子岃、光祖岃、竹子岃（粤）。

溶：róng，义谷地。用作自然村落名，如长溶（鄂），水井溶、朱家溶、高家溶（湘）。

汕：shàn，义暗礁、海旁捕鱼之所。用作礁石名，如大瞿南汕、围鱼窟汕、金门槛汕（浙）。

塔：tǎ，义山坡平缓处，较高的台地或丘陵。用作佛教建筑物名，如玉泉塔（京），瞭敌塔（冀），大雁塔（陕），花塔（粤），大理三塔（滇）。用作自然村落名，如黄塔（京），奇峰塔（冀），灯塔（辽），东沟塔（晋），雷家塔（陕）。

塌：tā，义较缓的坡地或山坡平缓处。用作自然村落名，如化林塌（晋），高塌、张家塌、西车家塌(陕),西边塌、周家塌、贾家塌(鄂)。

罈:tán,义水塘、坑。用作自然村落名,如罈溪、罈锦、罈那(粤),路罈、罈花(桂)。

潭:tán,义坑。用作湖泊、池塘名,如龙潭、葫芦潭(陕),翠皎潭(晋),三白潭、大潭(浙),碧潭(台)。用作泉名,如黄打潭、石圳潭(闽),小青龙潭(黔),白龙潭、一甲龙潭(滇)。用作水库名,如龙潭(粤)、凤潭(琼)、龙鉴潭(台)。用作自然村落名,如龙潭(吉),龙潭(冀),东自潭(鲁),金钟潭(闽),相西潭(粤),板潭(桂)。

磹:tán,义大石头、石崖、礁石。用作岛屿名,如大盘磹、洋磹、大磹(闽)。用作礁石名,如十二磹、厝瓦磹(闽)。用作山峰名,如老鸦磹、鸡角磹(闽)。用作自然村落名,如过垅磹、和尚磹、建龙磹、西马磹(闽)。

塄:tǎng,义山间的低平地、地势宽坦的坡地。用作山名,如寨子塄、黄柏塄(陕),天心塄、三角塄(鄂)。用作自然村落名,如阴坡塄(陕),苍茅塄(皖),大坪塄(鄂),鄢马塄(湘),连家塄(蜀)。

趟子:tàngzi,义成行的东西、行列。用作自然村落名,如董春生趟子、史德海趟子(黑),前于家趟子、高家趟子(吉)。

坨:tuó,义可居之地、水塘、低洼地、山间洼地。用作自然村落名,如燕子坨、新板坨、桃子坨、肖家坨(湘)。用作山峰名,如双陂坨、杨家大坨、飞机坨(湘)。

沱:tuó,义可停船的水湾、水湾拦水坝、江河回流处的河畔。用作自然村落名,如网背沱、石角沱、老龙沱(蜀),潘家沱(鄂)。

坬:wā,义低洼地。用作自然村落名,如羊圈坬(宁),油房坬(蒙),清冲坬(晋),艾家坬(陕)。

窊:wā,义低洼地。用作自然村落名,如砂窊、木窊(冀),火烧窊、任家窊(晋),老虎窊(豫)。

崴子:wǎizi。义山、水弯曲处,山路不平,山高貌。用作自然村落名,如大崴子、唐家崴子(黑),河崴子、杨家崴子(吉)。

伭:xiān,义狭窄短小的山窝或峡谷。用作山名,如桃子伭、石人伭(赣)。用作自然村落名,如洋伭、黄伭(闽),黄泥伭、丫叉伭、牛子伭、牛家伭(赣)。

玹:xián,义土地的边缘。用作自然村落名,如圳玹、罗玹、黄茅玹(赣)。

懈:xiè,义湖边高地。用作自然村落名,如鲁家懈、祝公懈、丁家懈、马家懈(鄂)。

澥:xiè,义低凹的湖汊。用作湖泊名,如鄂家澥、油铺澥、叶家澥、田子澥(鄂)。

许:xǔ,义后面、路边。用作自然村落名,如太洋许、王坑许、坝上许、路边许、洞许、坳许(闽)。

桠:yā,义山口。用作山口名,如六旺桠、暗螺岭桠、北流桠(桂)。

亚:yà,义家。用作自然村落名,尹亚、樟亚、游亚、李亚(赣)。

垭：yā，义两山之间可通行的狭窄地方、山口。用作山口名，如魏家垭（陕），烟墩垭、龙脖垭（鄂），仙女垭（湘），风门垭（蜀）。用作山的名称，如龙洞垭（陕），黄石垭（鄂），落阳垭（湘），天上垭（蜀）。用作山峰名，如破庙垭（陕），凉风垭（鄂），大树垭、闷头垭（黔），飞凤垭（粤）。用作自然村落名，如吕家垭（陕），喻家垭（鄂），旭升垭（湘），龙门垭、高岚垭（蜀）。

垭口：yàkǒu，义两山之间狭窄的地方、山口。用作山口名称，如石佛垭口、箭口垭口（陕），白杨垭口（鄂），仙女垭口（湘），风门垭口（蜀）。用作山的名称，如雨岭垭口、凉风垭口（鄂），落阳垭口（湘），天上垭口（蜀），白石垭口（粤）。用作山峰名称，如破庙垭口（陕），土地垭口（鄂），迎风垭口（蜀），大树垭口（黔）。用作自然村落名，如范家垭口（鄂），干竹垭口（蜀），石子垭口（黔），牛角垭口（湘），箭沟垭口（陕）。

堰：yàn，义有堤坝的水域。用作堤坝名称，如东坡堰（宁），司前堰、垟头堰（浙），会龙堰（鄂）。用作河流名称，如太平堰、邓家堰、龙潭堰（湘）。用作山峰名称，如人字堰、丑风堰（晋）。用作自然村落名，如张家堰（陕），唐家堰（蜀），龙堰（黔），赵家堰（桂）。

埝：yàn，义同"崖"，山石或高地的陡立的边缘、水边高地。用作自然村落名，如十埝、冯家埝、三条埝（晋）。

渰：yǎn，义挡水小土堤。用作自然村落名，如双凤渰、店渰、前黑渰、骆驼渰、凤凰渰（晋）。

垟：yáng，义大片平坦田地。用作自然村落名，如翁垟、黄垟、上舟垟、黄家垟、上垟、外垟、宋界垟（浙），昌枝垟（闽）。

漾：yáng，义小湖泊。用作湖泊名，如芦家漾、后湖漾（浙），长田漾（苏）。用作港名，如张角漾、洪四漾（浙）。用作自然村落名，如胡家漾、范家漾、何公漾（浙）。

崾岘：yǎoxiǎn，义同"崾崄"，黄土高原两峁或峁梁间形成的显著凹陷的长而极窄的分水鞍部地形。用作自然村落名，如烈女台崾岘、何家崾岘、桃花崾岘（陕）。

崾岘：yǎoxiàn，义两山之间低凹狭窄处，形似马鞍。用作山名，如石头崾岘、米家崾岘（宁）。用作自然村落名，如阳光崾岘（陕），东路崾岘（宁）。

崾崄：yǎoxiǎn，义黄土高原区两峁或峁梁间形成的显著凹陷的长而极窄的分水鞍部地形。用作山口名，如石砲崾崄、五叉口崾崄、四天崾崄（陕）。用作丘陵名，如红崖崾崄、好汉崾崄、老坟崾崄、老虎崾崄、榆树崾崄（陕）。用作自然村落名，如冯崾崄、张崾崄、毛家崾崄、武家崾崄、小里崾崄、北湾崾崄、羊路崾崄（陕）。

堉：yù，义三面环山地。用作自然村落名，如芦茅堉、莫溪堉、岩坡堉（湘）。

园：yuǎn，义同"园"，种植花果、树木或蔬菜的地方，供人憩息、游乐或观赏的场所。用作自然村落名，如戴家园（闽），杉木园、柯木园（粤），橄子园（桂）。

垸：yuàn，义在沿江、沿湖一带修建的似堤坝的防水建筑物，泛指堤内地区。用作堤坝名,有的后缀"子",如新垸子、化小垸(鄂),永固垸、团洲垸(湘)。用作自然村落名,如施家垸、钱河垸(鄂),安济垸、东西垸、新挡垸(湘)。

皂:zào,古为养马官或养马奴隶的代称,代其住地;山坳。用作自然村落名,如袁家皂、利仁皂、马家皂、罗文皂、毛家皂(晋),青吉皂、茅尾皂、大冲皂、水竹皂(湘),后皂(苏)。

宅基:zháijī,义同"宅",住所、房子。用作自然村落名,如陈家宅基、殷家宅基、何家宅基(苏),陆家宅基、王家宅基(浙)。

掌:zhǎng,义山地沟源处的掌状地形。用作山峰名,如牛心掌、龙宝掌、沙渠掌(晋)。用作山名,如西水泉掌、南沟掌(冀)。用作沟谷名,如大文掌、鹿掌、沟掌(晋)。用作自然村落名,如小蚊子沟掌(吉),乔家掌(宁),楼房掌(陕),圪了掌(晋)。

嶂:zhāng,义土堆。用作自然村落名,如大嶂、龙眼嶂、油麻嶂、铜箩嶂(桂)。

圳(甽):zhèn,义田野间的水沟,田畔小水沟或小溪、河溪,当地群众称为水圳。用作水渠名,如青洋大圳、后溪大圳(闽),嘉南大圳(台),浦南新圳(粤)。用作河名,如新圳(粤),六斗大圳(台)。用作自然村落名,如妙皇圳(浙),塔山圳(闽),何家圳(湘),黄琅圳(桂)。深圳,即因与九龙、新界间有一条颇深的小河得名。

卓:zhuó,义为卓然而立,平地突兀。用作自然村落名,其义同"庄",如冯家卓、柳家卓、吴家卓、宋家卓(晋)。

总:zǒng,明代基层群众组织的通名;清代盐法,十个煎丁编为一甲,十一甲以上称总。用作自然村落名,如念三总("念",义"二十")、念六总、卅总(苏),国字总、恩字总(湘)。

第八节 地名区域性及其用字的文化内涵

地名区域性,系指地名专名或通名用字的语、音、形、义、类五要素及地名结构区域差异的基本属性。

地名的民族特性是地名产生区域性的一个重要因素,我国地名由此可分为满、蒙、维、藏、傣、壮、汉等七大语言地名区。由地名的民族性可以看出,表述地理实体某一特征的词汇,在不同的民族居住区域内,因民族语言的差异,其发音不同,所用注音的汉字字形则不一样,给人的字面含义自然也就不同。但是,这一词汇所用注音的汉字,在某一民族居住区域内几乎到处一样,因而就形成一个区域特色。

地理环境的地域差异亦是地名呈现出区域性特点的一个重要因素。处于不同水平纬度带和海拔垂直带的地区,气候上的明显差异,致使各个地带生长一些特有的植物种类,因而使以植物为语源命名的地名显示出明显的区域性。从地缘关系方面看,我国的东部和南部均面临大海，因而多以海为语源命名地名；我国西北干旱半干旱地带多沙漠分布，因而多与沙有关的地名；长江三角洲水网稠密的苏沪地区多"浜"和"桥"字的村落地名，凡此等等，在全国各地不同的地理和社会环境里，都能形成特定的地名景观。我国古代借助地名用字反映其区域性，在全国各地都可以见到，现举以下五种实例简述之。

第一种，是采用反映各地自然与人文地理特征的专名或通名字，如海、浜、溪、沟、桥、蒙古包、厝、寮、窑洞等通名用字和椰林、红柳、红树等专名用字。"海"字多用于沿海一带的地名，如辽宁省的海城市、凌海市、海州区，河北省的山海关、唐海县、海兴县、海塔区，天津市的静海区、滨海新区，山东省的海阳市，江苏省的海州区、东海县、滨海县、海安市、海门区，上海市，浙江省的海盐县、海宁市、镇海区、定海区、宁海县、临海市、瓯海区，福建省的龙海区、沧海区，广东省的澄海区、海丰县、南海区、江海区，广西壮族自治区的北海市、海城区、银海区，海南省的海口市、琼海市、海棠区等。"浜"是长江三角洲水网稠密地区特有的一种胡同式的小河，因而从带有"浜"字的地名上就可以知道该地是位于长江三角洲这一特定的地理环境里的，如现代京剧名作《沙家浜》，其故事就发生在这里。"溪"与"沟"同为山谷中的小河流，溪代表四季有水的小河流，沟则代表仅在洪水季节才有水而平时干涸的小河流。在气候条件制约下，溪多分布在秦岭淮河以南，而沟则多分布在秦岭淮河之北。因此，依某一河流对溪和沟的不同用字，就可大致判读出该河流所处的地理位置，例如绩溪和巫溪在南方，分别位于安徽省和重庆市；门头沟和百草沟在北方，位于北京市和吉林省。如果有与这一规律相悖的地名，则多数是由其他因素造成的，像辽宁省的本溪市则得名于本溪湖，其中的"本溪"并不是来自溪流，而是源于"杯犀湖"湖名"杯犀"的谐音，依然符合这一规律。"椰林"是热带地区特有的果树，以椰树为地名的地理实体，一定处于热带地区，如《红色娘子军》上描写的椰林寨即是。"红树"是生长于热带亚热带海岸泥滩上的乔木，"红柳"则为生长在内陆干旱地区、沙漠边缘一带的灌木，其树干在地下，故有"地下森林"之称。红树林滩和红柳沟这两个地名就明白地告诉人们所标注的地理实体所在的地域位置。

第二种情况是在各个语言地名区里，方言、历史和自然等方面的原因使地名的用字具有区域特色。例如，"冲(chōng)"，在方言里义山区的平地，或三面环山的狭长地带。多用作溪谷和自然村落名称，主要分布于我国南方一些省区，江苏、安徽、湖南、湖北、云南、贵州、广东等汉语地名区内较为多见，而在北方则很少见到。四边陡峭，顶上较平的山，在山东一带称"崮(gù)"，孟良崮、抱犊崮、崮山等；在西北黄土高原地区称"塬(yuán)"，如陕西的董志塬、丰塬、浅水塬、孟塬、拓家塬、隆太塬、韩家塬，山西的毛家塬，宁夏的海家塬，川东北的大田塬、赵家塬等。山间的平地，浙江一带称"岙(ào)"，有黄大岙、龙头岙、周家岙、长坑岙、白岩岙等；江西则称"坳(ào)"，有干粮坳、下马坳、白石圳等；在云贵一带称"坝子（bàzī）"，有滇池坝子、贵阳坝子、高笋坝子等。田地，在湖南、湖北、江西及其附近一带称"畈（fàn）"，有三里畈、苏家畈、洋塘畈、辛家畈、汪家畈、亭子畈等。

第三种，各地区域经济类型或自然环境上的差异，致使地名通名用字显示出区域特色。例如，江苏省北部沿海一带，自秦汉即国库的重要财源——盐的主要产地，至今仍留存很多与盐业建制、规模和生产方式有关的地名。古代在该地区设盐监若干，驻盐城、泰州、通州等地，监下设场若干，场下分团，团下设灶若干，灶下设镬或锅若干，又以"总"为盐场划分区域的编号，同时还有若干囤盐的仓储之地，谓"仓"。在留存与盐业有关的地名中，体现得很明显的有：盐城市，盐都区的北灶、便仓，滨海县的天场，阜宁县的三灶集、李家灶、新锅子，大丰区的新团、大团、南团、西团、北团、东团、戚家团、沈灶、八灶庄、潘家镬，东台市的西场、北新团、南沈灶、三灶、六灶、四灶、包家灶、何家镬、曹镬、华镬、叶家锅、三仓，海安市的旧场镇、西场镇，如东县的四总、九总庙、十四总，通州区的正场镇、袁灶镇、姜灶镇、五总镇、十总镇，如皋市的西场，海门区的巴场、东灶镇。在地名用字中未明显体现与盐业建制关系的地名也不少，其特点一是去通名"场"，二是将"场"换成"镇"了。这类地名有盐都区的新兴镇、伍佑镇，大丰区的刘庄镇、白驹镇、草堰镇、小海镇、丁溪，东台市的东台镇、安丰镇、富安镇、梁垛镇，海安市的角斜镇，如东县的掘港镇、栟茶镇、丰利镇、马塘镇，通州区的金沙镇、西亭镇、余西镇，灌云县的板浦镇，灌南县的莞渎村。另外，在这地区还有与现代盐业有关的现代地名，如连云港市的台北盐场、台南盐场、徐圩盐场，灌云县的灌西盐场，响水县的灌东盐场、蒲东盐场，射阳县的射阳盐场等地名。同样，在地质矿产丰富的地区，××矿、××厂或以矿物得名的地名，其密集度就较其他地方大得多。在水网稠密的长江三角洲平原，因水多，桥就多，以桥得名的村镇聚落地名就特别多，而在西北新疆、甘肃、青海、宁夏等干旱地区，水少、桥少，以桥得名的聚落地名就更少，在《中华人民共和国地图集》中，仅能在享有"塞外江南"美誉的银川平原上见到几个以"桥"得名的聚落名称，与周边地区形成强烈反差。

第四种，我国云贵高原的贵州全省和毗邻的云南省部分地区，随着社会经济的发展，城乡经济联系逐步加强，自唐宋起，特别是在明清以来，一些农村的墟市发展为固定场镇，对于定期举行贸易活动的集市，人们为了便于计算，并记住逢集交易的日期，便自然使用了十二地支或十二属相（鼠、牛、虎、兔、龙、蛇、马、羊、猴、鸡、狗、猪），并以此命名场镇的地名。例如，若算出某地逢集市的日期为龙日，则该集市所在的地点则命名为龙场，若是马日，则称之为马场，等等。这种地名专名中含有十二生肖用字的，则称之"生肖地名"，若不是场镇这类地名，尽管它也带有十二生肖中某一生肖字，均不可作为生肖地名看待，例如，"马鞍山"之类的地名，因为一，它指代的不是贸易活动场镇类的地名；二，它是以山体形态犹如马鞍状而得名的，二者是不同类型的地名，故"马鞍山"之类的地名不能列在生肖地名之类。生肖地名,在云贵一带分布很广,尤其在贵州,全省各地区都有分布,但大都集中在黔西的安顺、毕节、遵义、六盘水诸地区和黔南自治州,以及滇东的曲靖、昭通、玉溪等地区和楚雄、红河、文山一带。在贵州,生肖加"场"命名的地名总共有301个,其中分布在贵阳市的有18个,六盘水地区有46个,遵义地区有2个,安顺地区有52个,毕节地区有75个,铜仁地区有6个,黔东南地区有18个,黔南地区有49个,黔西南地区有35个。生肖地名的谐音雅化现象亦较常见。在贵州有一类特殊的生肖地名,原来因集市贸易场期为生肖动物对应日而得名某场,如猪场、羊场、龙场、蛇场,在流传过程中,为求吉祥谐雅,改称为某昌,如羊昌、龙昌、蛇昌,猪场又改称同音吉祥名朱昌,或珠场、珠藏。贵州民间习称老虎为大猫,猫似虎,因忌讳老虎,将虎场改称猫场,所以"猫场"地名应视为生肖地名。另外,因忌讳爬行动物蛇,雅化时,将蛇场雅为蛇昌或条子场、顺场。再有就是将牛场雅化为流长,狗场雅化为久场。云贵地区"生肖+场"类地名,既是生肖文化和集市贸易经济发展相结合的产物,又是人们寻找方便的记日方法与人们对于地名的约定俗成的命名方式的体现。这些都与当地人民群众生活习惯有着密切的联系。"生肖+场"地名是彝汉文化交流融合的产物,是彝汉共同的民族文化遗产,为中国地名文化增添了一道亮丽的地名景观。

第五种,由某一历史事件而造成某一与此有关的地名系列在一定地区的分布,呈现出相应的区域历史文化景观。这类地名的类聚,在各地都可见到。例如,在湖北省南部长江两岸的赤壁市、洪湖市、嘉鱼县三市县内,现有101个与三国故事有关的地名,如周郎湖、黄盖湖、陆口(俗名陆溪口)、子敬岭、孔明桥、子龙滩、跑马岭、教军岭、司鼓台、晒甲山等。同样,太湖流域及其附近的江浙一带,是古吴、越国中心地区,现仍留存有众多反映吴越历史文化的有关西施和范蠡故事的地名,如诸暨市的西施滩、西施坊、范蠡岩、西施门、浣纱石,绍兴市的西施里、西施山,萧山区的西施庙,德清县的西施塘,嘉兴市的月波楼、妆台,苏州市的灵岩山、西施庙、西施洞、馆娃宫、采香径,无锡市的风蠡湖、蠡园等。

地名的区域特性,形成地名与地域文化的相互作用,能为我们揭示它所指代的地理实体所在的区域位置,传递区域的有关信息,有助于正确处理区域内地名命名更名和标准化的有关问题。地名的区域性,亦为我们应用地形图研究区域地理提供了一个新途径。

第九节　地名社会性及其作为判断地名的唯一标志

地名社会性，系指地名具有的众人皆知、无障碍的广泛流通和全方位服务于人类社会的基本属性。

地名起源的研究，清楚地表明地名是一种社会现象，是人类社会发展到一定阶段的产物。地名的社会性是由地名的指位功能赋予的，地名在社会上广泛流通，为世人所用，是服务于人类社会交往的一种工具，因此地名具有鲜明的社会性。

地名的社会性是地名宝贵的特性之一，不具有社会性的地物名称，就没有作为社会交往工具这一地名的基本功能，因而也就不能称其为地名。在一个家庭里，家具或其他家用品所陈设的位置，虽然都有一个指其空间方位的名称，但这仅限于家人之间使用，这个指位的名称只要一走出家门，不仅没有任何使用价值，而且连存在的任何形式也都没有了。究其原因，在于家庭仅是社会的细胞，不是社会，在家庭里起指位作用的名称均未经过社会群体的约定俗成，既未得到社会的承认，又不能在社会上流通和为社会交往使用，这就决定它不可能具有社会性，因而也就不可能具有地名基本功能，所以就不能称之为地名。同样，哥哥叫弟弟把芋苗种到大田水沟里去，情侣小张和小李约在老地方（此名系指由他俩约定的某一地点的名称）相会，这"大田水沟"和"老地方"虽然都有明确的方位，但它们都没有社会性，故不算是地名。相反，北京的五棵松和四道口，尽管那里现在已经没有五棵松树，早已不是四条道路的交叉口了，但是由于它们经过社会群体约定俗成，得到社会承认，为世人所共知，为社会所使用，具有社会性，故是地名。因此，作为地名它势必首先要成为人人皆知，然后成为人人所用。在这个交往过程中，所接触到的是整个社会，而不是某一两个人或某一家庭的各个成员。如果一个地名在社会上只限于接触某一两个人，其他人都不知道它，那它就起不到供人类社会交往的作用，它的指位功能也就不能很好发挥，这样它必然就会失去存在的必要与可能。

为了使地名具有社会性，则必须通过"约定俗成"的途径，增加众人对某一地名的认可，即为地名的社会性注入了强大的动力。

地名社会性的重要作用有二：一是指代的地理实体名称只有具有了社会性，它才能成为人类社会交往的工具；二是地名社会性成为判别某一地理实体名称是否可称为地名的关键指标，应用这个指标，无论是在地球上的还是在其他星球上的，凡是具有社会性，并占有一定地域空间（平面的或立体的）地点的名称，皆可认作是地名，相反，则一概不能称作是地名的。

第十节　地名突变性及其保护措施

一、地名突变性

地名突变性，系指一个地名的出现或消失均具有事前无征兆的不可预见性和突然性的基本属性。

就地名的命名而言，"名"的出现总是滞后于"实"的存在。在国家地名管理实施"地名公共服务工程"，要求全国各县市以上所在城镇开展"地名规划"工作之前，任何一个地名的出现总是在其指代的地理实体出现之后，因为只有当人们与该地理实体发生了一定关系，如在那里建了房、办了厂、修了路等，产生了社会交往中指称的实际需要，才会想到要给这一地理实体起一个名字，在这之前谁也不会想到要给这特定的地理空间命名的。但是，一旦想到要命名，这个地名很快就会出现，有时候仅是瞬间即现的事，也往往是强权者一言定夺的事。地名的更名亦是这样，谁也无法预料到身边某一个用得好端端的地名，什么时候会被改掉。2001年，江苏省淮阴市市民痛苦地说："不知为什么，一夜过来发现市名被改成淮安了……"地级淮阴市更名为淮安市（地级），原淮安市（县级）改为楚州区。淮阴、淮安两淮本来相距甚近，改名之后，行人上错车、下错站、跑错地方的事时有发生，两地市民和外地来淮办事的人苦不堪言，可谓怨声载道。在全国曾出现一股假用风景名胜游览地之名，改当地县市名之风，如福建省崇安县改为武夷山市、安徽省屯溪县改为黄山市、湖南省大庸县改为张家界市、四川省灌县改为都江堰市、四川省南坪县改为九寨沟县、海南省通什县改为五指山市、云南省思茅市改为普洱市等，亦同样给社会招来很多麻烦，甚至有的还惹上了官司。这些被改掉的地名都蕴涵丰厚历史文化底蕴，闪耀着该城市独特的内在品格和气质，是该城市的历史记忆之一。一个没有历史记忆的城市，必然是茫然的。城市的老地名既能激发市民对自己乡土的热爱，又可加深外地人对该城市历史文化的了解，可提高城市的知名度，增强城市的内在魅力。因此可以说老地名既是历史，也是文化，更是一种传承与弘扬，是连接古老和未来的桥梁。保护老地名，既保护了历史，同时也启发了现实，既是对过去的缅怀，更是对未来的指引和导向。

二、地名文化遗产及其保护措施

鉴于地名具有上述不可预见的突变性，有必要将一些具有深厚历史文化底蕴的老地名，申报列入相应级别的人类非物质文化遗产名录，以便从法律层面上给予切实保护。只有这样才能避免像淮阴等这样一批有着重要历史文化价值的老地名突然消失的事件再次发生。为此,南京市曾在2007年就成功率先将100条有重要价值的老地名申报列入《南京市非物质文化遗产名录》,而且亦是全球第一家将老地名申报非物质文化遗产的城市,并比联合国教科文组织认定有历史文化价值的老地名为人类非物质文化遗产早一年。

遗产,从联合国教科文组织世界遗产委员会关于世界遗产的界定中,不难看出遗产是指历史上世代传承的最珍贵的财富和作品。其中,自然遗产是大自然的杰作;文化遗产是人类祖先的杰作;非物质文化遗产是来自某一文化社区或行业的各种文艺作品。登记《世界遗产名录》的文化遗产必须是独特、珍稀或历史悠久的,即能为一种已经消失的文明或文化传统提供一种独特的或至少是特殊的见证。

地名文化遗产,系指具有突出的,且有普遍价值的一类地名文化单位(单位:此处即为某个地名文化内涵量丰质高且重要的地名,以下皆同)。

地名文化遗产属于人类非物质文化遗产范畴。由南京知名度颇高且名存实亡,产生于明清时期的"大行宫""麒麟门""仓波门"等老地名,不难看出地名与实体间既可紧密结合,又可完全分离的现实,以及这些名存实亡的老地名已经由当初指代实体(行宫、城门)转变为指代原实体所在的那片地方,即由指具有现实特定形态特征和内涵的地物(清朝康熙、乾隆二帝南巡时驻跸的行宫,明朝开国皇帝朱元璋筑南京城时开的两个城门),因地物的消失而转变为指相应的地片空间。由此可见,地名仅为实体的一种标记而不是实体,地名是供人们口耳相传进行交往的一种工具,是附着在某种媒体上的一种民族文化现象,具有完全非物质的特质。因此,地名是一种地道的人类非物质文化遗产。

在泱泱中华文明上下5000年的历史长河中,中华大地上产生的地名可谓无数,可以列入人类非物质文化遗产的地名,并非一般意义上的老地名,首先在时间段上,国家文化部规定只有在清朝及其以前这段历史时期内产生的非物质文化遗产单位,才可以申报列入非物质文化遗产名录;其次在品味上,根据1972年联合国教科文组织于巴黎举行的第十七届会议,对列入人类非物质文化遗产名录提出的要求,地名文化遗产确认的基本原则,有以下四项:

(1) 为具有悠久历史,且有重要传承价值的地名文化单位;

(2) 为具有丰富地名内涵信息,或具有重要研究价值,处于濒危状态的地名文化单位;

(3) 为具有丰富地名外延信息,且具有突出的普遍价值的地名文化单位;

(4) 为知名度高,长期稳定的,或需要长期保持稳定的地名文化单位。

具体评价方法,详见下页所附表3-4。

表 3-4 非物质文化遗产老地名评价表

评价指标\权值\分值	古悠度 先秦	古悠度 秦汉	古悠度 魏晋隋唐	古悠度 宋元	古悠度 明清	知名度 国际	知名度 国内	知名度 省内	知名度 市内	知名度 县区内	文化含量度 很丰	文化含量度 较丰	文化含量度 一般	文化含量度 较少	文化独特度 国际仅有	文化独特度 国内仅有	文化独特度 省内仅有	文化独特度 市内仅有	文化独特度 县区仅有	文化普遍价值 社会各界	文化普遍价值 社会6界	文化普遍价值 社会4界	文化普遍价值 社会3界	文化普遍价值 社会1/2界	文化传承价值 很大	文化传承价值 较大	文化传承价值 一般	文化传承价值 较小	评价结果 分值	评价结果 名次
	10	8	6	4	2	10	8	6	4	2	(6)25	(5)20	(4)15	(3)10	(2)5	20	16	12	8	4	15	12	9	6	3	20	16	12	8	4
类别 序号 古政区																														
古聚落																														
古建筑																														
古山川																														
古坊店																														

说明：
1. 古悠度，即地名得名的时代，计分五个历史时段；
2. 知名度，即名表，即地名的影响地域范围大小；
3. 文化含量度，即地名的内涵和外延文化亮点多少，含 6 个以上者为很丰富，含 2 个及以下者为文化含量较少；
4. 文化独特度，即地名显示文化信息的稀有程度，有的属县（区）内仅有，有的则为国际上仅有；
5. 文化普遍价值，即地名内涵对社会各界影响的程度，有的仅对宗教界有价值，有的则对当地政治、文化、经济都有明显的影响，如政区地名；
6. 文化传承价值，即地名内涵文化在社会及历史长河中已经或将被运用的程度和可能性。

将申报成功的老地名登入地名文化遗产名录。该名录系指以图文引索的形式,简洁、全面、权威的登记,辑录和介绍申报且获准的一项项地名文化遗产保护单位原生态遗存的册子,其具体项目有:序号、编码(政区代码+地名代码+序列号)、标准名称、遗产类别、所在政区、遗产概况、影像图片、保护级别(国、省、市、县),以及分布地图等。凡列入该名录的老地名,一方面必须有相应的保护措施,加以切实保护,同时也必将得到国家人类非物质文化遗产保护法的保护,任何人均不可以随意更改名录中的任何一个老地名,否则必将追究其法律责任,从而使地名文化遗产得到切实保护。

地名的突变性是地名十大重要特性之一,成为地名学基本理论精髓的一个重要组成部分。尤其是对制定保护老地名的决策而言,申报为人类非物质文化遗产提供了坚强的理论依据。

第四章 地名标准化

第一节 地名标准化概述

一、地名标准化社会背景

(一) 地名的社会性不能充分体现

地名的社会性表现为社会的共知性、广泛的流通性和全方位的服务性。但是，鉴于地名的民族性、区域性，各民族语地名之间壁垒森严。随着人类社会发展，地名的这一局限受到严峻的挑战。特别是高科技的发展，使人类社会迅速跨入信息时代，人们对于地名标准化的要求也更为迫切。地名是一种社会现象，任何一个现代地名均为某一民族语言文字的一个名词。地名民族性的烙印，既使地名的语、音、形、义、类五要素更显多姿多彩，又使各民族语地名间鸿沟阔深；地名的区域性亦进一步加深了地名语、音、形、义、类五要素在地区乃至国家间的差异；加之地名管理的滞后，各地均存在一定程度的一地多名、一名多写、译写不一等地名混乱现象，致使地名的"位"这一要素产生了错位，不能体现特指的功能。这些差异和混乱，使地名的社会性不能充分体现，这不仅给人们的相互交往带来困难和麻烦，而且若遇战争还会贻误战机，以及延缓各项事业的发展，尤其是在民族语地区之间或国与国之间，地名不能直接流通，长期以来给国际交往带来的影响，减缓了人类社会前进的步伐。

(二) 信息时代的召唤

随着人类社会文明程度的不断发展，人们的相互交往越来越频繁，活动的空间舞台越来越大，特别是到了现代科学技术在各个领域得到了广泛应用的 20 世纪中叶，地名间的这种地域壁垒终于受到了严峻的挑战。电子计算机的出现，高度现代化的邮电通信技术，极大地缩短了人际间的时空距离，使之在古代看来十分遥远地方的信息，瞬息可得，地球也似乎显得越来越小，成为"地球村"了。高科技的发展，将人类社会带入空前的信息时代。信息时代的显著特点，就是信息的获取贵在及时和准确。在市场经济的社会里，在政治、经济、军事、科技等一切领域均存在着激烈竞争；竞争的胜负，关键就看谁能最先获得有关信息，谁就能把握主动权，谁就会受益匪浅。在信息的时代里，作为人类社会交往的工具，作为信息载体和传输导向的地名必须标准化，每一个地名均应该具有统一的称谓和书写形式,实现六要素一体化,以确保全球信息快捷准确地传递,否则必将导致差错,贻误时机,招致失利,给个人和国家造成损失。因此,可以说地名标准化实属信息时代的召唤!

(三) 地名标准化的国际性

信息的交流,地域空间越远,对其便捷程度的要求就越迫切。为满足全球信息快捷准确地传递,地名标准化若仅在一两个国度里进行那将是无济于事的。为此,早在20世纪50年代初就有人提出在国际范围内实行地名标准化的建议,并得到国际社会的热烈响应。在国际社会普遍要求下,经多次向联合国秘书长提出,要求在联合国范围内解决这一全球性的问题,联合国于1960年成立了地名专家组,并于1967年召开了首届联合国地名标准化会议,他们分别每隔两年和五年举行一次国际会议,研究与部署地名国际标准化大计,借以推动世界各国有组织、有计划地开展地名管理工作,进而实现地名的国际标准化,保障全球信息快捷而准确地传递。

二、地名国际标准化的概念

地名国际标准化,旨在通过各个国家地名的标准化和包括确定不同书写系统间对应词在内的国际协议,使地球上的每个地名和太阳系其他星球上地名的书写形式获得最大限度的单一性。为此,各国采用一种书写形式使国内地名标准化,使用非罗马字母语言文字的国家提供一种罗马字母的拼写形式,制定一套国际公认的不同书写系统的转写法,以便将地名转写成另一种语言的形式,为了实现地名标准化,要求各国建立全国性地名机构,指导国内进行地名标准化工作和制定地名标准化原则,确定本国地名标准化书写形式,对少数民族和方言地名,制定出一套实用的统一的拼写原则,尽量减少地名的重名现象和外来惯用名,对业已标准化的地名要编纂出版地名录、地名词典和标准化地名图,并进行国际交流。由联合国地名专家组和标准化会议负责处理跨国或国际公有领域地理实体名称的标准化问题。

三、中国地名标准化机构及基本要求

我国于1977年成立了中国地名委员会及其办事机构;继之,各省市县亦成立地名委员会和办公室;1988年在民政部设立行政区划和地名管理司,主管全国地名标准化工作。

我国地名标准化总的要求是地名的读音和书写要符合正音正字的规定、含义健康、命名更名履行法定的审批手续。其中标准名称的确定和正确的读写,是实现地名标准化的重要环节。

第二节　地名标准化措施

实现地名标准化，需要采取许多措施，但其中关键措施是以下几点。

一、建立健全全国性的和相应的地方各级地名管理机构，负责相应行政区域范围内的地名标准化工作。

二、依据国家的方针政策和地名标准化的要求，制定地名命名更名原则和地名管理工作条例，以及地名资料管理办法；明确地名命名更名的审批权限、全国地名管理工作方针政策与地名资料分发管理的具体章程或办法。

三、制定国内外地名译写规则，明确外国地名和国内少数民族语地名的汉字译写、中国地名罗马字母的拼写、各民族语之间地名相互译写的实施原则和方法。

四、组织地名调查及资料的搜集、整理、审定，统一国内地名资料，消除历史上遗留下来的各种含义不好和混乱的地名，确定其标准名称，实施地名的定语种、定音、定形、定义和定类，逐步建立起一套完整的地名档案。

五、在城乡普遍设置地名标志，推行标准化地名。

六、对社会上各行各业使用的地名，实施全面检查和监督，纠正各种违规行为。

七、编辑出版各种标准地名资料，将业已标准化的地名编辑成地名录、地名志、地名词典、地名图等各种图书资料，供各行各业使用，以消除混乱。

八、制定出本国地名罗马字母的拼写法则，在国家地名标准化的基础上，通过国际合作，逐步实现国际地名标准化。使用非罗马字母语言文字的国家地名的罗马字母拼写方案，要经过联合国地名标准化会议通过后，方可作为国际标准。要由联合国地名专家组和联合国地名标准化会议研究确定跨国的山脉、河流等各种地理实体（含宇宙和洋底）的名称命名和标准化问题。

九、通过协商制订出双方都能接受的转（译）写方案，以统一按照双方语言和标准名称的书写形式，逐步做到不同语种相互转（译）写的规范化。

第三节　地名标准化处理原则

地名标准化处理，在地名管理发展史上是一次拨乱反正的壮举，要对在亿万人民群众中间沿用了数百年或上千年的地名动真格，不仅要牵涉社会的方方面面，而且对日后会产生久远的影响，此举轻率不得。为了使地名标准化的处理能够收到不仅造福于当前，而且造福于子孙后代的效果，在全面贯彻执行国家《地名管理条例》规定的有关原则前提下，还应遵守以下几项原则。

一、尊重历史

地名是历史形成的,应该以历史唯物主义的观点正确对待各类沿用的地名。我国是一个幅员辽阔、民族众多、历史悠久的国家,拥有数以千万计的地名,在历史发展的过程中,几经演变方流至今。因此,地名标准化工作必然涉及历史渊源、发展、演变等各方面的情况,只有了解过去,总结其命名更名的规律和具体地名的独特变化,才能在继承历史文化遗产和古为今用的前提下确定标准名称,为国民经济建设和科学文化发展服务。尊重历史,即多采用或保留老地名,这样即可提高标准地名的稳定程度和知名度。历史证明,这是决定成败的关键。沿用已久的老地名,它们影响的范围大、时间长、知名度高,保留或采用这类老地名,所带来的必然效果是地名的稳定性强、社会影响力大、产生的社会与经济效益高,地名的命名更名和调整一定要从实际出发,一定要尽量保持现行地名的稳定,凡属可改可不改的地名一律不改。

二、尊重群众

现行地名是人们约定俗成的一种语言代号,它产生于群众之中,又为广大群众所广泛使用。从地名的语、音、形、义、类的各种规范都是来自某个区域人民群众长期的拼写实践,并又回到人民群众长期的拼写实践中去的事实,可以看到"约定俗成"是地名正词法的灵魂。在实施地名标准化时尊重群众意见,贯彻"约定俗成"的原则,才能做好地名标准化工作,使标准化的地名具有经久不衰的生命力。实践证明,采取集中了群众意见的"起用曾用名、改字不改音、以方位相区别、以大小相区分、照顾习惯"规范方案,可以收到留者有利、改者有理、群众乐意、领导满意、阻力小、改得快、便于传播使用的效果。中国文字改革委员会于1982年发布新的《审音范围和审音原则》中规定"以符合北京音系发展规律为原则,以便于方言区人民学习普通话为前提;个别词语也要根据实际情况而定……"这一原则对于地名标准化处理具有指导意义。例如,有的异读地名,尽管不规范,但群众已经习惯,就可以考虑沿用原音;一些习用字,尽管是别字,但是已经相沿成习,且在广大范围内通用,地名的原义早已消失,在标准化中给予承认,则符合语言约定俗成这个自然规律,若予以纠正,反而会出现新问题。

三、系统化

地名标准化处理是一项系统工程。地名的标准化不是某一国家或某一地区的事,同样也不局限于某一部分地名或某一类地名,它是针对地球上或其他星球上所有地名而言的。地名标准化的处理,也并不局限于地名的语、音、形、义、位、类的某一要素,地名的语、音、形、义、位、类六要素都需要按照标准化的要求做全面的处理,存在什么问题就处理什么问题。派生地名与主地名的协调等问题的处理,亦是地名标准化不容忽视的方面。因此,如果不从地名的各个侧面进行系统的考虑和统一处理,要想取得地名标准化的成功,全面地实现地名标准化,是办不到的,这是实施地名标准化处理必须注意的一个重要问题。

四、科学化

地名标准化处理是一项科学性很强的工作。地名和其他任何事物一样,有它自身形成和发展的客观规律,地名标准化处理既然要实现统一,法定地名的称呼和书写形式就必须遵循地名的内在规律和地名命名更名的规律,综合运用语言学、社会学、地理学、历史学、心理学、审美学等相关学科的知识,科学处理地名的各种不规范的问题,促进地名词的分化,增强地名的区别性、稳定性和美感性,提高地名词的科学水平,达到易读、易懂、易记、易找,词义准确,便于传播使用的效果。

五、逐步实施

从总体上讲,符合标准的规范化的地名仍占多数,不规范的地名只是少数,但是不规范地名的总量并不少。为了适应社会发展的需要,确有必要对一些不规范的地名进行定语、定音和定形等规范化工作。但是,由于地名内在规律的稳定性和地名社会流通持续性等方面的影响,对较多的不规范的地名一次全部处理定型往往难以实现。这就要求根据不同情况,分散难点,分期定型,逐步缩小范围,最后达到地名全部标准化。例如,处理地名重名问题,地区内乡镇重名,县境内行政村重名的,原则上都要更名,但是如果一个地区内的城关镇和一个县境内行政村重名的数量很多,一次更改难以推行,可以从实际出发,逐步更名。对多音异读字、生僻字的处理,同样也要防止造成一次大量更名。对其他方面,包括各民族语间相互译写的规范化问题等,一时尚难解决的问题,都要采取逐步解决的办法。只有这样,才能把规范化的工作做深、做实,确有成效。

第四节 地名标准化处理方法

地名标准化处理,旨在按照一定的要求,通过一定的途径,来统一法定地名的称呼和书写形式,以避免概念与意义上的混乱、表述与理解上的分歧,以及名称的多变等现象,从而便利社会发展和社会交往。由此可见,地名标准化处理的关键在于正形正音工作,在中国没有规范化的汉语表达形式(正确的读音和书写形式),就不可能有标准化的地名。根据地名词的特点,对地名进行标准化处理,需要从地名的语种、字形、语音和词义等方面入手,使地名的语、音、形、义、位、类六要素都纳入标准化轨道。

一、地名语种、语音规范化处理

地名语种和语音规范化,就是按照正音法,在统一概念下,依据音实相符的原则确定地名的语种,消除异读、避免同音、处理方音,按照普通话的标准音确定每个地名用字的语种及其读音。即依据《新华字典》《现代汉语词典》和1963年制定的《普通话异读词三次审音总表初稿》等进行正音定字,用汉语拼音方案作为拼音书写的规范,依据中国文字改革委员会和国家测绘总局制定的《中国地名汉语拼音字母拼写法》拼写地名。

地名语种规范,主要针对各少数民族分布地区用当地少数民族语言命名的地名。规范时,先确定好民族语地名的民族语正确读音,再采取汉字音译的方法,将该民族语地名改写成通用语形式。

地名语音不规范主要表现在同音、多音异读和方音三个方面。

(一) 同音现象的处理

汉语地名词的同音源于汉字本身多同音字。如 Lǐ Xiàn,同音的就有礼县、理县、澧县、蠡县;Yìyáng Xiàn,同音的就有弋阳县、益阳县(现为益阳市)等。这些同音地名在形声汉字里是可以区别开的,但在拼音化后就要靠标注声调进行分化来区别了,特别是在同音混淆内的地名必须通过标声调加以分化。另一种是由于地理条件或历史背景相同或相近,命名的方法相同,不少地名词专名的音、形和描述意义都相同,只是概括实体性质的通名不同,例如海门,在江苏省有海门市,浙江省有海门镇,广东省有海门湾和海门乡。对这类专名相同的同音地名,只要不是同一区域内的同类同级地名,就不会造成混乱。

在标准化过程中,要通过调查和协商,对专名加修饰词来分化这种同音不同形的地名。尽量做到政区名称全国县级以上的不重音,一个省内乡级的不重音,一个地级辖区内行政村级的不重音。

(二) 多音异读现象的处理

多音异读的地名从音素上讲,可以分出声同韵异:如百色市的"百"读"bó",而百读 bǎi,则为数词了;韵同声异:如泌阳县的"泌"读"bì",而泌读 mì,则为分泌的泌;声韵同而调异:如济南市的"济"读"jǐ",而济读 jì,则为救济的济;声韵调皆异:如渑池县的"渑"读"miǎn",而渑读 shéng,则为古水名。在这四种异读现象中常会发生多音字读音不当的情况,如牌坊村与油坊胡同中的"坊"为多音字,用作表示手工业工作场所或旧时称某些店铺的油坊、作坊、茶坊时应该读作 fáng,而不读作 fāng,而当用作表示纪念物或实体时则应该读作 fāng,如牌坊,不读作 fáng。

从词义上讲,又有意义相同和不同两种异读现象。表示词义不同的异读,反映出音随义转,如乐读 lè,为快乐的"乐",乐山市(四川);乐读 yuè,为音乐的"乐",乐清县(浙江)。华读 huá,为中华的"华",华容县(河南);华读 huà,为姓氏的"华",华县(陕西)。

大读 dà,为大小的"大",大吴县(云南);大读 dài,为大夫的"大",大城县(河北)等。表示词义相同的异读,是地名词特有的一种习惯异读,或古音异读和文白异读现象,如一般语词里的"河蚌"(水生动物)中的"蚌"读作 bàng 和"六十"中的"六"读作 liù,但在地名词"蚌埠"和"六合"中则分别读成 bèng 和 lù。

对词义相同的地名词异读现象,只需注明当地习惯读音,不一定要做调整处理。对其他几种异读现象,只需根据本地的习惯和仔细考察地名的来历与用字的含义,以实定音,分别确定其标准音,不必做其他处理。

(三) 方音现象的处理

中国幅员广大,人口众多,方言复杂。方言地区的地名都有本地的方音。作为规范形式的现代汉语地名词,一般只能标注普通话的标准音。因此,要掌握方音与普通话声母、韵母和声调的不同,应以普通话语音为标准,按照普通话的声、韵、调纠正当地人读地名的方音。大多数方言地区,都可以按照普通话与方言的声、韵、调的对应规律,把方言读音折合成普通话的读音,如暖河子地名的"暖"字,在方言里读作 nǎn,在普通话里读作 nuǎn,规范时将"暖"的音标成 nuǎn 即成。但是,有少数方言地名,由于用字生僻,或字源未明,或原来就是有音无字,当地写法又很乱,定字标音均很困难,需要将其用字和标音联系起来研究,运用方言学的知识加以解决。

二、地名字形标准化处理

地名标准化要求地名的汉字书写必须使用国家规定的符合正字法要求的形体标准的规范字,不准用异体字、自造字、错别字、旧体字,实现字形与其音、义之间,以及与实体之间完全吻合;简体汉字要以中国文字改革委员会和文化部 1955 年发布的《第一批异体字整理表》、中国文字改革委员会 1964 年编印的《简化字总表》和中国文字改革命委员会与文化部联合印发到省级出版印刷单位的《印刷通用汉字字形表》(或《新华字典》《现代汉语词典》)所收的单字条目字为准。地名用字不规范的具体表现,主要是异体字、自造字、错别字、方言字、生僻字和旧体字等方面。

(一) 异体字的处理

异体字是指跟规范字的正体字同音同义不同形的字,在新出版的字典中排在正体字后面括号内的字即是,表示已经废除的字。此外,已废止的《第二次汉字简化方案(草案)》第一、二表中的 853 个字,即非简化字,如廷(建)、亍(街)、咀(嘴)、宍(家)、圫(垄)等,亦属异体字范畴。文化部和中国文字改革委员会 1955 年和 1964 年分别公布的《第一批异体字整理表》和《印刷通用汉字字形表》,使有些地名常用字的异体现象得到了解决,如峰(峯)、溪(谿)、村(邨)、坳(垇)、岳(嶽)、晋(晉)、昆仑(崑崙)等等,但现在仍有不少地名词的异体字尚未正体化。

异体字有两种,一是因地而异的,即同样的音和义,在不同地区有不同的写法,如"十里铺"的铺(pù)是旧时的驿站,不少地方又写作"堡",各地都将义为"山间平地"的字读作 ào,但各地就有坳、垇、岙等不同写法;二是因人而异的,是因不同人用不同的同音字、近音字或简体字替代某一繁体难认字而出现的不同写法,如把"澳"写成"沃""澄"写成"汀"。在方言区,也有由方言连读音变而造成的异体字,如闽东地区将"西埔头(tóu)"写成"西埔流(liú)","卓坂(bǎn)"写成"卓满(mǎn)"等。

异体字有时可以起到分化同音地名的作用,但异体字会产生音、义不明及字形难懂的效果,有的还因是不见于各种字书的俗字,徒然增加汉字总量,因此需要依据新出版的字典改用正体字。

(二) 自造字的处理

自造字又称生造字、滥造字,说法不同,意思都一样,系为实际上没有的字,全凭个人杜撰出来的,在字典中根本查不到,如傃(侉)字即用"山东人"三个字合成的一个字,代替"侉家屯""张侉屯"等地名中的"侉"字,这类字只有造字的人认识,在社会上无法通行,不合汉语规范。遇到这类不识的字,通过走访,弄准地名的本义后,以字典中相应的通用字取而代之。

(三) 错别字的处理

字的笔画和结构写错了的字叫错字,张冠李戴地将甲字误写成乙字的字叫别字,别字也是错字的一种,错别字不合汉语规范,错别字会使地名词义发生畸变,即词不达意。例如"蕨菜沟""正蓝旗""黄泥岗",若写成"决菜沟""正兰旗""黄泥冈"则意义全变了。"蕨菜沟"是以植物命名的地名,"蕨"为植物名,"决"不指植物;"正蓝旗"中的"蓝"字是指颜色上的区别,"兰"是植物名,不指颜色;"黄泥岗"指黄土坡,"岗"为不高的山或高起的土坡、沙坡,"冈"则为较低而平的山脊、山梁。对地名中错别字的处理,需要通过实地对所指实体的考察,寻觅其地名的描述意义,按义实相符的原则进行更正,对于确属习用的字,则予以保留。

(四) 方言字的处理

方言字是指在方言地区通行的俗字,较多地见于人名和地名。有的方言字,音有异读,如"埔",大埔(bù)、黄埔(pǔ);有的方言词,字源不明,人们便借用别字或新造字来表示,如"深圳"的"圳"字(田野间的水沟)通行于福建、广东等地,"塯前"的"塯"(泥浆之义)通行于闽北。

规范方言用字,既不能全盘接受,也不能一概淘汰,宜采取保留与淘汰相结合的做法,其基本原则是尊重群众习惯,照顾地名书写形式的稳定性。对已经成为习惯的写法不要做大规模改动,需要更改时要经过群众讨论,进行必要的宣传和解释;尽可能贯彻汉字改革精神,少用繁体难认的字、生僻字、方言字,命名和定名时,选用笔画简单的常用字,地名用字的确定,要有利于同音地名的分化,即多采用同音异体字。具体处理方言字时,通名从宽,专名从严。本地书写定型、音义确切、使用频率高、流行较广的给予保留,相反的则从严。对凡《新华字典》和《现代汉语词典》上已收的方言字予以保留沿用,没有收的则尽量少用,基本上要改写成音义相同或相近的通用字。用方言字(方言词)命名的地名,在通用字范围内的,一般照用,如鸡公屿、猪姆山等。如果当地已用含义相同或相近的通用字代替生僻的地名用字,群众已成为习惯的,则沿用,如福建晋江市的"硋灶"写成"磁灶",原名"硋灶"可视为别名处理。若某个地名现阶段还没有标准语词来称呼,就可以用方言词。如果地名中的这个方言词将来有可能进入标准词汇,现在就要保留。训读字即符合方言地名之义的普通话表达形式,因符合本地书写习惯,并有利于推广普通话,基本沿用。对那些较生僻难懂的方言地名,普通话里若有相应词的,则参照训读的方法改写成普通话的同义字,以避免生僻字,原来方言词作为别名处理,如福建方言词"目睭山",当地有"眼睛山"这普通话的说法,故将其方言词改写成"眼睛山",作为标准名称。对那些带有区域性或有一定含义的通名用字,由省地名管理机构统一组织专业人员标注含义及当地读音,然后写成材料经省地名委员会研究,提出处理意见。对确定保留的方言地名用字要填写《地名方言用字审音定字申报表》,详细而准确地填写字形、语种、方言、当地读音、普通话折合音、含义、使用次数、分布情况等内容,上报中国文字改革委员会审音定字,同时抄送中国地名委员会。对少量没有什么含义,而现代汉语字(词)典上又没有的方言地方字,可改用常用字代替。

(五) 生僻字的处理

生僻字是属于不常见的,难认难懂难写的字。其中有三种:一是读音生僻的异读字,如蚌(bèng)埠、六(lù)安、涡(guō)阳中的 bèng 与 bàng、lù 与 liù、guō 与 wō 相异读;二是形近易混的字,如亳(bó)州市名中的亳与毫,颍(yǐng)上县名中的颍与颖易混;三是专用于地名的专用字,如歙(shè)县、黟(yī)县中的歙和黟二字。

对生僻字地名的规范,首先要考虑生僻字具有的区域性(当地人不会觉得生僻)、相对性(各专业部门均有特殊用字,本专业人员不会觉得生僻)和时代性(经济发达、全民文化水准高的时代,人们感觉生僻的字很少)等特点,以及不中断当地贯穿千年的历史文化脉络,依据以维持原义为重、便于海内外联系、尊重当地群众习惯等原则,进行分析研究,权衡利弊,区别对待,审慎处理,分别给予保留、选择或重新命名。凡是《新华字典》和《现代汉语词典》已经收录的字,一般不予更改;对未收录的字尽量少用,对那些个别的且无义可释的小地名用字,若需要更改的,则可以采取复原(起用古字或初名的用字)、改用法定的简化字、正体字或同音同义、同音近义、互通字(如趾与址)、近音雅化、重新命名等方法,以常用字代替;若要保留的,则填报材料,由中国文字改革委员会审音定字。对那些带有区域性并有一定含义的通名用字可暂时保留,但要确定其读音,以便在今后出版的字(词)典中反映出来,供人们认读。一般说来,反映地理特征、历史文化,符合字书上的音义的字,和流行广泛、使用频繁、当地群众熟悉,反映历史背景和方言特点的字应放宽采用;群众生疏的罕见的字,则要从严淘汰。

(六)旧体字的处理

旧体字,系汉字简化前所通用的繁体字。旧体字亦属于异体字范畴,在《新华字典》和《现代汉语词典》上与异体字一道被括在正体字之后。在对地名实施标准化处理时,遇到旧体字,一律依据《新华字典》和《现代汉语词典》更换成正体字。

总之,在处理地名字形时,必须综合考虑,体现简化汉字的精神;照顾群众习惯,保持地名的稳定性;有利于地名的分化,坚持科学化、准确化等原则。

三、地名词义规范化处理

地名词义的规范化基本要求是,尽量做到义实相符,对凡含义不健康、有损于国家领土主权和民族尊严、有民族歧视、侮辱劳动人民性质的地名,以及外来的和强加给我国的地名,均予以更名。

地名词全为合成词,其词义一方面具有反映人们对地理实体的地形、地物及其地理位置的具体认识或该地历史上发生过的某种事件的事实情况详细信息的描述意义;另一方面具有表示地理实体的位、类和主要社会经济特征的概括信息的基本意义。规范地名词义工作的基本点是:一对现行地名,因为时过境迁,地名词的某种描述意义往往无从稽考,因此,不必拘泥于地名的描述意义,要求在尽可能顾及描述意义的情况下,使其基本意义准确化;二对需要命名的地名,鉴于地名词的描述意义是地名内涵的科学价值之所在,因此,从发挥地名全方位服务于人类社会的特定功能来看,地名的描述意义任何时候都是不可忽视的,规范词义时需要择其最贴近描述意义的词作为标准地名词,若描述意义实在无从稽考,那也不必拘泥不前,可以根据现实通用程度,择其新义,定其标准名称。从词义角度规范地名词的主要任务在于解决一地多名和用词用字不当问题。一地多名是地名词中的一种同义现象,易产生异地的误解。地名词因是地理实体的专有名称,为了准确化,应该避免同义现象。常见的一地多名、一名多写有七种情况,规范的要求不尽相同。

(一)简称的规范处理

简称,系指对较复杂名称的简化形式或其代称。大地方的地名常有简称,如中(中华人民共和国)、美(美利坚合众国)、京(北京)、沪(上海)、津(天津)、苏(江苏)、浙(浙江)、皖(安徽)、宁(南京)、广(广州)、杭(杭州)等。按照历史的习惯和便于交通线路的命名,有必要保留国名、省名、大都市名的简称。对一地有几个简称的,如上海,简称沪和申,广州简称穗和广,只保留一个较为通用的简称作为标准简称,如上海取沪舍申,广州取广舍穗。

（二）别称的规范处理

别称，系指正式名称与旧称以外的名称。别称各地都较流行，有的城镇有几个别称，如广州别称羊城、花城，南京别称石头城、白下、台城、金陵等。规范时，择其比较恰当且常用的一个作为法定别称，如广州取羊城、南京取金陵。

（三）雅、俗称的规范处理

雅、俗两种名称，常见于方言地名的中小地名。雅化地名就是过去曾被文人、学士将方言词地名雅化为"官用地名"。其音、形、义与原方言词地名往往都不相同，如福建的"牛田"被雅化为"龙田""尽尾"被雅化为"集美"等。俗称为非正式的一种通俗的名称，通行于口语，如北京俗称京城或古时称皇城。雅称往往用于书面语和行政单位名称，雅化地名如果已为群众所熟悉了，则可以用作标准地名，如集美现已成为标准地名了；雅化地名若始终未被群众承认，则应该保留原方言词地名，如下桥（雅名嘉儒）。规范时，可以按照当地大多数人的习惯，考虑到新旧说法的更替趋势，提出方案，让当地人讨论通过，确定一种为标准雅称。南京，鉴于是国父孙中山就任临时大总统和长眠之地，孙先生终生以"天下为公""博爱"为怀，加之南京市民践行孙先生的教导，从不排外、大度包容，素有"博爱之都"美誉，因此雅称"博爱之都"当之无愧，"博爱之都"现已成为南京城市十大名片之首，亦是其他城市无法比拟的经典之处。

（四）双称的规范处理

双称，系指对一个地点有两个正式用的名称，如沈阳市的皇寺广场又称劳动广场，中山广场又称红旗广场。对这类地名，在含义健康的前提下，以照顾历史久、影响大为原则，选择一个比较恰当的词作为标准名称，将另一种称说改作曾用名，以便做到一地一名、写法统一，便于交往。

（五）双语名称的规范处理

双语名称，系指一个地点同时拥有两种语言文字的不同的名称。这在民族杂居和边境线上较为多见，这也是地名的一种一地多名的现象。对这类异名同义问题的处理，在国内的可以依据当地居民的民族成分比例，参照历史习惯，协商解决。至于与外国语地名的关系，如我国与尼泊尔王国对世界第一峰的不同称呼，是属于国际范畴的事情，留待联合国地名标准化会议去处理。

（六）政区与驻地名称的规范处理

驻地名称，系指行政区单位治所所在地的居民点的名称，并非所处的地理位置。行政区域名与其驻地名的专名统一，这个命题仅是作为地名标准化的一个方面提出来的，但是就其科学性而言仍旧是一个值得研究的课题，在下一章中将做进一步阐述。政区名与其驻地名无论专名是否一致，在规范化处理时，均要作为两条地名处理，最好是二者的专名不要一致;在大比例尺地图上,政区名称采取面状注记的配置形式分散配置在相应区域内,在小比例尺地图上,将驻地名称括注在政区名称的正下方。

(七) 用词用字不当的规范处理

地名中用词用字不当的,一种是属于政治问题的,表现为所用的词或字有损于领土主权和民族尊严,违反国家方针政策,有民族歧视、侮辱劳动人民、极端庸俗含义的;另一种是属于用了错别字而使地名词义产生畸变的,如将"蕨菜沟"写成"决菜沟"。规范时,对前者,按照国家《地名管理条例》规定的有关条款处理;对后者,则按照处理错别字的方案处理。

四、地名类别规范化处理

地名类别,系指地名所指代的地理实体的类型,概括地表述地理实体的性质特征。在浩如烟海的地名中存在着因派生而借山名、河名等标注聚落或政区名的情况,如四汊河(河名、集镇名)、青山(山名、镇名)、三河闸(水利设施名、集镇名),等等。这种同名异类现象,极易造成表述与理解上的分歧和概念与意义上的混乱,不符合地名标准化的要求。对这类地名的规范化处理,采取在用于表示聚落或政区名称时,于其原名称的后面缀以相应通名的办法,以促使类别分化,使自然实体等类的名称聚落化或政区化,实现异名异类,如四汊河与四汊镇、青山与青山镇、三河闸与三河闸镇,泾渭分明。对其他异类同名现象,亦可参照此原则处理。

五、地名位置规范化处理

地名位置,系指地名指代的地理实体所处的具体空间位置。由地名定义可知,地名是按单个地理实体逐一赋称的,地名与它所指代的地理实体均为一一对应,每一个地名都有它特定的空间位置。但是鉴于种种原因,不可避免地产生一名多地、一地多名、一名多写、一名多译而带来的重名现象,使名与位失去了固有的对应关系,造成地名指位失准,有损地名最重要的功能——指位功能的发挥,给人类社会顺畅交往带来重大障碍,因而地名位置的规范化即成为地名标准化要达到的一项重要目标。因实现地名位置规范化,关键在于消除地名的重名现象。因此规范地名的字形和地名译写行为,即是实现地名位置规范化的重要措施。至于地名译写规则将在第六章中介绍。

第五节 地名标准化处理实际工作

在地名标准化处理的具体实施过程中,需要做的实际工作主要有以下几项。

一、地名命名和更名。对新建的居民点和城镇的街巷,没有名称的山、河、湖等自然地理实体，含义不好的地名和在一定区域范围内同类同级重名的地名，要按照命名更名的原则进行命名或更名。

二、确定标准化名称。对一地多名、一名多写或多译的地名，必须根据当地通用程度确定其中的一个作为标准名称。在确定书写的标准形式的同时，要确定其标准读音。依据《新华字典》或《现代汉语词典》定音定字，要杜绝错别字、异体字和自造字，尽量不用生僻字。

三、杜绝重名。杜绝重名现象，实际上就是要更改一部分地名。对此，可以按照地名命名更名的要求和做法，依据"同类同级名称排斥律"进行考虑和处理。

四、减少生僻字。为了适应现代化、文字规范化和方便人们相互交往的需要，对用生僻字（含方言字、土俗字）书写的地名，要按照前文"地名字形标准化处理"的有关生僻字处理的做法和要求，做出适当处理。

五、履行标准化地名立法手续。地名经过标准化处理以后，即按照《地名管理条例》规定的审批程序和权限上报，由政府或有关主管部门进行审查批准后，地名管理机构行文，由政府公布，即作为法定的标准地名。并要动用报纸、广播、电视、墙报等各种宣传工具，向社会广泛宣传标准化处理的地名。

第六节　地名标准化处理工作程序

地名标准化处理工作大致分以下四个步骤。

一、确定需要处理的地名。地名标准化的处理工作是建立在切实掌握本地名真实情况和存在问题的底数基础上的。因此，在着手标准化处理时，首先要根据地名调查中，内外业核实、考证所掌握的材料，确定这次标准化要处理的地名，并按照地名的类别、级别和问题的性质分别统计，整理出相应的有关资料。

二、确定地名的含义。按照《地名管理条例》中有关地名命名更名的各项规定，议择处理方案，确定好地名健康的正确含义。

三、确定地名的形和音。按照"约定俗成"的原则，将表述这一正确含义的地名用字写正确，用普通话将这正确名称的音读准，用汉语拼音字母将其准确的读音正确无误地拼写出来，即成了标准地名。

四、填表、申报、审批、公布、宣传。按照规定的审批程序和权限，填表逐级上报，审批后公布启用，并用各种宣传工具，向社会宣传标准化的地名。

第五章　地名命名更名

第一节　地名命名更名原则

一、地名命名更名通则

地名命名更名的原则，各国提法不一，历朝历代不尽相同，但是依据历史的经验和地名自身的特点，地名的命名、更名应当遵守法律、行政法规和国家有关规定，反映当地地理、历史和文化特征，尊重当地群众意愿，方便生产生活。因此，重科学、重稳定、体现地名层次、尊重群众、名从主人、同级同类名称排斥和更名要稳妥，是适应任何自然环境和文化环境的命名和更名地名的一般原则，即为人们必须遵循的基本原则。

（一）重科学原则

地名的科学性，主要体现在准确地反映地理实体的空间位置、得名时所处的自然或文化环境、特定含义和便于使用等方面。鉴于我国汉字属于形声表意文字，具有以音表义、以形表义的优点，古代在命名地名时，就十分注重音、形、义的结合，尤其注重地名的含义。为此，在字形上创造出一系列从山、从水、从邑等表义偏旁的含义十分显眼的地名用字，远在夏朝就见有用阴阳表示地理位置的地名，禹的都城因建在河南嵩山南面而得名"阳城"，开创了以阴阳定位的先河。后来人们又约定以口、嘴、源、临、浦、滨、左、右、前、后、内、外、上、下、东、西、南、北、中等表示地理实体的空间位置，一字到位，十分准确，出于使用地名的要求，构成的地名词总是以便于表达（讲与写）、接收（听和看）、记忆（区别显著、简洁、感人）和反映（显示实体重要特征）为最佳，因而决定了地名要有专名和通名，结构要完整，一个地名的用字的字数以少为佳，汉字表达的地名，其专名部分一般为一个或两个、三个字，字数过多的地名不便于表达、接收和记忆。由于地名的字数要少，这就使得地名的字面含义只能反映地理实体在其自然或文化环境中所具有的特征性的那一部分本质特征，而不是地理实体泛泛的本质特征或全部的本质特征，其中有地理特征、历史特征或文化特征等。从而使地名具有鲜明的个性和区域性的特点，因而又以字蕴义深刻为上乘。例如，"黄河"是自然地理事物，水色"黄"是它处于我国自然环境中一大地理特征，以"黄"名此大河，可以区别于我国其他大河，且简短又易于上口；我国很多地方的牛头山、虎头山、马鞍山、方山、龟山、鸡冠山等，都是以所处自然环境中形态特征的本质属性为依据命名的;人文地理实体亦然,"荡中"这个集镇,得名于居民点始建于一望无际的芦荡之中,"荡"是该居民点所处自然环境中的一个显著地理特征,"中"是其位置上区别于其他新建居民点的特色;我国南海里西沙群岛中的永乐群岛、南沙群岛中的郑和群岛,就具有明永乐年间和由郑和等航海家初次发现的本质特征,这一本质在当时的文化环境中显然具有鲜明的特征性,具备作为命名地名依据的条件。此外,长江、山西、河南、山海关、海南岛、鸟岛、蛇岛、洛阳、华阴、江阴、咸阳、醴泉等,都是音、形、义结合得很好的地名,形象生动,简短易于上口,寓实于名,顾名即可思义,符合前文所述的四个"便于"的要求。音、形、义也有结合得不好的,如真州、金陵等,略有联系;长安、永定、建康等,不仅谈不上有什么联系,而且可以互换,也可以移用到别的地点上。为提高地名命名的科学性,还必须掌握以下几点。

1. 要采用科学的命名方法

地名有丰富的科学内涵,如何使地名能够充分反映其丰富的科学内涵,前人已为我们积累了丰富的成功经验,总结出"凡地名必从山、从水、从事迹,除此之外,必取美名"的基本做法,着重以山、水、土、石、地形、方位、气候、动植物、矿物、景色、建筑物为语源命名了大量的地名,亦以民族、民俗、宗教、意愿、美丽的神话传说、组合等方式命名了不少地名。以这些方式命名的地名均有较强的生命力,受到人民群众的喜爱。

2. 命名的地名要反映区域特征

地域分异规律是客观存在的自然规律。反映地域分异规律对人类的生活、生存均有特殊的重要意义。地名的命名应该采用科学的命名方式,力求反映出区域的特征,雷州半岛、雷县、温州市、恒春镇、椰林寨、红柳滩、董志塬、海门区、滨海县、盐城市、盐池县等地名均具有鲜明的区域特征,见到这些地名就可以联想到它所指的地理位置,那里的气候特点、生态环境的类型,等等。

3. 命名地名要讲究构词和修辞

地名是指代地理实体的专有名词,其专名的构词要符合语法规则,可以采取以下五种方式:(1) 偏正式,如黄河、泰山、青岛、大庆市、长治市、北京、南京、山西省、左江、双鸭山市、四汊河、三站等;(2) 联合式,如青藏高原、江苏省、山海关、沪宁线等;(3) 主谓式,如海兴县、龙游县、日照市、辽宁省等;(4) 述宾式,如渡舟街、临沂市、斗龙港、栖鹤滩、承德市等;(5) 述补式,如旅顺口、抚宁区、武平县等进行构词,不仅要使构成的地名词语义不重复,而且要使发音的口形有开有合,四声有起有伏,音色清晰、响亮,易于上口,便于传诵,如天安门、新街口、星苑路、君安路、长安街等地名。在构词选字时要合理运用汉字的古义,以便科学地表达出地理实体的特征;在古汉语中"江"专指长江,命名有江阴市、江宁区、靖江市、江陵县等;"河"字专指黄河,命名有河北省、河南省等;"阳"字,专指山南水北,命名有衡阳市、洛阳市、汉阳区、济阳区、溧阳市,咸阳则因既在山南又在水北,全为阳面,"咸"即"皆""都"之义,专指全为阳或阴;"阴"字,专指山北水南,命名有华阴市、山阴县、江阴市、淮阴区;后来阴阳所指的实体对象的范围有所扩大,由山水扩大到城池等,城南的亦为阳;"汤"古义专指"热水",命名有汤山镇、汤泉乡、金汤门(固若金汤)、汤浦镇、汤溪镇等,汤以泉水水温较高而闻名。

  命名地名要善于应用修辞学的手法,使构词多样化。可以采用比喻、借代(或称借注、转注、假借)、反语、夸张等构词方法。比喻构词即以具体的、浅显的、熟悉的事物来说明或描写抽象的、深奥的、生疏的事物,如黑龙江、牛首山、象鼻山、九龙口、九龙山、九龙湖、马鬃山、海门镇等。命名地名时要运用丰富的想象力,按形似状况,构思出形象生动的地名词。借代构词,就是用与待名地理实体有关的事物来称呼,如三棵树,那里有三棵大树;金沙江,江沙里有金子;鸟岛,岛上鸟多;蛇岛,岛上的居民全为蛇等。其中有以部分代全体的,如江苏省,为江宁与苏州二府所代,苏州又为西部的姑苏山所代,砀山县以境内芒砀山所代;亦有以典型特征或标志物所代的,如包头,蒙语义即有鹿的地方;借代法常会引起地名类型上混淆,因而务必要注意保持地名结构的完整性,否则就会变性了,例如三河闸与三河闸镇,前者是以"三河"为专名的船闸,是一种水利设施,而后者则以"三河闸"为专名的集镇,是居民点,若少了通名"镇"字,则就成了水利设施之名了。反语构词,即以说反话的方式,采取反话正说,正话反说,如海宁、海安、永平等地名,实际情况均与字面的意思相反,但这类地名却能体现出一种美好的愿望,深受人们喜欢。夸张构词,就是通过丰富的想象,把客观的事物予以合情入理地夸大或缩小,如飞鹫叼山、天台山、天池、摩天岭、南天门、天街等地名,只要一走到这些地方,见到这类地名,环顾一下四周的环境,登时就感到仿佛到了仙境似的。

  4. 命名要注意主客观统一

  历史证明,只有充分考虑到一个地名产生的历史和原因、当地的实际情况和特点,才能使命名最符合实际,最能反映该地的特征,即主客观达到一致,这样的地名才会具有强大的生命力;而任何主观随意、脱离实际的命名总是难以得到社会承认和推行的。历史上的西汉末年王莽篡政和近代的"文化大革命"期间胡乱命名更名的,都最终遭到人民的唾弃。因此,主客观统一,是任何时候都不可忽视的地名命名更名原则。

  (二) 重稳定原则

  鉴于地名的稳定性是地名适应人类社会交往持续性特点和探索古代文明与自然环境变迁所需要的一个最宝贵的特性,地名稳定性的获得主要取决于得名的语源种类和性质。因此,在命名时就要充分考虑如何赋予新地名最大的稳定性,这是丝毫不可轻视的问题。由前文"地名特性"研究可见,赋予地名稳定性的可靠做法,就是要从自然和历史事迹等方面寻求命名地名的语源因素,切忌使用带有政治色彩等在时空上应变性能差,经不起历史剧变考验等一类语源因素命名地名。强化地名的稳定性,这是人类能否受益于地名的关键,也是人类命名地名的重要夙愿之一。

（三）体现地名层次原则

地理实体空间规模的大小与实体的性质、级别和层次有关。山脉与山、湖泊与水塘均有着不同的空间规模,要按其不同的规模命以相应的名称,是山就不能命名为山脉;即使是山体,它还有多个高起的山头或山峰,以及不同地形部位,往往是一个名称概括不了的。另外,省、市、县、街、巷和住宅区等均有相应的规模。一条马路或大街,长度可达数公里,可是一条巷子或胡同,一般仅为几十,或几百米,若一条巷子长达几公里仍命名一个名称,门牌号码编至几百或上千号,这将给用户带来极大的不便。同样,一个面积大到2平方公里左右的居民住宅区,若只命名一个名称,不在其内部划片细分,命以相应层次的名称,对寻找住户亦会带来很大困难。因此,命名地名,不可忽视依地理实体的空间规模,酌情分层次或地段,建立序列或群体,促进分化,统一设计,以控制地名的适宜覆盖度,来提高地名的确指性能,使所命名的地名便于人们使用。

（四）尊重群众原则

地名,首先是适应人民群众生活的需要而产生的,它来自人民群众,又服务于人民群众,为人民群众所使用。人民群众是地名命名行为的主体。什么地点需要命名,什么地点可以命以什么样的名称,群众中蕴藏着丰富的信息。人民群众最熟悉当地的环境,最了解当地的历史,最能提出适合当地情况的命名名称。地名命名工作不能只靠少数人,一定要依靠广大人民群众。只有经过群众认可的地名,才能广泛流通。北京大多数街巷胡同名称都是老百姓定的,大家集思广益,约定俗成,通过口耳相传逐渐叫开了,并得到公认。明代北京的街巷名称多是群众的口头创作的,听起来京味十足,而且给人以质朴的感觉,如菊儿胡同、帽儿胡同、耳朵眼儿胡同等,叫起来顺口,听起来亲切,贴近生活,易于流传。另外,初始阶段,老百姓给自己居住的地方起名时并没有什么顾忌,对常年失修的桥叫舍命桥,对臭气熏天的河叫臭水河,表达了老百姓对现实的不满,既实在又幽默。另外,一个地名命名之后,若人民群众不接受,不使用,也就会失去了地名本来的意义和作用,这在古今中外是不乏其例的。我国历史上统治者强加给兄弟民族的地名"归绥"和"迪化",兄弟民族人们仍按照当地的含义,分别称之呼和浩特与乌鲁木齐。殖民主义者强行称津巴布韦为"罗得西亚",但津巴布韦人民从来就不用"罗得西亚"这个名称。由此可见,尊重群众是地名命名更名应遵循的一项重要原则。命名者应该深入实地,了解社会发展动态,主动听取各界人士的呼声和建议,掌握实体在当今或古代的自然或人文环境中所具备的特征性本质,向群众征集待用名称,采纳群众中好的习惯用词,集中群众集体的智慧,根据需要与可能,议定易为人民群众接受的名称,及时命名,以满足社会需要,方便群众使用。

（五）名从主人原则

地名都是历代各个民族的人们根据自己的认识，按照本民族的风俗习惯、喜乐、厌恶、向往等意志，以该民族的语言文字给居住地区的各种地理实体命名，因而自然地带上了浓厚的民族色彩，体现着民族的意志。任何强加于居住民族的命名或更名，都是对居住民族神圣权利的践踏，是违背民族平等的政治性和政策性的问题。"名从主人"不仅是地名译写要遵循的一个重要原则，同时也是地名命名更名应该遵循的一个重要原则。对民族聚居地一些地理实体的命名，一定要遵循"名从主人"的原则，用居住民族的语言文字进行命名。

（六）同级同类名称排斥原则

地名是按单个地理实体在特定的自然或人文环境中表现出的特征性本质逐一命名的。鉴于单个地理实体在地球乃至宇宙间总是唯一的，偶配的地名也必然是唯一的、不重复的，因而地名具有强烈的排他性或区别性；这排他性是地名得以广泛应用和赖以与世共存的重要特性。但是命名中对地理实体认识的相似性和地域间缺乏往来沟通等原因，造成大量地名的重名，即使行政区域名称也不例外，如县级地名，唐代重名达19处，宋代达30处，明代42处，清代则更严重，民国初年重名县竟多达126处。

地名命名要尽量使之具有较大范围的排他性。为此，地名命名时忌俗避熟，力戒陈陈相因，尽力寻觅地理实体的特色。在某一区域范围内，同一级别里同一类型的地名不要有重名，这是解决地名重名问题的最切实可行的科学方法。雅化，是促使地名实现排他性的途径之一，秦始皇统一中国后，对全国各郡统一命名时就采用了雅化的做法，从而首次实现了省级地名的统一规范。嵩山、恒山、泰山亦属于雅化地名之列，而奉天、承德则是雅化的又一典型实例，充斥着封建帝王和统治阶级的思想意识及愿望，常常也是地名不稳定的因素。以行政办法，在一定区域内进行有计划的命名或更名，是实现地名排他性的有效途径。我国早在三国时期就开始应用"同级同类名称排斥律"，即利用行政手段，使在同一行政区域范围内低一级的行政区域名称或居民地，或其他类型的地名不重名。三国时，有两个丰县，嗣在后得名的丰县名上冠以方位词"南"字，改成南丰县；五代周显德五年置通州，明代又改路阳为通州，清代则对前者加"南"字，改成南通州；五代时有两个雄州，宋代将后汉置的雄州冠以"南"字，使之分化成两个不同的地名。现代汉语地名的县级地名，省辖市级地名和省级地名都遵循同级同类名称排斥律，实现了县级以上同一级地名在字形上无重名。这一规律能使地名的概念不易混淆，有利于各方面工作的开展。为促使同级名称的排斥，命名地名除采用雅化手法外，还可以通过合理运用同义词、多义词、反义词，或冠以新旧、大小、方位等形容词来促进分化，避免重名。

（七）更名要稳妥原则

现行地名不要轻易更改，若一定要更改，则一定要做到扎实、科学，要经得起历史的检验。从整体上讲，地名与其他一切事物一样，亦始终处于变化之中；从个体来看，各个地名的变化速度不尽相同，有的百年内几经变更，有的则数千年来依然故我。促使地名变化的因素很多，但主要的有三个方面：一是人们对地理实体认识的深化，如河源、江头探测的进展，带来地名的变更；二是地理实体本身的变化，如沙漠迁移、森林毁灭、河流改道、海岸进退、湖泊衰亡、政治解体、城镇兴衰、道路延移、桥梁架毁等，造成种种名实不符现象；三是地理实体所处的自然或人文环境的变化，使地理实体所具备的特征性本质随之改变了，同样出现了名实不符的状况，有时需要用新的名称来反映新的特征性本质。但是，作为地理实体的一种语言代号的地名，一经约定俗成，则在人们平常交往中，它原来的概念，即字面描述的特征性本质意义已退居二线，而指位和指类的基本意义则跃居一线，从而具备了相对的独立性，此刻，地名描述意义的变化，并不一定影响人们交往使用，例如南京，今日早已不再是国都京城了，但其名仍在使用，现在它所表明的仅为历史上的南方京城，人们在使用它时不会考虑它是不是京城了，而只想到它所指代的是一个位于长江下游南岸、紫金山西麓这一特定的城市空间，间或某些人会在脑海里浮现出一丝丝的"四大古都"或"历史文化名城""民国首都""科技之城""教育之城""文学之都"等印象而已，人们一般不必要求随着描述意义的某种变化而要更改地名的。随着社会的发展，地名在社会流通过程中，日益扩大其影响，壮大了群众基础，获得了相当的稳定性，因而就成为人们主观愿望所不能任意更改的了。特别是一些影响大、历史悠久的地名，既屡见于各种文献资料内，又广传于各地人们的生活之中，要想随意打破它的稳定性，给予更名，可不是一件简单的事。

再从社会发展的各个阶段来看，毫无疑问，地名受到不同文化环境的影响而具有时代的特征，在某种程度上可以说地名是时代的一种标记，特别是政区地名，时代性一般都比较强。但是从历史实践中看，地名绝不能随着历史的发展、时代的变化而大部分或全部变更，尤其是政区亦须保持其相对的稳定性，否则就会引起混乱。曾经有人提出地名要革命化，要知道地名要革命化的提法是极其不妥的，正如陈毅元帅在国家社会主义改造时说的"绝对不允许对文物本身进行社会主义改造"。同样，地名一旦革命化，则必然会失去它的历史文化底蕴。一个地名，只要它对社会发展未产生不良影响或起障碍作用，即使得名时的那种特征性本质已不复存在，也不一定非改不可。相反，保留了，不仅能体现尊重群众习惯，便于交往使用，而且还能为研究历史地理，制定区域开发规划，提供不可多得的线索和资料。如果时代变了就要求地名跟着变，这不能成为一条定律，若让此成为一条定律，则残留在地名上的祖国文化遗产、时代的印记就会荡然无存，历史就会被湮灭。历史是时代生命的延续，历史起着承接过去、连接现在、延伸未来的作用,没有历史就没有可继承的了,没有继承就不可能有所发展,那必将招致灭顶之灾。因此,对地名的更改应该慎重对待,不宜草率从事,凡属可改可不改的地名,就一律不改。

地名若一定要更名,则必须以历史唯物主义为指导,深入调查研究,弄清楚每个地名产生的原因、形成的历史、演变的根据。不仅要向人做调查,而且要向大自然做调查。在调查中,要善于透过历史的迷雾,看清楚事物的本质,不断清除历史唯心主义的糟粕。在调查研究的基础上,考虑到地名的历史连续性,力求做到符合实际,反映当地的历史、地理、文化和经济等特点,便于人民群众记忆和使用,容易为人民群众所接受,以确定更名方案;决不能不顾实际、不问历史,只凭主观愿望,简单地用一些革命词汇,美言嘉语取代各地的原地名,进行大规模地更改地名。一次更改地名的数量必须从严控制。

二、地名命名更名特殊规定

（一）历史上不同时期的地名更名规定

地名,本是人类交往的工具。但是,在阶级社会里,地名却被统治阶级利用,成为反映统治阶级意志、麻痹和欺压人民、统治人民的工具。随着朝代的更迭,新当权者都要在地名上做文章,为了巩固统治地位、管理国家、推行政治主张,总是要更改和命名一批地名,激烈涂抹上统治阶级的色彩。

秦始皇统一六国后,划分统辖区域,设郡县,下诏书,命其名称,并继承周朝创立的避讳制,禁止地名中使用与其父名字相同的字。中国地名学史上"避讳制"直至清代,延续了三千多年。

在封建社会里,历代为颂扬皇帝的权势和地位,多以皇帝的国号和年号命名或更改地名,另外还用"德"或"庆"字更改皇帝出生地或登基前居住地的地名。为了愚弄人民,宣扬封建迷信,封建统治者以伪造的签语、灵符之类命名或更改地名。统治阶级为了维护其统治地位,以儒家忠孝仁爱等一套伦理观念命名或更改地名。各朝统治者为镇压和统治边疆地区少数民族,推行大汉族主义,以镇、安、归、平、宁、靖、绥、固、化、武等带有明显侮辱或镇压性质的字(词)命名一批教化式的地名。

西汉末年,王莽篡位之后,为摆脱政治危机,巩固他"新朝"的统治,以"亭"更改地名,宣扬他当皇帝是受之天命的"符命";以安、平、治等字命名,祈求新朝长治久安;以善、美、昌等字取美名粉饰太平,用同义、同音、反义字更名,以消除前朝影响;以"武"更改地名,恐吓人民反抗;以禽、摧、虏、蛮、貉等歧视和侮辱字眼更改少数民族语地名。

唐朝对郡县名称做过系统的规范,实施同级同类名称排斥律。对邻国实行强权政策。

明朝整个地名的命名和更名都是围绕着反元护明、维护明的统治这一目的的。在命名更名上，不仅不遵循同级同类名称排斥律，而且在地名用字上还采取从繁作法，将洛南、丰都等地名分别改为雒南、酆都等，有意增加地名中的生僻字。在明代虽然也用依山水、因事迹或以义取美名等传统方法命名，用近义和反义字更改地名，但是用得最多的仍然是依音更名法，采取同音异字来代替原来的地名。对边境少数民族地区地名的命名，则着重体现"剿""镇"的政策。

清朝实行县级地名的命名更名由朝廷审批制度，即所谓朱批。对边境少数民族地区地名的命名，则着重体现"抚"的政策。

民国初年，在推翻清王朝不久，为巩固资产阶级专政的政权、发展资本主义经济，更改和命名了民主、自由、平等、博爱等地名，十分鲜明地表现了中国资产阶级的革命要求和阶级利益。另外，以照顾历史较久、影响区域范围较广、涉外的影响较大等原则，采用同义、近义词，取原先已在当地具有一定影响力的名称，以及反映当地特殊的地理环境等方法更改了同名县的地名。

（二）共和时期的地名命名更名原则

中华人民共和国是人民当家作主的国家，根据国家的方针政策，废除了几千年来的一套旧做法。在共和国成立不久，中央政府就发出通令，要求各地清除那些有损领土主权和民族尊严的，带有民族歧视和封建色彩的，妨碍民族团结和邻国关系的，以及有侮辱劳动人民性质和极其庸俗的地名。更改凡经反动政府用国内外反动分子名字命名的地名；恢复被反动政府强行更改的由革命政府命名的具有革命历史意义的地名。清理和更改外来地名，以及违反睦邻政策，含有大国沙文主义的地名和歧视兄弟民族含有大汉族主义的地名。清除少数民族地区原有地名中使用定、镇、化、靖、宁、平等字影响较大的一些地名，并更改歧视少数民族的地名用字。清理更改一些用字生僻难写的地名。依据中国共产党七届二中全会"禁止给党的领导者祝寿，禁止用领导者的名字作地名、街名和企业的名字，保持艰苦奋斗作风，制止歌功颂德现象"的决议，特规定：一般不以人名作地名，禁止用国家领导人名字作地名。全面地解决了全国县名的重名问题。

国务院1986年颁布的《地名管理条例》规定地名命名的原则是：1. 有利于人民团结和社会主义现代化建设，尊重当地群众的愿望，与有关各方协商一致。2. 一般不以人名作地名，禁止用国家领导人的名字作地名。3. 全国范围内县、市以上名称，一个县、市内的乡、镇名称，一个城镇内的街道名称，一个乡内的村庄名称，不应重名，并避免同音。4. 各专业部门使用的具有地名意义的台、站、港、场等名称，一般应与当地地名统一。5. 避免使用生僻字。

国务院于2022年3月30日，公布修订后的《地名管理条例》。该条例对地名命名原则规定为：1. 含义明确、健康、不违背公序良俗。2. 符合地理实体的实际地域、规模、性质等特征。3. 使用国家通用语言文字，避免使用生僻字。4. 一般不以人名作地名,不以国家领导人的名字作地名。5. 不以外国人名、地名作地名。6. 不以企业名称或商标名称作地名。7. 国内著名的自然地理实体名称,全国范围内的县级以上行政区划名称,不应重名,并避免同音。8. 同一个省级行政区域内的乡、镇名称,同一个县级行政区域内的村民委员会、居民委员会所在地名称,同一个建成区内的街路巷名称,同一个建成区内的具有重要地理方位意义的住宅区、楼宇名称,不应重名,并避免同音。9. 不以国内著名的自然地理实体、历史文化遗产遗址、超出本行政区域范围的地理实体名称作行政区划专名。10. 具有重要地理方位意义的交通运输、水利、电力、通信、气象等设施名称,一般应当与所在地地名统一。法律、行政法规对地名命名规则另有规定的,从其规定。条例规定,地名依法命名后,因行政区划变更、城乡建设、自然变化等原因导致地名名实不符的,应当及时更名。地名更名应当符合上述地名命名原则。具有重要历史文化价值、体现中华历史文脉的地名,一般不得更名。机关、企业事业单位、基层群众性自治组织等申请地名命名、更名应当提交申请书。申请书应当包括下列材料:1. 命名、更名的方案及理由。2. 地理实体的位置、规模、性质等基本情况。3. 国务院地名行政主管部门规定应当提交的其他材料。行政区划的命名、更名,应当按照《行政区划管理条例》的规定,提交风险评估报告、专家论证报告、征求社会公众等意见报告。其他地名的命名、更名,应当综合考虑社会影响、专业性、技术性以及与群众生活的密切程度等因素,组织开展综合评估、专家论证、征求意见并提交相关报告。

国务院1986年颁布的《地名管理条例》规定地名更名的原则是:1. 凡有损我国领土主权和民族尊严的,带有民族歧视性质和妨碍民族团结的,带有侮辱劳动人民性质和极端庸俗的,以及其它违背国家方针、政策的地名,必须更名。2. 不符合上述地名命名原则第3、4、5条规定的地名,在征得有关方面和当地群众同意后,予以更名。3. 一地多名、一名多写的,应当确定一个统一的名称和用字。4. 不明显属于上述范围的、可改可不改的和当地群众不同意改的地名,不要更改。

第二节　地名命名更名工作制度与程序

一、地名命名更名工作体制

地名的命名、更名工作,是关系到国家领土主权和国际交往,关系国家的经济建设和国防建设,关系民族团结和人民日常生活的一件大事,是一项政治性、政策性和科学性都很强的工作,一定要严肃对待,认真做好。因而地名的命名和更名必须置于各级政府的直接领导下,由政府的行政管理机构的职能部门负责受理地名命名和更名的申报、审查等项工作,并提交给政府或人民代表大会审批和公布。

根据国家地名管理的原则,地名命名更名亦须实行统一领导、分级管理的工作体制。即全国各地各部门共同遵循国家统一制定的地名命名更名原则,分别负责本系统或本辖境内相应级别地名的命名更名工作,协管地名管理机构亦须按照相应的体制,负责本部门的地名命名更名工作,并与同级主管地名管理机构取得密切联系,相互配合,做好地名命名更名工作。

二、地名命名更名审批程序和权限

地名命名更名的审批程序和权限,依国务院1986年颁布的《地名管理条例》的规定如下。

1. 行政区域名称的命名、更名,按照国务院《关于行政区划管理的规定》办理。

2. 国内外著名的或涉及两个省(自治区、直辖市)以上的山脉、河流、湖泊等自然地理实体名称,由省、自治区、直辖市人民政府提出意见,报国务院审批。

3. 边境地区涉及国界线走向和海上涉及岛屿归属界线以及载入边界条约和议定书中的自然地理实体名称和居民地名称,由省、自治区、直辖市人民政府提出意见,报国务院审批。

4. 在科学考察中,对国际公有领域新的地理实体命名,由主管部门提出意见,报国务院审批。

5. 各专业部门使用的具有地名意义的台、站、港、场等名称,在征得当地人民政府同意后,由专业主管部门审批。

6. 城镇街道名称,由直辖市、市、县人民政府审批。

7. 其他地名,由省、自治区、直辖市人民政府规定审批程序。

8. 地名的命名、更名工作,可以交地名机构或管理地名工作的单位承办,也可以交其他部门承办;其他部门承办的,应征求地名机构或管理地名工作单位的意见。

三、地名命名更名申报制度

为了切实加强对地名命名更名的统一管理,地名的命名更名工作必须严格履行申报制度,杜绝擅自命名更名现象。

各级政府、各专业部门、各单位和个人,凡需要对新建居民点,城镇里的街巷和没有名称的山、河、湖等地理实体命名或对含义不好和在一定区域范围内同级同类重名地名的更名,均须履行申报手续,而且必须在做建设规划的同时就提出申报,申报的必须是所拟的命名更名方案,不得为已经使用了的地名;申报人(或单位)必须向所在地区的地名管理机构提出书面报告,并领取申报表,按要求逐项填写清楚,特别要对命名更名的理由、新旧名称的来历和含义等详加说明;申报人必须接受地名管理机构对申报方案的全面审查和审定意见。

四、地名命名更名审定与公布制度

地名是历史形成的,应该以历史唯物主义的观点正确对待,以保持地名的稳定性。地名的命名更名要慎重对待,要从实际出发,深入调查研究,充分走群众路线,严格履行审批手续,不得擅自决定。

地名管理机构对申报地名命名更名方案,坚持从严把关,既要认真查证资料,又要广泛征求社会各界人士的意见。接到申报后,首先要进行排除重名的工作,继之及时组织调查和考证,并与申报单位反复磋商,根据地名命名更名的原则,协调与统一各方的意见,以便确定合理的命名更名方案。依据商定的方案,进行标准地名的定名、定字、定音工作。地名管理机构做到每月或每两个月集中向主管部门领导和同级政府汇报一次,各级政府或专业主管部门,根据国家统一制定的命名更名原则和便于使用的要求,审批一批地名。在获得政府批准之后,及时通过公文、报纸、电台和电视广播等途径向社会公布,以便社会各界及时使用新的标准地名。2022年3月修订的《地名管理条例》规定批准地名命名、更名应当遵循下列规定:1. 具有重要历史文化价值、体现中华历史文脉以及有重大社会影响的国内著名自然地理实体或者涉及两个省、自治区、直辖市以上的自然地理实体的命名、更名,边境地区涉及国界线走向和海上涉及岛屿、岛礁归属界线以及载入边界条约和议定书中的自然地理实体和村民委员会、居民委员会所在地等居民点的命名、更名,由相关省、自治区、直辖市人民政府提出申请,报国务院批准;无居民海岛、海域、海底地理实体的命名、更名,由国务院自然资源主管部门会同有关部门批准;其他自然地理实体的命名、更名,按照省、自治区、直辖市人民政府的规定批准。2. 行政区划的命名、更名,按照《行政区划管理条例》的规定批准。3. 上述第1条规定以外的村民委员会、居民委员会所在地的命名、更名,按照省、自治区、直辖市人民政府的规定批准。4. 城市公园、自然保护地的命名、更名,按照国家有关规定批准。5. 街路巷的命名、更名,由直辖市、市、县人民政府批准。6. 具有重要地理方位意义的住宅区、楼宇的命名、更名,由直辖市、市、县人民政府住房和城乡建设主管部门征求同级人民政府地名行政主管部门的意见后批准。7. 具有重要地理方位意义的交通运输、水利、电力、通信、气象等设施的命名、更名,应当根据情况征求所在地相关县级以上地方人民政府的意见,由有关主管部门批准。

《地名管理条例》还规定地名命名、更名后,由批准机关自批准之日起15日内按照下列规定报送备案:1. 国务院有关部门批准的地名报送国务院备案,备案材料径送国务院地名行政主管部门。2. 县级以上地方人民政府批准的地名报送上一级人民政府备案,备案材料径送上一级人民政府地名行政主管部门。3. 县级以上地方人民政府地名行政主管部门批准的地名报送上一级人民政府地名行政主管部门备案。4. 其他有关部门批准的地名报送同级人民政府地名行政主管部门备案。

按照《地名管理条例》规定，县级以上人民政府或者由县级以上地方人民政府地名行政主管部门批准的地名，自批准之日起 15 日内，由同级人民政府地名行政主管部门向社会公告；县级以上人民政府其他有关部门批准的地名，自按规定报送备案之日起 15 日内，由同级人民政府地方行政主管部门向社会公告。

五、确定地名名称程序

地名命名更名工作，归根结底就是遵循既定的原则，针对一地理实体的特征，确定一个合理性的名字。地名命名更名与其他工作一样，一个好的结果总是产生于科学的合理性工作程序。地名命名更名的合理程序如图 5-1。

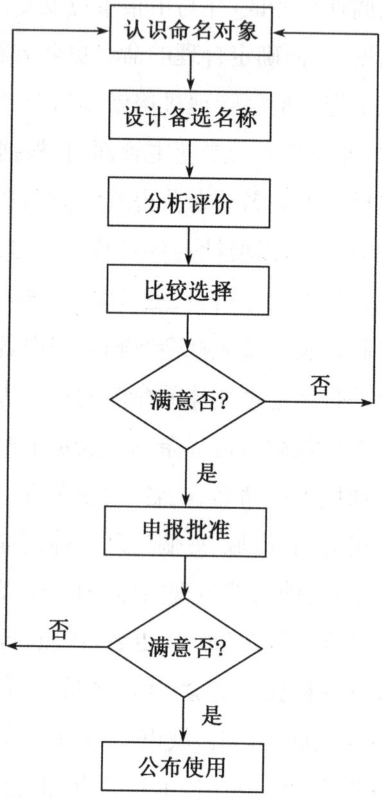

图 5-1 合理程序

（一）认识命名对象

即通过实地勘察和对史籍等进行考证，挖掘和捕捉地理实体在自然或文化环境里特征性本质，以此作为命名或更名的语源。这是给任何一个地理实体命名或更名都必须首先要做的基础工作。

（二）设计备选名称

根据对命名对象认知所掌握的特征本质，运用命名更名的原则和方法，选用恰当的字或词进行表述。实践证明，备选名称设计得越多，质量越高，则最后得到的地名的合理性就越大，得到好的地名的可能性也就越大，而审批不通过的可能性也就越小；若相反，则重复工作的可能性就越大。为此，采取登报征名，集思广益，不失为一种最佳方法。

（三）分析评价

从地名的音、形、义方面入手，就其指位性、稳定性、含义健康、发音状况、有无谐音歧义、揭示特征性本质和便于使用等方面，分析设计的各个备选名称是否合适。此时要特别留心备选名称日后产生某种贬义的谐音歧义的可能性。

（四）比较与选择

通过对每个备选名称的分析评价。进行比较，从中挑选出一个最佳的名称，作为地理实体的正式待用名称。当然这个"最佳"仅是所确定的几个备选名称中"最佳"的一个,并非就是令人们满意的一个,若满意了,则可申报审批,否则就得从头开始,重新认识命名对象,重新设计,重新分析评价和比较选择,直到得到一个令人们满意的名称为止。

(五)申报审批

这是命名单位和地名管理机构共同履行法定手续的过程。申报是命名单位请求政府批准他们新拟名称;审批是政府对地名实施管理的手段,是杜绝不合理地名产生的关键。这一步要进行的工作是分析评价送审的地名,审查送审地名的用字是否符合科学和含义健康的要求,若符合要求,则批准并公布启用,否则就请送审单位重新命名。

(六)公布启用

通过公文或报纸、电视、广播等媒介,将审查批准的命名决定公布于众,以满足公众指称命名对象的需要。

第三节 地名命名更名实施方法

一、自然地名的命名

自然地名,系包括山文、水文、地形区、海域等各种地貌类型和地貌单元中的山、山脉、山地、山岭、山峰、山谷、山口、丘陵、平原、高原、盆地、冲积扇、岗、冈、台地、洼地、洞、石柱、冰川、冰斗、沙地、沙丘、沙垄、戈壁、绿洲、洲、滩、海岸、海滩、海滨、江、河、溪、沟、湖、泊、池、淀、泡、塘、海、湾、洋、岛、屿、礁、角、崖等种种单个自然地理实体的名称。自然地名在很大程度上能反映出人们对自然实体的科学认识,因而具有科学性和稳定性强的特点。

自然地名的多少和命名的准确程度,反映了人们对复杂自然区域开发利用和认识程度的差异。在地形区和山体的命名中,要求确定层次关系,并把面状、线状和点状地形地物有机地结合起来。自然地名的通名和地学中的一些类别的名称大体上是一致的,自然地名的专名部分和其他地名并无很大区别,同样是具有社会性的特点的。

(一)山文和地形区命名

在山地、丘陵、高原、平原和盆地等广大地形区里,蕴藏着极为丰富的矿物、水利和生物资源,在勘察和开发中迫切需要相应密度的地名给予准确的指位和称说。在给地形区命名时,应该适当地考虑自然区域与行政区域的结合、突出区域地形特征、注意层次、引入地学的科学名词,做到同一地形区内山体不重名、主要山峰不重名。

1. 以自然区与行政区结合拟定山文和地形区名称

各级行政区域的划分,特别是国界和省界,一般多以山脊线、河流主航道线划界。在一个省区内往往有着明显的几个地形区单元。以山岭的最高峰名作为山岭名是通常的命名方法,但是为了便于称说和流通,在给地形区、山体命名时,可以从自然区与行政区的结合方面考虑拟名,即以行政区名或以其附近知名度大的城镇或集镇、村庄名作为山名或岭名,如宁镇山脉(南京市、镇江市)、青藏高原(青海省、西藏自治区)、盘城山(古盘城)就是以人文实体名命名自然实体名的典型实例。

2. 山文和地形区的命名

在给山文和地形区命名时,要突出区域地形特征,反映地貌形态特征和成因类型,区分出点、线、面实体及其相应的层次性。第一层次是地形区名,在大地形区中又有线状山体名和点状山峰名,即使在同一层次中也有点、线、面之分。根据地学的习惯,采用相应的通名给予恰当的表示。对于过长的自然地理实体要给予分段命名,以便于称说和指位。

从语源因素的采用上看,山峰、山体、山岭多为点状或线状,范围相对较小,一般多以其形态、色彩、地下蕴藏的矿物、山上生长的动物植物、方位、事迹、神话、形似,以及都市或政区的名称来命名,如青龙山、马鞍山、红山、铜山、阿尔泰山、老虎山、樟木岭、南山、神女峰、天山、公主岭、宁镇山脉等。高原呈面状,且范围相当大,需要借用知名度高,指代范围相当的名称来命名,一般多取政区名或政区名组合词来命名,如青藏高原、云贵高原,亦有以自然因素命名的,如黄土高原。平原的命名,一般多以流在其上的水体名称命名,这样有利于揭示它的缔造者,而且指位也很明确,如长江中下游平原、三江平原、松辽平原、黄淮海平原、太湖平原、长江三角洲、珠江三角洲、黄河三角洲,亦有以政区或都市的名称命名的,如东北平原、华北平原、台南平原、成都平原等。盆地则又多以其自然环境的特色,其中的河流命名,如柴达木盆地、塔里木盆地等,以政区或都市名命名的有四川盆地、南阳盆地等。洲、滩、沙等的范围一般不大,以其环境特点、形态、事迹、姓氏、物产、方位或政区、集镇、村舍的名称命名的居多,如江心洲、世业洲、王滩、栖鹤滩、金家沙、北沙等。

3. 以科学名词命名自然地理实体

在给自然地理实体命名时,恰当地运用科学方面的一些科学名词,如方山、平顶山、丹霞等,它们均为反映地貌成因的地理学名词,一旦用于地名,即可生动地显示出区域地理环境的特点,如江苏等地的方山、河南的平顶山、广东的丹霞山、江西等地的孤山等。

(二) 水体的命名

水体是人类社会赖以生存和发展不可缺少的物质条件。给水体命名是人类生存的需要,命名时要做到能够准确地反映出水体的类型、成因、地理位置和水情等特点。对自然水体的命名可取其自身的特点为语源,如黑龙江、长江、黄河、黑河、大沙河、倒淌河、南极的翠溪等,自身的物产、形态、方位、景观特征、事迹、神话等,亦不失为常用的一种语源因素,如金沙江、石油沟、弯湖、西湖、响水涧、青海湖、钱塘江、斗龙港等。

二、人文地名的命名

人文地名,系包括行政区域、人类居住的聚落城镇和村庄、各类人工建筑物,以及企事业单位等地理实体的名称。这些地理实体均是人类社会实践活动的产物,与人类生活和生产息息相关,因而得名率比自然地理实体高得多,几乎没有一个人文地理实体是没有被命名的。人文地名具有总量大、层次清楚、变化快、稳定性低、使用频率高、辐射范围广等特点,且在各类人文地理实体方面的具体体现亦不尽相同,因而在命名时须予以不同对待。

(一) 行政区域的命名

1. 我国行政区域通名的历史沿革

中国是世界上四大文明古国之一,行政区划可以追溯到夏禹"九州"。"州"成为我国最早的行政区域通名。以后历朝的行政建制及其通名变化,可见第三章第 6 节地名科学性及其语源的文化内涵。

从历史上看,省、州、县这三个行政区域通名使用的时间较长,其中以"县"这个通名使用的时间最长,上自周朝,下至今日,历朝历代均予沿用,其级别亦未变过。

2. 行政区域名称命名的原则

行政区域名称的命名,除遵循本章前文阐述的命名更名原则外,还应该依其特殊性,遵循以下几项原则。

(1) 政治原则　国、省、市、县、乡镇等名称均为行政区域名称,如今"国"是世界范围内最高一个层次的政区名称。行政区域名称有着使用频率高、应用范围广的特点,在赋义上更能彰显其时代的印记,并常常含有强权意识,而且又都是以法律形式公布的。因此,政治原则是行政区域名称命名的首要原则。具体表现为:① 要维护国家领土主权,不用外来语或含义不清的地名借注行政区域名称;② 要维护民族团结;③ 赋予名称的含义不可以伤害邻国或本国民族的感情,并避免用地名去建立与某些国家的感情;④ 不违背国家的方针政策。贯彻政治原则,并不是要求用行政区域的名称去宣传现行的国家政策。实践证明,任何历史时期的一种好的国家政策,也都是历史阶段的产物,都有它一定的时间性,只有爱祖国、爱人民、爱家乡才是永恒的主题。

(2) 唯一性原则　除按照《地名管理条例》的规定,做到全国范围内的县市以上名称、一个县市范围内的乡镇名称、一个城镇内的街道名称、一个乡镇范围内的村庄名称不应重名、并避免同音外，还要妥善处理好行政区域名称与其驻地名称的关系。行政区域名称以其治所聚落专名命名，在地市级和乡镇级具有普遍性。这种借注命名方法无疑有它的方便之处，因为各级政权中心驻地的聚落都是相对占地较大、人口密集、交通方便，是一个行政区域的政治、经济、文化的中心，具有辐射范围广、使用频率大、知名度高等特点。行政区域名称借注于这类地名，就更容易推广，群众用起来也方便，特别是乡镇以下的名称，因此这样做可能是适宜的。然而，一旦通名省略使用，所指的是政区还是驻地一时就难以区分了，而且行政区域的治所往往不是固定不变的，从事物发展客观规律来看，任何事物不变是相对的、暂时的，而变则是绝对的、永恒的；任何一个行政区域的政权中心地迁与不迁的可能性总是存在的。随着人类社会文明的发展，区域经济开发的某种势头，促使行政中心转移不是没有可能的，如果强调政区与驻地名称的一致性，一旦政权中心迁徙了，立即就会出现行政区域名称和新治所专名不一致的现象，而行政区域专名却又与原治所的专名相同，这种阴差阳错的情况出现后，必然就会带来地名使用上的极大混乱。结果，不是损害地名的稳定性，改其一名，就是要长期饱尝混乱之苦。全国 34 个省、自治区、直辖市、特别行政区中，除 4 个直辖市和 2 个特别行政区外，28 个省、自治区的专名中只有吉林省是借注建省时的省会驻地吉林市的专名，1954 年省会迁到长春。随着省会的迁徙，麻烦便接踵而至，"吉林电台"和"吉林市电台"，只有一字之差，因此发错电稿的事经常发生；又如"吉林工学院"在长春，"吉林医学院"在吉林市，"吉林化工公司"在吉林市，"吉林农业公司"在长春，因专名相同，每年秋季刚入学的外地大学生发错行李者不下百余起，工商往来中货物运错站，顾客下错车站的不计其数，而且年复一年，这两个地点一直受困于此。有些县和镇名也存在着类似情况。这就充分反映出因行政区域名称与其驻地名称的一致而破坏了政区地名唯一的特性，所产生的不良后果。由此可见，政区名与其驻地名统一不是一种好的命名方式。河北省名称因未借注省会驻地名，其治所虽由天津迁到保定，后又迁到石家庄，但从未发生过像吉林省会迁徙而招来的那么多的麻烦。在国际上也是这样，在近 200 个国家中仅有 10 多个国家的国名与其首都名一致，其中最大的国家是墨西哥，其他均为像新加坡、安道尔之类的小国家；若从地名覆盖度大小的角度来比喻，这些小国家正如同我国较小的县市行政区一样，有的还不及我国的一个乡镇境域大。从理论上讲，行政区域名称是区域性的面状实体的名称，而行政中心所在地点的名称则为点状实体的名称；区域面状名称与城镇点状名称，二者有质的差异，不属于同一范畴，应该有各自的名称，本应该为两个地名。行政区域名称应该有较强的应变性能、较大的覆盖度，只有取名于境内名声较大的自然地理实体或其他名称，才可以使政区名称获得最大的自由度和应变性，最大的稳定性，永避混乱，收到理想的社会和经济效果，使地名标准化达到科学化的高度。实践证明，政区名与驻地名取异名，突出地名的唯一性，不失为一种以不变应万变之策,有利于维护地名的稳定性。"唯一性"的命名原则,上自国家,下至行政村,皆适用。但是考虑到乡镇及其以下的行政区域,覆盖面本来就较小,加之即使名称更改,影响范围不大等因素,对政区名与驻地名处理的基本原则应该是:县级以上的不宜一致,县级以下的乡镇与村级,原则上不强求一致。

(3) 通代性原则 虽然行政区域是随着朝代的更迭或形势的发展,其辖境和归属状况经常发生变化,但是,由于行政区域的划分通常是在不同层次上进行的,以其自然环境和社会环境综合构成的一个(或包容几个)独立单元,其独特性越强则越稳定,因而行政区域名称必然要具有一定的历史连续性和稳定性。在命名行政区域名称时,除要注意含义确切稳妥,不用那些易于产生歧义的词汇和同音字、不雅或生僻的字外,需择用应变性能强的中性含义的词或字,以便各个朝代都能采纳,使一批在社会交往中使用频率很大的行政区域名称能够任凭历史风云的变幻,始终不因含义不适而被更名,这对促进社会发展无疑是极为有益的。

3. 行政区域命名方法

在我国古代,关于行政区域名称的命名就有一套较为系统的方法。《读史方舆纪要》卷二载:"应劭曰,自秦用李斯议,分天下为三十六郡,至汉兴,复增置凡郡,或以列国,陈、鲁、齐、吴是也;或以旧邑,长沙、丹阳是也;或以山陵,泰山、山阳是也;或以川原,西河、河东是也;或以所出,金城之下得金,酒泉之味如酒,豫章,樟树生庭,雁门,雁之所育是也;或以号令,禹合诸侯大计东冶之山,因名会稽是也。"这套方法,至今仍不失其参考和实用价值。此外,行政区域名称取辖境内的人文地物方面的名胜古迹、引人自豪和向往的事物名称,或以两大型聚落名称的首字或尾字组合词作行政区域名的专名,以及用颂扬本地建设成就的吉祥名词等进行命名。姓氏地名,因为不利于派生地名的产生和广泛使用,故应该尽量避免用作行政村或乡镇等行政区域名称。

(二) 聚落、企事业单位和人工建筑物的命名

1. 城镇、村庄等聚落实体的命名

城镇、村庄等人类居住地点的名称,是地名命名中面广量大的重要方面。虽然命名的语源因素可以说是涉及所有领域,种类纷繁,确实无法一一阐明,但是只要遵循地名命名的原则,采取通常的命名方式,依据实体的具体特征性本质因素,就能给予恰当的命名。

2. 企事业单位名称的命名

企事业单位这类地名,其构词结构与聚落地名不尽相同。除少数以自然地物、名胜古迹命名外,绝大多数企事业单位名称通常由反映隶属关系的修饰成分、坐落地点和反映本身性质的通名词组三个部分构成,如"铁道部浦镇车辆厂"。实践中,省略修饰成分的命名也是常见的做法。对企事业单位的命名要特别注意前两部分的正确处理,在命

名的实践中,经常发现一些企事业单位名称的前两部分的构词有些不切实际,有喜大攀高、画蛇添足之嫌,如在一些县城常可见到某些企事业单位在其门前挂的名称牌匾上书写着"××省××县×××厂"或"……公司"等,如果确实是省办的单位,那无可非议,假如是县办的单位,而仅仅因为这个县是属于某省的,那完全没有必要放上"××省"的修饰成分,因为这两者间是有质的差别的,不能混为一谈。再就是坐落地点的名称与实地不符,在江苏省南京市所辖的郊区六合区治所六城镇上建了一个双层客运汽车制造厂,命名为"南京市金陵双层客运汽车制造厂",如果这个厂是市属的,又设在南京城区,此种命名是符合实际的,但事实上却不是这样,如果命名为"六合双层客运汽车制造厂",则是较为贴切的,现存这个名称在指位上是个错误的概念,隶属关系也不准确。对企事业单位的命名,关键是使名称中的坐落地点名称与其所驻在地地名一致;对此问题处理方式不同,其效果不一,若用的是行政区域名称,则明示的是一种隶属关系,若用的只是政区或聚落的专名,所明示的仅是这个企事业单位坐落的地点,例如"南京市汽车制造厂"与"南京汽车制造厂",这两个厂名是有明显区别的,"南京市大学"与"南京大学"同样也是两个概念迥异的名称。

3. 人工建筑物名称的命名

人工建筑物包括道路、运河、渠道、水库、桥、闸及其他公共设施,在命名方法上亦有其特殊之处。水陆空各类交通线的起讫点,通常是有一定名气的城镇,命名时多以起讫两地点的简称或首字的组合词作名称,如京包线(北京—包头),京沪线(北京—上海)等,这既简洁、易于上口,又能收到指位准确的效果。对桥、闸、公共设施等的命名,多以事迹、所在地的地名,或用吉祥词作其专名。对水库等人工水体,一般多取城镇或其首字的组合词,或取自然地理实体的名称命名,如京杭运河、通扬运河、三门峡水库、密云水库;亦有取名于事迹、区域和实体本身的特色与功能,如十三陵水库、红旗渠、得胜湖、千岛湖、苏北灌溉总渠等。

三、地名的更名

(一)地名更名产生的背景

地名命名之后,因受到各种因素的影响,其名称变得极不适合社会的需要,因而产生更名的必要。综合各地更名的基本情况,造成地名更名的原因大致有以下几种。

1. 因政治风云而更名。主要是因为改朝换代或民族兴衰,带来政权性质的更迭,或为消除殖民主义痕迹,捍卫国家领土主权,维护民族尊严等,所进行的一系列的更名。此外,亦由于一些地名含义不妥,违背了国家的民族团结、国际友好、劳动人民当家作主等一系列方针政策而造成的更名。

2. 因行政区域调整而更名。如江苏省在推行市管县和撤县设市中,调整了原地区的辖境,将盐城地区改为盐城市,盐城市驻在的盐城镇改置亭湖区、盐城县改置盐都区。

3. 因事物的内容或性质变化而更名。如黑龙江省安达(蒙语:兄弟之义)县,因在1959年中华人民共和国国庆十周年大庆的前夕发现了特大油田而更名为大庆市。

4. 因专业部门的台、站、港、场名称与其驻地名不统一而更名。

5. 因地名使用了当地人难认,又无实际含义的生僻字而更名。如四川省阿坝藏族羌族自治州原懋功县,因"懋"字生僻,以境内小金河更名小金县。

6. 因语言修辞、谐音、讹传使地名变化而更改地名。如雅化改名,雅化的过程实际上就是在更改地名。

7. 地名标准化中,处理方言俗字而更改地名。

8. 地名管理工作中,为了消除重名现象而更改地名。

(二)更名方法

在上述的八种更名里,要数因与驻地地名不统一的专业部门台、站、港、场名称的更名较为简单,只需要按照规定加上坐落地点的名称就行了。方言地名的更名也仅是将方言字改用通用字的事。由其他情况决定要更名的,可供采用的方法则是多种多样的,需要根据具体情况,恰当地择用下述几种方法。

1. 采用突出本地最本质特征的语源因素更名

地域内的地理、历史、风俗、物产等方面的特点,以及典故、历史地名、别名、曾用名等,皆为优先考虑择用的对象,尽量要使地名与本地最美好的事物联系起来。民国初年,湖南与江西同名的安福县,以湖南的安福县临近澧水而更名临澧县;山西与安徽同名凤台县,以山西自古称"晋",而改凤台县为"晋城县"。曲靖县城的城关镇,可起用该县历史上曾用过的旧名"味县"或"石城郡"等,更名为"味城镇"或"石城镇"。阜新市梨树沟村的小喇嘛营子,因盛产玛瑙和被朝廷封为"宝珠"的加工产品,更名为"宝珠营子"。双阳区原刘家乡因重名,而以该地人工养鹿富有成效更名为"鹿乡"。周家庄以养蜂为主要副业,更名为"周养蜂",以与邻乡的周家庄相区别。这些更名,不仅别致,好听易记,而且突出了一个地方的特色。

2. 借注交通更名

铁路、公路车站名称和航运港口名称使用频率高、知名度大,在给村、乡、镇和居民点更名时,尽量采用交通上使用的港、站等名称,使二者统一起来,以便适应各行各业的需要。

3. 借注名胜古迹或古地名更名

名胜古迹地名具有多方面的用途,在名胜古迹和古地名存在的地方,应该优先考虑起用,用以更改村名、乡镇、县市名和居民点名称,这样可以使村、乡镇和县市等地名随名胜古迹而蜚声在外,增强其知名度和辐射率,并可以便于工农商等各业使用。但是,要切忌遥借远方的名胜古迹名来命名更名城镇居民点,以免产生指位错乱,如安徽省屯溪县城改黄山市即惹上了官司。

4. 以舍同存异取代删繁就简更改地名

地名在流通过程中,长地名简成短地名是一种较普遍的现象,但是常因求简而带来重名现象,如常家窝堡、常家沟、常家岭三个本来不相重名的自然村地名,但被人们均简为"常家"后,却成了重名的地名了。解决这类重名的办法,除恢复原名外,可采取舍同存异的方法,舍去相同的字保留不同的字,改成"常堡""常沟""常岭",这样既简化地名、避免了重名,又保留了原地名的主要特征,较之原名更科学。

5. 以恢复原民族语地名更名

对边境或少数民族居住区内,有影响国家领土主权、民族尊严,妨碍民族团结等含义不健康的地名,均应该以恢复原民族语地名的方法更改地名,如原以藏语命名的珠穆朗玛峰、蒙语命名的乌鲁木齐与呼和浩特地名,后来被分别更改为外国人强加的"埃佛勒斯峰",以及含有封建时代统治阶级意志的"迪化"和"归绥"两地名。对此,必须采用原民族语予以更名。

6. 以吉祥词和借音改形或取其反义方法更名

对影响国际友好的地名,一般采用吉祥词或美好含义的词更改地名,如将中朝边境上的"安东"改为"丹东",中越边境上的"镇南关"改为"睦南关""友谊关",对这类地名以采用中性词为最佳。对那些有侮辱劳动人民或极端庸俗等含义不妥的地名,采取借音改形或取其反义更名较好,如将自然村名"墓里"改为"慕里"或"穆里","骚狗巷"改为"缫沟巷","掏粑沟"改为"新风沟"。

7. 以首户姓氏更名

在确定以姓氏更改自然村镇名时,应该多用在此地首先落户的姓氏,而少用或不用该地的富裕大户姓氏,因为这样做,不仅有利于记述村史,而且可以避"嫌穷爱富"或"以富欺贫"之嫌。

8. 以义改形更名

更名时可以采用同义或近义字,以义改形的做法。如民国初年,福建省永福县改名"永泰县",云南省靖江县改名"绥江县"。此外,将"新丰"改名"万丰","常家"改名"常丰","荷花"改名"莲花","王八坡岭"改名"望坡岭","王八山"改名"龟山","保正安"改名"太平村"等,均为较好的做法。

9. 以变字序方法更名

变字序,即调整地名专名部分的两个或三个字的先后位置,达到分化专名、构成新地名、基本保持原义的效果,如"河湾村"改名"湾河村","西安"改名"安西","水泉"改名

"泉水","宁海"改名"海宁"等。

10. 以取同音字更名

当要更改地名含义时,尽量采用以动一个同音字而使词义全非的做法。这样可以保持地名的读音不变,故此法的更名最容易为人们所接受,使用亦十分方便,如改"安东"为"丹东"等。

11. 以加字(或减字)法更名

加字法更名,即在专名部分增加一两个字,如村名"尚庄",加字后改名"尚家庄",或"尚陈庄"。减字法更名,则在专名部分减去一两个字,构成新地名,如云南省马关县名就是由原名"马白关"中减去"白"字而成的,"盖县"名亦是由原名"盖平县"名中减去"平"字而得名的。

12. 重新命名法更名

当地名原语源因素不恰当,或无法从修辞上雕琢出好的名称时,则采用重新命名的做法,可以根据目前或历史上某一特征性本质拟定新名。如将"寡妇村"重新命名为"三八村"。

13. 重名的更名

地名因重名而更名的方法很多,但无论使用什么方法,最重要的是方便群众,使群众乐于接受。更名时一般应该留一改余,以使改名不集中在某一局部区域,如不集中在一个乡或一个县内为宜;对等地改名,易为各方所接受。具体改谁留谁,要全面考虑。但是主要考虑的是以下三个因素,即所谓三看三比:一要看地名产生的年代,比地名的历史长短;二要看地名的行政级别高低和名气的大小(如粮食产量、历史事件、人物或风物古迹等),比影响的远近;三要看地名的特殊地位(如边境地区、古地名、少数民族语地名),比政治作用的强弱。因为历史久、群众印象深、名气大、影响范围广、特殊的地名有价值有意义,更名时一般改新保旧、改小保大、改一般保特殊。地名的情况是很复杂的,因此,对地名重名的各方要做具体分析,要辩证地处理,真正做到改名者有理,留名者有利。对因重名而要更名的地名,要注意反映社会发展的成就和时代的风貌,避免相混而造成拼音上的重名。对此既要考虑从众从俗、易于推行,又要考虑地名内含的发展,要做到语言美、雅俗共赏。除上述的方法外,还有以下几种不失为常用的方法。

(1) 冠以姓氏　在重名的名称前面加上不同的姓氏或姓氏组合词,促使重名向唯一方向分化,如将两个"板桥"地名,改为"张板桥""陈板桥"。

(2) 冠以方位或形容词　在重名名称前冠以方位词,大小、新旧(老)等形容词,以示区别,如对于两个"沈灶"地名,分别冠以南与北方位词,构成"南沈灶"和"北沈灶"两个不同的地名。

(3) 以同义字改变重名中的通名用字　如将两个"高家庄"中的一个改为"高家

村",两个"周家营"中的一个改为"周家庄"等。

(4)用方言谐音加以区别　如有的方言地区将"西"读作"新",则就可以把一个地名中的"西"字改写成"新"字。

(5)在重名的专名词首或词尾加吉祥含义的字　如在"周村"的前面冠以"兴"或"隆"等吉祥字,改名为"兴周村"或"隆周村";在"华屯"的专名后缀以"康"或"寿"字,改为"华康屯"或"华寿屯"。

(三) 行政区域名称的更名

行政区域名称的变更主要是缘于政府驻地的迁徙和行政区划的调整。当政府机关迁到新址后,便会出现因专名与其驻地专名相同的一些政区名称又与新驻地专名不统一的现象。按照"政区名与驻地名统一论"的观点,此时不是在改原驻地专名的同时又以政区名更改新驻地专名,就是以新驻地专名改政区专名。在近来撤县设市的行政区划调整中,主要是取当地惯用名给政区命以新名,其中一部分采用原县名,一部分采用历史地名,如历史上曾在此设置过州,就命名×州市。对设市后仍保留县建制的,则出现县市专名重名,此时就要更名,如江苏省在宿迁县设置宿迁市时,将县名以其曾用名改为宿豫县;吉林省在延吉县设延吉市,则将县名以驻地镇的名称更名为龙井县。省、市、县级名称的影响涉及面大,应该从长计议,反复酝酿,慎重对待,不要将含义无不妥的,缘于帝王将相的,如以古国、旧邑、皇帝年号命名的一些地名,统统称之为帝王树碑立传,全盘否定给予更名;当然也不应该一律恢复原地名,有的新起的政区名称已寓新义,反映了当地特征,人们已经使用习惯了的,就不必要恢复原地名了。正如前文所述,行政区域名称更名的语源因素亦可以采用境内的名山大川、名胜古迹,以及大型聚落首字的组合词等。

乡镇人民政府是国家的基层政权。其驻地是全区政治、经济、文化的中心。有的乡镇驻地是历史上长期形成的贸易集市,起着自然镇的作用。每个乡镇都程度不同地办起了作坊或工厂,经营范围及企业规模逐步发展。有的乡镇工农业产品,甚至村办企业的工农业产品已经进入省内、国内市场,个别还打入了国际市场。乡镇内各种机动车辆在增加,流动区域在扩大,因此乡镇名、乡镇驻地名,以及用乡镇名派生的工厂企业,台、站、港、场等名称的使用频率随之提高,使用的区域已经超出了县界、地区界。因此,做到了一个省区内乡镇不重名,实属势在必行的一项行政管理工程。对重名的乡镇地名的更名是一件政治性和科学性较强、涉及面大的一项细致的工作。需要在调查研究的基础上,从下而上的酝酿和从上而下的指导。更改乡镇地名,首先会给县、乡镇两级干部和群众带来一时的不便,并且由于他们主要是在县和乡镇区域内工作,对逐步实现省境内乡镇地名不重名的必要性体会不深,因此,需要多做宣传工作。在讨论更名方案时,一定要从上而下的加强领导。但在市、县和乡镇三级共同协商前,乡镇要先有几个更名方案,再去征求市、县的意见,市、县在这些方案的基础上进行指导。只有这样做才能防止新命名的地名重名,而且可以避免乡镇政府提出的更名方案一旦落选,因无备选方案而延误命名的时间。乡镇地名更名目标是努力实现省内乡镇不重名,含义健康、稳妥;可改可不改的乡镇名不改,同音乡镇名暂不改,火车站名与乡镇名要统一,乡镇名与其驻地专名不求完全一致,但不得与境内其他自然村镇专名重名,若遇到重名,则要重新命名,不要轻易改其他自然村镇专名;要简化四个字以上的乡镇的专名,使之义明易读;乡镇重名较多的县市,可以分期分批地予以更名。处理全省乡镇重名问题,采取省、市、县相结合,以省的裁决为主的原则。

（四）少数民族语地名汉字误译的更名处理

我国是个多民族的国家,少数民族语地名众多。少数民族语地名在流传、译写中,存在着一名多译、一音多字、同词异译、音译不准,以及音变、形变等现象。在形变中个别的用字不妥,则会产生歧义。对此,应该按照《地名管理条例》的有关规定和国家地名主管部门制定的译写规则进行处理。"名从主人"是地名译写最重要的原则,但是由于地名沿用已久,也要照顾多年习惯译法。对少数民族语地名译写不准而又需要重译的,则首先要恢复少数民族语地名母语的音、形、义,然后按照译写规则重新译写,重新定名。

对流通中已经简化的地名,要具体分析,根据居民现状和通行时间长短,或重译,或尊重约定俗成的事实。对于原少数民族语地名,已转化成汉语地名的,如无不妥的,尊重俗成。有些地名存在着半音译半意译的情况,原则上尊重现状。

（五）地名通名的更名处理

地名的通名,除行政区域的通名有其法定形式外,其他通名均为民间约定俗成的,并且受到语言习惯和不同历史时期政区名称通名的影响,如镇、乡、村、里、坊、保、甲等,在历史上曾是地方基层组织的通名,沿用下来,现已变成聚落地名的通名。由于地名受到语言习惯和地理环境的影响,或与特定的地理事物有关,河、湖、海、荡、沟、梁、塬、茆、崮、坝、坳、坨子、马架、仗子、窝棚、窝堡、店、庄、罾、尖、圩、垛、塘、坊、庙宇、甸子、洼子、街、镇等通名,反映了地名所指代地理实体的类别或性质。鉴于社会的发展和进步,地理环境和地理事物发生了变化,使某些通名词义失去了时代性,有必要依据现代景观状况改变原通名的用字。如"窝棚""马架"这两个通名,是东北地区开荒占草时,人们架屋而居就近种地的特殊历史环境的产物;现在农村已经是一派砖房林立,楼房四起的景象,再也看不到那种"窝棚"和"马架"了,将这类通名适时地改为反映现时面貌的通名用字似乎更为合宜,但是对此事应该深入研究,慎重对待,因为这样做的结果必然会湮灭得名的历史环境,对保存地名原来的科学内涵十分不利,而且若成为一个定律,地名就得不断地随着时代的变化而更名,这样就会带来地名上大的混乱。

地名的通名,除译写外国地名和少数民族语地名音译加义译通名外,一般是不应该重叠的,如沙市市、固镇镇、南京站站(南京地铁1号线在穿越南京火车站时曾设的站名)等,呼起这类地名既累赘,又费解。

对地名通名中多余发音的字,亦应予以简化,如地名"韭菜园子",去掉通名中的"子"字,不会影响含义和地名的稳定性,但是通名"坨子"中的"子"字就不宜省略,否则含义就不通了,而地名"北甸子"中的"子"字属于可省可留的典型。

（六）长地名的缩短

在我国,地名虽然源远流长,但几千年来却无专门管理机构,一直处于各自为政的混乱状态,一度因为文化落后了,劳动人民文化水平低,识字少,加之小农经济,交通不便等影响,有一部分地名显得较粗俗,往往形成极不合理的长地名。如"张老秧子西北屯"7个字,用人的绰号"张老秧子"命名地名,既粗俗,又欠妥,并用此名派生地名,则又俗又长,不便使用。对这类长地名,去掉人名,保留方位词,改成"西北屯"是适宜的。有些城市新命名的街巷名,长达六七个字,不易记,不好读,应该改成短地名。在把长地名改成短地名时,正确的做法是保留其主体部分,去掉多余的字(词),尽力做到专名两个字,通名一个字,即以三个字组成一个地名为佳。

第六章 地名罗马化和地名译写

第一节 地名罗马化和地名译写概述

一、地名罗马化实质与发展趋势

地名的罗马化,就是通过标准化和国际协议等有关途径,使全球乃至宇宙间的所有标准地名均用罗马字母(又称拉丁字母)书写,获得最大限度的拼写形式单一性,实现地名的国际标准化,以便国际通用。

随着国际社会政治、经济、文化、科学技术、交通、通信等方面的发展,人们的活动已经从一个小小的范围逐步发展到全球,尤其是近百年来,国际交往日益频繁,各国的地名如果没有一个统一的称呼和书写形式,就会带来很多困难,适应不了电子与信息时代的需要。因而实现地名国际标准化,就成为国际社会的当务之急。

据不完全统计,全球有250多个国家和地区,2500多个民族,6000多种语言,再加上方言、土语,就更加繁杂了。这些语言按其共同来源可以分为八大语系,每个语系又分为若干语支或语族。就其文字的拼写形式,可以粗略地分为五大类,即罗马字母类,如英文、法文、西班牙文等;阿拉伯字母类,如阿拉伯文、阿富汗文、波斯文、乌尔都文等;斯拉夫字母类,如俄文、南斯拉夫文、保加利亚文等;民族字母类,如希腊文、缅文、藏文等;形声表义类,如汉文。面对这么多种的语言、这么复杂的文字类别,怎样才能实现地名国际标准化? 鉴于世界上绝大多数国家采用的是罗马字母、阿拉伯字母和斯拉夫字母这三种拼音文字,尤其以采用罗马字母拼音文种的国家为最多,有100多个国家,联合国地名专家们于1967年第一届联合国地名标准化会议上做出决定,地名的国际标准化采用单一罗马拼写法,即一个地名只有罗马字母这一种拼写形式。使用罗马字母的国家只要国内地名实现了标准化,其他国家照用即可。使用非罗马字母文种的国家,要按照科学的原则提出一种罗马字母文种的拼写法,经联合国地名标准化会议通过后,作为国际标准。

世界上使用罗马字母文种的国家,虽然字母相同,但是很多字母的读音却不尽相同。发音基本相同的只有 b、d、f、k、l、m、n、p、t 这9个字母。不同语种有不同的语音体系,语音文字亦有各自的拼读规律和习惯。如瑞士这一国名,本国三种官方语言,就有三种书写形式,法文写作 Suisse,德文写作 Schweiz,意大利文写作 Svizzera,而英文又写作 Switzerland;意大利的罗马,意大利文写作 Roma,英文写作 Rome。一个地名尽管其字母拼写只有一种形式,但是在不同的语言环境里,其读法也不尽相同,如西班牙语中的"J"发英语"h"的音就是一个典型案例。因此,不懂某国语言的人就不可能按某国的语言读准这一国的地名。事实上,不可能每个人都能懂得多种语言,因而地名的读音就成了大问题。在国际范围内,地名采用单一罗马字母的拼写方式,必然导致舍音重形,这实际上就是只求书写形式的标准化和单一化,而不求其准确的读音,因为国际的大环境不同于国内的小环境,书写形式与读音二者是无法兼顾的。要想使地名能够国际通用,只能从字形上消除书写形式的混乱,实现单一罗马化,否则,将是极其困难的。

为了实现地名罗马化,1970 年联合国地名专家组设立地名单一罗马化工作组,1972 年改为非罗马字母国家采用罗马字母拼写工作组。其主要任务是分析和比较各国现存的罗马字母转写法用于国际标准化的优缺点,研究并拟订各国地名的罗马字母转写方案。自 1967 年起,联合国地名标准化会议已经通过非罗马字母国家地名的罗马字母拼写的国际标准有:伊朗政府《法尔西地名的拉丁字母转写法》,泰国皇家研究所制定的《泰语地名修正罗马转写法》,保加利亚地名译写委员会制定的《保加利亚地名罗马转写法》,以及《南斯拉夫塞尔维亚——克罗地亚和马其顿语的斯拉夫字母的罗马字母拼写法》《埃塞俄比亚阿姆哈拉语——英语转写法》《以色列希伯来语罗马转写法》《柬埔寨语修正罗马转写字母和梵语转写表(僧伽罗语、泰米尔语除外)》《中国采用汉语拼音方案作为中国地名罗马字母拼法的国际标准》《苏联俄文字母的罗马字母转写法》《希腊字母的罗马字母转写法》等十多个国家的罗马化方案。目前已经通过的这些标准打破了过去多以英文为主的惯用拼写方法,特别是自 1977 年中国的罗马化方案通过为国际标准之后,在国际上产生了巨大影响,尊重主权、尊重本国语言体系、按照本国的科学方案取代英美等国的惯用拼法的趋势已经到来。尽管英国人想根据英语在世界上的地位来考虑如何以英语的习惯译法作为各国地名拼写的国际标准,但是联合国地名专家组成员多数是不赞成的。英、美对此虽然持有不同见解,但自联合国通过采用汉语拼音方案拼写中国地名作为国际标准之后,美国和英国地名委员会于 1979 年都做出采用汉语拼音的决定,美国于同年就出版了汉语拼音《中国地名录》。继之,英、美、德、法、意、西班牙等欧美国家的地图上都采用了汉语拼音。在通向地名罗马化的道路上,虽然还会有不少困难和曲折,但是单一罗马化的趋势必然是不会改变的。

二、地名译写的概念和作用

地名是世界各个国家各个民族用各自的语言文字形式指代占有一定空间的某一地理实体的代号或标记,供人们识别和传递信息之用。地名又是人们在国际和国内民族间交往中所不可缺少的工具。世界上有6000多种语言,可见地名的语种多么纷繁。任何一个国家或民族,懂得多种语言文字的人毕竟是少数,能够懂得各种语言文字的人,可以说世界上至今还没有呢。但是,要与很多国家或民族发生联系和往来的人却不在少数,特别是在政坛、新闻界、商界和科技领域,国际间的联系极为广泛,从而产生了将他种语言文字的地名翻译成本民族语言文字的必要。世界各国均有一批专职和兼职的地名翻译工作者,成年累月地在翻译着他们单位或部门所接触的种种语言文字的地名,供本单位、本部门和全国各方面的人士使用。正是由于这种众人的力量,世界上几乎没有一种语言文字的地名不被译成他种语言文字形式。从而搞活了世界上各国各民族间的各种交流和联系,促进了人类社会的大发展。

这种按照一定的规则,将以某一民族语的语音、语法构成的地名词改用自己民族语的语音、语法和文字形式表达出来的文种变换工作,叫作地名译写。简言之,地名译写就是地名书写形式的文种变换。

第二节　中国地名罗马字母拼法演变

一、旧式罗马字母拼法

中国地名过去的罗马字母拼写十分混乱,不仅一直没有一个统一的拼法,而且所用的各种拼法大多是外国人设计的。据粗略统计,自1605年利玛窦方案以来,外国人集体设计的有十余种,个人设计的有三十余种;中国人个人设计的有十余种,若包括方言拼写法,加起来有六十余种。然而,这些方案很多早已过时,有的甚至根本就没有流行开。在英文中比较常用的是旧"邮电式"或"威妥玛式(Wade System)",其他的还有"莱辛式(Lessing System)"和"威斯列尔式(Visslere System)"。

旧"邮电式",是旧邮电系统用的一种拼法。19世纪80年代,我国在英帝国主义影响下开始办理现代邮政和电报业务,现代邮电业务中用罗马字母拼写中国地名,后来将这一套拼法称为"邮电式",由于打电报不能使用连写符号、送气符号和发音符号,于是1906年在上海举行的帝国邮电联席会议上,基本改用翟理斯(H. A. Giles)《华英字典》的南京拼音;但对广东、广西、福建等地则采用方音拼写,韵母形式也略有差别,如北方的ch由南方的k或ts代替;同音地名则附加省名的缩写,以示区别。

"威妥玛式"是清朝末年英国驻中国公使馆华文翻译,后来被提升为公使的威妥玛(Thomas F. Wade),于1867年提出为汉字注音的工具,后来扩大用途,成为在英文里音译中国人名、地名和事物名称的一种主要拼法。1912年翟理斯编的《中英字典》采用了"威妥玛式"并加以修改,后称之"威特-翟理斯式(Wade-Giles System)"。

"威妥玛式",不仅在语言系统上不符合我国汉语普通话的语音规律,而且有一些不够科学的地方。如在现代汉语的普通话四百多个音节中,"威式"拼法就有160多个音节带有各种附加符号,造成了书写、打字、拼(铸)版、电报等方面的困难,有些符号在普通电报机上根本无法传递。"威式"与汉语,在声母和韵母方面有多处差异,详见表6-1的(1)至(4)。

表6-1(1) 汉语拼音与威妥玛式拼法声母对照表

汉语拼音	威妥玛拼法	汉语拼音	威妥玛拼法	汉语拼音	威妥玛拼法	汉语拼音	威妥玛拼法
b	p	h	h	q	ch'	w	w
c	ts'	j	ch	r	j	x	hs
(c在i前)	tz'	k	k'	(r在e后)	rh	y	y
ch	ch'	l	l	s	s	z	ts
d	t	m	m	(s在i前)	s,sz,ss	(z在i前)	Tz,ts
f	f	n	n	sh	sh	zh	ch
g	k	p	p'	t	t'		

注:'为威妥玛式中送气符号,下同。

表6-1(2) 汉语拼音与威妥玛式拼法韵母对照表

汉语拼音	威妥玛拼法	汉语拼音	威妥玛拼法	汉语拼音	威妥玛拼法	汉语拼音	威妥玛拼法
a	a	en	ên	ing	ing	uan	uan
ai	ai	eng	êng	iong	iung	uang	uang
an	an	i	i	iu☆	iu	ui☆	ui
(an在y、yu后)	en	(i在ch、r、sh、zh后)	ih	o	o	un☆	un
ang	ang	(i在c、s、z后)	ǔ	ong	ung	(un在q后)	ün
ao	ao	ia	ia	ou	ou	uo	o
e	ê	ian	ien	(ou在y后)	u	(uo在g、h、k后)	uo
(e在g、h、k、l后)	ê,o	iang	iang	u	u	ü	ü
(e在ju、qu后)	eh,o	iao	iao	(u在j、q、x、y后)	ü	üe	üeh
(e在yu后)	eh	ie、ye	ieh	ua	ua	(üe在l、e后)	üeh、üo、io
ei	ei	in	in	uai	uai		

☆:汉语拼音方案中所没有的韵母;
注:威妥玛式音素中所缺少的汉语拼音方案中的韵母为 uei、iou、uen、ueng、üan、ün。

表 6-1(3)　威妥玛式拼法与汉语拼音声母对照表

威妥玛拼法	汉语拼音	威妥玛拼法	汉语拼音	威妥玛拼法	汉语拼音	威妥玛拼法	汉语拼音
ch	j,zh	k'	k	s	s	ts	z
ch'	ch,q	l	l	s	s (s 在 i 前)	ts	z (z 在 i 前)
f	f	m	m	ss	s (s 在 i 前)	ts'	c
h	h	n	n	sz	s (s 在 i 前)	tz	z (z 在 i 前)
hs	x	p	b	sh	sh	tz'	c (c 在 i 前)
j	r	p'	p	t	d	w	w
k	g	rh	r (r 在 e 后)	t'	t	y	y

表 6-1(4)　威妥玛式拼法与汉语拼音韵母对照表

威妥玛拼法	汉语拼音	威妥玛拼法	汉语拼音	威妥玛拼法	汉语拼音	威妥玛拼法	汉语拼音
a	a	ên	en	io	üe(üe 在 l、n 后)	uang	uang
ai	ai	êng	eng	iu	iu	ui	ui
an	an	i	i	iung	iong	un	un
ang	ang	ia	ia	o	o,uo	ung	ong
ao	ao	iang	iang	o	e(e 在 g、h、k、l、ju、qu 后)	uo	uo (uo 在 g、h、k 后)
eh	e(e 在 ju、qu、yu 后)	iao	iao	ou	ou	ǔ	i(i 在 c、s、z 后)
eh	ê	ieh	ie、ye	u	u	ü	u(u 在 j、q、x、y 后)
ei	ei	ien	ien	u	ou(ou 在 y 后)	üeh	üe
en	en(en 在 y、yu 后)	ih	i(i 在 ch、r、sh、zh 后)	ua	ua	üeh	üe(üe 在 l、n 后)
ê	e	in	in	uai	uai	ün	un(un 在 q 后)
ê	e(e 在 g、h、k、l 后)	ing	ing	uan	uan	üo	üe(üe 在 l、n 后)

此外,由于附加符号在使用中往往省略不用,又导致了许多不同读音的汉字都拼成了同音字。以致张、常不分,都拼作 Chang,尤、于都拼作 Yui,朱、储、居、瞿都拼成 Chu。"河北"拼成 Hopei,"湖北"拼成 Hupeh,同是"北"字却有 Pe、Pei、Peh 几种拼法。"青岛"拼成 Tsingdao,"青海"拼成 Chinghai,同是"青"字,拼法亦不尽相同。对南方的

地名，则按照方言拼写，如厦门（Xiamen）被拼作 Amoy，闽江（Minjiang）被拼成（Min-Kong），广州（Guangzhou）被拼成 Canton。

中国地名在罗马字母的其他语种，如法语、德语、西班牙语中，各有一套拼写方法，例如北京，汉语拼音为 Beijing，英文、德文拼作 Peking，法文拼作 Pěkin，西班牙文拼作 Pekn。对我国蒙古语、维吾尔语、藏语地名，"威式"及其他旧拼法都是直接从少数民族语转写的，但转写也是不同的，如表 6-2。

表 6-2

书写形式	中国地名汉字书写	印度测量局传统的英文转写	威妥玛-翟理斯式转写
蒙古语地名	柴达木盆地 准噶尔盆地 巴颜喀拉山	Tsaidam Basin Dzungarian Basin Bayan Kara Ula	Cha-Ta-mupen-ti Chun-Ka-erhp'en-Ti Pa-Yenka-La shan
维吾尔语地名	乌鲁木齐 塔里木盆地 和　田	Urumchi Tarim(Basin) Khotan	Wu-Lu-Mu-Ch'i T'a-Li-Mup'en-Ti Ho-Tien
藏语地名	拉　萨 日喀则 日　土	Lhasa Shigatse Rudok	La-Sa Jih-K'a-Tse Jih-T'u

二、中国地名罗马字母拼写法的统一规范

1958 年第一届全国人民代表大会第五次会议批准公布了《汉语拼音方案》，这为我国地名罗马字母拼写的规范化奠定了基础。同年周恩来总理在政协全国委员会所做的《当前文字改革的任务》报告中指出，《汉语拼音方案》"可以用来音译外国的人名、地名和科学技术术语，可以在对外文件、书报中音译中国的人名、地名，可以用来编索引等等"。从 1958 年开始，我国邮电部门和铁路站名、气象站名、部分城市街道名称都使用了汉语拼音。1971 年周恩来总理又指示，用汉语拼音编印中华人民共和国地图，以满足国内外的需要。1972 年 9 月联合国秘书长致函我国政府，要求派出专家参加联合国地名专家组第五次会议。1973 年周恩来总理批办的外交部《关于联合国地名标准化会议有关问题的请示》中说："用我国政府制定的法定罗马字母方案（汉语拼音方案）来拼写我国的地名，作为我国地名罗马字母拼法的国际标准。"为了落实周总理的指示，在国家测绘总局、中国文字改革委员会等有关部门的共同努力下，于 1974 年编制出版了我国第一幅 1∶600 万比例尺汉语拼音字母版地图及其地名索引，之后国家测绘总局测绘研究所地名研究室又对蒙古语、维吾尔语、藏语地名进行了调查，并编印了地名录；地图出版社出版了汉语拼音《中华人民共和国地图集》；测绘出版社出版了《汉语拼音中国地

名手册(汉、英对照)》;航海出版社出版了汉语拼音版中国沿海海图;1976年又修订了《中国地名汉语拼音字母拼写法》。在此基础上,我国派出专家和代表团出席了1975年召开的联合国第六次地名专家组会议和1977年召开的联合国第三届地名标准化会议。在地名标准化会议上明确提出了用汉语拼音方案作为中国地名罗马字母拼写的国际标准。为此,联合国第三届地名标准化会议做出如下决议:"认识到《汉语拼音方案》是中国法定的罗马字母拼音方案,中国已制定了《中国地名汉语拼音字母拼写法》。注意到《汉语拼音方案》在语言学上是完善的,用于中国地名的罗马字母拼法是最合适的;中国出版了汉语拼音版《中华人民共和国地图集》《汉语拼音中国地名手册(汉、英对照)》等资料,《汉语拼音方案》已得到广泛应用。考虑到在国际上通过一个适当的过渡时期,普遍采用汉语拼音拼写中国地名是完全可能的。建议采用汉语拼音作为中国地名罗马字母拼法的国际标准。"

1978年9月,国务院批转了中国文字改革委员会、国家测绘总局、外交部、中国地名委员会《关于改用汉语拼音方案作为我国人名地名罗马字母拼写法的统一规范的报告》。从此,我国地名的罗马字母拼写,结束了百余年来拼写的混乱,进入了统一的科学的新时代。从1979年1月1日起,我国对外文件、书刊一律采用汉语拼音拼写地名。

第三节 中国地名汉语拼音拼写规则

一、语音依据

我国地名用汉语拼音拼写,是按照普通话的语音进行拼写的。拼写的具体实施并不是汉字的注音方式,而是按照《中国地名汉语拼音字母拼写规则》拼写的。这个规则对地名的分写、连写、数词的书写、大小写、隔音、儿化音的书写、移行,以及企事业单位、建筑物、游览地、纪念地等名称的书写都做了具体规定,这是在多年实践基础上并参照《城市街道名称汉语拼音拼写规则》等有关规定制定的。另外,规定地名拼写时要按普通话语音标声调,但在全部用印刷体大写字母书写城镇路牌等特殊情况下,可以不标注声调。对地名中的多音字和方言字,规定依据普通话审音委员会审定的读音拼写,如地名通名中的"堡"字,按审定的读音,在北京拼写成 pú,在天津拼写成 bǎo,在陕西拼写成 bǔ。

二、分写和连写

《中国地名汉语拼音字母拼写规则》对地名汉语拼音中专名与通名的书写规定如下。由专名和通名构成的地名,原则上专名与其通名都分写:太行/山/Tàiháng Shān。

专名或通名中的修饰、限定成分,单音节的则与其相关部分连写:西辽/河 Xīliáo Hé,潮白/新河 Cháobái Xīnhé。双音节和多音节的则与其相关部分分写:广安门/北滨河/路 Guǎng'ānmén Běibīnhé Lù。自然村镇名不区分专名和通名,各音节均予以连写:周口店 Zhōukǒudiàn。通名已经专名化的,按专名处理:渤海/湾 Bóhǎi Wān。此外,对以人名命名的地名,规定人名中的姓和名一律予以连写,不得分写:欧阳海/水库 Ōuyánghǎi Shuǐkù。

在汉语地名中,由于方言的影响,各地对相同性质的自然或人文地理实体的通名称呼往往不一致,这就给识别通名带来了困难。如表示山峰的通名就有峰、顶、尖等称呼,表示河的通名就有江、河、水、川、溪、涧、沟、港、渎等称呼;同为村落的通名就有村、庄、屯、寨、堡、营等不同称呼,城镇里较窄的街道亦有巷、弄、胡同等通名。分写之前一定要首先确定哪些是能区别类别性质的通名,而后才能进行分写。一般来说,"通名"是容易误别的,但是在一些方言区域内通行的通名,如"埭"(土坝)、"峇"(山间平地)、"峁"(顶部浑圆、斜坡较陡的黄土丘陵)、"崮"(四周陡峭、顶部较平的山)等就不是广为人知的了。若把所有的地方性通名都汇集在一起,就会十分复杂,特别是同一性质的地理实体在不同地区而有不同的通名,就更容易造成混乱。例如有的地方称"河"为港,有的地方又称"湖"为港,还有的将"海域"称为"港"。又如水中之陆地称为岛,实际上很多岛屿又都被命名为某某山,"山"在水域中是不能算作岛屿的通名的。如何划定通名,或者说给通名的划定予以统一规范,这也是地名标准化工作的内容之一;虽然这方面的研究还有待深入,但是请当地人来划定当地地名的通名,不失为免于差错的一个最佳的方法。一个地名,只要它的通名能够确定下来,其分写的做法也就明确了。

汉语地名,一般都是由专名和通名两个部分构成,但是也有一些地名是通名成分省略或隐形的,像简称这类地名:沪(上海市)、宁(南京市)、京(北京市)。再如景点:苏堤春晓、平湖秋月、断桥残雪、三潭印月等。凡未出现通名成分的地名,自然也就不存在分写连写的问题了。有些地名除专名和通名外,还附有第三种成分,即附加的形容词或其他定语成分,这些附加成分,按照汉语语法,有的是修饰或限定专名的,有的是修饰或限定通名的。如新沂河的"新"字,老秃顶子山的"老"字都是修饰专名的,但是也可以理解为是修饰整个地名的,在书写时把它作为专名的修饰部分看待,按照《中国地名汉语拼音字母拼写规则》,其分连写形式为:老秃顶子/山、新沂/河。潮白新河的"新"字是修饰通名的,应该分写为潮白/新河。而南高峰、大雪山中的"南"和"大"字,就很难说清楚是修饰专名还是修饰通名的。在这两个地名中,附加形容词与专名或通名并无固定搭配关系,所以有些附加形容词在许多地名中就难以确定其分连写的模式,如南高峰、大雪山、东西连岛、天津西站,按照新沂/

河的模式,可以分写为南高/峰、大雪/山、东西连/岛、天津西/站,若按照潮白/新河的模式,即按照《中国地名汉语拼音字母拼写规则》的规定,则分写为南/高峰、大/雪山、东西/连岛、天津/西站。这后者的写法符合汉语语法习惯,容易被人们接受。这两种拼写法到底哪一个正确,不能仅凭字面分析或按语法习惯来判断,重要的是看哪一种符合实际,能正确地表达地理实体的特征。因此最可靠的方法,是到实地考察,根据地理实体的特征所赋予通名的正确含义来确定其通名是单独的一个字,还是一个词或词组。例如上述地名中的天津西站,按照实地情况,它所指的是位于天津城西面的那个火车站,在天津,相对于天津站而言是西站,而西站在南京、上海等不少城镇都有,因而"西站"实质是反映类别特征的通名词或通名词组,从这个意义上讲,就可以肯定地说上述的后一种拼写法是正确的。南高峰、大雪山等其他所有地名均可照此辨析,这对在某地区从事实际工作的地名工作者来说不是件难事。

三、地名中数词拼写

根据《中国地名汉语拼音字母拼写规则》的规定,地名中的数词按照不同情况,分别以拼音和阿拉伯数字两种形式书写。

（一）地名中的数词用汉语拼音书写

地名中除属于代码和街巷名称的序数词之外,对其他各类地名中的各种数词,一般均用汉语拼音书写。例如：

五指山 Wǔzhǐ Shān　第二松花江 Dìèr Sōnghuā Jiāng　九龙江 Jiǔlóng Jiāng

三门峡 Sānmén Xiá　三眼井胡同 Sānyǎnjǐng Hútong　二道沟 Èrdào Gōu

三八路 Sānbā Lù　八角场东街 Bājiǎochǎng Dōngjiē　第六屯 Dìliù Tún

五一广场 Wǔyī Guǎngchǎng

（二）地名中的数词用阿拉伯数字书写

地名中的数词,有一部分明显是属于代码性质的,另一部分是反映城镇里街巷序数的,对地名中这两种数词,均采用阿拉伯数字书写,不用汉语拼音书写。

1. 包含代码地名的拼写法：

　　1203 高地 1203 Gāodì　　　　1718 峰 1718 Fēng

2. 含序数词的街巷名称拼写法：

　　二马路 2 Mǎlù　　　三环路 3 Huánlù　　　经五路 Jīng 5 Lù

　　大川淀一巷 Dàchuāndiàn 1 Xiàng　　　东四十二条 Dōng 42 Tiáo

　　第九弄 Dì-9 Lòng

3. 在街巷名称中,当遇到"第×巷(或弄)"时,在"第"的拼音字母与数字之间加 1/2

长一短横线,如前例中的"第九弄"。

四、大小写、标调、隔音、儿化音和移行的书写

(一)地名汉语拼音字母的大小写

1. 地名中的第一个字母大写,其余字母小写,如:李庄 Lǐzhuāng
2. 分段书写的地名,每段的第一个字母都要大写,其余的字母均须小写,如:

珠江 Zhū Jiāng　　　　天宁寺西里一巷 Tiānníngsì Xīlǐ 1 Xiàng

3. 地名标志上的或在其他特殊情况下,汉语拼音字母可以全部大写。

(二)地名汉语拼音拼写的标调

地名在用汉语拼音拼写时,一般均应该按照普通话语音进行标注声调,这不仅能够正确地表达汉字的读音,而且有助于区别同音汉字。但是在地名标志上全部印刷体大写字母书写时,以及邮电系统和地图、一般性书刊等特殊情况下,可以不标注声调。

(三)地名汉语拼音拼写中隔音符号的使用

为了避免地名汉语拼音拼写时发生音节混淆,《中国地名汉语拼音字母拼写规则》规定,凡是遇到以 a、o、e 开头的非第一音节时,要在 a、o、e 的前面用隔音符号"'"使其与前方的音节隔开,例如西安,则必须拼写成 Xī'ān。音节的混乱不仅如此,即使在不是以 a、o、e 开头的非第一音节也会发生类似情况,如 Mǎlíngōu,按上述规定应该读作"马林沟",不能读成"马陵欧",要读成"马陵欧",则要在第三音节里"o"的前面加隔音符号"'",写作 Mǎlíng'ōu。因此,有了这一规定和处理方式,就为正确地划分音节和读音提供了依据。

(四)地名中儿化音的表示

在以汉语拼音字母拼写地名时,对凡是地名中带有"儿"字的儿化音,都要用拼音字母"r"表示,如盆儿胡同 Pénr Hútòng;若仅为口语中有儿化音,而在书面语里却没有"儿"字的地名,则不予以表示。

一般说来,儿化音多出现在北京地区,其他地方较少有儿化现象。但是,不管在什么情况下,凡不是儿化音的,"儿"字,均应该用"er"来表示,如幼儿园名称中的"儿"字,就应该用"er"来表示。

(五)地名汉语拼音字母拼写中的移行处理

用汉语拼音字母拼写地名,当在一行内写不完而必须移至下一行中书写时,要以音节为单位进行移行处理,并在上一行的末尾加上一根短线作为移行的标志。例如武威地区气象局 Wǔwēi Dìqū Qìxiàngjú。若在"气"字音节之后将转入下一行,则其拼音字应写成 Wǔwēi Dìqū Qì-xiàngjú。

五、建筑物、游览地、纪念地和企事业单位名称拼写

用汉语拼音字母拼写建筑物、游览地、纪念地和企事业单位名称,除需要综合运用上述四项原则之外,仍须针对它们的具体情况,做出以下具体处理。

(一)能区分专名、通名的,专名与通名分写,修饰、限定单音通名的成分与其通名连写,构成通名词组作通名。

1. 通名无修饰、限定成分

解放/桥 Jiěfàng Qiáo　　少林/寺 Shàolín Sì　　兰州/站 Lánzhōu Zhàn

黄鹤/楼 Huánghè Lóu　　挹江/门 Yìjiāng Mén　　大雁/塔 Dàyàn Tǎ

上海/港 Shànghǎi Gǎng　　中山/陵 Zhōngshān Líng

2. 单音节通名有修饰、限定成分

星海/公园 Xīnghǎi Gōngyuán　　月亮山/种羊场 Yuèliàngshān Zhǒngyángchǎng

金陵/饭店 Jīnlíng Fàndiàn　　武汉/长江/大桥 Wǔhàn Chángjiāng Dàqiáo

二七/烈士/纪念碑 Èrqī Lièshì Jìniànbēi

红星/拖拉机厂 Hóngxīng Tuōlājīchǎng

上海/交通/大学 Shànghǎi Jiāotōng Dàxué

鲁迅/博物馆 Lǔxùn Bówùguǎn

武威/地区/气象局　Wǔwēi Dìqū Qìxiàngjú

北京/工人/体育馆 Běijīng Gōngrén Tǐyùguǎn

(二)以文言、成语命名的,或不易区分专名、通名的地名,一般予以连写。

在风景区或游览地,常见到许多用文言文或成语命名的景点或景物名称,例如:一线天、水珠帘、百花深处、三潭印月、铜壶滴漏、双龙夺珠、柳浪闻莺等。这些名称实属省略通名(景点或景物)的地名之专名,是一些语词典雅、概括谨严、言简意赅、音韵深邃、富有情趣、格调高尚、语近意遥、能惹人回味,引发遐思美感的雅名美称。

(三)企事业单位名称中的代码和序数词用阿拉伯数字书写。

501 矿区 501 kuàngqū　　　　前进四厂 Qiánjìn 4 Chǎng

(四)企事业单位等名称中的行政区域名称的专名与通名分写

这是一种特殊处理方法,因为按照专名、通名分写的原则,此处行政区域名称不应该再划分专、通名了,"通名"在一个地名中只应该有一个,即表示企事业性质的那一部分才是通名。但是为了突出行政隶属关系,此处将行政区域名称予以单独拼写,对这种几乎普遍存在的现象做出如此特殊处理无疑是恰当的。例如,浙江省民政厅分写为:浙江/省/民政厅;北京市育英中学分写为北京/市/育英/中学。

六、少数民族语地名的拼写

少数民族语地名实行罗马字母拼写,一般有两种方法:一是先将少数民族语地名进行汉字译写规范化处理,再将已经规范的汉字译名用汉语拼音拼写;二是用汉语拼音字母直接从民族语文字地名进行拼写。为了使民族语地名拼写更为科学,并符合历史习惯,根据我国少数民族语言文字的情况和蒙古语、维吾尔语、藏语地名过去就有直接从民族语转写为外文的习惯,经广泛征求意见和深入研究,决定对蒙、维、藏三种语言的地名采取第二种拼写方法,即音译转写法。

"音译"是指用一种文字系统对另一种语言的地名进行译音处理。鉴于不同语言中有些语音是不相同的,音译时要把被译语言文字的语音纳入译音文种的语音体系,这样难免要带来不同程度的语音脱落或音变,因此音译的地名不能倒回原文。"转写"是在两种拼音文字之间,经过音素对比,由一种字母形式转变为另一种字母形式,它可以倒回原文。用汉字译写少数民族语地名,因汉字代表固定音节,只宜音译不适合转写。而用汉语拼音字母译写少数民族语地名,可以不受音节的限制,拼音字母代表音素,可以转写。如果少数民族语的字母超过汉语拼音字母时,就必须采用加符字母和双字母代表一个字母的办法处理,否则就不能倒回原文。总之,直接从民族语言文字译成罗马字母,比经过汉字译音更加符合民族语地名的读音规律,而且减少罗马字母拼写数量。

(一)音译转写法

为了用汉语拼音字母译写少数民族语地名,国家制定了《少数民族语地名汉语拼音字母音译转写法》。简称《音译转写法》。《音译转写法》是"音译"和"转写"这两种拼写方法的有机结合,它的基本精神是转写,即当被转写地名的语音与转写的文字读音基本相同时,就进行转写,表现为文字形式的转变,这时取重形轻音的做法;当文字和口语脱节时,则按口语的读音进行音译,此时取从音舍形的做法。所以,"音译转写"后的地名,有些可以倒回原文,有些则难以倒回原文。例如,蒙古语地名乌兰诺尔(红色湖),从蒙文可以直接转写为 Ulagan Nagur,因文字与口语脱节,故从音舍形,音译转写为 Ulan Nur。

音译转写法,只限于对《汉语拼音方案》中的 26 字母和 2 个附加符号、1 个隔音符号。为了使转写和记音比较准确,音译转写时音节结构可以不受汉语普通话音节形式的限制,隔音符号"'"可以在各种音节容易混淆的场合使用,附加符号"∧""¨"只在地名记音时应用,加在特定的字母上面代表特殊语言,音译转写时不用。

少数民族文字若用的是拉丁字母,则音译转写就以其文字为依据。对与《汉语拼音方案》中读音和用法相同或相近的字母,一律照写,对那些不同或不相近的字母则分别规定其转写方式,以供转写用。对文字不是用拉丁字母的少数民族语地名,就根据文字的读音采用相应的汉语拼音字母表示。

《中国地名汉语拼音字母拼写法》规定:少数民族语中的专名和通名一般分写。

在音译转写时,地名的专名和通名一般按照民族语文字拼写,地名中的通名和附加形容词习惯上是用汉字音译或音译后又重复意译的,一般都按照汉语习惯拼写,意译的部分按照汉字拼写,音译的部分按照民族语转写,如雅鲁藏布江拼写为 Yarung Zangbo Jiang。

目前除蒙、维、藏三种语言地名进行音译转写外,其他尚未制定音译转写法和只有语言而没有文字的少数民族地名,一般均按照汉字译名进行拼写;在有条件的地区可以进行汉语拼音字母记音,以利审音定字。对语种不明确或混合语地名,按照当地通行语言文字处理。但是有些少数民族语地名习惯上用蒙、维、藏语书写的,音译转写时也可以按照这三种民族语中的某一个语种进行音译转写。维语书写的地名,音译转写以维吾尔文为依据。蒙语书写的地名,则以书面语和通用口语相结合的习惯读法为依据,蒙语元音有长短之分,音译转写时不区分长短元音,如 ul(山)不拼作 uul。藏语书写的地名,音译则以拉萨话语音为依据,凡与汉语拼音字母读音相同或相近的,即用汉语拼音字母拼写,读音差别较大的则以双字母表示,如[n]用 ny、[c]用 gy、[c']用 ky 表示等。

(二) 音译转写的地名读音

汉语拼音字母在音译转写时由于不受汉语音节的限制而可以灵活运用,这就产生了如何念的问题。汉语拼音字母中作韵尾的辅音字母只有 n、ng 及 r(儿化),而少数民族语中几乎所有辅音字母均可以作韵尾,甚至还有不少复辅音也是汉语中所没有的,如 Ih、Ise 等。此外,有些音节在汉语中也是没有的,如 gi、ki、hi(汉语有 ji、qi、xi)、Ja、Qa、Xa(汉语有 jia、qia、xia);do、to、no(汉语有 duo、tuo、nuo)。

尽管音译转写的地名之读法不同于音节化的汉语读音,但是每个字母的读音是一样的。因此,在读音译转写的地名时,按照汉语拼音字母规定的读音去读就行了。

(三) 关于民族名称的拼写

很多地名,特别是行政区域名称中,都含有民族名称。为了统一民族名称的罗马字母拼写形式,1980 年 1 月第三次全国民族语文科学讨论会制定了中国各民族名称的罗马字母拼写法,1982 年对该拼写法修正后由国家标准局正式发布,作为国家标准。该标准根据国家认定的民族名称及汉字书写形式进行拼写,但是有些民族名称不是以其汉字的拼音拼写的,而是以本民族自称的语音拼写的,如维吾尔族名称,按汉字拼写为 Wéi wú'ěr,依本民族自称的语音拼写为 Uygur;蒙古族,按汉字拼写为 Měnggǔ,依本民族自称的语音拼写为 Mongol;等等。在用罗马字母拼写各民族名称时,根据应用中的实际需要加"ZU(族)"字。

（四）特殊地名的处理

1. 惯用的汉字译名,如果是部分音译、部分意译的,其音译部分根据音译转写法拼写,意译部分按照汉字读音拼写。

2. 惯用的汉字译名如果是节译的,可以斟酌具体情况,有的按照原名全称重新音译转写,有的则按照节译的汉字读音拼写。

3. 汉字译名如果原先来自少数民族语,后来变成汉语形式并且已经通用的,则可以按照汉字读音拼写,必要时括注音译转写的原名。

4. 其他特殊情况的,具体斟酌处理。

七、特定情况的变通拼写形式

（一）台湾、香港、澳门地名的拼写

鉴于台湾、香港、澳门仍在使用旧拼法的现状,所以在改用汉语拼音方案拼写中国人名、地名作为罗马字母拼写法之后,台湾、香港、澳门地名在罗马字母外文版和汉语拼音版的地图上,在对外文件和其他书刊、邮电等方面仍可以使用旧排法。

（二）应特殊需要而做变通处理

各业务部门根据本部门业务的特殊要求,地名的译写形式在不违背上述各项基本原则的基础上,可以做适当的变通处理。

第四节　地名汉语拼音字母拼写法实施原则

一、应用范围的规定

用汉语拼音字母拼写的中国人名、地名,适用于用罗马字母书写的各种语文,如在用英语或法语、德语、西班牙语、世界语等语言文字书写的各种文件、书刊和地图中,凡所涉及的中国人名、地名,除个别特殊情况外,均可以用汉语拼音字母拼写。

二、惯用拼法沿用和改用新拼法的规定

1. 在罗马字母的各种语文中,我国国名的译写法不变,"中国"仍然用国际通用的现行译法:China。

2. 历史地名,原有惯用拼法的,可以不改；必要时也可以改用新拼法,后面括注惯用拼法。

3. 香港和澳门两地名,在罗马字母外文版和汉语拼音字母版的地图上,可以用汉语拼音字母拼写法,括注惯用拼法的方式处理。在对外文件和其他书刊中,视情况也可以只用惯用拼法。内地驻港澳机构名称的拼法,可以不改。

4. 一些常见的著名的历史人物的姓名,如孔夫子、孙逸仙等,原来有惯用拼法的,可以不改,必要的时候也可以改用新拼法,后面括注惯用拼法。

5. 海外华侨及外籍华人、华裔的姓名,均以本人惯用拼写法为准。

6. 已经使用的商标、牌号,其拼写法可以不改,但新使用的商标、牌号应该采用新拼写法。

7. 在改变拼写法之前,按惯用拼写法书写和印刷的外文文件、护照、证件、合同、协议、出版物以及各种出口商品目录、样本、说明书、单据等,必要时可以继续使用,新印制时,应该采用新拼法。

8. 在动植物、微生物、古生物等各科学名称命名中的我国人名、地名,过去已经采取惯用拼法命名的可以不改,今后我国科学工作者发现的新种,在定名时凡涉及我国人名、地名时,应该采用新拼写法。

三、在各外国语里中国地名译写规定

中国地名在各外国语里,地名的专名部分原则上音译,用汉语拼音字母拼写,通名部分(如省、市、自治区、江、河、湖、海等)采取意译,但在专名是单音节时,其通名部分应该视作专名的一部分,先音译,再重复意译,如北京市,Běijīng City;固镇,则按固镇镇形式,译为 Gùzhèn Town。

文学作品、旅游图等出版物中的人名、地名,含有特殊意义,需要意译的,可以按照现行办法译写。

四、少数民族语地名汉语拼音译写规定

我国蒙、维、藏等少数民族语人名、地名的汉语拼音字母拼写法,由中国地名管理机构、国家测绘总局、民族事务委员会、民族研究所负责收集、编印有关资料,提供各单位参考。

少数民族语地名按照《少数民族语地名汉语拼音字母音译转写法》转写以后,其中常见地名在国内允许有个过渡的过程。

五、特殊情况处理的规定

1. 中国人名、地名的罗马字母拼写法改用汉语拼音字母拼写后,我国对外口语广播的读音暂时可以不改,如北京:Běijīng,口语广播时仍然可以读作 Pikìng,经过一个时

期的调查研究之后,再确定新的做法。

2. 在电信中,对不便于传递和不符合电信特点的拼写形式的,可以做技术性的处理,如用 yu 代替 ü 等。

六、书写字体的规定

用汉语拼音字母拼写地名,需要应用其印刷体书写。

第五节　地名译写

一、地名译写规范化实际意义

地名需要汉译的包括国内各少数民族语地名和国外各个国家、地区、国际公有领域的地名,以及人类已经到达或进行科学考察的宇宙星体上的地理实体的名称,范围甚广。

在我国,用汉字译写外国地名已有悠久的历史,唐代的古籍里就曾有过"摩罗游国""末罗瑜洲"这类汉译地名,所指的即为今译的"马来西亚"。到了 1949 年中华人民共和国成立后,一些单位出于各自业务的需要,不断汉译地名,使其在数量和质量上都达到了空前的深度和广度。可是,由于缺乏统一指导和管理,长期以来普遍存在着外国人名地名译写的一名多译、同名异译、音译不准等严重混乱现象。如德国一城市 Eisenach,马恩列斯编译局译为"爱森纳赫",新华通讯社译为"埃森纳赫",中国地图出版社译为"艾泽纳赫"。据统计,有的地名存在着 10 多种不同的译法。

地名译写如此混乱,给政治、经济、科学、文化等方面的国际间和国内民族间的各种交往带来了很大影响。因此,地名译写工作直接或间接地关系到我国国内民族团结与发展,对外政策和军事、外交活动,是一项政治性很强的工作。对国际上 6000 多种语言的地名进行汉译的统一和规范,又是甚为复杂的技术问题。同时,地名译写的混乱直接影响到地名标准化的进程,所以做好地名汉字译写规范化工作,是实现地名标准化的一项实际内容。

二、地名译写规范化途径

为了求得地名译写规范化,就需要采取必要措施,人为地加以限制。20 世纪 60 年代初,国家测绘总局就曾为测量队分别制定了蒙、维、藏等 10 多种民族语地名译音规则,供测量调绘与译名工作使用。70 年代末 80 年代初,在中国地名委员会的领导下,成立了由新华通讯社、总参测绘局、中国地图出版社、海司航保部、测绘研究所等单位组成的外国地名译写小组,并在过去各有关部门拟制的《外国地名译写通则》和译音表的基础上,制定出《外国地名汉字译写通则》和英、法、德、俄、西(班牙)、阿(拉伯)语地名汉字译音表,以及波、捷、罗、意、印地、波斯、阿姆哈拉语等50种语言译音表草案。为了更具体地实现外国地名译写的统一和规范,逐步克服外国地名译名的混乱现象,先后编制了《外国地名译名手册》《美国地名译名手册》《联邦德国地名译名手册》《苏联地名译名手册》,并组织人力审定了《大百科全书》编辑出版的大型《世界地名录》。1985年,测绘研究所地名研究室又以中国地名委员会颁布的《外国地名汉字译写通则》为依据,制定出英、法、德、西(班牙)、俄、阿(拉伯)6个语种的地名汉字译写规则。上述这些译写通则、规则、译音表和手册等的制定与出版,初步结束了以往外国地名译写的混乱局面,为地名译写规范化奠定了良好的基础。

三、外国地名汉字译写通则

译写通则,是对用汉字正确译写外国地名做出的统一的一般性的规定,它不是译写某一种语种地名的具体细节规定,而是统一规范外国地名译写的技术文件。至于各国地名中一些特殊情况,在通则中概括不了的,分别在各语种地名译写规则中另行规定。外国地名汉字译写通则的具体内容有以下几方面。

第一,译写外国地名,以中国地名委员会制定的有关规定为依据。

第二,外国地名的译写应该以音译为主,力求准确和规范化,并适当照顾习惯译名。

第三,各国地名的汉字译写,以该国官方文字的名称为依据,如意大利地名 Roma,应该按照意大利文译为"罗马",不按照非意大利 Rome 译写。使用非罗马字母的国家,其地名的罗马字母转写应该以该国官方承认的罗马字母转写法或国际通用的转写法为依据。

第四,各国地名的译音,以该国语言的标准音为依据。标准音尚未确定的,则按照通用的语音译写。在有两种以上官方语言的国家里,地名译音按照该地名所属语言的读音为依据,如瑞士地名中德语区的 Buchs、法语区的 La Chaux de Fonds、意大利语区的 Mendrisio,要分别按照德语、法语和意大利语译为"布克斯""拉绍德封""门德里西奥"。

第五,外国地名的译写一般应该同名同译。但是以自然地物的名称命名的居民点例外,命名居民点时自然地物名称的通名部分一般取音译,例如 Rio Grande(格兰德河)命名的居民点,则译为"里奥格兰德"。

第六,一个地名有几种称说时,按照下列原则处理。

1. 在当地政府规定的名称以外,如果另有通用名称,则要以政府规定的名称作为译写的依据,必要时可以括注其另有的通用名称译名,例如厄瓜多尔国家的科隆群岛是按照当地政府规定的名称 Archipielago de Colon 译写的,可以在其后括注另一通用名称 Isles Calapagos 的译名"加拉帕戈斯群岛"。

2. 凡有本民族语名称,又有外来语惯用名称的地名,以本民族语名称为正名,外来惯用名称为副名,以体现"名从主人"的重要原则。如摩洛哥国家的一城市 Dar-el-Beida 是本民族语名称,Casablanca 是其外来语惯用名称,译写时应该写成"达尔贝达(卡萨布兰卡)"。

3. 跨国度的河流、山脉等地物,分别按其所在国给予的名称进行译写,如流经西班牙、葡萄牙的一条河流,西班牙称 Tajo,葡萄牙叫 Tejo;但是对各国名称的拼写和发音差别不大的,可以用一个统一的译名,如欧洲的一条河流,在捷克和波兰这两个国家境内名为 Odra,在德国境内称为 Oder,于是就统一译为"奥得河"。我国与邻国的共有地物,以我国的称说为准,必要时可以括注邻国的称说为副名,如中尼边界上的世界最高峰,在其我国称之"珠穆朗玛峰"名称后面括注尼泊尔谓之的"萨加玛塔"名称。

第七,地名中的专名部分一般音译,如太平洋中的 Mariana Islands 译为"马里亚纳群岛",但下列情况则除外。

1. 明显反映地理特征的区域名称或有方位物意义的名称,则采取意译或音译重复意译,如美国的 Grand Canyon 译为"大峡谷"、Long Island 译为"长岛",非洲地名 Sahara 译成"撒哈拉沙漠"。

2. 以有衔称的人名命名的地名,衔称一般意译,如加拿大的地名 Prince Edward Island 译为"爱德华王子岛"。

3. 具有一定意义,而音译又过长的地名可以取意译,如苏联的地名 Остров Октябрбской Революции 译为"十月革命岛"。

4. 以数词或日期命名地名取意译,如美国的地名 One Hundred and Two River 译为"一〇二河",阿根廷地名 Cuatro de Junio 译为"六月四日城"。

5. 国际上习惯用意译的地名,汉译时也意译,如加拿大的地名 Great Bear Lake 各国都用意译,我国也意译为"大熊湖"。

6. 对地名的专名部分起修饰作用的形容词(如表示方位、大小、新旧、颜色等),一般取意译,如 Great Nicobar Island 译为"大尼科巴岛"。

但是,只对地名中通名部分起修饰作用的形容词,一般采用音译,如 Great Island 译为"格雷特岛",Little River 译为"利特尔河"。

第八,地名中的通名部分一般采取意译。但下列情况则除外。

1. 专名化的通名,一般取音译,如美国的居民点 Snow Hill 译为"斯诺希尔",古巴的居民点Rio Grand译为"里奥格兰德"。

2. 自然地物的通名，一般意译，如Nelson River译为"纳尔逊河"、Bay of Bengal译为"孟加拉湾"。但是在东南亚地名中的通名，一般取音译重复意译，如老挝的地名Nam Ou译为"南乌江"，其中nam在老挝文里意为"河"或"江"，音译为"南"。

3. 一个地名如果有官方语和少数民族语两种以上语言的通名时，则少数民族语的通名音译，官方语的通名意译，如苏联中亚地区的山名 Гора Улутау 译为"乌卢套山"，其中Tay为哈萨克语"山"之义，Гора是俄语"山"之义。

第九，为了便于称说和记忆，译写地名时，可以根据不同情况，对汉字进行适当处理。

1. 音译地名汉字太多时：

1) 汉字译名超过6个字时，外文轻读音者一般可以不译。

2) 连接词可以用"-"代替，如美国地名Wade and Stinson译为"韦德-斯廷森"。

3) 表示所在区域的修饰短语，在地图上可以省略不译。如Frankfurt an der Oder译为"法兰克福"，但在地图索引或地名录上应该全译为"奥得河畔法兰克福"。

4) 由两个以上的词组成的地名，其译名又超过8个字时，各词之间用短横线连接，如Saint-Sulpice-Lauriere译为"圣-叙尔波斯-洛列尔"。

5) 以人名命名的地名，人名的各部分之间加点隔开，如卡尔·马克思城、艾哈迈德·哈桑村等。如果一个地名由两个人名组成时，两个人名之间用短横线连接，如Иваново Алексеевка 译为"伊万诺沃-阿列克谢耶夫卡"。

2. 音译地名只有一个汉字时：

1) 适当增加相应的通名，如克什米尔的Leh，译时加"城"。写成"列城"。

2) 用两个汉字对译，如德国的Bonn音译为"本"，以"波"与"恩"这两个汉字对译来表示，写成"波恩"。

第十，朝鲜、日本、越南等国的地名，过去或现在用汉字书写的，一般应该沿用，不按音译，如朝鲜的平壤、日本的东京，越南的河内。原来不是用汉字书写的地名，可以换拼音译写。

第十一，东南亚地名中的华侨用名，分别按下列情况处理。

1. 凡已通用的，不论其与原文读音是否相近，仍旧沿用，但其派生只限于邻近地物，如柬埔寨的金边(Phnom Penh)、印度尼西亚的万隆(Bandung)。

2. 华侨用名的普通话读音与原文读音比较接近的，可以用华侨用名，如印度尼西亚的安汶(Ambon)、缅甸的勃固(Pegu)，但是用字生僻的可以酌情更改，如印度尼西亚的"峇厘岛"改为"巴厘岛"。

3. 对非通用,且普通话读音又跟原文读音相差较大的华侨用名,改从原文另译,必要时可以括注华侨用名。

4. 考虑到汉语是新加坡和马来西亚的官方语或通用语,这两国的华语地名原则上可以沿用。

第十二,以常用人名、宗教名、民族名命名的地名采用习惯译名,如美国河名 John 译为"约翰河"、巴基斯坦地名 Islamabad 译为"伊斯兰堡"、缅甸地名 Shan State 译为"掸邦"。

四、地名汉字译写规则

地名汉字译写规则,主要由总则(一般规定)、译音表及其说明、译写注意事项和词汇表四部分组成。现以《英语地名汉字译写规则》为例,介绍其具体内容。

(一)总则

地名汉字译写规则的总则,主要阐述本规则制定的理论依据、适用范围、译写应依据的资料、对译双方的标准音及变通处理、专名与通名译写方式、长地名缩译、惯用译名沿用、译音不准地名不得派生,以及以人名、宗教名、族名命名地名采用习惯译名的种种规定。其具体内容如下。

1. 本规则是根据中国地名委员会颁布的《外国地名汉字译写通则》的精神制定的。适用于以汉字译写英国、美国、加拿大、澳大利亚、新西兰的地名,以及爱尔兰、南极洲的英语地名,并供译写英、美殖民主义国家的自治领、属地等尚无本民族文字地名资料的地名作参考。

2. 译写英语地名,应该以当地官方公布的行政区划手册、新版大比例尺地图、地名词典、地名录上的地名为依据;缺乏这些资料时,以报纸书刊上出现的地名拼写作补充。如果地名的叫法不同,或拼写不同,应该先进行鉴定。不同的名称,在必要时可以作正副名同时采用。

3. 音译地名应该以地名词典、标音词典(如 Daniel Jones *An English Pronouncing Dictionary*)或地图索引等中的所注音标为依据;缺乏标音资料时,按一般英语读音(英国南方音)音译。英美本土的非英语地名如苏格兰语、威尔士语地名可以参照本规则译音表说明 4 里的第 5 条处理;美国、加拿大的西班牙语、法语地名分别参照西班牙语和法语地名汉字译写规则做相应处理。语源不明的,按照英语一般读音有困难的地名,元音字母按照拉丁字母的国际读音(即 a[a] e[e] i[i] o[o] u[u]),辅音字母按照英语一般读音处理。

4. 本规则音译的汉字的读音一律以普通话的读音(北京语音)为准。

5. 地名的专名部分以音译为原则,意译为例外;通名部分以意译为原则,音译为例外(参见"译写地名注意事项"的第 1 条)。

6. 为缩短译名,长地名中音节尾的音可以酌情不译(参见"英汉译音表说明"的第 4 条第 4 款)。

7. 音译名词,先从本规则常用通名及构词成分表中查取相应汉字,表中没有的词和构词成分,按译音表译音。

8. 意译的通名及说明大小、方位等的形容词,按照本规则常用通名及构词成分表,采用括号内相应的汉字。

9. 统一的惯用译名,即使译音不够准确,仍旧沿用;有多种常见的译名时,选用和原文读音较近的译名;如果译名不统一,译音又不准的,按照本规则酌情修订或另译。

10. 译音不准的惯用译名只限于原指地物,不引用于同名的其他地物;由一个地名派生的其他地名,如原地名译音不准,原则上也不引用于派生的地名(参见"译写地名注意事项"第 2 条)。

(二)译音表及其说明

"英汉译音表"见书末附录Ⅱ,表中列出了该语言里出现的所有音节的辅音、元音形式及其相应的音标与汉字注音,以及供各音节对译选用的汉字。

"译音表说明"主要介绍该语言文字字母发音规律和音节划分与对译方法,现以《英汉译音表》为例,其具体内容如下。

1. 本表系 1979 年中国地名委员会制订的英汉译音表。内容包括国际音标、韦氏音标、汉字三项。根据英文同一字母有几种读音,同一读音又有多种拼写形式的特点,本表以国际音标为主,列出英语音位(音位是一种语言内能够区别词义的最小语言单位)和几个常见的唇化辅音以及跟有鼻辅音的元音。

2. 根据译音表的内容,对英文字母表、字母发音与译法、英语音位(音位是一种语言内能够区别词义的最小语音单位)及音节说明如下。

1) 英文字母及其发音与译法

英文字母表共有 26 个字母:abcdefghijklmnopqrstuvwxyz,其中,a,e,i,o,u 是元音字母,其他是辅音字母,y 又是半元音字母。

(1) 字母 a 在词首发[ə]时,按([a:]行译写;-ia 在词尾时,a 按"亚"译写)。

(2) 元音 a,e,i,o,u 在非重读音节时,一般按形译(即按该字母的国际音标发音译写,如 a 读[a: æ]译"阿",e 读[i:]译"伊")。双元音 ai,ay 在词首发[ɛ]或[ei]时,仍按[ai](艾)行汉字译写。

(3) [ain][ein][ju:n]均按[ai][ei][ju][ju:]横行汉字加"恩"译写。

(4) [ɔi]按[ɔ]横行汉字加"伊"译写。

(5) 以 r 或 re 结尾的音节,音标为[ɔə][iə][aiə][auə][juə][uə]时,[ə]按"尔"译写。音标为[ɛə]时按"埃"横行的汉字加"尔"译写。

(6) [tr][dr]按[t]加[r]和[d]加[r]译写。

(7) [l][m][n]和它前面的辅音组成"成节音"时,按下列原则处理。

① [l]或[m]和其前面的辅音组成"成节音"时,按两辅音之间加[ə](厄)处理,如:Ouzel[uːzl]译为"乌泽尔"。但当其后面有元音时,[l][m]和其前面的辅音不再构成"成节音",而按一般原则处理,如:Beazley [biːzli]译为"比兹利"。

② [n]和其前面的辅音组成"成节音"时,按[ən]横行的汉字译写,如:Listen[lisn]译为"利森"。而当[n]后出现元音时,[n]要双拼,如:Parsonage [paːsənidʒ]译为"帕森尼奇"。

③ [nl]后面为元音时,[n]和[l]要分开译,如 Suddenly [sʌdnli]译为"萨登利"。在其他情况下,[n]要双拼,如 Lionel[laiənl]译为"莱恩纳尔",Personalty [pəːsnlti]译为"珀森纳尔蒂"。

(8) m 在 b 和 p 前按 n 译写;但当 m 后面的 b 不发音时,m 仍按[m]译写,如 Combs[kuːm]译为"库姆"。

(9) (栋)(楠)(锡)用于地名开头,(亥)用于地名结尾。

(10) (娅)(玛)(琳)(娜)(莉)(丽)(妮)(珍)(丝)(莎)(黛)等用于女性名字。

(11) (弗)用于人名、地名的开头。

(12) 常见前缀、后缀按固定汉译统一,如:前缀"Mc-"用"麦克",后缀"ton"用"顿"译。

(13) 浊辅音清化或清辅音浊化一般仍按形译。

2) 英语的音位[英语音位的说法不一,本规则参考 Daniel Jones 的 *An Outline of English Phonetios*,但辅音音位舍去了上述的(7)]

(1) 元音音位 21 个

单元音:[iː][i][e][æ][aː][ɔ][ɔː][u][uː][ʌ][əː][ə]

复元音:[ei][ou][ai][au][ɔi][iə][ɛə][ɔə][uə]

(2) 辅音音位 28 个

塞音:[p][b][tʃ][d][k][g]

塞擦音:[tʃ][dʒ][ts][dz][tr][dr]

鼻音:[m][n][ŋ]

边音:[l]

擦音:[f][v][θ][ð][s][z][ʃ][ʒ][r][h][j][w]

3) 音节

(1) 音节的构成形式基本上分四种：

元音自成音节 O-ver(在上、过)　　　　　元音＋辅音 an(一个)

辅音＋元音 ri-ver(河)　　　　　　　　辅音＋元音＋辅音 peak(峰)

其中元音可以是单元音或复元音，辅音可以是单辅音或辅音组；但英文的一个元音字母有时可以表示复元音，而两个元音字母也可以合起来表示单元音。所以不能只从字形上看，而要从读音来分析。例如：

east [iːst](东)这里的 ea 是单元音　　　dale [deil](谷)这里的 a 是复元音

(2) 译音时要注意音节的划分

① 口语音节与按构词划分的音节有时不一致，应按口语划分，如：seven(七个)，按构词分音节，应该是 sev-en，但口语分作 se-ven，译为"塞文"，不译为"塞弗恩"。

② 辅音 n 前的开音节，往往产生鼻化现象，按"元音＋n"处理，如：

canopy [ˈkænəpi](华盖)，译为"坎诺皮"。

genial [ˈdʒiːniəl](温和的)，译为"吉尼尔"。

3. 汉字

1) 本表辅音竖行与元音横行交叉点上的汉字就是该辅音与元音拼读的译音。元音或跟鼻辅音的元音自成音节时，用竖的零行汉字对译。辅音组中不与元音拼读的音素和音节尾的辅音(除 n 外)用横的零行的汉字对译。

2) 本表汉字力求与原文的读音近似，但个别音的习惯译法与读音虽有出入，但已有一定基础，故表中仍旧沿用，如[ga][ko][go]习惯译法分别为"加""科""戈"。

3) 本表体现一音一字的原则，但这并不等于一字一音。在英语里能区别而在汉字里不能区别的音，大部分都用了相同的汉字；为了避免过多的混淆，有些音则采用了同音异形的汉字表示。

4) 英语的不吐气浊音[b][d][g]用汉语拼音字母不吐气清音 b,d,g 声母汉字对译，英语的吐气清音[p'][t'][k'](这里的国际音标是实际发音，译音表中按一般英语标音习惯写作[p][t][k])用汉语拼音字母吐气清音 p,t,k 声母的汉字对译；英语的 p,t,k 在 s 后不吐气，译音时不反映这种变化，仍按吐气音对译。

4. 用表注意事项

1) 表中汉字有些是借用近音字，与原文读音有一定出入。为便于对照原文，对少数字母在一定读音情况下，参照原文字形，调整了译法，如：cannock [ˈkænək]，译为"坎诺克"，不译作"坎纳克"；springs [spriŋz]译为"斯普林斯"，不译作"斯普林兹"。

2) 音节尾的 r，在英国音中不单独发音，仅将前面元音读得稍长，如：-ter 国际音标注[-tə]或[-təː]，韦氏音标注(-tur)，一般译为"特"，不译作"特尔"；以一个单音节词作专名时，音节尾的 r 可以译出，如 Bar[bɑː]、⟨bär⟩,译为"巴尔"；Soar River [sɔː]⟨sôr⟩，译作"索尔河"。

3) 字母组合-ble,-cle,-dle 等，标音时作[bl][kl][dl]等，或[bəl][kəl][dəl]等，一律按前者，用两个辅音的相应汉字表示，即译作"布尔""克尔""德尔"等。

4) 为缩短译名，多音节词中的音节尾辅音可以酌量不译，有以下几种情况。

（1）相邻的两个塞音，前一个可以不译，如 Hebden Bridge [ˈhebdənˈbridʒ],译作"赫布登布里奇"。

（2）擦音前的塞音，丝音可以不译 kg，如：

Whitchurch [hwitˈtʃəːtʃ] 译为"惠彻奇"

Horseshoe Bay [hɔːʃuː] 译作"霍斯舒湾"

（3）一个地名中出现几个音节尾的-l,可以酌量不译，如：

Wallsall [wɔːlsɔːl] 译作"沃索尔"　　　Coalville [koulvil] 译作"科维尔"

（4）音节尾的 m 在[b][p]前按[n]译，如：

Hempstead[hempstid]译作"亨普斯特德"

（5）两词间相邻的同音辅音，按一个译，如：

Bishops stortford[ˈbiʃəpsˈstəːfəd]译作"比舍普斯特福德"。

（6）前一词的词尾辅音可以与后一词的词首元音拼译，如

Butt of Lewis Point[ˈbʌtəfˈluːis point]译作"巴特夫刘易斯角"。

5) 缺乏标音资料时，威尔士语及苏格兰语地名中一些特殊发音按下列译法，其他按英语一般译法。

（1）威尔士语

元音：a 按[a]行译　iy 按[i]行译　o 按[o]行译　w 按[u]行译　e 按[e]行译
　　　ai 按[ei]行译　u 按[i]行译

辅音：c、cc 按[k]行译　dd 按[d]行译（威尔士语的 dd 发[ð]，为照顾字形及各国转写习惯按[d]采用汉字。）　ff 按[ff]行译　ll 按[l]行译　ch 按[h]行译　f 按[f]行译　g 按[g]行译

（2）苏格兰语

元音：按拉丁字母的国际音译

辅音：除下列几条外，按英语读音译：bh 按[b]行译　ch 按[h]行译　gh 按[h]行译　c 按[k]行译　dh 按[ð]行译（在词尾不译）ph 按[f]行译

附：英语语音的常见拼写

国际音标	常见音标	国际音标	常见音标
iː	-ae,-ay,e-,ea-,-ei,-eigh,-eo-,-ie,	ə	-ear-,-er-,ir-,-or-,-ur-,
i	-e-,-ee,-eigh,-ey,i-,-ie,-ui,-y-,	ei	a-,-a-,-ai-,-ay,ea,-eh,ei-,ey,
e	a-,-ai-,-ay-,-e-,-ea-,-ei-,-ie-,	ou	-au,-eau,-eo,-ew,o-,-oa-,-oe,oh-,-oo-,-ou-,-ow,
æ	a-,-a-,-ai-,	ai	ai-,-ay,aye,ei-,-eigh-,eye,
ɑː	-a-,-ar-,-er-,-ear,	au	-ou-,-ough,ow-,-ow,
ɔ	-a-,-ah,-o-	ɔi	-oi-,-oy-,-uoy-,
ɔː	a-,-ar-,au-,augh-,-aw,	iə	-ear-,-eir,-eer,-ere,-ire,
u	-oo-,-ough-,-u-,	eə	-are,ae-,air,-ear,-eir,ere-,
uː	-o-,-oo-,-ou-,-u-,	ɔə	-oar,-oor,-ore,-our-,
ʌ	-o-,-oe-,-u-,	uə	-oo-,-oor,-our-,
əː	-ear-,-er-,ir-,-or-,-ur-,		

国际音标	常见音标	国际音标	常见音标
p	p-,-p,-pp-,	ŋ	-n-,-ng,
b	b-,-bb-,	l	l-,-l,-ll,
t	-ed,-ght,t-,th-,-tt,	f	f-,-ff-,-gh-,ph,
d	d-,-dd-,-ed,	v	-f,v-,-vv-,
k	c-,-cc-,-cch-,ch-,-che-,-cq-,-cque-,	θ	th-,-th,
g	g-,-gg,gh-,gu,gue,	ð	th-,-th,
tʃ	ch-,-tch,-te-,-ti-,-tu-,	s	-ce,-ci,psh-,s-,-s,-sch-,-sci-,
dʒ	-ch-,-d-,-dg-,-dge-,-di-,-g-,-gg-,j-,	z	-s,-sc,-ss,x-,z-,-zz-,
ts	-ts,-ds,	ʃ	s-,sch-,sh-,
dz	-ds,	ʒ	g-,-ge,-z-,
tr	tr-,	r	r-,rh-,-rr-,
dr	dr-,	h	h
m	-lm,m-,-m,-mb,-mm,	j	-i-,y-,
n	gn-,kn-,n-,-n,-nn-,	w	-o-,-u-,w-,

（三）译写地名注意事项

译写地名注意事项，是用来说明音译与意译、长地名、冠词和缩写词等处理方法的具体规定。用《英语地名汉字译写规则》译写地名的注意事项如下。

1. 专名与通名的音译、意译除惯用译名外，按"总则"的第 5 条处理，但应注意下列问题。

1) 专名部分

(1) 为缩短译名,地名中的一些表示大小、新旧、方位等的语词,大多用来区别两个相对的同名地物,一般采取意译,如:

$\begin{cases}\text{Upper Red Lake} & \text{译"上雷德湖"}\\\text{Lower Red Lake} & \text{译"下雷德湖"}\end{cases}$　　$\begin{cases}\text{East Suffolk} & \text{译"东萨福克"}\\\text{West Suffolk} & \text{译"西萨福克"}\end{cases}$

$\begin{cases}\text{Brunswick} & \text{译"不伦瑞克"}\\\text{New Brunswick} & \text{译"新不伦瑞克"}\end{cases}$

$\begin{cases}\text{Big Blue River} & \text{译"大布卢河"}\\\text{Little Blue River} & \text{译"小布卢河"}\end{cases}$

若不是指相对地名,只用来修饰后面的名词时,取音译,如 Big Horn Mountain(大角山或大峰山),因为这里没有一个相对的 Little Horn Mountain,故不取意译而应按音译作"比格洪山"。又如 White Hall(白厅),因没有一个相对的 Black 或其他颜色的 Hall,故按音译为"怀特霍尔"。

(2) 形容词与名词连写,构成复合词时,采取音译,如:

East-bourne 译作"伊斯特本",Newcastle 译作"纽卡斯尔"。

(3) 上述形容词后面直接跟有通名时,形容词意译,如:

North West I. 译作"西北岛",South I. 译作"南岛"。

以南支、北支等词为名的河流,先查出干流名称,在干流名称前面加意译的方位词,如:Nemaha 的支流 North Fork 和 South Fork,分别译为"北内马哈河"和"南内马哈河"。干流名称不详时,则取音译,如 Middle Arm 译为"米德尔阿姆河"。

(4) 国王、王后、太子、公主等衔称,与具体人结合时采取意译,如:

　　King George V Dock 译为"乔治五世码头"

　　Queen Charlotte Islands 译为"夏洛特王后群岛"

不与具体人结合时,采取音译,如:Kingston(王城),译作"金斯顿"

(5) 数词音译,如 Three Forks(三叉)译为"斯里福克斯"

(6) 冠词不译,如 The Solent Strait 译为"索伦特海峡"

(7) 个别多音节词可以意译,如 International 译为"国际"

2) 通名部分

(1) 通名与专名连写或作为专名的一部分时,采取音译,如:

　　Farnborough(法恩市)译作"法恩伯勒"

　　Bickington(比金城)译作"比金顿"

　　Bottle Hill(瓶山,居民点名)译作"博特尔希尔"

(2) 仅由通名构成的地名,按音译,如:

Delta(三角洲)译作"德尔塔"　　　　Wood(树林)译作"伍德"
Anchorage(碇泊处)译作"安科里奇"

个别大的地形,参照习惯,采取意译,如:

　　Great Basin 译作"大盆地"　　　Great Canyon 译作"大峡谷"

(3) 通名在地名首或地名中,意译时按汉语习惯放在专名后面,如:
　　Port Clarence 译作"克拉伦斯港"　Upper Lake Mac Nean 译作"上麦克宁湖"

(4) 原文中没有通名的地形名称,或仅以通名作为地名时,译名要加汉语通名,如:
　　The Wash 译作"沃什湾"　　　South Foreland 译作"南福兰角"
　　Rockies 译作"落基山脉"(惯用译名)

(5) 本规则适用地区的非英语通名中,词义为一般懂英语的人所能了解的,可以采用意译;其他可以在音译后加汉译通名,如:
　　Ben(峰)Nevis 译作"尼维斯峰"　Trwyn(角)-du-point 译作"特鲁因迪波因角"

2. 地名中借用的外国国家名、城市名也按"总则"的第 10 条,一般不沿用译音不准的惯用译名,如 Brazil 译作"布拉齐尔",不译作"巴西"。

派生地名与原地物在同一地区时,可采用原地物的惯用名,如 Thames River[temz]惯译为"泰晤士河";它的河口 Thames Haven 可译作"泰晤士港"。

因人命名的地名中,常见人名及著名人物名采用惯译的汉字,其他的则按译音表音译,如:
　　Elizabeth Castle 译作"伊丽莎白堡"　Bismark Range 译作"俾斯麦山脉"
　　Mac Caskin 按译音表译作"麦卡斯金"

3. 为缩短译名,便于记忆,地名中说明位置的词在小比例尺地图上可以省略不译,在大比例尺地图及书刊上可以用倒译的方式,如:Walton on the Naze 简译为"沃尔顿",倒译为"内兹河畔沃尔顿"。

地名中的介词 with,可以用短横"-"代替,如 Lewis with Harris I. 译作"刘易斯-哈里斯岛";Warton with Lindeth 译作"沃顿-林斯德"。

(四) 词汇表

词汇表里附有该种语言地理通名及地名常用构词成分。详见如下:

外文	意义	译音(意译时采用括号内汉字)
aber (W)*	河流汇合处	阿贝
afon (W)	河	阿丰(河)
Albert	人名	艾伯特[+]

---

　* (W)Welsh 威尔士语,(N)=Norse 古挪威语,(S)=Scandinavia 斯堪的纳维亚语,(SC)=Scottish 苏格兰语,(OS)=old Scandinavia 古斯堪的那维亚语,(G)=Gallc 加利克语,(C)=Celtic 凯尔特语,(D)Danish 丹麦语,(OE)=old English 古英语　　** 参第六章第五节:四、(三)、1、(3)　　+:带+号的译名是惯用名

英文	意义	译音(意译时采用括号内汉字)
allt (W)	山,山坡,树林	阿尔特(山)
andrews	人名	安德鲁斯
Anderson	人名	安德森
ar (W)	上,在上	阿尔
arm	支流,臂	阿姆(河)**
atoll	珊瑚岛,环礁	阿托尔(礁)
bach (W)	小,少,较少	巴赫
bach (W)	角落,曲部	巴赫
ban (W)	峰,灯塔	班(峰)
bane (W)	岸,山坡	班克
bank	岸坡(指河、湖)、浅滩	班克(浅滩)
barrow	小山,坟堆	巴罗(山)
basin	盆地	贝辛(盆地)
bay	湾	贝(湾)
beach	海滩,海滨	比奇(滩)
beaver	海獭	比弗
bedwen (W)	杨树	贝顿
bedd (W)	坟墓	贝德
belt	植物带,带	贝尔特
big	大	比格(大)
bight	河湾	拜特(湾)
bird	鸟	伯德
black	黑色的	布莱克(黑)
blaen (W)	河源,高地,端头	布兰
-ble	(构词成分)	布尔
blue	蓝色的	布卢(蓝)
bod (W)	住所	博德
-borne	溪	本
borough	自治市	伯勒+
bourne	溪,界线	本
braich	岭,支,臂	布雷赫
branch	支	布兰奇(河)**
bridge	桥	布里奇
bro (W)	地区,谷,低地	布罗

英文	意义	译音(意译时采用括号内汉字)
bron(W)	山侧	布龙
brook	溪	布鲁克
brown	棕色	布朗
bryn	小山	布林
-burg	堡-城-山	伯格(堡)
burgh	市	伯勒(堡)
burn(G)	小河,泉	本
burrow	大的人工山	巴罗
-bury	(构词成分)	伯里
bwlch(W)	过道,豁口	布尔赫
-by	居住地	比
bychan(W)	小	比汉
cadarir(W)	山寨	卡德尔
cae(W)	田地,圃地	卡
caer(W)	堡,寨	卡尔
cam(C)	弯曲的	卡姆
Camp	地,营	坎普
canol(W)	中	卡诺尔
canyon	峡谷	坎宁(岭谷)
cape	角	开普(角)
capel(W)	小教堂,会场	卡佩尔
oarn(W)	山,岩石,石堆	坎(山)
carnedd(W)	山,石堆	卡内德
cas(W)	堡	卡斯
cascade	小瀑布	卡斯克德(瀑布)
castell(W)	堡	卡斯特尔
-caster	城堡	卡斯特
castle	堡	卡斯尔(堡)
cataract	大瀑布	(瀑布)
cave	洞穴	凯夫
cefn(W)	岭	克芬
center	中心	森特
central	中心的	森特拉尔(中)
-cester [-stə]	城,堡	斯特
[-sestə]		塞斯特

英文	意义	译音(意译时采用括号内汉字)
chain	山脉,链子	切恩
channel	海峡,水道	钱内尔(海峡)
charles	人名	查尔斯
chester	营,寨	切斯特
church	教堂	彻奇
-cion	(构词成分)	申
city	城市	(城)
cliff	悬崖	克利夫(崖)
clun (W)	草场,密林	克伦
cnoc (G)	小山	克诺克(山)
cnwc (W)	小山	克努克(山)
coast	海岸	科斯特(海岸)
coch (W)	红	科赫
coed (W)	树林	科德
combe	碗形谷地	库姆
county	郡	(郡)
county borough	郡级市	(市)
creek	溪	克里克(溪)
croes (W)	十字	克罗斯
cross	十字	克罗斯
cwl (W)	狭	库尔
owm (W)	碗形谷地	库姆
cwrt (W)	院子	库特
dale (N)	谷	代尔(谷)
dam	水坝	达姆(水坝)
dan (W)	在下	丹
dau (W)	两个	道
deep	深盆地	迪普(盆地)
derwen (W)	橡树	德温
derry (G)	橡树林	德里
desert	沙漠	(沙漠)
diffwys	悬崖,无人烟的地方	迪菲斯
dingle	幽谷	丁格尔(谷)
dol (W)	草地	多尔
-don	(构词成分)	登

英文	意义	译音(意译时采用括号内汉字)
Douglas	人名	道格拉斯
down	丘陵草原,丘陵	当(丘陵)
du (W)	黑,黑暗	迪
dun (C)	堡,寨	登
dwfr	水	杜弗
dwy	两个	杜伊
dyffryn	谷	迪弗林
earl	伯爵	厄尔(伯爵)
east	东方	伊斯特(东)
eastern	东,在……之东	(东)
Edward	人名	爱德华
eglwys (W)	教堂	埃卢伊斯
Elizabeth	人名	伊丽莎白
elm	榆树	埃尔姆
fair	美好的	费尔
falls	瀑布	福尔斯(瀑布)
ffridd (W)	山间牧场,森林	弗里德
ffrwd (W)	溪	弗鲁德(溪)
ffynnon (W)	泉	芬农
field	田地,林间开出的地方	菲尔德
firth	峡,河口	弗斯
fish	鱼	菲什
flash	沼泽,浅水	弗拉什(沼泽)
flask (O,D)	沼泽,浅水	弗拉斯克(沼译)
fleet (S)	溪	弗利特
fold	牲圈	福尔德
folk	人民,家族	福克
ford	浅滩	福德
forest	森林	福雷斯特
fork	叉,支	福克(河)*
garden	花园	加登
gate (S)	路	盖特
(N)	山羊	
general	将军	(将军)
George	人名	乔治

英文	意义	译音(意译时采用括号内汉字)
Gill (O.S)	狭的豁口	吉尔
glacier	冰川	格拉西尔(冰川)
glan (W)	河岸	格兰
glon (G)	山谷	格伦
glyn (W)	深谷	格林
goetre (W)	林间居民地,田野	戈特尔
gold	金	戈尔德
grand	大	格兰德(大)
great	大	格雷特(大)
green	绿色	格林
grove	小林	格罗夫
groove	沟	格罗夫
ground	土地	格朗德
gulf	海湾	加尔夫(湾)
gwaun (W)	山间牧场,荒地	关
gwyn (W)	白色	滚
gwyrdd (W)	绿色	圭德
hafod (W)	夏居地	哈福德
hall	大厅	霍尔
-ham[əm]	树,房子,住所	(按[əm]与 h 前的辅音拼译)
[əm]		汉
-hampstead	住所	汉普斯特德
hampton	田庄	汉普顿
harbor	港口	(港)
harbour	港口	(港)
haul	太阳	豪尔
haven	港口	黑文(港)
hay	矮树围起的地方,干草	黑
head	头,角	黑德(角)
height	高度,顶点,山	海特(山)
hemisphere	半球	(半球)
hen (W)	老	亨
hendre (W)	冬居地	亨德雷
high	高	海(上)
hill	丘,小山	希尔(山)

英文	意义	译音（意译时采用括号内汉字）
hillock	小丘	希洛克（丘或山）
hill-ranges	丘陵带	（丘陵带）
hills	丘陵	希尔斯（丘陵或山）
hir (W)	长	希尔
holm	河中岛屿，河边低地	霍姆
holy	圣	霍利
horn	山顶，峰，角	霍恩
house	房子	豪斯
hurst	密林	赫斯特
icebery	冰山	（冰山）
-ing	地方，溪	（按[iŋ]与前面辅音拼译）
inlet	小湾，峡	（湾）
iron	铁	艾恩
is (W)	在下	伊斯
isaf (W)	较低，最低	伊萨夫
isel (W)	低	伊塞尔
island	岛	艾兰（岛）
isle	岛	艾尔
islet	小岛	艾利特
isthmus	地峡	（地峡）
Jack	人名	杰克
Jackson	人名	杰克逊
James	人名	杰姆斯
Jefferson	人名	杰斐逊
John	人名	约翰
Johnson	人名	约翰逊
Jones	人名	琼斯
junction	交接站	章克申
king	国王	金（国王）
kirk (S)	教堂	柯克
Knock (G)	小山	诺克
knoll	园丘	诺尔
Lagoon	潟湖	（湖）
Lake	湖	莱克（湖）
Lane	狭路	莱恩

英文	意义	译音(意译时采用括号内汉字)
-Land	地	兰
Lann (O.W)(G)	圈起来的地方	兰
		房子,教堂
Lawrence	人名	劳伦斯
Lewis	人名	刘易斯
-ley	森林间开垦的地方	利
linn (C)	深池	林
little	小	利特尔(小)
llain (W)	狭长地	莱恩
llan (W)	教堂	兰
llwch (W)	湖	卢赫(湖)
llwyd (W)	灰色,棕色	卢伊德
llwyn	灌木林	卢因
llyn (W)	湖	林(湖)
llys (W)	大厅	利斯
loch (G)	潟湖	洛赫
long	长	朗(长)
lough (G)	湖	洛赫(湖)
louis	人名	路易斯
low	下,低	洛(下)
-low (OE)	丘,岗	洛
lower	较低,较下	(下)
lynn (W)	深池	林
Mao-(Mc-)	(出现在苏格兰或爱尔兰人名首,原意××之子)	麦克
maen (W)	石头	曼
maes (W)	田野,平原	马斯
main	主要的	梅恩
market	市场	马基特(市场)
marsh	湿地,沼泽	马什
Martin	人名	马丁
Mary	人名	玛丽
Mawr (W)	大	莫尔
melyn (W)	黄色的	梅林
mere (OE)	池沼	米尔

英文	意义	译音（意译时采用括号内汉字）
merthyr（W）	墓地，教堂	梅西
middle	中	米德尔（中）
minster	僧院	明斯特
moel（W）	秃山	莫尔
moon	月亮	蒙
moor	荒地，沼泽地	莫尔（沼地）
mount	山	芒特（山）
mountain	山	（山）
-mouth[məθ]	河口	默斯
[mauθ]		茅斯*
mwyn（W）	矿	穆因
mynydd（W）	山，荒地	米尼德
-nal	（构词成分）	纳尔
naut（W）	溪	瑙特
naze（N）	鼻，角	内斯
ness（N）	鼻，角	内斯
new	新	纽（新）
newydd（W）	新	内维德（新）
north	北方	诺思（北）
northern	北方的	（北）
nose	鼻，角	诺斯（角）
oak	橡树	奥克
old	老，旧	奥尔德（旧）
park	公园	帕克（公园）
pass	过道	帕斯（山口）
passage	过道	（水道）
peak	峰	皮克（峰）
pen（W）	头，顶，端	彭
peninsula	半岛	（半岛）
penrhyn（W）	角（岬）	彭林（角）
pentre（W）	村	彭特雷
pike	峰	派克（峰）
pistyll（W）	瀑布	皮斯蒂尔（瀑布）
pit	盆地，坑	皮特
plain	平原	普莱恩（平原）

英文	意义	译音（意译时采用括号内汉字）
plas（W）	大厅，房子	普拉斯
plateau	高原	（高原）
point	角	波因特（角）
pond	池	蓬德（池）
pont（W）	桥	蓬特
pool	池	浦（池）
port	港市，埠	波特（港）
porth（W）	门道，港口	波思
prairie	草原	普雷里（草原）
promontory	角	（角）
prince	王子	（王子）
princess	公主	（公主）
quarter	市区，1/4	阔特（区）
quay	码头	基（码头）
queen	王后	昆（王后）
rain	雨	雷恩
range	山脉	（岭）
rapide	瀑布	拉皮兹（瀑布）
ravine	深谷	拉温（谷）
red	红	雷德
reef	礁	里弗（礁）
reservoir	水库	（水库）
rhaeadr（W）	瀑布	拉德尔
rhiw	山坡	里乌
rhyd	浅滩	里德
riding	区（英格兰约克郡所划分成的东西北三行政区）	（区）
river	河	里弗（河）
road	路	罗德
rock	岩石	罗克
royal	皇家的	罗亚尔
run	小河	兰
san	圣	圣
sain	圣	圣
saint	圣	圣

英文	意义	译音（意译时采用括号内汉字）
salt	盐	索尔特
saltmarsh	盐沼	（盐沼）
sand	沙	桑德
sandbank	沙滩	（沙滩）
sea	海	（海）
shark	鲨鱼	沙克
-ship	（构词成分）	希普
-shire	郡	希尔（郡）
shoal	浅水处，沙洲	肖尔
silver	银	锡尔弗
-sion	（构词成分）	申
skerry	海边峭岩	斯克里
-smith	匠人	史密斯
Smith	人名	史密斯
snake	蛇	斯内克
snow	雪	斯诺
-son	（出现在人名尾，原意××之子）	森
-sor	（构词成分）	塞
sound	峡	桑德（峡）
south	南方	绍思（南）
southern	南方的	（南）
spring	泉	斯普林（泉）
-stead	居住地	斯特德
steel	钢	斯蒂尔
stock	居民地	斯托克
stone	石头	斯通
-stone	（构词成分）	斯通
strait	峡	（峡）
sun	太阳	桑
swamp	沼泽	斯旺普（沼泽）
sych（W）	干	西赫
tableland	台地	（台地）
tafarn（W）	酒店	塔凡
tal（W）	端	塔尔

英文	意义	译音(意译时采用括号内汉字)
tan(W)	端下	坦
tarren(W)	悬崖	塔伦
three	三个	斯里
thorn	荆棘	索恩
thorpe(D)	居民地外围的村庄	索普
throp	居民地外围的村庄	斯罗普
-tion	(构词成分)	申
tir	地	蒂尔
-ton	用矮树围起来的地方,城	顿
top	山顶	托普
-tor	(构词成分)	特尔*
-tory	(构词成分)	特里*
town	城	敦(城)
traeth(W)	沙滩	特拉斯(沙滩)
tri(W)	三个	特里
tros(W)	在上	特罗斯
trum(W)	岭	特里姆
trwyn(W)	角,鼻子	特鲁因
-ture	(构词成分)	彻
twyn(W)	丘	图因(丘)
uchaf(W)	高,较高,最高	乌哈夫
uchel(W)	高	乌黑尔
upland	高地	(高地)
upper	上	(上)
uwch(W)	上,在上	尤赫
-val	(构词成分)	瓦尔
vale	谷	韦尔(谷)
valley	谷	瓦利(谷)
Victoria	人名	维多利亚
vill	村	维尔
volcano	火山	(火山)
wall	墙	沃尔
ward	市区,选举区	沃德
Washington	人名	华盛顿
water	水	沃特

英文	意义	译音（意译时采用括号内汉字）
waterfall	瀑布	（瀑布）
way	路	韦
well	井	韦尔（井）
west	西方	韦斯特（西）
western	西方的	（西）
wharf	码头	霍夫（码头）
white	白色的	怀特（白）
William	人名	威廉*
wind	风	温德
wood	树林	伍德
worth	寨	沃思
wrath（W）	转折点	罗斯
ych（W）	公牛	伊赫
yn（W）	在内	因
ynys（W）	岛，水草地	伊尼斯（岛）
ystum（W）	河流	伊斯蒂姆（湾）

五、我国少数民族语地名汉字译写

（一）民族与语言构成

我国是一个统一的多民族的国家。目前，国家识别公布的有 56 个民族，其中汉族约占全国总人口的 94%，汉族使用的语言称汉语，属汉藏语系汉语族。在少数民族中除回族、满族使用汉语外，其他民族都有自己的语言；这些少数民族语言属汉藏语系的有 29 个民族，主要分布在西南和中南地区；属阿尔泰语系的有 17 个民族，主要分布在西北和东北地区；属南亚语系的有 3 个民族，主要分布在云南境内；属印欧语系的有 2 个民族，主要分布在新疆境内；属南岛语系的有 1 个民族，主要聚居于台湾省，在福建等地也有散居；此外，关于京族语系，现尚无定论。

汉族使用的文字称之汉字，属形声表意文字；在少数民族中，除回、满、畲族使用汉文外，其他民族有的有本民族通行的文字，有的虽有文字，但是使用的人数很少，有的没有本民族的文字，而使用其他民族的文字。

（二）少数民族语地名汉字译写状况

在全国范围内，国家推行全国通用的普通话，地名的通用书写形式相应为汉字；但是在内蒙古、新疆、西藏和其他民族自治地区，依照宪法规定，使用本民族的文字书写地名。因此，用汉字译写少数民族语地名，以及译写得是否符合规范，就成为实现全国地名标准化和加强各族人民联系的一项重要措施。在 1962 年前,国家没有明确的统一规定,大都是由当地人或测绘、科考调查人员自行翻译,而且常常又是使用汉语方音进行译名,再加上汉字的一字多音、一音多字等情况,从而造成了少数民族语地名译写中的许多混乱现象。例如藏语里义为湖的水体译为"错""措",维吾尔语中义为小溪的"Frik"就有艾力克、艾勒克、艾未克等多种译法;同时,亦由于译写所依据民族语的书面语和口语的不同,也往往造成不同的用字,如西藏的一些地名按照口语译为"比如县",若按照书面语则译为"直如县";用字不当的现象亦较为常见,如把维吾尔语的山口 Dawan 译成"大碗"或"大湾"等;地名的通名译写也不统一,有的音译,有的意译,有的音译重复意译,如雅鲁藏布江的"藏布",在藏语中就义为"江",汉字译写时又加了一个通名"江"字,等等。

(三) 规范少数民族语地名的汉字译写

为了解决少数民族语地名汉字译写中存在的问题,1960 年,中华人民共和国国家大地图集地名译音委员会制定了《汉译蒙语地名简则》和《汉译维语地名简则》,1962 年,国家测绘总局和总参测绘局共同制定了《少数民族语地名调查和翻译通则》,1963 年、1964 年两局又相继制定了蒙古语、维吾尔语和哈萨克语地名译音规则,1965 年,国家测绘总局又制定了柯尔克孜语、西双版纳傣语地名译音规则,以及彝语(凉山方言)、藏语(拉萨话和安多话)、拉祜语、哈尼语等语种的地名译音规则初稿,1982 年又对蒙、维、藏(拉萨话)的地名译音规则做了修改。这些规则、通则初步明确了译写少数民族语地名应该遵循的一些基本原则,从而使我国少数民族语地名的译写走向了规范化。目前,我国译写少数民族语地名的正式"规则"虽然尚未制定出来,但是下列几项原则总是应该考虑的。

1. 遵循"名从主人"的原则,依据民族语标准地名的标准音,按照汉语普通话的标准音进行译写;没有标准音的依照广大地区通用的语音译写;对于已经演变成类汉语地名,在鉴别确定后仍旧按照少数民族语地名译写。

2. 对一部分地名,尽管译音不准,但是确实已经使用多年,人们已经惯用,甚至在广大地区或在全国均已通用的,可以按照约定俗成的原则予以保留,继续使用,如蒙语地名包头、二连、喇嘛、白云鄂博等。

3. 对那些一名多译,以及译音不准、用字不当,而且在当地还不稳定的译名要进一步调整,按照规范化原则对其专名、通名进行音译,个别的通名可以重复意译,无通名的,根据需要,可以加汉语通名。

4. 译音不准确的惯用译名,原则上只限于原指地点,不引用于其他同名的地点,一般也不用于派生新地名。

5. 地名译写时做到同词同译,不用带有贬义、容易混淆和望文生义或易产生歧义的字,如维语义为山口的 Dawan 译成"大碗"会使人望文生义,译为"达坂"较妥,它不会引起人们对汉字望文生义的后果。

6. 少数民族语地名已经按照汉语意译或半音半意译的,要从众。

7. 对已经制定颁发了译音规则的蒙、维、藏等民族语地名,可以参照译音规则译写。

第七章　地名考证

地名考证，简言之，就是运用某种方法，通过一定的途径，查清某一地名的来历、含义和沿革及其他有关信息等，并做出一定结论的一项工作。

第一节　地名来历和沿革的考证

一、地名来历和沿革

地名的来历，系指地名产生的历史，即它的初名是如何得来的这一段史实。一个地名，如果在得到初名之后，随着时间的推移，又经历了一次或数次的变化，这就要考证它的沿革，弄清楚它在何时，因何种原因，发生何种变化，其中包括名称、书写形式、含义和所指代实体位置及空间范围的变化。考证地名沿革的过程，实际上就是探索地理实体及其所在地理环境的发展与变化的过程。

二、地名来历和沿革考证的内容

地名来历和沿革的考证，首先要追溯地名的来源，弄清楚得名的时间、缘由和初名的含义；然后探索它的更名情况，若有过更名，则需要查出是一次，还是几次，更改的是什么名称，各次分别取了什么含义；再探索它的地点，有没有迁移过，迁到过哪些地方，新地与旧址间有何差异；如果这个地名曾经有过侨置，则原来的地点是否保留旧名，或另命了新名；若这个地名经过一段废弃时期之后又得到复用，则是在什么情况下被恢复的，恢复前当地若有过别的名称，则这个名称现在又作何处理。另外，还要查清各个阶段隶属关系的变化，若是行政区域名，则要查清局部区域的析置离合变化。凡此种种，皆须探索清楚。

三、地名来历和沿革考证的途径

考证地名的来历和沿革，主要途径乃是按照地名的种类，有针对性地查考有关的各种史籍资料。例如，与盐业有关的地名，查阅《宋史食货志》《盐法通志》《两淮盐法志》等；与水有关的地名则需查阅《水经注》《郡国利病书》《河防一览》《行水金鉴》等；考证政区和城镇地名，除查考正史之外，查阅府志、州志、县志和政府的文书档案等；考证一般的村寨和集镇,因为它们难得上史籍,所以走访民间,采集石刻、族谱、传说和口碑等,不失为一种主要方法。即使上了史籍的地名,采集口碑亦有必要。史籍的文字记载虽然都经过考核论证,可靠性大,但疏漏在所难免;口碑虽然真切,但也易为讹传;鉴于史籍与口碑均有不能令人尽信之处,有必要采取二者相互印证的方法,若能一致,即成定论,如尚有不符之处,则需再做进一步考核,有益于去伪存真。

在开发较晚的地区,史籍奇缺,很多地名是无史籍稽考的。采集传说与口碑便成了唯一的途径。事实上,传说与口碑并非都不可信,关键在于如何物色有相当素质的调查对象。实践证明,应该在村民们公认为创建该村的家族中物色相对年长、有一定文化、悉知村史或擅长史话的人作为调查对象,而其政治面目和身份则不应该作为调查对象的录选条件。相反,如果找来的是外来户或政治条件很好,但是对村史一无所知或知之甚微的人,肯定是无济于事的。例如,在考证江苏省响水县海防重镇陈港镇这个地名的来历含义时,开始时镇领导介绍来的是一些老干部,后又找来一位老贫农,谈了一天,仅提供了一些线索,如谢姓到这里最早,曾经是这里最大的地主;听先人讲,过去这里叫蛏架港;1953年房产登记,镇长曾在港北一家咸丰年代的房契上见过此地叫蛏架港;传说200多年前,此地有一条产蛏子的河港,以港尾部伸出两汊,形状像蛏子的两条腿而得名。后来住户多了,人们按照字音慢慢地叫成陈家港了,以后又习惯简称为陈港,等等。根据这些线索,专访了曾经被定为地主成分的72岁的谢姓后裔。经过一个小时左右的座谈,不仅弄清楚了该镇的全部情况,而且得到了附近其他几个地名来历含义的全部实情。原来在清康熙年间,谢姓首先迁此海滩,靠打柴为生,请海州来的船民运到清江去卖,见此生意越来越好,船民们也陆续在此落户,到了咸丰九年,海潮淹死了柴草,村民们改靠钓蛏为生,吃不完,家家户户就搭起架子晒成蛏干,待到来春运到盐城、清江等地去卖,那期间村里到处都是蛏架子,呈现出蛏架之港的一派繁荣景象,有人就借此景给村起名"蛏架港"。民国初年,大源、庆日新、裕通等公司来此海边铺滩晒盐,来了很多外乡人,于是就有了书信来往,外乡人听其音,将"蛏架港"误为"陈家港",书信上用久了,也就成了这里的正式名称了。1929年建镇,称陈家港镇。1958年成立陈港公社,自此改称陈港。在名称上,各方所述基本一致,但在来历、含义和沿革上,后者较为透彻、合情合理。

有相当多的地名是来源于地理环境的,地理环境经常在变化,历时愈久,变化愈益显著。如果地名使用时间较久,就会显得名不副实了。对这类地名应该根据地理环境演变的过程,探索地名最初命名时的地理环境状况,以此来了解地名的来历含义。

在地名沿革考证中,要数政区地名的沿革最复杂,既要弄清名称更替变化,又要交代析置离合。其中县的政区沿革是最基本的,也是比较重要的。考证县建制沿革的原则是,以现势县境为界,围绕县名的来历和演变,查清历代在现境域内县级政区的演变情况。

县沿革考证的基本内容,包括以下三个方面。

（一）离合特征

县境在设置该县前属何地;何时(年代)析何地(某县的地域),置何县(县名称),治所在何地(治所名称);设置的县隶属于何郡或何府、何道等。

（二）历史演变

以时间为序,上述的各项内容中,哪一项有变动就谈哪一项。

（三）1949年后的变化

只述析并范围大于一个区或数个乡的境域变化情况。

考证县的沿革,需要注意以下几点。

（一）对其名称、地域、治所和归属只写有变化的,凡无变动的则不写。

（二）在历史归属地的表述方法上,规定若遇到目前所考之县的境内存在着它所脱胎的那个县的治所或其遗址的话,当写到所脱胎的那个县设置的历史年代时,则要写"置××县";若县境内不存在它所脱胎的那个县的治所或其遗址的话,则当写到所脱胎的那个县设置的历史年代时,须写成"为××县地"。

（三）析县设市、市县并存的,则市、县的沿革既要有分工,又要有呼应:市的沿革要紧扣着市区,写治所;县级政区设置在县沿革里写,在适当的地方写"何年析何地置何市",以与市沿革相呼应。

（四）1912年到1949年这一段沿革,情况复杂,要反映国民党政权,共产党红色根据地政权所做的变更情况,对伪满、汪伪政权所做的变更情况,原则上不予反映,当必须反映时,则写作"公元××××年设置"。

（五）如果县名来自原不在今县境内的某个古代的县名时,要交代其关系和原因。

（六）在县沿革里要处理好与邻县沿革的相互衔接的问题。

（七）说明政区析置离合的批准单位。

第二节　地名含义的考证

地名的含义好比地名的灵魂,以它蕴藏在命名或更名的那个历史时刻地埋实体所具备的形形色色的自然或人文特征,如颜色(长白山)、形状(马鞍山)、气候(恒春)、方位(南海)、物产(克拉玛依,在维语里又为"黑油")、交通(利国驿)、宗教(观寿寺)、商业(菜市口)、祈愿(平安里)、职业(铁匠营)等,体现出地名在科学研究上的特殊价值,传递地理实体内涵的信息。地名含义的调查是地名调查的重要方面,是决定地名调查成果价值大小的关键项目。搞清地名的真实含义,可以帮助判断地名用字是否正确、读音是否有误、含义是否健康，可以增进地名标准化的处理。因此地名含义的调查考证是实施地名标准化的一项重要的基础工程，务必严肃认真、一丝不苟，切忌"一闻就信、一写就定、见文就用"。并在物色询访对象时秉持科学态度，摒弃唯个人政治面目或唯家庭成分论。地名含义的考证通常采用以下几种方法。

一、查证文史资料

我国历史悠久，保存的文史资料浩如烟海，二十四部正史中有十六部为地理志，还有《水经注》《太平寰宇记》《读史方舆纪要》《中国古今地名大辞典》，以及历代编纂的大量的州、府、县等地方志书，现代编纂出版的全国各省、市、县地名志，这些都记载了大量地名资料，其中记述了很多地名的真实含义，为我们提供了宝贵资料。历史地图和古旧地图亦是重要的参考资料。考证地名的含义，首先应该从史籍中去查证，在查证史籍的同时，不容忽视对散失在民间的碑刻、族谱、诗文、掌故等资料的查考。民间的这些资料不仅可以对史籍资料进行补充，而且有时还能饰其主角，成为不可多得的宝贵资料。在应用这些文史资料时，要结合当地历史面貌进行分析，以便去伪存真，确保地名含义的真实性。现实中，那种"凡有文献记载的就用，无文献记载的都不用"，不加分析的做法是不负责任的，因而也是不可取的。事实上，文献记载的疏漏在所难免，民间的传说并非全都无据。对前人未作出结论的事，若我们这一代人再不设法作出结论，就有可能造成失传，后人就更难深入研究作出结论了。关键在于不要轻率地作结论，一定要以事实或科学的论证为据，要慎重对待。哪怕是自圆其说，只要说得当代人都信服就行，即使被后人修正或推翻了，那也无妨，这正是科学进步的必然，符合人类科学发展的历史规律。

二、以音寻义，以实验义

对在史籍上查考不到含义的地名，查证其含义就需要采用其他方法，其一，就是以音寻义，以实验义的方法。实施以音寻义，其方法步骤是：看其字，酌其音，察其实，明其义。

地名词和其他一切名词一样，都是现实世界客观事物的反映。地名作为特指名词，也必须具有一般名词的属性。无论在古代还是在现代，地名都是约定俗成的，除避讳或以歧视、压服少数民族和邻国，以及侮辱劳动人民的地名外，地名词的寓意均是实体某种特征的真实反映。同一民族描述不同地理实体或景观特征，以及不同民族描述同一地理实体或景观特征，所产生的发音和所取的书写形式都是不同的，这是极为寻常的现象。例如，藏族用藏语描述不同的大河有雅鲁藏布、朗钦藏布、森格藏布，描述不同的小河有柴曲、嘎曲、热曲，描述不同湖泊有纳木错、扎日南木错等，不同的实体就有不同的发音和书写形式；同一实体，不同民族就有不同的发音和书写形式，如对同一条河流，藏族称为明钦藏布河，而汉族则称为象泉河；同一实体，不同民族就有不同的发音和书写形式，对"湖"这一通名词，藏族和蒙古族则分别称之"错"和"诺尔"，同一概念，不同的民族就有不同的发音和书写形式。由此可以从地名专名的语音寻出相应的书写形式，由某一书写形式按其语种寻其含义，再用其义与所指代的地理实体特征进行对照验证，以确定其含义的正确性。例如，由 Lābā 语音，按壮语语种寻出其形为"拉岜"，为坐落在山脚处的一个村庄，在壮语里"拉"指下方，"岜"指山，其义即"位居山脚"的村庄，名与实相符，义正确。但是，地名的产生和演变是极其复杂的，有的地名含义的查证还不能到此为止，如云南彝族地区"兆吉"村这个地名，语音还原为"柞基"，就成了彝语地名，义为"山梁边的箐"，这个结论不仅得到了彝族干部们的认可，就是到实地察看，名实也相符，确实是一个坐落在箐（箐：树木丛生的山谷）里的村寨，但是村里一位老人却不同意这个结论，在老人指点下，他们查看了村里的一方古墓碑，发现该村是以始祖，明初江西籍军官尹肇基的名字命名的，"兆吉"是村里会计因不会写肇基这两个字而讹作的。因此，在考证地名含义时，确准地名的语种和深入实地多方详细考察就显得十分重要了；"看其字、酌其音、察其实、明其义"这十二个字所反映的四个环节是相辅相成、互相制约、缺一不可的。

三、历史地理分析

地理环境的变迁是影响地名起因和含义的重要因素之一。应用历史地理学的知识，结合地理环境的变迁和地区开发等特点，是寻觅地名含义的重要方法之一。江苏省阜宁县境内北沙村，是由反映方位和土质特征的两个字构成的地名，字面意义不难理解，但是这个方位词"北"字是以何种实体为参照物，众说纷纭，无法确定，这样"北沙"的真实含义自然也就不可知了。后来经查证江苏海岸变迁的科学考察报告，方知五六千年前，在江、河、海的综合作用下，形成封闭海湾（射阳湖前身）的两条大沙冈，其东沙冈的位置就北起北沙。由此可知，当初唐代这个海口小镇就是以其位于东沙冈北端而得名的，这样，其义就不解自明了。这个结论是符合地名的起因和命名规律的，因而也是无可争议的。同样，也考证出东台市的汉唐古镇西溪，是以其居古海岸沙冈西侧的溪水河畔而得名的。

辽宁省在历史上，于六七千年前进入新石器时代，出现了很多古代居民点，因为当时渔猎和游牧经济占主导地位，不可能出现较固定的居民点及其地名。随着原始农业区的进一步开发，渔猎和游牧经济退居从属地位，以定居农业为特点的固定居民点及其地名接踵而至，到了战国、秦汉时期，中原人大量移居和开发辽宁地区，促进了辽宁境内农业经济的发展和固定居民点的增多，郡县制也推行到了这里，先后出现了辽东、辽西、古北平、玄菟等郡名和几十个县名。要了解这些地名的含义,就要追溯当时这里的地理环境。唐朝征高句丽的战争,对辽宁地区地名产生了影响,至今在民间仍然流传与此有关的地名传说,如"箭眼峰",传说薛仁贵领兵与高句丽激战时,曾经在西北十余里外的发箭山上,向凤凰山试发一箭,箭到之处,巨石为穿,故名。在我国东部沿海地区,自秦汉到清末,大力发展盐业,盐业的生产方式和建制对沿海地区的地名及其含义产生了深刻影响,江苏省的盐城、新兴场、西场、大团、西团、新团、六灶、七灶、沈灶、曹𪢮、华𪢮、便仓、三仓等地名的起因与含义均缘于盐业,若不从盐业生产方面探索,是找不出正确答案的。

四、审核避讳影响,寻觅地名正确含义

避讳,系指地名上的文字不直书尊者的名字,用改字形或字音的方法加以回避,地名如果触讳,则必须更名。因讳名而改地名,是我国地名演变过程中的独特现象。在漫长的旧社会里,因避讳而更改地名的,层出不穷,花样繁多。若不切实地弄清楚避讳对地名沿革的影响,对许多历史地名和现行地名的来历、含义就无从解释。因此在考证地名的含义时,辨析是否受过避讳的影响,是时刻不容忽视的问题。虽然地名避讳主要是帝名、皇族和皇戚名、圣人孔丘名四种,但是在历代史籍中,因避讳而使地名记载产生讹异的现象相当频繁。如因避讳,后人更改前代地名,致使史籍失实;一地数朝皆讳,一改再改,或者改名与复名相交替,致使一个地名误认为两个地名,两个地名误认为一个地名,衍文而错,备极纠缠。故不能简单地依仗掌握历朝所讳,就可以弄清楚因避讳而改易地名的史实,需要依据史实,审慎地予以澄清,以资探得地名的本义。

五、实地考察,走访群众

实地考察和走访群众,是掌握第一手资料的必由之路。有些地名没有史籍供查考,或史籍所述与实际不符,这时解决问题的主要办法就是到实地考察,走访知情群众。江苏省东部沿海地区,开发较晚,史籍极少,很多地名的来历含义,无文史资料可稽考。东台市的"小戴庄"地名,按照字面可以释义为是戴姓老小所始居或规模较小的戴姓村庄。其实不然,此村从未有过戴姓的村民。经过多次走访当地群众,终于从方言和民国初年的地图上取得了突破。相传,在明景泰年间,村民杨姓在朝廷为官,其父六十寿辰,皇帝差船赐匾,以皇船在此稍停片刻的圣迹名"稍停",当地人口语称"稍停"为"小待",此村在民国初年的地图上即注小待,后谐作今名。

"桥梓头"地名,有人释为以桥头长梓树而得名,可是当地并未长过梓树。经过实地走访详查,分析古地图,发现该地区一些文人雅士习惯于将"子"字雅化成"梓"字,在不少地名上均有体现,结合群众提供的线索,该地名实为初以村居桥旁得名桥子头,后雅

作今名。

江苏建湖县"朦胧塔",民间传说建于唐初,是唐太宗李世民在战乱中,曾藏身于此处破庙的一口枯井里,敌兵因见井口蜘蛛网完好无损,未疑藏于井里,而免于一劫。世民做了皇帝之后,在井上建塔纪念,以蛛网蒙住皇帝龙体,起名朦胧塔。以前出版的《江苏塔志》,亦载此塔建于唐武德三年。地方小报的"历史典故"栏目也刊此传说。后经文物考古部门的实地考证,塔始建于宋元丰八年,重建于明季。神话是破灭了,但塔名的含义仍未解决。后来经过走访,通过对地理环境的历史分析,其义是出自古射阳湖畔渔村,适逢夜晚,渔火万盏,在升腾的水汽中呈现朦朦胧胧的景色;塔处湖畔,望之模糊不清,故名。

六、应用世代与纪元年代、帝王年号换算法确定村镇始建年代

对于一些无史料可稽考村镇始建年代的确定,则运用模糊数学理论,采取查阅民间族谱或走访村民们公认为该村镇最早来此定居的后裔,询问他的家族是从何处迁来的,其为迁此之后出生的第几代传人,他的下面又有了几代传人。将这两个传人的代数相加,即得他家到此后新生人的总代数,用这总代数乘以经数理统计得出的、后来也见国内多家新闻媒体报道中所用的父子两代人年岁的级差25岁,就可得到该户迁到此地的总年数。用这总年数就可从《中国历代纪元表》中查得他家祖先是在哪个朝代的哪个皇帝的哪个年号的第几年迁来这里的这一概数。以这位帝王年号的模糊语言来表述该村镇始建年代,如该村始建于"明洪武年间"或"明洪武初年"等。该法的效果还是不错的,例如,后来经盐城市大丰县西团镇史志办去苏州查镇上我们采访的陈氏家谱证实,口述与文字记载的仅相差一代人,即相差25年,对这在600多年前发生的事情,记忆与文字记载的只相差这么一点,其精确度应该说是相当高的。

七、审美考释法

我们中华民族是有着悠久历史和灿烂文化的民族,同时亦是审美素质极高的民族。我们的祖先创造出丰富多彩的表意文字,为丰富中国地名词义的内涵和确定一项"必取美名"的命名原则奠定了坚实基础,从而使中国地名以其绚丽多姿而独树于世界之林。自古,中国地名的命名就运用审美观念,采取务实尚美、避俗趋雅的做法,对于自然地理实体,需要紧扣外部形态的特点,进行抽象概括,或觅色,或就势,或绘形,或蕴以意境,尽情融入人们的美感和想象力,构思出一幅幅美丽的画卷,赋予相应的词,呈现出命名实体的自然之美;同样,如神话传说和美愿等地名,寄寓着人们对美好生活的憧憬和对真善美的追求,这是人们在崇善尚美思想指引下,依据地物在某种自然或社会环境里所具备的本质特征,给一部分地名赋予丰富多彩的社会之美。

在考证地名含义时,同样需要运用审美观念,依据现行的名称及其古代历史或地理环境状况,通过丰富的想象,以求复原和再现当初使地名富有自然或社会美的实体本质特征,从而获得现行地名的贴切含义;否则,要考证出某些现行地名的特定含义是很困难的。例如,南京明古城的外郭城,设有十八门,其一自始名作沧波门。就其字面,"沧"者,青绿色之水也,"沧波"即青绿色水的波纹。然而明初,该地区既不濒大海,又未临巨湖,沧波从何而来呢?据民间传说,当初城外地势低洼,是数千亩之广的一大片菖蒲、芦苇丛生的泽地,在现行的地形图上仍然可见其迹,那里的三四个行政村均处于圩区。从审美角度通过想象,可以窥见出当城门筑起,登上城头,俯瞰蒲丛,那风吹蒲动,卷起的千层青波绿浪,犹如万顷沧波,心旷神怡,门遂以景得名,并非乡民的"菖蒲"二字音讹之说。又如,坐落在南京东郊风景区的孝陵卫街,其东首所在的岗地,名双拜岗,对它的含义,民间亦有多种传说:一说是明太祖朱元璋登基坐殿,当了皇帝之后,义母来京城探望,因家贫寒,衣足欠佳,不便进宫,行至此岗,犹豫不前,遂住了下来;朱元璋闻讯,专程起驾来此探望,到了这里首先朝老家今安徽凤阳县向双亲一拜,再向义母下拜,岗以此圣举,名双拜岗。又说是明太祖朱元璋的孙贵妃膝下无子,待朱棣甚好,死后葬于此岗,朱棣接位后,在皇宫拜了生母皇后,又到此岗拜孙贵妃,故名双拜。再则,古时曾在此处两岗之间建一寺庙,分立两旁的岗地,每天都向寺庙叩拜,因以得名。以上各种传说,不是有欠事实,就是未能自圆其说,因而均不能够反映命名实体的自然或社会的本质特征。根据实地考察,并运用想象力,其名源于地形的奇特颇为可信。在岗地的顶部有两条相距不足百步的小岗岭,呈现双峰岗的奇观,并朝向灵谷寺山门;从审美角度,双,成双成对,体现喜庆和圆满,由此可窥测当时的文人雅士为追求齐全与完整之美,遂想象这如此之近的两座小岗岭,犹如一对朝夕相伴、互敬互爱的情侣,或一对长龙,双双齐向灵谷寺庙神叩拜,故美其名曰双拜岗。这类地名,如此丰富和生动的含义,若不用审美方法,是挖掘不出来的。因此,审美考释不失为考证地名含义的一计妙法。

第八章 城镇地名规划与门牌号码编制

为加强地名管理工作,保护和弘扬城镇优秀地名文化,提高地名命名更名的法制化、科学化、标准化水平,适应改革开放、经济建设和社会发展的需要,使地名更好地为建设和谐社会服务,有必要依据国家有关法规,结合一城镇的特点和地名工作实际,开展城镇地名规划与门牌号码编制工作。

第一节 城镇地名规划

一、城镇地名规划的任务和法律效力

为加强地名管理工作,保护和弘扬优秀地名文化,提高地名命名更名的法制化、科学化、标准化水平,适应城镇改革开放、经济建设和社会发展的需要,使地名更好地为建设和谐社会服务,我国依据某一时段的《城市总体规划》(以下简称《城市规划》)和国家有关法律法规,结合某城镇的特点和地名工作实际,制定了城镇地名规划(以下简称地名规划)。

城镇地名规划书的规划文本(含各类地名规划方案表)、规划说明(含地名采词储备库)和规划图件,共同组成城镇地名规划成果,报城镇人民政府审批后,即为城镇地名管理的法律依据之一,并与《城市规划》具有同等法律效力。

二、地名规划概念

地名规划是按照该地地名的现状及当代地名变化规律,结合该地《城市规划》中的城市发展目标、发展策略和空间布局结构以及公共设施用地等情况,遵循《城市规划》的基本原则和要求,通过文、表、图形式,对规划区域内的现势地名和未来地名所做的总体设计和超前控制。地名规划应力求充分体现规划城镇的性质和功能定位,与规划建设中的各类地理实体的分布、结构,景观相吻,并为其服务。城镇地名规划应以《城市规划》和有关详细规划为基础进行的,按照确定思路、制定原则、搜集资料、实地考察、拟定名称、绘制地图、部门听证、专家论证、社会公示、上级评定、政府审批、媒体公布、成果归档等程序运作,是《城市规划》必不可少的配套的专项规划,并对该城镇未来各类地名的管理和服务具有重要的指导作用。

三、地名规划适用范围

一城镇的地名规划适用的范围,应包括该城镇所辖建成区以及规划区中的各类经济开发区。并根据城市总体规划,将适时扩大地名规划的编制范围。

四、地名规划的指导思想

地名规划以地名管理、城镇规划的理论和原则为指导,以构建一城镇科学合理的地名体系为目标,提高地名的标准化、规范化、系列化和层次化水平,增强地名的区域性、系统性、稳定性和排他性特点,突出一地的山水风光、民俗风情、有关的古代名人轶事,彰显城镇的丰富内涵,凸现地名的独特个性和魅力风采,提升地名的内在质量和文化品位,蕴含健康积极价值取向。拟定或保留的各类地名,做到尊重历史,照顾习惯,系统规范,好找易记,雅俗共赏,喜闻乐见,达到地名群体的有序化、科学化,使《地名规划》更具前瞻性、可行性,更好地为当地的改革开放、经济建设和社会和谐服务,满足城镇建设和发展的需要。

五、地名规划的内容

根据某一城镇《城市规划》提出的城镇建设用地规模和布局,地名规划将对下列人文和自然地理实体名称进行规范调整或命名更名:

(一)行政区域名称;

(二)交通主干道、次干道、支巷名称;

(三)桥梁(含立交桥、跨江大桥、人行天桥)、隧道、地下通道名称;

(四)车站(含长途汽车站、火车客货运站、城际铁路轻轨站、地铁车站)、港口、码头名称;

(五)居民住宅区名称;

(六)大型建筑物(含大型建筑、建筑群、高层建筑)名称;

(七)广场、绿地名称;

(八)游览地(含公园、景区、古迹)名称;

(九)山地、河流、湖泊、水塘、水库、井、泉名称;

(十)其他需要规划的地名。

六、地名规划的依据

(一)国家级有关文件

1. 中华人民共和国主席令第××号《中华人民共和国城乡规划法》(×届人大常委会第××次会议通过)。

2. 建设部令《城市规划编制办法》(建设部令[××年]第××号)。

3. 建设部《关于印发〈城市规划编制办法实施细则〉的通知》(建规字[××]第××号)。

4. 国务院《国务院发布〈地名管理条例〉的通知》(国发[××年]××号)。

5. 民政部关于颁发《地名管理条例实施细则》的通知(民行发[××年]××号)。

6. 国务院办公厅《关于我国同外国结为友好的城市不以对方地名、人名命名街道或建筑物的通知》(国办发[××年]××号)。

7. 民政部《关于实施地名公共服务工程的通知》(民函[××年]××号)。

8. 民政部、建设部《关于开展城市地名规划的通知》(民发[××年]××号)。

9. 民政部、财政部《关于加快实施地名公共服务工程有关问题的通知》(民发[××年]××号)。

（二）省级有关文件

1. ××省人民政府令第×××号《××省地名管理办法》(政府令[××××]第××号)。

2. ××省人民政府《关于××市城市总体规划批复的通知》(××政秘[××××]×××号)。

3. ××省民政厅《关于实施地名公共服务工程的通知》(民地字[××××]×××号)。

4. ××省民政厅、建设厅《转发民政部、建设部〈关于开展城市地名规划的通知〉的通知》(民地字[××××]×××号)。

5. ××省民政厅、财政厅《转发民政部、财政部〈关于加快实施地名公共服务工程有关问题的通知〉的通知》(民地字[××××]×××号)。

（三）市级有关文件

1. ××市人民政府《关于印发〈××地名管理暂行办法〉的通知》(×××〔××××〕××号)。

2. ××市人民政府办公室《转发市民政局关于××市地名管理暂行办法实施意见的通知》(×××〔××××〕××号)。

3. ××市人民政府办公室《关于转发市民政局关于××市城市地名规划工作方案的通知》(×××〔××××〕××号)。

4. ××市人民政府办公室《转发市民政局关于××市地名公共服务工程实施方案的通知》(×××〔××××〕××号)。

5. ××市人民政府办公室《关于印发××市住宅区、高层建筑及其他建筑物名称管理暂行规定的通知》(×××〔××××〕××号)。

（四）其他相关政策文件等。

七、地名规划的期限

本《地名规划》的期限为××××年—××××年。

八、地名规划的目标

健全地名工作管理机制，实施地名公共服务工程建设，完成地名申报、审核、论证、听证、审批、公告制度，建立地名信息发布系统，提高地名咨询服务能力，完成路街牌、巷牌、楼栋牌、门牌等标准地名标志设置任务，地名工作全面进入《地名规划》的超前管理、有序管理之中，实现地名的标准化、规范化、层次化、系列化目标，形成地名区块布局合理、特点清晰、内涵丰富的格局，建立与全国相应产业基地、类似中心城市相适应的科学地名体系，使《地名规划》成为塑造该地特色地名文化、指导地名管理工作的规范性文件。

九、地名规划的主要任务

（一）确定地名规划编制的原则。
（二）划分合理的地名规划区块。
（三）优化地名专名的采词要求。
（四）规范地名通名的采词要求。
（五）对现状地名的分析和统计。
（六）编制各类地名规划方案表。
（七）编绘各类地名规划的图件。
（八）确定地名规划遵循的原则。

十、地名规划编制的原则

（一）与《城市规划》紧密结合原则

地名规划，是以《城市规划》和各类详细规划为基础的一个专项规划，属于《城市规划》重要的组成部分。地名规划的编制，应以《城市规划》为蓝本，在城市各项规划的用地、布局及规模基础上，确定地名命名方向，使《地名规划》与《城市规划》相适应，融为一个有机的整体。

（二）各区块地名命名规划与全局地名命名规划协调统一原则

地名规划是一个完整的大系统，城镇各区块的地名规划则为其中的子系统，必须服从地名规划的总体要求，摆正局部与全局之间的相互关系，充分体现全市地名规划的命名意图和方向，同时还须注意本区块的特色与其他区块之间的相互关系，加强跨区块地名的协调，防止全市内地名出现新的混乱。

（三）遵守国家地名管理法规原则

地名规划中的地名应有利于国家主权、领土完整和民族尊严，有利于民族团结和社会主义现代化建设;不用国家领导人的名字作地名;不以外国人名、外国地名、外国文字命名地名;同一座城市内的道路、居民区、高层建筑等名称不重名,并避免同音;不使用生僻字;标准地名由专名和通名组成,通名用字能够正确反映所指称的地理实体的类别和性质。

(四) 保持现有地名相对稳定原则

编制地名规划时,对现有地名一并进行统一规范。尽管有些现有地名缺乏内涵,但因约定俗成,群众使用多年,所以一般不作轻易改动,以保持现有地名的稳定性和延续性。根据《城市规划》的需要,因现有道路拓展、延伸、合并等情形,凡涉及现有名称必须调整者,原则是:规模方面,保大舍小;知名度方面,保高舍低;年代方面,保长舍短;品位方面,保雅舍俗。

(五) 继承与创新并举原则

继承,即对本规划区内有历史文化价值的老地名予以保留和就地传承,以照顾社会习惯和市民情结,并适当恢复已消失的老地名;新生地名取名时,承袭前人合理的命名方法,选择含有本地地理形态、社会特征和文化含量的词语作地名,以体现地名的连贯性、传承性。创新,则是在前人成功命名经验的基础上,冲破老框框,开拓新思路,使新生地名品位高雅、特色鲜明,更加贴近现代生活、更加富有时代气息,实现新老地名的和谐统一。只有辩证对待继承与创新,才能实现既保持地名的相对稳定,又体现地名的发展潮流;既能以人为本、服务公众,又能提升地名文化的品位档次。

(六) 专名优化、雅俗共赏原则

对地名规划中,各类地名专名的采词,多元化采集能够反映该地丰厚的文化底蕴和优美的景观胜迹等个性化的词汇,作为地名规划中的新生地名,并结合城市定位,突出板块特征,使所命名的地名独树一帜、不同凡响,营造出浓郁的具有当地特色的地名文化氛围,增加市民的地域文化认同感与美化意识。地名专名采词必须含义健康、言简意赅,一般以不超过四字为宜,且需注意词语的谐音与当地方言的发音,避免产生歧义。

(七) 通名规范、名实相符原则

对地名规划中各类地名通名的采词,根据不同类别和性质的地理实体,如道路、桥梁、广场、游览地、纪念地、高层建筑、居民住宅区、大型建筑群等,确定相应的地名通名,用词定性准确,与所命名的地理实体的性质、规模、景观相匹配,不夸大其词,以免盛名难副。对于道路通名,体现出层次化要求;对于居民区通名,不出现通名脱落和通名重叠现象,不使用含有歧义并容易引起误导的居民区通名。对未经地名管理部门批准,擅自使用不规范通名的地名,需有计划地逐步予以纠正、规范。

(八) 严格控制、规范管理有偿冠名

地名规划中,考虑到经济发展、招商引资对地名的需求,新区的道路、居民区、桥梁、

广场、高层建筑等地理实体名称,原则上可用企业、产品、商标进行有偿冠名命名,但应从严控制。凡有偿冠名使用的地名,前提是其名称必须符合地名命名管理的相关法规。有偿冠名所获得的经费,按照城镇地名管理暂行办法的规定执行,即"地名冠名权有偿使用所获得的经费是财政资金,应缴入同级财政专户,实行收支两条线管理"。

十一、地名规划实施应遵循的原则

(一)地名规划,自城镇人民政府批准之日起,即成为指导城镇建设的法律性文件,地名规划中,确定的城镇规划区范围内的一切新建、待建和改造项目中所涉及的地名,均应严格遵守本规划中的各项规定,不得随意变更。

(二)凡地名规划中涉及的大道、路、街、巷、居民区等地名,一俟城镇政府发文正式批复后,有关部门应按照《地名 标志》国家标准(GB 17733—2008),及时制作和设置相应的地名标志。

第二节 地名规划采词规定

一、地名规划区块划分及其采词

基于对规划区域整体形势的把握与比较,合理地规划区块划分,有利于形成区块地名的相对特征,强化区块地名的区别度。结合现势地名的状况,综合考虑城市规划功能定位等因素,从地名使用的社会性和实用性出发,将城镇所有规划区域划分出几个区块,按区块采词、进行规划。

各区块地名的规范与采词,以加强新旧地名的协调、提升各区块地名的特点为重点,尽量反映该城镇的历史文化、地理特征,开发功能,以提高地名的文化品位,消除不规范名称以及地名同名和地名的异地传承现象。

地名采词,应遵循城镇规划的主题要求,对某些功能相近、相同而又不能毗连的区域,则避免地名系列用词的雷同。

配合旧城改造,通过有计划的调整、优化,逐步淘汰各区块中存在的不符合城镇发展和时代要求的地名。

二、地名专名采词规定

(一)地名专名采词要求

新规划的地名专名与原有能体现各个区域特点的地名相协调,并通过逐步调整,将某些原有地名向该区域带规律性的特点靠拢,使各个区域范围内地名的群体特征更为明显,以达到有效理顺地名系统化的目的。

(二)专名采词基本原则

1. 标准化

地名标准化是地名管理的最高目标,即要求在地名命名、更名采词时,严格遵守并符合国家及省、市有关地名管理的政策、法规、文件中的有关规定。

2. 系列化

从规划范围的整体与全局提高地名的系列水平,是地名管理的重要使命,也是地名规划价值的重要体现。

3. 继承与创新相结合

一地区的地名在长期的历史演变进程中,形成了某些特定的采词思路或使用习惯,对其中合理的部分要加以继承和发扬;而对某些不合理的方面则予以摒弃,并根据需要,创造出符合本地实际的新生地名。

4. 提升文化内涵

提升地名文化内涵是时代的需要,是社会主义精神文明建设的要求。在命名采词时,注意反映当地的自然地理或人文地理特点,体现社会良好的道德品质和精神风貌。这里讲要反映当地的地理,或历史、文化特色,千万不可轻率地搬弄外地的无缘之物作语源、且集中以矩阵排列式进行命名,构成所谓的地名群,以免行人难记难找。如果一个片区内纵向路全以外地的名山,横向路全用外地的名水为语源命名,这类地名不仅反映不出当地的地理,或历史、文化特色,而且还会给行人和出租车司机带来极大的困扰,常让他们找不着要去的路,耽误了时间,影响了工作。外地的名山大川之名,若要用,也不可成群结队地使用,在一个乡镇或街道内,应严格控制在百分之二之内,且要分散使用。一次在给南京仙林大学城做地名规划时,给横贯于规划中的江苏省中医院仙林分院南北分院中间一条长 200 余米、宽 12 米的道路规划命名时,鉴于附近实无其他明显地形地物可借用,只好在未来医院的宗旨上动脑筋,因为所有医院的根本宗旨都是为了治病救人,愿人人长命百岁。一天我们突然想起北宋文学家苏轼的《水调歌头·明月几时有》诗词中"但愿人长久,千里共婵娟。"名句,遂取"人久"二字为此路专名,命名为"人久路"。可以想见到当患者来到此路上,见到此路名时宽慰之情定会即增。此名配此路,真可谓绝配了!

5. 力求指位准确

地名的指位性强是方便社会使用的基本要求,也是地名命名管理的基本出发点之一,因此强化地名准确的指位性和识别功能,是地名命名采词需要把握的一条基本原则。

6. 不夹标点符号和外国文字

所有地名的专名,无论字数长短,均不可夹带间隔号(·)、连接号(—)等标点符号,也不得夹杂任何外文字母。

(三) 政区专名采词

1. 政区地名的专名采词应该凸显该地深厚的历史底蕴和浓郁的地域特征,即在求新求变中,使该行政区域名称充满生机和活力。

2. 对撤县设区的,该区的名称可采用原县驻地镇的专名,或移驻新地的地名专名,作为新区的区名,使悠久历史文脉得以延续和传承。

(四) 道路专名采词

1. 力求实现系列化、层次化。

2. 体现文化内涵和地方特色。

3. 反映当地地理特征,提高指位功能。

(五) 桥梁专名采词

1. 强化指位性。跨河桥梁的桥名,若系该河上的唯一桥梁,宜使用所跨河流名称作桥梁专名;大型桥梁一般以所跨河两岸的地名命名;一般道路的桥梁,可用所连接的道路名或当地的地名命名,也可采用原址处的古桥名命名。

2. 强化桥梁命名采词的文化内涵,地理位置贴切,反映当地的历史及时代特点。

(六) 居民地、高层建筑专名采词

1. 要求专名用字和词义健康、规范,符合地名命名法规的有关规定,易被社会大众理解,利于社会长久使用。专名字数原则上应该不多于 4 个字。

2. 提倡以区块为单位,区块内所有需要命名的大型建筑物专名,都纳入同一名称系列之中,以强化方位感,加强指位性。建筑物专名区块的划分可以与总体地名系列区块相一致,也可以从实际出发另行单独划分。建筑物专名区块及专名系列(主题)化的划分,由分区规划予以具体确定。

3. 不以外国文字、汉语拼音字母(或其缩写)作专名,也不可以在汉字专名中夹杂外文或汉语拼音字母。禁止以外国地名或疑似外国语的语词作地名。

4. 一般不以人名作地名,但历史上的著名科学家、思想家、文学家、教育家等中性人物,可适当选用作为地名,报市人民政府批复。

5. 专名中含有"中国""中华""全国""国家""国际""世界"等语词时,必须出具相应等级和行业的认定文件。

(七) 隧道、地下通道专名采词

隧道、地下通道及公交站点的专名应与其地理位置相一致,避免使用含义模糊和指位不确切的专名。具体而言,应符合以下诸项要求之一:

1. 采用当地原有山体名称派生；
2. 采用所在的道路名称的专名命名；
3. 采用所连接的两端道路名称组合生成路名。

(八) 广场、绿地专名采词

可以从下述两种方式中选择：

1. 就近就地派生。就近、就地选用某一地理实体的名称进行派生，避免使用没有紧密地缘联系的名称进行移植，使广场、绿地名称能够准确地反映和强化原地名网络的位置和指位性；

2. 系列化采词。按广场、绿地所在地域范围内原有的地名语词系列采词，或按所有广场、绿地名称自成系列的思路采词。

(九) 河道专名采词

1. 新开的河道长度在1千米以上者，均应赋予专有名称。但属原有河道的新开延伸段，应用原河道名称延伸指称，不另外命名。

2. 新开的河道，一般采用当地的地名，较长的河道，可以从其起讫点地名中各取一字组合为专名；在某一区域内，可以某一个共同的主题采词，形成该区域水网名称系列。

三、地名通名采词规定

(一) 地名通名采词的基本原则

1. 通名用词必须定性准确、言简意赅、通俗易懂，能与对应的地理实体的类别、属性、位置、规模、景观相适应。

2. 对原有地名通名不合规范者，应变更相应的通名；不允许同一类别的通名与其他类别通名混用；同一类别的通名原则上不重叠使用。

3. 对于原有地名通名脱落或缺失者，原则上应补上相应的通名，使地名构成"专名＋通名"的标准形式。对于补上通名者，可待条件成熟时再予考虑实施。

4. 对于新建、待建的人文地理实体，需要另外选用新的通名时，必须通过充分论证，经市地名主管部门批准后方可使用。

5. 除主、副城区外，其他地域范围内现有不符合本《地名规划》通名规范者，在建设发展过程中，需有计划地逐步纠正、理顺。

(二) 道路通名采词

1. 道路通名的种类

(1)《地名规划》所指道路，包括地面、地下(含隧道、地下通道)和高架路等交通道路。

(2) 道路通名用词为：大道、大街、道、路、街、巷、高架路、隧道、地下通道等。

(3) 对于过长道路进行分段者,根据实际情况,可采用东路、中路、西路,大道北段、大道中段、大道南段,南大道、中大道、北大道等。

2. 道路通名择用的基本要求

(1) 主、副城区的道路通名,维持现行通名的使用习惯,不做大的调整更改。

(2) 新建区域的各等级道路通名,可不分道路走向,统一以"路"作为通名。

(3) 允许有控制地使用"大道"作为道路通名。

(4) 新区和老城区,都应遵守统一的道路通名等级划分规定。

3. 各级道路通名的使用条件

(1) 大道 指高规格的交通主干道,道路宽度达到50米及以上、长度在3千米以上。允许个别特殊地段道路宽度在50米以下者有限制地使用"大道"作为通名。

(2) 路(街) 道路路幅宽度在14~50米之间,其道路规格小于"大道"而大于"巷"。

(3) 巷 用于生活的便道。通常为路幅宽度在14米以下的道路,通称"巷"。"巷"仅限于老城区已有的路名,新开发地区不再采用。

(4) 大型居民区、单位内部如有需要命名的通道统一称"路"。

4. 地面道路分段原则及其名称

(1) 过长的主干道,可以根据实际需要选择合适的节点进行分段取名。

(2) 在统一的街路名称(包括专名和通名)之后,以方位词(东、西、南、北、中)区分不同段位。

5. 地面道路分段

(1) 大道的长度在3千米以上,新建或拟调整的"路(街)"长度在4千米以上,可以根据方便社会使用和门牌号码编制的需要进行分段。

(2) 走向相平行的道路分段,大体上采取统一的以相交道路、河流、铁路等为界。主、副城区内原已分段的道路,原则上维持现状不变。

6. 各分段名称的命名方法

(1) 必须保持各分段道路使用同一个专名和一致的通名。

(2) 各段之段位应选用方位词(东、西、南、北、中)表示。

(3) 表示段位的方位词,应置于专名之后,通名之前,如××东路。

7. 主、副城区内,由于已有道路情况比较复杂,对确实需要进行分段、调整者,应从实际出发,有步骤地逐条提出方案,不搞一刀切,以方便社会使用、顾及市民习惯。

(三) 居民区通名采词

1. 对于地名规划前的原有居民区通名,一般维持现状,不宜变动;对于因特殊情况非改不可者,在不影响业主利益的情况下作相应改动。

2. 对于新建居民区的通名,按不同情况大致分为六种类型:

(1) 花园、花苑 指多草地和人工景点的住宅区名称,绿地面积占整个用地面积 40% 左右,公共配套设施达标,可用"花园""花苑"作通名;

(2) 山庄 指依山而建,环境幽雅,总占地面积 1 万平方米以上的居住、休闲娱乐等用途的建筑物(群),不靠山的不准以山庄命名;

(3) 新村 指集中的相对独立的大型居住区,有相应的配套设施,其建筑面积在 10 万平方米以上的多层或高层住宅楼群区名称,可用"新村"作通名,县城镇住宅区的建筑面积由县地名管理部门规定;

(4) 城 指占地面积 15 万平方米以上的城市小区,有较完善的配套设施(如幼儿园、小学等);

(5) 园、苑、轩、邸、庭、村、寓、居、院、馆等居民区 指多层或高层的小区名称;

(6) 别墅 指居民区的建筑物不超过 3 层,建造标准较高,具有独立庭院,环境优美,占地面积 1 公顷以上且容积率不超过 0.5 的居民区。

3. 居民区的通名除上述规定之外,还可根据时代发展的需要和开发商的意愿,采用坊、堂、阁、庐、楼、人家、家园、家苑、庭院、公寓等能够反映人群聚集地的词汇,以体现时代精神和与时俱进的理念。

4. 允许根据不同地域居住区的环境、景观、设施水平和建筑档次等特点,在通名前增加一个修饰性的词语,以丰富通名的美好意境,如秀园、嘉园、锦园、雅园、馨居、名居、康居、美居、丽苑、佳苑、怡苑、精舍、美庐、美墅、翠庭、华庭、兰庭、芳庭、福邸、华府、新寓、新城等。

5. 通名应置于专名之后,不能倒置或夹于专名语词之中。

(四) 居民区通名设置的主要原则

1. 杜绝通名脱落现象 此指只有专名而无通名者,如"阳光山水""花开四季"等。

2. 杜绝通名错用现象 此指通名不能正确反映居民区的性质,如"景湖湾"等,这里的"湾"应理解为"湖湾",是自然地理实体的通名,而非居民区的通名。

3. 杜绝言过其实现象 此指通名夸大其词、盛名难副者,如"花园",达不到 40% 的绿地面积;称"城",达不到 15 万平方米占地面积等。

居民区通名在现实使用中已经存在上述三种情况者,要逐步调整到位,使其名实相副。

(五) 大型建筑(含高层建筑)通名采词

1. 大型建筑(含高层建筑)的界定

地名规划所称大型建筑,定义在 24 米或楼高 8 层以上的高层建筑,及其他大型、高层、突出的或有方位指示、定位作用的建筑群。8 层或 24 米以下的大型建筑,地名规划中一般不予规划名称。

(1) 大楼、大厦、商厦　指24米或8层以上(含8层)的综合性办公、商住住宅楼宇名称,可用"大楼""大厦""商厦"作通名。

(2) 广场、广厦　指占地面积在1万平方米以上或总建筑面积在10万平方米以上,有宽阔公共场地,并具有商业、办公、娱乐、居住、休闲等多功能的建筑物名称,整块露天公共场地(不包括停车场和消防通道)面积大于2000平方米,可用"广场"作通名,并在广场通名前须增加功能性的词语(如商务广场、贸易广场)。在"广场"内不能再命名"城"。不符合"广场"条件的亦可以"广厦"命名。

(3) 中心　指占地面积1.5万平方米以上,建筑面积10万平方米以上,某一功能最具规模的建筑物或建筑群名称,可用"中心"作通名。

(4) 城　占地面积在5万平方米以上,具有地名意义,规模量大的商场,专卖贸易,科技工业场所;占地面积在2万平方米以上,拥有三幢高层以上,具有地名意义的大型建筑群,符合上述条件之一的,可用"城"作通名。在"城"内不能再命名"广场"。

2. 大型建筑通名选用的主要原则

(1) 不允许重叠使用通名,如广场大厦,花园广场等。

(2) 杜绝名不符实,词不达意的通名,如"花园"无花,"广场"无场,叫"城"却不是城〔指"城",达不到前述城的占地面积指标者〕。现实中已经使用者,则要逐步调整,使其名至实归。

(3) 不以外语或外文字母作为楼盘的通名,以确保名称的民族性和实际地理含义的准确。

(六) 桥梁通名采词

1. 桥梁通名系统

桥梁的通名用词,称桥、大桥、立交桥、(人行过街)天桥等,应根据其规模,形态和功能正确选择使用。

2. 桥梁通名使用规定

(1) 桥　一般的跨河流的道路桥梁,通名用"桥"。

(2) 大桥　用于长度(包括引桥)在500米以上的桥梁。达不到这一长度标准者,不应使用"大桥"为通名。现桥名中不符合本规定所使用的"大桥"通名,应适时进行调整。

(3) 立交桥　互通式或非互通式的立体交叉桥的通名,均用"立交桥"。

(4) 天桥(人行过街)　跨于街路之上,专供行人通行的桥梁,其通名用"天桥"。

(5) 长江大桥　特指用于跨越长江江面上空的特大型桥梁。

（七）广场绿地，游览地通名采词

1. 广场绿地

根据实际情况，可采用广场、绿地、园、公园、游园等通名，主要用于开放式的公共游览场所。

2. 游览地

根据实际情况，可采用公园、风景区、风景名胜区等通名，主要用于封闭式的公共游览场所。

（八）河流通名采词

河流的通名　有江,河,沟等。

（九）湖泊通名采词

湖泊的通名　有湖,泊,塘,水库等。

第三节　地名规划方案

××行政区域类地名规划方案表

序号	原有名称	规划名称	规划名称理由与备注

××区块道路地名规划方案表之 A(东西横向道路),B(南北纵向道路)

序号	原有名称	规划名称	起讫地点	长、宽/米	来历含义与备注

桥隧地名规划方案表

序号	原有名称	规划名称	位置	长、宽/米	来历含义与备注

汽车站、火车站、轻轨站地名规划方案表

序号	原有名称	规划名称	位置	占地面积/平方米	来历含义与备注

港口、码头地名规划方案表

序号	原有名称	规划名称	位置	占地面积/平方米	来历含义与备注

××区块居民区地名规划方案表

序号	原有名称或暂定名	规划名称	位置	占地面积/平方米	来历含义与备注

大型建筑(含高层建筑)类地名规划方案表

序号	原有名称	规划名称	位置	楼层数	来历含义与备注

广场绿地地名规划方案表

序号	原有名称	规划名称	位置	占地面积/平方米	来历含义与备注

游览地地名规划方案表

序号	原有名称	规划名称	位置	占地面积/平方米	来历含义与备注

重点文物古迹、纪念地类地名规划方案表

序号	原有名称	规划名称	位置	时代	来历含义与备注

山地类地名规划方案表

序号	原有名称	规划名称	位置	范围/平方公里	主峰高/米	来历含义与备注

河流地名规划方案表

序号	原有名称	规划名称	位置	长/米、宽/米	来历含义与备注

湖泊、池塘、水库地名规划方案表

序号	原有名称	规划名称	位置	来历含义与备注

第四节　地名规划实施的主旨与措施

一、实施主旨

地名规划实施的主旨,是对地名进行有序管理和规范使用,推行地名标准化、规范化,不断提高和加强社会各界使用本《地名规划》中法定地名的意识,监督与制止各类新闻媒体以工程名称、临时名称、暂定名称等代替标准名称,监督与制止建设开发单位在楼盘广告中擅自使用未经审批的"楼盘案名"或"推销名称",以此推进城镇地名标准化、规范化的进程。

在《地名规划》颁布后,《地名规划》应作为各部门,尤其是有关规划编制、城市建设部门的指导性资料依据,各部门均应采用批准后的各类规划名称,以确保规划的各类地名得到有效落实。

二、实施措施

《地名规划》颁布后,要逐步建立和完善贯彻落实本规划的工作机制、管理体制和规章制度。

(一)实施《地名规划》要巩固和加强"政府主管、民政牵头、部门协作、社会参与"的地名工作机制,严格执行《地名规划》的相关规定,按照《地名规划》中确定的名称进行公开使用,其他各社会组织和单位不得随意命名、更名地名。

(二)实施《地名规划》要建立完善的地名管理体制,任何新生的人文和自然地理实体名称的命名、更名必须按照法定程序,由地名管理部门进行审查、核准,最终报请市县人民政府行文批复,未经审批的地名均视为无效的非法地名。

(三)实施《地名规划》,要健全和充实地名管理机构,增配一定数量的地名管理工作人员,保证各项地名管理和地名服务工作能够健康持续地开展,并保持相对稳定,特别是业务上有经验、有专长的人员不应轻易地调离原工作岗位。

(四)实施《地名规划》,要有一定的经费作保障。地名规划是地名公共服务工程四个专项事务之一,与地名规范、地名标志和数字地名等专项事务密不可分。地方财政要积极支持地名规划的实施,根据实际需要,合理安排一定的资金。

(五)实施《地名规划》,民政部门要主动与各新闻媒体加强联系,在报纸、网站等媒体全文刊登《地名规划》,广泛宣传《地名规划》的意义、作用和内容,扩大地名规划的透明度和市民的知情权,提高全社会遵守《地名规划》的大局意识,并依法加强指导和监督。

第五节　城镇门牌号码编制

一、城镇门牌号码所依附城市原点的设定

城市原点，依据对"原"字本义和引申义的分析，"城市原点"应该是一座城市的城镇建设最初开始的地方，即一座城市的发祥之地、肇端之点。依据人类社会发展规律，几乎所有城市由小到大的自然发展轨迹，均呈现像摊大饼似的由肇端向四周日渐扩张的趋势，因此，每个城市的原点就应当在它的中心或重心的位置上。同时，作为一个特定的空间，在任何一个城市里，"原点"的资格也必然是最老的，因而也是最具代表性、最令人寻古探访的圣地。鉴于此，应该以是否为该城市的城建发源地，作为选定城市原点点位的硬指标，其余的如政治、历史、文化、交通、人文、知名度、重要地位等皆为软指标。软指标多一点少一点，均无大碍，但硬指标是不容含糊的，是必须满足的条件。根据城市原点定点的硬指标，世界上最典型的城市原点，如法国首都巴黎的城市原点，就选定在位于塞纳河中的斯德岛上，巴黎这座城市最初的居民点——巴黎西部一渔村，即今巴黎圣母院坐落之地，现今正处于巴黎城市的中心处，城市原点就定在巴黎圣母院正门前20米左右处的广场地面上，镶嵌一块带有巴黎城徽图案的圆形铜板，环绕这标志的四块大青石上刻着"法国道路起点"字样，成为法国所有经过首都巴黎公路的理论起点。同时，亦成为巴黎全城所有路、街、巷门牌号码起始点[即通向东、西、南、北等各个方向的大街小巷门牌号码首号(1、2号)]点位所在的方位上。俄罗斯莫斯科城市原点选定在红场，我国北京城市原点选在天安门广场，南京城市原点选在新街口，广州城市原点选在人民公园南广场，等等。

二、城镇门牌属性

城镇门牌号码是城镇里数量最多、分布最密的地名，是地名家族中的重要一员。

城镇门牌号码是人口居住和企事业单位高度集中的产物，指代的是城镇里各种点状地物——企事业单位和居民住宅的具体空间。门牌号码依附于线状地物——街巷，是街巷名称的一种延伸，是以街巷地名为首层名称，序数为次层名称，融文字、数字为一体的点状地名。与街巷地名一起构成多层次，呈树型结构分布的一条条、一枝枝线状地名群，遍布于城镇的各个角落。

鉴于数字具有彼此截然不同的特点，采用数字形式的门牌号码彼此区分十分明显，而且又具有序列性，每一个序列的容量一般不受限制，因而便于设置，最易读、易写、易记、易找，最容易实现标准化和规范化。

三、城镇门牌种类

城镇门牌号码,按其与街巷的相关位置和自身的隶属关系,可分为街巷门牌号、楼(或房)幢牌号、楼幢单元门牌号和户牌号四种。

街巷门牌号　系分布在街巷两侧建筑物的地面这一层临街主门为编号的基本单元的门牌号。

楼幢牌号　系分布在街巷两侧的居民住宅区(院)或企事业单位院内不临街,或虽临街但未向街面开门的一幢幢住宅楼、办公楼的号码。

楼幢单元门牌号　系指每幢楼所设楼梯门口的编号。

户牌号(含室牌号)　系一般指居民住户的门牌编号。

四、城镇门牌作用

城镇门牌号码,犹如入城人的眼、本城人的脸。如果没有门牌号码,入城人很可能寸步难行。

城镇门牌是城镇管理系统不可缺少的重要部分,有着多种用途和较高的使用频率。在户籍(广义)、房产和工商注册登记,火情与案情的报警和出勤,水、电、气供给,工商广告,商务和文化来往,邮电通信,探亲访友等方面均不可须臾离开城镇门牌。因此,城镇门牌的科学编制与管理,是建设现代文明城镇的一项重要举措。

五、城镇门牌编制原则

(一) 以"用户至上"为宗旨

城镇门牌的编制是一项系统工程,必将涉及社会的方方面面,会遇到各种各样的难题,尤其是对老城镇,涉及的问题可能会更多,甚至有可能会出现一些牵一发动全身的问题,从而加大了工作难度。面对这种状况,正确的选择是迎难而上。城镇门牌编制的根本目的是便于城镇管理,便于邮电通信,便于社会各界人士的社会交往活动。因此,在处理编制或整顿城镇门牌所遇到的问题时,首先应该着眼于未来城镇现代化管理的需要,考虑如何方便社会各界对门牌使用的要求,迎难而上,以"用户至上"作为指导编制或整顿门牌工作的一项基本原则,采取果断措施,以求彻底解决问题。

(二) 以城镇规划为依据

编制城镇门牌,实际是城镇地名管理命名更名工作的一部分,是一项从事微地名的命名更名工作。城镇地名管理的显著特点就是与城镇建设发展规划同步,超前完成。编制城镇门牌既是城镇详细规划的一部分,又是城镇详细规划的延续;城镇门牌号码的编制,要以城镇建设发展总体规划和详细规划为依据,进行统一规划。首先对规划中将要出现的新街巷进行规划命名，然后针对各条规划新建或改建街巷的长短、功能性质、建筑物规模，依照给定的每一门牌号码指代空间的平均长度，设计各街巷需要配置门牌的总量和各门牌所置的基本位置，一旦开工建设，即可对号入座，适时地给予相应的门牌号。城镇门牌的编制只有与城镇总体规划接轨，才能做到符合实际和发展趋势，才会得到全面实施，实现同步性和超前性，增强应变性，保持稳定性，避免无序的混乱。

（三）规范街巷通名用字

街巷是线状地物，由依附于街巷的门牌号码构成的地名群亦呈线状分布，这一特点给人的印象之深，以致形成了固定的概念，并成为区别于点状分布的居民区楼幢和户号的标志。因此，在编制街巷门牌号码时，首先必须按照城镇街巷地名的通名系列，对一些无街巷通名的街巷地名做规范化处理，在借注的自然或人文地理实体名称后面一律缀上相应的街、巷、弄、里等通名，清除街巷地名通名部分的岗、山、河、村、园等用字，清除概念上的混乱，以突出街巷为线状地物、街巷门牌为线状地名群中一员的特点，便于人们交往使用。

（四）保持单向延伸，杜绝中途隐身露尾

街巷门牌号码必须按照向某一方向延伸的顺序编制，保持完整的顺序性，使之有序可循，这是街巷门牌的一个基本特征，是城镇地名序列化的重要体现，同时也是便于人们能够迅速寻人觅址、便于城镇行政管理所采取的重要方式；若是双向延伸，必然使人莫衷一是，无所适从。因此，在编制街巷门牌时应该选择街巷今后无法再延伸的一端为起点，置予首号（单号1，双号2），实行封闭；向着可以延伸的方向开放，按照顺序进行编号，当街巷还未至无法延伸处时所编的尾号仅为暂时的，随着街巷的日渐延伸，门牌号码不断增加，直至无法再延伸处才置予终号。鉴于城镇一般总是由其中心部位向外围逐渐扩展的发展规律，城镇各条街巷门牌的首号都应该置于城镇中心点或离城镇中心点最近的一端，使全城所有大街小巷的门牌号码均呈由城镇中心向四面八方辐射、增大。这样，人们便可以从街巷门牌号数大小变化的规律中，略知所寻地址的方位，决定自己行动的方向，以致顺利地寻找到所要寻找的门牌号。因此，在着手编制街巷门牌号码之前，首先要研究确定城镇的中心点位，一般都以城镇的"城市原点"（确定的硬指标是：该城镇的城建发源地；软指标是：在该城镇的政治、历史、文化、交通、人文、知名度等方面均占据重要地位之处）作为这一中心点位，如法国巴黎城市原点在圣母院、俄罗斯莫斯科城市原点在红场、北京的城市原点在天安门广场、南京的城市原点在新街口广场。

街与巷，同属于线状地物，交织若网，构成城镇架构的主体，但是它们之间存在着主次之别、层次之差、走向之异、空间之错，实属不同的地理实体，犹如经与纬，既不可替代，亦互不介入，各成体系。以街或巷地名为首层名称的街巷门牌号码指代的地理实体所占据的空间位置自然属于相应的街或巷地名指代的线状地理实体空间的一部分,这样人们就可以依照相应的街或巷方便地循号寻址,若街的门牌号码中途偏离街的走向,拐进街旁的巷道内,隐身一段后又回到街面上来,此段的门牌号码指代的实际上已经不是附属于街面上的而是附属于巷内的几个空间;同样,巷的门牌号码若隐身进了里弄,亦会出现类似的情况,这就必然会出人意料地产生一种中途缺号的假象,以及到了街巷头处仍然不见此街上所要寻找的那个门牌,每每叫人怀疑自己是否走错了路,因而使人无法依街循号寻址。同样,那种使本应置于街或巷末端的尾号,置于街或巷中段某处的露尾做法也会叫人摸不着头脑,无法及时寻址。因此,在编制街巷门牌号码时,确保门牌号码的递增延伸方向一刻也不偏离相应街巷的全程走向,杜绝中途隐身露尾乱象,十分重要。

(五) 树立"超前意识",预留门牌空号

鉴于社会交往对门牌号码稳定性的要求,和城镇开放型发展的客观规律,任何时候设置门牌号码都必须着眼于城镇的未来,体现"超前意识",特别是在实行市场经济体制,建设国际化都市的大潮中,城镇的各条街巷都竞相破墙开门设店,发展第三产业,发挥城镇物资和信息交换中心的特殊功能。因此,应该以超前意识,不失时机地将全城街、巷两级以上的道路都按照商业功能区的特点来规划和设置门牌号码。首先按照商业用房的一般要求,确定每一街巷门牌号码指代实体的空间在街巷边占据的平均长度,依此设计各条街巷全程的门牌号码总量,以及各地段应该预留的门牌空号。

至于编制街巷门牌号码预留空号的具体做法,有"全国一盘棋"和"因地制宜"两种,前者即全国不分大中小城镇,均用同一尺度确定每一门牌号码所指代的实体在街边占地的长度,并严格按此尺度进行编制,凡超过此长度而无主门者,均给以预留空号。若一个单位院墙或建筑物占据数个门牌号码标记的空间,则启用正门所位于的那个门牌号码,其余皆作空号预留。这种做法将有利于人们无论走到哪里,都可以依据所寻地点的街巷门牌号码计算路程,方便交往;而且全国统一,既便于应用,又便于实现现代化管理,给人们带来的方便将是不可估量的。依据南京街巷门牌号码的现状,综合多种因素,考虑以 9 米作为所编每一门牌号码指代的实体占街边的长度较为适宜。"因地制宜"的做法,则是依据大中小城镇的规模,将每一门牌号码指代的实体空间在街边占据的长度划分成若干等级,不同规模的城镇取其相应等级的长度来设置街巷门牌,对已建成或无改造计划的街巷,在门户较稀或建筑空地的地段,留出相应的门牌空号,对已具现代国际水准的高楼大厦或高楼大厦鳞次栉比地段,按其已开主门设号,不留或少留空号。根据有关统计和未来城镇发展力求活动空间宽敞舒适等新要求,取 30、25、20、15、10、8、6、5 米等分别作为大中小城镇和农村集镇或某种新区的街巷门牌号码指代的实体空间占据街(路)边的长度较为适宜。各城镇编制街巷门牌号码时究竟取什么样的尺度进行编号和预留空号,视各城镇的具体情况而定;即使在一个城镇内也不宜只取一种尺度,可以视街巷所在各街区的功能差异,取不同尺度,一般对深居居民区的小街窄巷宜取小尺度,而对一些大街道,商贸金融大厦鳞次栉比的重要繁华商业区,或多为企事业单位大院所在的街区,则可以取大尺度,不过在一个城镇内所取的尺度等级也不宜过多,一般以2至3个等级为宜。在一个城镇内编制门牌号码若采取"一刀切"的做法,全城只用一个尺度,则会造成有些街巷上的门牌号码数量太多,号码太大,不便读与记;有些街巷里的缺号又太多,不便寻号。或者有些街巷上的门牌号码数量太少,不够用,从而产生许多支号。

处理预留和不预留空号的这两种做法,各有利弊。预留空号,不免会造成暂时的缺号现象;不预留空号,则会催生门牌号码序列中间露尾现象,扰乱了门牌号码最重要的特性——顺序性。权衡利弊,还是以前者为最佳。这在新城镇实施起来较为方便,而在老城镇则难度较大一些。

(六)街巷分段,适当控制门牌号数

街巷门牌号码的设置,如何便于记忆和寻找,至关重要。根据人们记忆数字难易程度的分析,一般以不超过3位数为佳,在3位数以内的数字,既易记,又易上口,交流方便。从寻址便捷程度考虑,号码大,则距离长,易使寻户人处于步行不便,乘车不达的两难境地。因此,对过长的街巷要适当予以分段命名和编制门牌号码。街巷分段宜取自然分段法,即不强求以城镇内的行政区域的界线为界,而应该优先考虑广场、桥梁、街巷交叉口等明显标志物,以它们为节点,自然分段,其规律易为众人所掌握,便于交往使用。同样,街巷的分段命名也要充分体现街巷的整体性特征,使各段的名称之间保持着关联性,构成线状地名群的主体,以方便人们寻路觅址。一般宜采用南、北、中或东、西、中等方位词修饰通名或专名,以区分各段的街巷。

(七)街巷门牌按阴阳侧面分单双号

街巷两侧的门牌号码区分单号系列与双号系列,实属由来已久了。除少数卫星城镇外,都普遍采取此种既便民又便管的做法。但是街巷的哪一侧编制单号,哪一侧编制双号,不仅各个城镇不一,有的即使在同一个城镇内也不统一。这种无规律的设置必将会给科学管理和使用带来诸多不便。我国自古以来就有以阴阳位置关系命名地名的原则。街巷犹如河流,街上飞驰的车辆像河中航行的舟楫,我国地处北半球,朝阳总是由东南方向升起普照祖国大地,此时,无论处于何种角度走向的街巷偏北和偏西两侧总为向阳面,偏南和偏东两侧均为背阴面,因而街巷的南侧和东侧、北侧和西侧就好比是河流的阴岸和阳岸。在数理上,将单数和双数分别定为奇数和偶数,并习惯以此分别代表阳性和阴性。因此,在编制街巷门牌号码时,统一采取将街巷上午朝阳的北侧和西侧编为单号,背阴的东侧和南侧编为双号的做法,不仅符合我国地名取义位置关系的命名原则,而且又便于人们掌握和地名的管理。我国北京城区大街小巷的门牌号码,上午朝阳的一侧统一编为单数号,背阴的一侧编为双数号;而南京城区街巷门牌号码的编制则没有规律,给人们寻址增加了很大难度。

(八)门牌与街巷名一致

鉴于街巷门牌号码是街巷地名的一种延伸,所有街巷门牌都必须以它所依附的那条街巷地名为其首层名称,不可以有张冠李戴等任何形式的串名现象,门牌的首层名称与所在的街巷名称必须保持绝对一致,只有这样,才能保证街巷门牌号码指位功能的唯一性得到正常发挥,起到成为人们交往工具的作用。

(九)不设重号,少设支号

鉴于地名指位和传递信息的特殊功能,作为地名家族中的一员的城镇门牌,在一定范围内,如在一条街巷、一个院落、一个楼幢、一个单元门内,均不设相应层次的重号,当出现某一门牌号码覆盖度不够,又无法另置号码时,则辅设支号,以此提高城镇门牌指代与传输信息的准确性。为了方便使用,要尽量控制支号的数量,在一条街巷内,支号不宜多设,而且设支号的门户必须与其主号门户紧紧相邻,不能出现置于他巷的"飞号"现象。

(十)保持街巷门牌号码序号的完整性和连贯性

编制城镇街巷门牌号码,使用的是自然序数,即按照数字依序自然增大的规律进行编号。这既符合事物数量特征由小变大渐进的自然规律,又符合人们对有序排列事物认知的习惯。倘若为迎合某些人士的迷信心理或不健康的心态,从门牌号码的序列中人为地剔除1、4、13、14、25等一类号码,而只乐意用8、18、28、38、48、58、68、88……这类数字来编制门牌号码,这种做法既不科学,又影响人们在社会交往中依号寻户的方便,在编制门牌号码过程中应该杜绝这类特意选号现象的发生。

(十一)细化街巷层次,实现点、线、面结合

街巷犹如城镇这个肌体的骨架或脉络。一个城镇的街巷地名,若层次分明、命名充分、管理井井有条,则这个城镇地名在服务于社会方面必将是高效能的。倘若一个城镇街巷仅分街与巷两级,则必然会使城镇道路的层次拉不开,隶属关系不清楚,致使一些小的道路不是干脆不命名,就是以自然地理实体或其他点状人文地理实体名称代替,体现不出道路的线状特征,亦会使很多点状人文地物的门牌与线状地物街巷地名脱节,造成无规律可循的混乱局面。为了使城镇的门牌全部能够与街巷地名相连接,构成脉络分明,达到纲举目张的效果,运用道路宽窄主指标和连接关系辅指标,将街巷分成四级:街(路、道)→巷→弄→里(胡同);按照宽窄划分,宽的道路为街级、次之为巷级、再次为弄级,最小或末端封闭的为里级;按照连接关系,街级道路间的大通道为巷、巷间的通道为弄,弄间的通道为里,但是直接分布于街或巷两侧的小通道,按照其宽窄可以名弄或

里。据此,对非围墙内的所有大街小巷,层层命名,以形成密布于城镇各个角落的街巷地名系统,进而促使所有不临大街小巷(包括散列和围墙内居民区、企事业单位)的门牌均能够同某一级的街巷地名相连接,都能够成为街巷地名这根门牌串绳上的一颗宝珠,以线将点上和面上的门牌有机地连接起来,构成一个树形城镇门牌地名系统。

六、城镇门牌编制要点

(一)首先要正确确定城镇每一条街巷门牌首号位置。众观世界各地大小城镇的发展史,不难发现,都是由某一点向四面八方逐步发展壮大起来的。因此,在编制门牌号码时,均应该以该城镇中心地带某两条重要道路的交点为该城镇路网及门牌号码系统的原点(即前文中所述"城市原点"),城镇内所有道路的门牌号码起点(单号1、双号2)都应该置于该道路离"城市原点"直线距离最近的一端。

(二)当一个建筑物两面临街巷,而且均有开门,则分别给予各街巷相应的街巷门牌号;或将面临较次一级街巷的偏门置于主街巷门牌号的支号,如南京长江路交中山路、其西口南侧端点处的门牌号编为中山路98-1,亦可编为长江路2号。

(三)当一个企事业单位院落一面临街巷,而且开有数个门,则正门按其所处门牌的号位编予街巷门牌的相应主号,其他的门暂不编为该主号的支号,启用空号,待以后独立开门时再编号。若四面均临街巷,同样各街面上的正门编予相应的主号,偏门编支号,不启用空号,无门的一面,则按照规定预留空号。

(四)位于街面上的居民区院落,则参照上述位于街面上企事业单位院落的处理方式进行处理。

(五)位于街面上的居民楼和办公楼,所有面临街巷的独立开门,均随其街巷挨序编予街巷门牌号。

(六)深居街巷后面的房屋,包括民宅(含山墙位于街面上的住宅楼)、厂房、办公楼、学校等团体单位的院落,均作为一个院落,并按照它们对外通道位于某街巷上的出口,依序编以相应的街巷门牌号。

(七)面临街心广场的门牌,当围绕该广场的环形路仅外侧有商业、民宅或企事业单位用房时,则将此环形路作为通过该广场主要道路的一部分,其门牌纳入主要道路门牌系列,依序统一编号;若此环形路的内侧亦有上述的用房,从而构成一段独立的道路,则将此段环形路按照一条独立的街巷来处理,自行命名和编制门牌号,自成一条街巷地名群;此时,主要道路则以此广场为节点进行分段命名;广场环形路的门牌号从主要道路入口处编起,其外侧编以单号,内侧编以双号。

(八)位于河、湖、海边的马路,当临水这一边无房屋建筑时,则这一侧全程预留空号,另一侧的门牌号码仍然仅按单号或双号进行编号;若在其他情况下,街巷仅一侧建有房屋时,亦照此处理。

(九)位于街面上的商业楼,按照独立店堂的主门所处的门牌号位编以相应的街巷门牌主号,如南京山西路百货大楼,在中山北路西侧,计开6个门,但是作为独立店堂主门的只有2个,分别为商场和工商银行的正门,编制街巷门牌时,只按照独立店堂主门编2个街巷门牌号码,其余的均不予编号。若该楼仅下面几层是商店营业用房,上面几层却为居民住宅楼或写字楼,则上下的楼梯门口位于街面上的,就编以街巷门牌主号;上下楼梯口倘若不在街面上,则按"深居街巷后面的房屋"的情况处理。

(十)一个已专门命名,四面临街巷而没有围墙的较大或大型居民区,其门牌号码的编制采取"化面为点"的做法,从使各幢房子均能与街巷连接入手。实施时,首先将居民区的名称易类为区片名,作宏观指位用;对居民区外围临街巷的楼幢按上述位于街面上的居民楼和办公楼的处理方式编制门牌号;对居民区内部的楼幢,则先将纵横交错的某些通道按层次命以街巷名,然后依命名的通道将居民区划分成若干沿通道两侧分布的条块或点,使每一条块或点均依附于有名称的通道,以同样的方式编其门牌号,若居民区内楼幢较密,不能做到每幢楼均能与通道相邻,则设法做到通道两侧的楼幢进深不超过2至3排房子,以便于人们寻找楼幢,再按通道编制各楼(房)幢牌号,由此编制出楼幢单元(门)牌号与户牌号。

(十一)位于两条街巷交叉口一侧的商店或企事业单位,若该单位将其门开在两路交叉处的正中央,即其门面对着这两条路,对于此种情况,则以其中较大的那条街巷编该单位的门牌号码。

第九章 地名管理

　　地名管理,是以地名为对象,以国家及各级地方政府制定的各项有关法规为依据,以行政管理为手段,以实现地名标准化和标准地名社会化,适应经济社会发展需要,服务于人民群众日常生活和国家现代化建设为宗旨的一项社会管理系统工程。对地名进行系统的管理,可以使其在全方位服务于人类社会的过程中有效地发挥作用。因此,地名管理应当坚持和加强党的领导。县级以上行政区域的命名、更名,以及地名的命名、更名、使用涉及国家领土主权、安全、外交、国防等重大事项的,应当按照有关规定报党政机关。地名管理应当有利于维护国家主权和民族团结;有利于弘扬社会主义核心价值观,有利于推进国家治理体系和治理能力现代化,有利于传承发扬中华优秀文化。地名应当保持相对稳定,未经批准,任何单位和个人不得擅自决定对地名进行命名、更名。

第一节 地名管理概述

一、地名管理性质

　　随着科学发展观的逐步确立,地名工作服务社会、服务百姓、关系人民群众切身利益的公共事业性质将日益凸显。

　　(一)地名管理属国家行政管理范畴

　　地名管理,就其工作性质,属政务管理,是国家行政管理的一个组成部分。从社会地位和效力来看,在整个地名中最重要的部分乃是政区地名及其中心城镇的地名。这些地名都是由政府的行政建制所决定的,管理机制健全的政府不但要合理地确定行政建制,使行政区域名称系列化、明确化,而且还应该及时地废弃旧地名,认定新地名,对现行地名的混乱现象进行必要的清理和规范,使地名标准化,因而地名管理是属于行政管理的范畴。我国各级地名管理机构已基本上纳入各级政府机关的序列,成为同级政府行政序列中的一个职能部门,是一个行政机关。行政管理是指国家行政机关依据宪法、法律和各种行政法规,通过运用组织、领导、计划、协调、监督、财物等行政手段,对国家事务实行广泛的、直接的、具体的、有效的管理活动。国务院颁发的《地名管理条例》和省、市、县各级地方政府发布的地名管理法规,都赋予了各级地名管理机构必要的行政管理职权,肯定了各级地名管理机构是同级政府管理地名的职能部门。地名管理机构在实施地名管理时,与政府的其他部门一样,同样要使用各种行政管理的手段,例如,要通过组织、指导的手段,来推动地名管理工作的开展;通过拟发、执行地名标准化的各种规范性的文件,来约束社会各个方面都按照统一要求使用地名;通过检查、监督手段,及时发现社会上使用地名存在的问题,提出纠正措施加以解决;通过综合、协调手段,统一各有关部门的思想、行为,以便通力合作,加强地名管理。

(二)地名管理是行政行为

行政行为,是国家行政机关依法行使其行政权,履行职责,实施国家行政管理,从而发生行政法律关系上的法律效力和后果的行为(即带有强制性的,后果具有法律地位的行为)。国家各项行政管理活动都是一种行政行为,地名管理亦是如此。地名管理机构依据地名法规,受权审定地名命名更名方案,受权定期向社会公布标准地名,受权拟定有关地名读、写的具体规则,受权检查并追究有关部门或个人使用地名中存在的问题等等。地名管理机构通过行使这些行政职能,实施地名管理活动,从而在社会上产生推行地名标准化的法律效力和后果。如果不依靠行政职能,则对地名是无法实施管理的,即使去管了,也是很难收到效果的。所以,在地名管理中,必须牢牢地掌握依法管理这一要领。地名管理工作人员的一言一行都必须有法律依据,不可以有"我认为""我想"等个人想法的用语。

地名管理工作属于政府的事务,历来受到政府的重视。秦始皇统一中国后,亲自为设置的36个郡命名。中华人民共和国成立后,周恩来总理曾多次签发国务院关于地名管理工作的文件。例如,1951年5月16日政务院发布了《关于处理带有歧视或侮辱少数民族性质的称谓、地名、碑碣、匾联的指示》。同年12月,政务院又发布《关于更改地名的指示》。1952年政务院发布《关于处理行政区划变更事项的规定》。1964年内务部根据周总理的指示,函请各省、市、自治区对邻邦含有大国沙文主义,不友好的,带有民族歧视性质,以敌伪人员命名的,用字生僻难认难写的,用外国文字或外国人名命名的县(市)以上地名和对外有关的重要山河名称,进行全面审查,并提出更改意见。1965年国务院发布了"关于更改山脉、河流、湖泊、海湾、海峡、岛屿等名称报批权限的通知"。这些文件、指示、通知,实质上是地名管理工作的有关法规,明确了地名命名更名的基本原则及审批权限,清理了重要地名存在的问题,促进了我国地名的标准化,增进了民族团结,改善了国际关系,减少了地名的混乱状况。1978年国务院批转了《关于改用汉语拼音方案作为我国人名、地名罗马字母拼写法的统一规范的报告》,1979年发布了305号文件《关于地名命名、更名的暂行规定》,1986年颁布了《地名管理条例》,1996年民政部依据该条例制定了实施细则,对地名命名、更名的原则和审批程序,少数民族语地名和外国地名的译写,中国地名的罗马字母拼写,地名标志的设置和管理等都做了规定,地名管理步入了法制化、规范化的轨道。从而使地名管理工作走上了法制管理的新阶段,纳入各级政府的议事日程,使地名标准化成为社会工作的一项重要内容。1977年7月,国务院正式批转了国家测绘总局等部门《关于成立中国地名委员会的请示》,批准成立中国地名委员会,作为在国务院领导下的管理全国地名的机构。

（三）地名管理的长期性

鉴于社会在前进、事物在发展的客观规律,人类社会总是处于老的问题尚未全部解决、新的问题却又不断出现的兴奋状态,就拿地名的命名更名工作来说,它是永无穷期的,管理工作若一时跟不上,则必然产生新的混乱。因此,地名管理不是一朝一夕的任务,也不是短期行为,而是一项长久不懈的工作。事实上,地名的管理在现代文明的历史长河中非旦不应有间断的时刻,而且应该贯穿于社会发展的始终;对每条具体地名的管理,将从产生之日延续到无穷的未来。每一位从事地名管理工作的同志均应该站到这个高度上来看待自己所从事的事业,规范自己所做的每一件事情,着力做实做好。

二、地名管理的任务

地名管理的根本任务是推行和实现地名标准化,以实现全球地名标准化为奋斗目标。至于实现地名标准化的现实意义,在"地名标准化"一章已经做过介绍,不再赘述。要实现地名标准化,需要做的工作很多,但是从地名管理角度,关键是要切实做好地名的命名更名的管理工作和标准地名社会化的推广应用与监督检查、纠错整改工作,这是地名管理工作的中心环节和首要任务。

三、地名管理内容

地名管理的根本任务是推行地名标准化,地名管理的内容则必然要从实现这一根本任务出发,进行规划。根据国家和地方各级政府发布的地名管理法规的有关规定,以及地名管理工作的实践,地名管理的内容可以概括为九个方面:

（一）贯彻国家关于地名工作的方针、政策、法规,制定本地区地名管理细则,并组织实施;

（二）承办政府交办的地名命名更名工作;

（三）推行地名书写、译写规范化;

（四）监督标准地名的使用;

（五）组织与检查地名标志的设置和更新;

（六）调查、搜集、整理地名资料;

（七）管理地名档案、负责监督地名的保密工作;

（八）组织开展地名学的研究和地名咨询的管理;

（九）保护地名文化遗产。

四、地名管理范围

地名管理的范围,国务院发布的《地名管理条例》对此做了高度概括,其所称的地名包括自然地理实体名称,行政区域名称,居民地名称,各专业部门的台、站、港、场等名称,在省级政府颁布的地名管理规定中,对此因地制宜地做了具体化,例如:

(一)自然地理实体名称,包括山、河、川、海、渠、湖、海、峡、泉、池、塘、岛、礁、沙、平原、草原、高原、滩、戈壁、沙漠、地域等名称;

(二)行政区域名称,包括省(自治区、直辖市、特别行政区)、市(地、盟、州)、县(旗、市、区)、乡(镇、街道、区),以及基层组织行政村(社区)等名称;

(三)居民地名称,包括自然镇、自然村、片村、临时性居民点和城镇街巷、居民区、区片、门牌号码等名称;

(四)各专业部门的台、站、港、场、人工建筑物、高层建筑、大型建筑群、企事业单位,以及名胜古迹、纪念地、国家公园、自然保护区、风景名胜区、风景区、景区、景点等名称;

(五)城镇路、街、巷、门牌号码。

在2022年3月修订的《地名管理条例》里所称地名包括:1.自然地理实体名称;2.行政区划名称;3.村民委员会、居民委员会所在地名称;4.城市公园、自然保护地名称;5.街路巷名称;6.具有重要地理方位意义的住宅区、楼宇名称;7.具有重要地理方位意义的交通运输、水利、电力、通信、气象等设施名称;8.具有重要地理方位意义的其他地理实体名称。

各县(市)政府制定的地名管理细则中,对某些方面又进一步再具体化,例如在人工建筑物中包括桥梁、闸坝、水库、运河、铁路、公路、航线等名称。

地名管理的对象是地名,因此,地名管理的范围自然是上述各类的全部地名。对于新出现的地名,应该及时组织调查,把所有的地名都管理起来。

五、地名管理方式

对地名的管理,不是从上到下,而是全部都由中国地名委员会或省地名委员会的办事机构直接管理的,从《地名管理条例》所规定的地名命名更名审批权限来看,实行的是分级管理、条块结合的办法。地名管理的方式大体分为直接管理和协同管理两种。

(一)直接管理

系指由各级政府的地名管理机构负责对某类地名进行的全权管理。例如,自然地理实体名称、居民地名称、街、巷、门牌号码、人工建筑、企事业单位、名胜古迹、纪念地、风景区、自然保护区等地名,都是由各级地名管理机构实行全权管理的。

（二）协同管理

系指行政区划主管部门和铁道部等其他部门协助地名管理机构负责对他们专业部门所用的地名直接实施的一种管理。各级地名管理机构对这类地名只进行监督和协商管理。例如，各级行政区域名称、交通和水利等的名称，地名管理机构对它们要实行监督，并会同民政部门、交通部门、水利部门进行协商，以共同采取措施，实施管理。其中，行政区域名称的变化最大，使用频率较高，最容易出现混乱，应该着力会同民政部门管理好。对于各专业部门使用的台、站、港、场等名称，地名管理机构按照地名管理的有关规定给予业务指导，至于具体管理，则按照隶属关系，由其专业主管部门直接实施管理。

各级地名管理机构都有本级的职责权限和管理范畴。对于县级地名管理机构，该县辖区范围内的各类全部地名都属于其职权管理范围，即要管理辖境内的所有地名；县以上各级地名管理机构就不管理相应辖区的全部地名，而只管理该辖区内跨越下一级行政界线的某些地理实体名称和按照《规定》管理该辖区内其他少数重要地名。例如，省级地名管理机构就要管理跨越两个地级市的河流、山脉名称，市、县名称，国家和省级保护的风景名胜地名。直管和协管的各级地名管理机构应该根据这个分级和条块结合的管理办法，共同管理好本辖境范围内的所有地名。

六、地名管理方法

地名管理方法，是由地名管理的性质和内容所决定的，总结各级地名管理工作的实践经验，借鉴于国外地名管理和国内行政管理的方法，实施地名管理的有效方法有行政管理、法制管理和科学管理三种，但关键乃是行政管理，因为法制管理和科学管理是贯穿于行政管理之中的，即在实施行政管理时，要依据各有关法规办事，要用科学思想和手段分析处理各方面的问题。下面介绍的是地名的行政管理方法。在本节前文已经讲到地名管理是一种行政行为，是国家行政管理的一个组成部分，根据各地对地名实施行政管理的实际效果，地名的行政管理有效措施主要是计划决策、组织执行、综合协调和控制监督四种。

（一）计划决策

计划和决策都是一种基本的行政行为，是实行宏观管理的战略措施，因此是行政管理过程的中心环节。正确的计划决策可以推动行政管理，使之顺利运作和健康发展；错误的计划决策必然导致行政管理无效，甚至失败。所以，在实施地名管理之前要十分重视计划决策行为，首先要做好计划决策工作。科学的计划决策不会凭空产生，它一定是建立在充分调查研究基础上的，地名管理机构在制定地名管理的计划决策前，要做到对本地区的地名状况和社会上使用地名存在的问题了如指掌，只有这样，才能从当地的实际情况出发，提出近期的、中近期的或长远的地名管理的目标、任务、要求、实施的方法和步骤,用以指导本单位的地名管理工作。

（二）组织执行

组织执行是行政管理过程的关键环节,这是要通过有效地运用地名管理机构的职能和合理调配该机构的工作人员,使既定的地名管理计划决策付诸实施,产生效力。其具体做法是,地名管理机构召集会议、拟发文件、进行各种形式的检查监督、具体指导等行政手段,推动计划决策的贯彻执行,这是对地名实施行政管理的主体行为。

（三）综合协调

地名,全社会都在用,地名工作涉及社会的方方面面,地名管理机构在行使职能、实施地名管理过程中,必然要与本系统的上下级间,与其他系统的如测绘、城建、公安、文改委、水利、交通等有关部门之间,与工矿、学校、乡镇、街道等社会有关方面之间发生广泛的工作联系,围绕着权限和职责而形成内部和外部的行政关系,为了保证地名管理的顺利实施,地名管理机构必须十分巧妙地从中做好综合协调工作,理顺行政关系、沟通工作渠道、分清责权、统一步骤,设法赢得各方面的支持和协助。

（四）控制监督

为了保证地名管理的计划决策贯彻执行,及时防止和纠正工作中的问题与失误,地名管理机构应该重视控制监督工作。一方面要对地名管理工作系统内部实施自我控制监督,杜绝违规管理的行为,以施正确的管理,另一方面要对社会各方面使用地名的情况实施控制监督,杜绝违规使用地名的行为,以使地名得到正确地运用。通过内外的控制监督,可以有效地推动地名标准化工作。

七、地名管理程序

程序,是事物依其内在规律,顺利发展之合理进程的先后次序。这是由事物发展的客观规律所决定的,是不以人们的意志为转移的,否则,必将遭受挫折或失败。

任何事物都有其特定的运行程序,地名管理工作亦不例外。实施地名管理,首先要分析研究管理地名的客观规律,设计出合理的管理程序,循序渐进,方可取得事半功倍的效果。根据地名管理各项工作内容之间的因果关系与承前启后的联系,地名管理的合理运行程序应该是地名调查、地名命名更名原则和译写规则的制定与实施、地名档案建立与管理、地名应用管理。

地名调查,是对地名的历史和现状进行摸底的一项基础工作,是制定各项管理原则和拟取管理措施的前提,情况不明,则一切便无从谈起。同时亦是地名信息的采集工作。因此,在地名管理工作中,地名调查必须先行。

地名的命名更名及其所遵循的原则,总的来说是要达到以下两点:一是力求恰如其分地反映命名对象的特定特征;二是要尽量避免产生各种不良的政治影响和社会、经济后果。要能达到这两点，就必须依靠地名调查所提供的地名基本情况，在深入分析研究的基础上，拟定出命名更名地名时需要遵循的原则，并用于解决地名调查中发现的地名种种不规范问题。因此，制定地名命名更名原则，处理地名命名更名问题，是地名调查工作的深入发展和进一步完善，二者是相辅相成的。地名命名更名，是对地名信息规范化的深加工。制定地名译写原则，其意义亦是如此。

地名档案所保管的资料，是由地名调查获取的，并经过定名、定形、定音、定义、定位和定类等规范化、标准化处理所形成的地名信息资料，是具有法定地位的原始地名信息，属于珍贵的国情财富，必须妥善保管。地名调查是地名信息的采集工作；制定地名命名更名原则和译写规则，进行命名更名等工作，是对地名信息的规范化的加工；建立地名档案的过程，是对标准地名信息的汇集、整理、珍藏的过程，并为地名管理提供准确的地名信息库和可靠的实物证据。没有地名档案的管理，标准地名信息资料就易被散失，既不便于地名的管理，又不能满足社会实际应用的需要。

地名应用管理，就是检查、监督社会上使用标准地名的状况，是推广标准化地名的强制性措施。地名管理，若仅有地名调查、地名命名更名、建立地名档案，而没有地名应用管理这一环节，则地名标准化的大目标最终仍然是不可能实现的。可以说，地名应用管理是地名管理整个战役中的攻坚战，是决胜局，此役一溃，则前功尽弃。因此，地名应用管理在巩固地名管理前期成果方面起着决定作用，是不容忽视的重要环节。

第二节 地名管理原则

为了保证地名管理工作的顺利开展，在实施地名管理时，一般应该遵循以下五项基本原则。

一、法制化原则

地名管理就其本质属性是属于行政管理范畴。因此，地名管理工作必须依据国家制定的有关法律，用一切行政管理手段，执行政治权力，履行职责，实行对地名的行政管理，强制推行标准地名的使用，使之各项管理措施和要求全面得以落实。要摆脱"人治"现象，赋予地名管理的一惯性和连续性，不可以因领导人的好恶或更迭而改变地名管理的方略。地名管理机构要认真并坚决以法规为依据，做到执法必严，违法必究。

二、科学化原则

地名是百科知识的综合体现，有其丰富的科学内涵和不容违背的客观规律。只有对地名实行科学化的管理，才能使地名更好地为人类服务。地名管理的科学化主要表现在地名命名更名的科学化与地名管理方法的现代化两个方面。

要管好地名,首先就要正确地认识地名。地名的科学性、连续性和相对稳定性是地名存在、发展的自然规律,违背这一规律,必然会造成管理工作的失败。

我国自古就有以山北为阴、山南为阳,河南为阴,河北为阳,从山、从水、从事迹、从物产等地名命名规律,省级政区地名与其驻地名一般取异,城镇街巷命名层次化、序列化并与城镇规划同步的总体构想,与国土规划相结合,在一定区域范围内某级地名不得重名,各专业部门使用的台、站、港、场名称一般与当地地名统一等规定,所有这些都是地名管理的科学总结。

应用电脑等现代化的科学技术手段调查和整理地名资料;以取代传统的辑录、考证和诠释工作方法;采取分析、概括、归纳、运筹等综合管理方法改变过去条目式所表现的孤立的、个别的地名信息,以充分显示地名信息的规律性和整体特征,应用电脑等现代化的科学技术手段建立地名信息库和地名网站,对地名信息进行管理和开发应用。

三、标准化原则

地名标准化和译写规范化是地名管理的最高目标。为此,在地名管理工作中,一方面要考虑地名固有的基本特性和规律,另一方面要遵循地名管理所必需的某些客观要求,正确地运用"名从主人"和"约定俗成"的重要原则,全面贯彻地名标准化的各项要求,在对每一条地名管理的全过程中,自始至终都要坚持按照标准化的要求处理各个环节上的问题,不仅要确定好标准化地名,而且还要推行标准地名,维护标准化的地名。以此适应当代政治、经济和科学技术发展的需要,适应四化建设和开展国际友好交往的需要。

四、群众路线与服务社会原则

地名的产生是社会的需要,是社会发展的产物。地名是由人类所创造的,并为人类所使用;地名产生于社会,又服务于社会。因此,地名管理工作必须立足于群众和社会。地名词汇是与当地各族人民日常生活紧密相关的,是当地人民的日常生活用语的一部分,如村庄的通名用语,在北方称"屯""堡",南方称"庄""村",广西称"弄";对于小巷,北方称"胡同",而南方则称之"巷"或"弄"。一个地名的确定,必须要为当地各族人民所接受,否则,不具活力。因此,地名管理工作,必须要贯彻群众路线,与广大各族人民群众相结合。地名的命名要有利于人民团结和现代化建设,尊重当地群众的愿望,与有关各方协商一致;当地群众不同意改的地名,不要更改。地名管理所拟取的各项措施都要以最终能够达到方便于群众生活,便于社会使用,体现人民群众意愿为准绳。

五、集中统一与分级(部门)管理原则

我国疆域辽阔,地名浩如烟海,种类繁多。作为依附于每一个地理实体的名称,不可能,也不必要全部都由国务院进行命名或国家专门地名管理机构统一审批。但是必须采取由全国统一地名的立法,依据地名的分类,分部门、分行业管理;按照地名的层次性,实行分级管理。

所谓全国统一地名的立法,即各部门、各行业和各级的地名管理都必须按照国家在地名管理方面制定的具有法律效力的统一规定,对地名实施管理。只有这样,才可以做到在地名调查的立项、规格、要求,地名命名更名的原则、审批权限和程序,地名译写规则,地名标准化技术规范,地名档案的建档原则、体系、规格、归档、保管和利用制度,地名标志的设置原则和制作要求,地名图、录、典、志的编写体例与要求等方面,各部门、各行业和各级地名管理单位都能按照统一模式进行,从而避免政出多门,规格不一的现象。这样,才能有效地实现我国地名标准化和国际地名标准化。

鉴于客观上存在着区域差异,各省、市、自治区在依据国家的《地名管理条例》制定本辖区地名管理规定时,允许根据本辖区的特殊情况,制定出相应的政策,特别是少数民族区域更要考虑民族的特点,尊重民族的习惯。县(市)也要结合本地的实际,制定出更为具体的细则。但是所有这些,在原则上都必须与中央或上级发布的各种有关文件保持一致,只允许深化和发展,不允许有抵触之处。例如,《地名管理条例》中规定:"一个县、市内的乡、镇名称……不应重名,并避免同音。"省级地名管理机构可以根据本省的情况,在制定的本省地名管理规定中,提出逐步实现全省乡、镇名称不重名、不同音的条款,这是超前贯彻《地名管理条例》,应予以允许。在制定各级地方法规时,主题词都必须突出,要按照法律的文体,只讲怎样做,不讲为什么这样做,每一点都应该是提纲挈领的,要求十分具体的,不写抓不到要领和要求不明确的条款。

第三节 地名管理法律依据

地名管理工作的法律依据,就是国家和地方各级政府新制定的地名管理法规。这些法规是国家法制建设的一个组成部分,《地名管理条例》的颁布执行,是国家法制配套和逐步完善的一个侧面,是地名管理走向法制轨道的标志。

一、地名管理法规种类及内容

地名管理法规大体上有三个层次,即国家法规、省级法规、市县级法规,在其内容方面仅有层次上的差异。

国家法规主要有 1986 年国务院颁布的《地名管理条例》和民政部于 1996 年以《地名管理条例》为基础发布的《地名管理条例实施细则》、国务院发布的有关指示、文件，以及原中国地名委员会等有关部门发布的文件、指示、办法等。例如，国务院批转《关于改用汉语拼音方案作为我国人名、地名罗马字母拼写法的统一规范的报告》，中国地名委员会、中国文字改革委员会、国家测绘局联合制定的《中国地名汉语拼音字母拼写规则（汉语地名部分）》，国家测绘总局、中国文字改革委员会制定的《少数民族语地名汉语拼音字母音译转写法》，中国地名委员会、国家档案局颁发的《全国地名档案管理暂行办法》，国务院办公厅《关于我国同外国结为友好的城市不以对方地名、人名命名街道或建筑物的通知》，中国地名委员会等三个部门《关于地名标志不得采用"威妥玛式"等旧拼法和外文的通知》等，民政部组织制定、经有关部门批准发布的《地名标牌　城乡》《地名分类与类别代码编制规则》《外语地名汉字译写导则》等国家标准。地名管理部门依据法规、文件、指示进行地名管理，做到有法可依，有令必行。

《地名管理条例》是国务院于 1986 年 1 月 23 日向全国发布的。它是在总结中国历史上和 1949 年以来的地名管理工作的正反两方面经验的基础上，为适应国际地名标准化和社会主义现代化的需要，而制定的行政立法性质的文件；是中华人民共和国成立以来颁布的最为完整的一部地名管理法规，它发展了 1979 年 12 月 25 日国务院发布的《关于地名命名、更名的暂行规定》。2022 年 3 月 30 日，国务院发布了《地名管理条例》修订版本，1986 年发布的《地名管理条例》共 13 条，明确了地名管理的性质、职责、任务，地名管理的原则及程序等。在该条例中还明确了地名管理部门是政府的职能部门，地名管理是一项政治性、政策性、思想性、科学性很强的长期工作，地名管理机构是国家和各级政府行政职能部门的组成部分，地名管理是提高国家和各级政府现代化管理水平的基础性工作，在政权建设中占有十分重要的地位。

省级地方地名管理法规，是指在《地名管理条例》总原则指导下，由省、自治区、直辖市政府所制定的地名管理文件，常以《××省地名管理规定》的形式出现。这些规定在国家《地名管理条例》总的原则指导下，结合本省、自治区、直辖市的实际情况，对国家条例的某些条款作若干补充，或进一步发展，增加一些新的规定，因此，省级地名管理法规是国家《地名管理条例》的进一步发展和延伸。

市县级地方地名管理法规，是指在省级地名管理规定的原则指导下，由各市、县政府和各专业部门所制定的地名管理文件，常以《××市（或县、部门）地名管理实施细则》的形式出现。即在省级地名管理规定总的原则指导下，结合本市或本县、本部门的实际情况，将省级规定中的各条款予以具体化。市县级地名管理法规，除制定总的地名管理细则外，还要根据具体情况分类制定一些细则，如地名标志管理细则、门牌号码编制办法、街巷与村镇牌建设与管理办法，以及地名管理人员的职责等。

二、地名管理法规的实施

地名管理法规的制定,仅是对地名管理工作提供了一个可以依据的章法,是地名管理工作至关重要的一步。但是,更为重要的则是如何将法规变为全民自觉行动的准则,以提高地名标准化的水平,这就需要采取一切有效的组织措施和技术措施,使法规中规定的事项落到实处。

为了保证地名管理的顺利实施,各级地名管理机构应该做好以下六项工作。

第一,正确、严格地执行地名管理法规。地名管理机构及其工作人员要一丝不苟地按照地名管理法规的各项规定实施地名管理工作,切实做到"有法必依",保证法规的严肃性;对于社会上各方面违背地名管理法规的行为,通过说服、教育、制裁等方式认真加以纠正,切实做到执法必严、违法必究,维护法规的权威性。

第二,建立健全管理制度。根据地名管理法规的精神,对地名管理中的地名命名审批、地名档案管理等各个具体环节建立健全相应的规章制度,使行政法律关系的双方(依法办事的权力与公职人员的职责义务)的权力和义务具体化、制度化,把有法可依与有法必依统一起来,真正做到有法可依、有法必依。

第三,宣传地名管理法规。要使人们执法,首先要使人们知法。各级地名管理机构要大力宣传地名管理的重要性和各项地名管理法规的内容和要求;同时要召开与地名管理工作密切相关的公安、民政、市政、规划、测绘、新闻出版、房产、土地、街道、市容、交通等部门领导的会议,学习宣传地名管理法规,并建立地名联席会议制度;利用政府有关部门召集的各种会议,分发地名管理法规,结合本地的实际宣传地名管理工作;另外,利用广播、报纸、墙报、专栏等宣传地名管理法规,做到家喻户晓、深入人心。

第四,创建优秀地名管理业绩。地名管理工作人员要满腔热情地投入,积极主动地抓紧抓好地名管理各项工作,使地名管理工作在城乡建设、经济发展、社会交往中立杆见影,产生良好的社会效益和经济效益,以实际效果告知社会各界,贯彻执行地名管理法规是社会发展的客观需要,逐步使各项地名管理法规成为社会各界使用地名时自觉的行为规范。

第五,提高地名管理人员业务素质,科学地贯彻执行地名管理法规。地名管理法规执行的成效如何,关键在于各级地名管理机构:一是对地名管理法规各项规定的精神实质是否真正吃透,正确理解;二是对地名管理的客观规律是否真正掌握;三是对管理的对象认识得是否深刻。否则容易出现反复,失去民心,这在处理地名生僻用字的问题上表现得尤为明显。《地名管理条例》规定地名命名"避免使用生僻字",并对已用了生僻字的地名规定:"在征得有关方面和当地群众同意后,予以更名。"这样的规定无疑是正确的、必要的;但是,这个规定是包含着深刻含义和丰富内容的,它要求对地理实体的特性、原名和新名的科学内涵及其群众基础,以及对生僻字的正确理解。生僻字是具有区域性、相对性和时代性的,这在地名方面表现得更为突出。因此,在确定某一地名的用字是否生僻时,应该着重考虑的是看其当地有文化的人是否认识,而不是外地人对它的熟悉程度。在地名管理工作中,一是命名地名不用生僻字,二是处理生僻用字的地名要持慎重态度。为了保持体现地名特定功能的使用价值和科学价值这两个重要方面,处理生僻字地名需要遵循的基本原则是:以维持地名的原义为重,严格控制生僻字的范围,切忌扩大化,立足于长远,放眼全球,尽量少更改用字生僻的地名;因地制宜地择取复原、同音同义、同音近义、互通用字等方法,若确无合适方法,则宁缺毋滥,也不要以任意的同音或近音字取代生僻用字。因此,提高地名管理人员的各项业务素质,是地名管理法规得以有效贯彻执行的重要保证。

第六,开展执法检查。为推动地名管理法规的贯彻实施,不断增强人们的地名法制观念,真正做到有法必依、执法必严、违法必究,维护地名管理法规的尊严,各级地名管理机构在当地政府领导下,层层开展地名管理执法检查。由地名管理机构牵头,公安、城建、规划、交通等部门以及乡、镇和街道通力协作,成立执法检查领导小组,拟发文件,通知下属地名管理机构、协管部门负责地名工作的单位、各企事业单位和部门,就检查的内容、方法、步骤、要求和时间等作集体部署。一般采取先自查,再互查和重点抽查的做法,着重检查建立健全地名管理机构、地名管理法规定的宣传、地名命名更名的审批、标准地名的使用、地名标志牌的设置与管理、地名档案建立与保管、地名图书的编写等方面的落实情况,要边查、边登记、边纠正,限期更改,对违法屡教不改者,要依法追究责任或予以惩处。对知法违法或故意违法的人,应严惩不贷,以儆效尤,做到执法必严。

除上述的定期执法检查外,还要加强经常性的检查,检查各单位、各部门执行地名管理法规的情况,表彰正确、纠正错误,从而加深人们对法规条款内涵的认识,帮助人们树立守法意识。对于文件、报刊、图书、影视、新闻广播、广告、牌匾上出现的违背地名管理法规,使用了自造字、繁体字、异体字、错别字,以及非标准地名等事实,要进行有效的制止和纠正,包括指出错误事实,提出改正错误的方法,并限期改正,到期检查。对知错不改造成后果者,要按照法规予以处罚,包括批评、警告、罚款等。对于破坏地名标志牌者,视情节予以制裁。

地名管理部门是地名管理法规的执行机关,要率先模范地执行地名管理法规。在监督违反地名管理法规事实时,要执法严明。

附：《违章使用地名通知书》《派生单位名称更名通知书》

违章使用地名通知书存根 ×地通字_____号			
违章使用的地名	使用单位	使用时间	使用地点
		年 月 日	
标准名称：_____			通知日期：____年___月___日

违章使用地名通知书

×地通字_____号

你_____年___月___日在_____所用的地名_____是非标准名称，违反××市人民政府××××年×月×日颁发的《××市地名管理规定》第××条、第××条的规定，希望停止_____，并予更正。如再继续使用、造成地名混乱，将按《××市地名管理规定》第××条处理。

该地的标准名称是_____

特此通知

　　　　　　　　　　　　　　　　××市地名委员会办公室

　　　　　　　　　　　　　　　　××××年___月___日

派生单位名称更名通知书存根		
通知单位	原　因	通　知　日　期

派生单位名称更名通知书

×地通字_____号

××市人民政府××××年×月颁发的《××市地名管理规定》第×条规定："以街道名称派生的行政、企事业单位名称应与主地名统一。"你单位所在街道的标准名称是_____，现用单位名称"_____"与主地名不统一，不符合标准化、规范化要求，希接通知后_____天内办理更名手续并更换_____牌。

逾期将按《××市地名管理规定》第××条予以罚款等处理。

特此通知

　　　　　　　　　　　　　　　　××××年___月___日

第四节 地名管理机构

地名管理机构是推行地名管理法规、推进地名标准化的组织保证。因此,建立健全各级地名管理机构,明确其职责,提高地名管理干部的业务素质,至关重要。

一、地名管理机构形成和发展

地名产生于远古,若按照地名的起源与演变规律,可以追溯到人类的童年,没有语言时代的意识地名。处于意识阶段的地名,并不存在任何管理的可能性和必要性,即使到了人类有了语言,出现了口语地名时,亦是如此;在人类有了文字之后,通过文字的记载,将地名的语、音、形、义、位和类固定下来,地名才有管理的可能性;但是,在人类文明的初期,地名还不存在管理的必要性,因为那时候地名的命名更名、地名的使用等,均处于一种自发的和无政府状态,直到人类进入阶级社会,国家产生之后,地名才有管理之必要。

地名的管理是伴随国家政权机构的问世应运而生的。国家的产生,随之便是地域的占有和统辖关系的确定,即划分行政区域,以地域划分居民,进行行政管理。以名指实,以名代实,方可使上旨下达、下情上传得以畅通,实现有效的统治,这就需要对其行政区域进行命名。因此,随着国家的出现,迎来了地名发展史第一次大发展。为了国家的行政管理,需要掌管和稳定住这批行政区域地名,并设法保持其区别,这样就产生了地名管理。《左传》记载的"芒芒禹迹,画为九州",即夏禹把天下划分为冀州、兖州、青州、徐州、扬州、荆州、豫州、梁州、雍州,以统管全国。这是我国最早的行政区划,反映了最早建立我国政权机构的夏朝实行的地方行政体制。在古代,朝廷为了有效地管理辖境,开始对各级行政区域进行命名,并掌管这批政区地名,这样就形成了最初的地名管理。另外,《禹贡》中同名异地的地名较多,如蒙山、荆山、沮水、沱水等就有多处,但却不见同名异类的地名。从这一古代地名向规范化方向的发展,可以窥见当时地名管理的步履。

任何统治阶级都要进行国家政权建设,强化其统治地位。在取得政权之后,为了政治和经济的需要,首先抓的就是设置中央政务部门和划分地方行政区域,并对其命名或更名,以体现统治阶级的意志,古今中外,历朝历代,皆如此,无一例外。夏王朝已经冲破了氏族社会血缘关系的束缚,开始按地域划分统治、组织和管理国民。据史书记载,夏朝把天下划分为"九州"(古以九表示多数)来进行统治,亦所谓"禹作九州"。对九州地区,夏王朝派遣"九牧"进行行政管理。此时的"九牧"已不是氏族社会的部落首领,而是夏王朝统治一方人民的地方行政长官,夏禹九州分别命名为冀、兖、青、徐、扬、荆、豫、梁、雍。这是我国历史上最初也是最高级的地方政区地名。夏王朝作为我国历史上第一个奴隶制国家,已经初步建立起一套管理社会经济和治理国民行政管理系统(详见表3-1)。

商朝,中央设尹(近于后世的"相")和司徒、司空、司寇三个政府机构,分别主管征发力役、工程建筑和司法刑狱。随着中央政权的建立,按地区组织和管理居民的地方行政制度也就初步形成了。自盘庚迁殷,以都城为中心,将直接统治区域称"内服",其中又将都城王畿之地称为中,即"中商",王畿之外的内服区域称四土,即东土、西土、南土和北土,分封给许多同姓和异姓诸侯。四方之内建立了许多拱卫商朝中央的统治据点,初步形成了商朝的行政区划和行政体制的规模。中商和四周各统治据点分别筑城墙,商王和贵族们居住在城内,城邑的四周叫作"鄙",为农业奴隶劳动和生活的地方。在这直接统治区内设置了"百姓"和"里君"两个不同系统的地方行政管理机关。"百姓"既是若干氏族的泛称,又是管理各族的类似于氏族长的官职;"里君"是基层行政区域的最高官职。商朝将直接统治区外的地区称为"外服"。"外服"职官由两部分组成,一是商王派遣到地方进行统治的商朝贵族诸侯,二是在不同程度上臣服于商朝的大小不等的方国或部落首领。这些受命于商王到边境或各统治网点的奴隶贵族诸侯是商王统治地方的代理人,对商王负有防守边疆、随王出征、贡纳服役,以及朝觐、祭祀的义务。那些臣服于商朝的方国或诸侯部落,接受商王的封号,对商王称臣纳贡,商王则承认这些方国与部落拥有的土地。这些方国和部落即成为商朝的地方行政机构。方国、部落向商朝国家政权称臣纳贡,既是商朝版图的一部分,又是商朝国家地方行政机构;并设置基层行政组织"邑"。

西周中央设有司徒、司马、司空、司寇四个部门,分别主管民政、军事、工建和司法。据《周礼》记载,"大司徒之职,掌建邦之土地之图与其人民之数……"负责地理实体的命名,是当时兼管地名的机构,而且还设有山师、川师和边师之官职,山师负责山地森林的命名和管理,川师负责江河湖泊的命名与管理,边师负责东西南北各地其他各种不同类型土地的命名和管理。三师各有其名,各负其责,共同管理全国地名,这样的细分共管,将地名管理推进到一个新的阶段,在我国地名管理学史上揭开了新的篇章。周王朝的土地和人民,按规定都属于周天子所有。所谓"溥天之下,莫非王土,率土之滨,莫非王臣"。周朝实行分封制,即周天子将征服的广大土地,连同土地上的人民,分封给自己的子弟、亲戚、功臣或古代先王圣贤的后裔,让他们去建立新的统治据点——诸侯国,这便是"封邦建国",诸侯既然从周天子那里得到了土地和人民,就要对周天子尽一定的义务,在政治上为天子的侯属,要承担镇守疆土、出兵勤王、缴纳贡赋、应聘述职、随王祭祀等事务。诸侯国被认为是捍卫周王室的"幕屏",是周王朝进行统治的重要支柱。西周的地方行政分为国和采邑两层,诸侯的封地称国,卿大夫的封地称采邑。在天子和诸侯的直属领地内,城内和近郊又划分为若干乡,乡以下还有州、党、族、闾、比等组织,各有长官。这些行政组织同时又是军事组织。郊外的农村划分为若干遂,遂之下有县、鄙、酂、里、邻等组织,各有长官。自公元前376年韩、赵、魏三家分晋和公元前386年田氏代齐以后,便形成齐、楚、燕、韩、赵、魏、秦七个大国"称雄"的局面,开始了战国时期剧烈的统一战争。为了应付频繁的战争,各国不仅需要一支强大的军队,而且还需要建立一套完善的国家行政机构,以便及时而有效地动员全国的人力和物力,这是国家行政管理的特点,在这几个大国开始建立起专制主义中央集权的制度。"官分文武,君之二术",在中央设立由国君直接任免的辅相和将军,并由他们分别去统帅文武百官。在地方上,则设置郡县,由国君亲自任免长官镇守国土和治理民众。通过这种方法国君将一国的行政、军事、财政、司法等大权,有效地集中在自己手中,一切政策、法令由国君发布,而直达各部门和各地区。战国时代专制集权的国家,在地方行政组织上的变化就是以郡县制逐渐取代分封制。郡县制萌芽于春秋时期,最初县高于郡,也早于郡。郡一般都设在边远地区,主要是为了防卫边疆,其长官叫守或太守,一般由武将充任。战国时期,只有齐国不设郡,而设都,都和郡一样,均具有边防重镇的性质。郡守由国君直接任免。县是战国时期普遍推行的地方二级行政组织。秦国在少数民族地区还设与县平行的"道",管理少数民族。在县以下设有乡、里等更基层的组织。在县城和乡、里中,都有什、伍编制,十家为一什,五家为一伍,这样各诸侯国从国到郡县,从县到乡、里、什、伍,形成整套行政机构,管理国家。

秦始皇统一六国,建立了中国历史上第一个中央集权的国家,为了巩固中央集权的统治,在全国全面推行郡县制,下诏统一郡的名称,由丞相府负责先后设置郡47个,县1000个左右,形成一套由中央、郡、县、乡、亭、里、什、伍组成的具有垂直系统的,比较健全的行政机构和地方基层组织系统,统一命名了1040多个郡县地名。

汉承秦制,元始二年,全国有郡150多个,县1587个。后又命名了大量的郡县地名及其他地名。随着经济的发展,军事活动开展,疆域的开拓,人口的增加等,地名的数量一直呈上升趋势,使我国地名进入了第二次大发展时期,地名管理又登上了新台阶。秦汉时期地名管理的一个突出表现,即重视地名用字,秦始皇承袭了周朝"避讳"做法,因其父名子楚,将楚地改称为荆。地名管理上的避讳做法,启于周,盛于唐宋,一直沿袭到清朝,长达两千多年。暂且不论"避讳"的长短,仅从地名管理的角度讲,重视地名用字字义的价值,无疑是使战国时创立的强调地名用字的地名管理内容得到了进一步发展。在三国时,我国的地名管理又创立了"同级同名排斥律",使地名管理更加严谨。

每个新建立的朝代,都要调整地方行政区划,并命名或更名一批地名,以体现本朝的意志,树立当朝的威风,消除前朝的影响,激烈涂抹上本朝代的色彩。隋朝建立后,大力整顿地方行政制度,废除东汉以来实行了400多年的州、郡、县三级制,改为州(或郡)、县二级制。唐代,前期为州(郡)县制,后期改为道、州(府)、县制的地方行政制度,以及县以下的自我管理性质的乡、里(城内者为坊,郊外者为村)、保、邻组织;在京都和陪都之域设府,中原地方设州,边境地区设都护府;后期,全国有15个道、9个府、358个州、8个都护府、1500多个县;在地名管理方面曾对州县名称做过较系统的规定,以减少其重名和同音字,并清除了一些含义不清的地名,从某种意义上讲,类似现在提出的地名标准化处理,这无疑标志着我国地名管理水平达到了新的高度。宋朝改为路、府(州、军、监)、县(军、监)三级地方行政制度;路为地方高级行政区,府、州为地方中级行政区,并与州或县平级的有在军事要地设的军、矿区设的监;县下设乡、保、甲等基层组织。元朝始设行省,全国共设置11个行省,实行省、路(府、州)、县三级地方行政制度,县下设村、社、里、甲基层组织。明代实行省(即布政使司)、府、州、县四级管理体制,省级设派出机构"道"。全国共置15个省级行政区,159个府,234个州,1171个县。清代地方行政体制改为省、府(厅、州、盟)、县(旗)三级,全国共置23个省,183个府,199个厅,218个州,1398个县,县下设保、甲等基层组织。历代的这些不同地方行政体制的设立,相应的地名伴之大量涌现,并在地名命名的层次化和地域性、地名命名或更名的严肃性方面都有了很大发展,地名的管理也得到了进一步加强。在历史上,一些县官亲自为地名命名的事并不罕见,例如吉林省乾安县和原双山、西安县就有曾由政府命名的地名群;清朝,规定县名都要是朝廷殊批。这也类似于现在地名标准化中提出的地名命名更名要履行"法定手续"。民国初年,中国资产阶级推翻了清王朝,为仿效西方发展资本主义经济、交通、邮电和文教事业,首先加强对行政区划的改革与管理,民国初期地方行政区设省(特别区、地方)、道、县三级,后期改为省(市、地方)与县(市)二级,并设省级派出的机构专区;县以下设城(城内)和镇、乡、市、都、里、保、甲等基层组织。并毅然在世事纷纭、百废待举的时刻,采取了彻底更改同名县地名的重大决策,由内务部制定了:照顾历史较久、影响区域范围较大、涉外影响较大的三项存废原则,采用同义或近义词,起用历史较久、影响深远的古地名,取当地特殊地理环境条件等更名方法,并主管对同名县的更名工作,更名或设置了以"民主""民权""自由""平等""博爱"为名的新地名,反映了人类社会历史发展的必然潮流。这次全部清除了县级重名现象,解决了多年悬而未决的县级重名问题,有的甚至是历经宋、元、明、清各代均未能改变的重名。由于高度重视了地名更名的科学性,采取了正确的原则和方法,从而取得了全胜的显著效果。

中华人民共和国的成立,揭开了我国地名管理发展史上划时代的新篇章。由于社会制度的根本改变,各项事业蓬勃发展,一批新地名大量涌现,形成了我国历史上第三次地名大发展时期。从夏禹至民国,四千多年的地名管理,可以说都是从如何巩固历代王朝的统治出发的,是专门为朝廷服务的,至于人民的需要、民族的利益,则为次要的。中华人民共和国刚刚成立,就通令各地清除那些有损领土主权和民族尊严的,带有民族歧视、妨碍民族团结和与邻国和睦相处,以及极端庸俗和侮辱劳动人民的地名,下令更改了重名县的地名,规定不用人名和禁止用国家领导人的名字作地名,要求更改地名时应该征求各界人民代表的意见等,树立了为国家、为人民、为人类而管理地名的一代新风。周恩来总理亲自编了三十个省、自治区、直辖市的地名诗,以便于记忆。1977年国务院批准成立了主管全国地名工作的部门,设立了各级地名管理机构,形成从中央到地方体系完整的地名管理机构;并作为国家行政机构的序列,成为国家行政管理的一个职能部门,开展全国范围的地名普查,制定地名管理法规和各项相应的技术规范,全方位地服务于国内和国际社会,广泛地进行地名标准化、规范化工作和地名管理学理论的研究,使地名管理走上了科学化和法制化管理的轨道。从此结束了我国地名管理史上零碎的、无系统的状况,进入了有组织、有计划、全面系统地进行科学管理的新时代。

在我国历史上,地名管理经历了漫长的发展过程,有成功的经验,也有失败的教训。公元八年,王莽篡夺西汉政权,建立国号叫"新"的王朝。王莽为了缓和矛盾,巩固统治地位,一方面下令变法,另一方面在全国改革官制及其名称的同时,大规模地增设郡县,任意更改各级地名。大郡一分为五,全国设了125个郡,九州之内设县2203个,比汉朝的郡县数分别增加了22个和616个。将汉设的郡级地名更改了78%,县级地名更改了46%,而且王莽更改地名是非一次性的,他是"岁复变更,一郡至五易名,而复还其故",即使是由他新命名的郡县地名,同样亦是"岁复变更",乱到连官员都不能记的地步。除此之外,造成地名管理失败的更主要的原因是完全不顾地名产生的原因,不尊重地名形成的历史,随心所欲,主观武断,任意更改地名,具体表现为:

1. 王莽为掩盖他借亭长梦意的所谓"符命"的鬼话,使用欺骗手法篡位的行径,宣扬受之"天命",就到处用带"亭"字的名称更改地名,多达360个,一郡之内,多则六七个,少则一两个,几乎郡郡都有,比比皆是;

2. 为寄托王家的"新"朝能长治久安、世代相传、天下太平的奢望,采用治、安、平、宁、顺等无实体特征意义的字更改地名,多达100多个;

3. 采用不反映当地特点,不顾雷同地以善、美、信、睦、昌、惠、乐、利、富、新等字更改地名,以任意取美名来缓和矛盾,欺骗人民;

4. 用同义、同音字乃至以反科学的反义字乱改地名,以此消除前朝的影响,显示其当朝的威风;

5. 用带有歧视、侮辱性的字眼,更改少数民族语地名;

6. 下令以"武"字更改了许多县级地名,用来配合他为恫吓人民反抗而无端挑起的对内对外的军事行动。

鉴于王莽这种拿地名当儿戏的胡作非为,在地名管理上所做的一切均遭受了彻底失败,所更改的那么多地名,随着他那"新"朝的灭亡而烟消云散。

明朝的地名管理基本上是失败的,究其原因,主要是当时将整个地名的命名和更名都围绕着反元护明这一宗旨,不尊重同级同名排斥律,有意增多地名的生僻用字,大量地应用同音异字更改地名,致使更改和命名的地名缺乏生命力,导致许多同名县。

在国际上,进入15世纪以后,地名管理发展较快,随着资本主义生产关系的萌芽,海外探验与地理大发现,以及殖民运动的出现,形成了世界范围内地名第三次大发展时期,出现了不同语系交织地名和大量的外来地名。特别是到了近现代,经济较发达,政治较稳定的一些国家,相继成立国家地名权威机构,如美国于1890年由几个联邦机构选出代表组成国家地名委员会,加拿大于1897年成立加拿大地名常设地名委员会,进行建立与维护地名一致的标准化工作。鉴于地名存在的各种混乱,不仅在一国之内给政治、经济、军事、外交、科技、地图、邮电、交通、统计和人民生活等各个方面带来了很大的不便,而且给国际社会各个方面亦带来了很大影响。为了改变这种状况,不少专家、学者和有关机构从制定地名转写方法,编辑地名辞典和地名手册等方面进行工作;因为这些措施多半只限于某一个区域、某个国家或权宜之计,未能得到世界各国公认,再加上不少国家还没有一个全国性负责地名标准化的管理机构,各国地名工作发展不平衡,故收效不大。在这种情况下,瑞典、荷兰和澳大利亚等国家的政府相继呼吁要求在国际范围内解决地名混乱问题,希望拟定出一套为大家所公认的国际统一标准的地名书写法,要求联合国秘书长拟定建议方案,分发给各国政府和有关国际组织征求意见,并召开联合国专门会议审定。联合国经社理事会充分考虑了这些国家的要求,于1959年要求秘书长成立一个咨询小组来考虑各国地名标准化的技术问题,1960年组成了联合国地名专家组,在专家组的筹备下,于1967年召开了第一届联合国地名标准化会议,并以后分别每两年和五年召开一次会议,讨论研究与国际地名标准化有关的各项事宜。自此,地名管理已从一个国度的管理发展成为众国统一的管理,成为国际社会生活中的一件大事,地名管理问题终于登上了联合国的大雅之堂,成为联合国的议事日程之一。

二、地名管理机构性质

地名管理机构是属于行政组织,是一种行政机构。依据行政学,行政组织是国家为了推行政务依法组建的一种国家行政机构体系,在宪法和有关法律规定的职权范围内负责行使国家行政权,管理国家行政事务。地名管理机构则依据国家制定的有关地名管理法律或法规建立的,并按照所赋予的行政权,对地名行使管理,推行地名标准化。地名管理机构所进行的各项活动均为国家地名管理的一种行政事务活动,是一种行政行为。地名管理机构已纳入国家行政机构序列,成为政府管理地名的职能部门。

地名管理机构作为国家行政组织的组成部分,具有以下特性。

（一）系统性

根据我国的国情，地名管理机构是按照行政区域等级建立的一个多层次的组织系统，从中央到省（自治区、直辖市）、市（地、州、盟）、县（市辖区、县级市），各级都成立地名管理机构，从而构成一个上下有序、密切配合的地名管理网络；在业务上形成一个垂直的工作系统。各级地名管理机构的管理范围、职责权限、上下级间的关系、管理活动的方式等，都有明确规定。因此，无论从组织结构还是从管理活动来看，地名管理机构都有鲜明的系统性。

（二）法制性

地名管理机构的组织结构、职责权限和人员编制等，都是法定的。地名管理机构的活动过程，实际上是依靠国家权力执行和实施地名管理法规的过程。一方面，地名管理机构拥有一切行政组织特备的具有普遍强制性的行政手段；另一方面，地名管理机构只有在地名管理法规规定的职权范围内活动，其行政手段才具有普遍的约束力。地名管理机构若不依法管理地名，则便失去了它应有的管理权威和管理效能。因此，地名管理机构同国家其他行政组织一样，具有鲜明的法制性。

（三）服务性

行政组织作为上层建筑的重要组成部分，必须为经济基础服务，同时还必须发展和完善为社会各种公共事业服务的职能。地名管理机构从事地名管理的根本目的就是推行并实行地名标准化，为社会现代化建设和国内外交往服务，这个宗旨就鲜明地揭示了地名管理机构的服务性特点。

三、国际地名管理机构

国际地名管理机构是由联合国经社理事会根据会员国的要求，通过第715A（XXVII）号决议成立的联合国地名专家组，在联合国地名专家组里，设若干工作组和语言/地理分部，并通过定期召开的专家组会议和联合国地名标准化会议，讨论和解决地名国际标准化的有关问题。

联合国地名专家组，在1960年6月召开了第一次会议，初名为"地名专家组"，1967年，在根据联合国经社理事会第1314（XLIV）号决议召开的第一届联合国地名标准化会议上提出要成立"联合国地名专家常设委员会"，但是未能实现，仅成立了"特设地名专家组"代替"地名专家组"；1972年在第二届联合国地名标准化会议上又提出了这一问题，但是由于联合国财政有限，不仅仍未能成立常设委员会，而且经社理事会还要求"特设地名专家组"完成常设委员会的任务，本届会议认为既然如此，"特设"二字已不再合适，故决定将"特设地名专家组"改名为"联合国地名专家组"。联合国地名专家组是在联合国系统中处理国际水平的地名工作的唯一机构。

(一) 联合国地名专家组组织系统

联合国地名专家组,由主席、副主席和报告人,以及各国指派的或由语言/地理分部推荐的专家组成。语言/地理分部推荐的专家,一般均为该分部的主席,他仅以专家身份而不以国家代表的身份参加会议,但是他们都要保证专家组的工作和技术援助受到分部内各国的重视。专家组的主席、副主席和报告人由选举产生,每五年改选一次。专家组的秘书由联合国制图处指派。专家组会议由秘书负责召集,一般每两年召开一次会议,特殊情况下可以由联合国秘书长随时召集开会。专家组与工作成员之间平时通过书信联系,按照规定每半年要向联合国制图处和专家组主持人提出工作报告。

联合国地名专家组下设东南亚及西南太平洋、东非、荷兰语-德语、阿拉伯语、北欧、罗马语-希腊语、中东及东南欧、拉美、英国、美国、中国、苏联、凯尔特语、西南亚、希伯来语等语言/地理分部,每个分部设主席,负责研究和组织本分部地名标准化工作。

联合国地名专家组下设三个技术委员会和若干工作组,负责研究和处理特殊问题。第一委员会(国家地名标准化事项):负责国家地名标准化、外来惯用名、书写系统和发音指南——协助地名发音方面的研究和实验;第二委员会(技术事项):负责地名数据文件、地名标准化术语;第三委员会(国际地名标准化事项):负责超越一国主权地物的命名、书写系统和发音指南、地名教育和实践以及国际合作。每个工作组均由若干位专家组成;现在已经成立了非罗马字母文字国家地名采用单一罗马字母拼写、术语名称、海底海上地形要素名称、宇宙地形名称、国际地名录、地名训练班、各国国名表等7个工作组。

(二) 联合国地名专家组的权限和任务

联合国地名专家组的权限,在1960年成立时被规定为:讨论国家地名标准化的技术问题,包括编写带有普遍性和地区性问题的报告书,以及拟定各国地名标准化工作中可以遵循的程序,主要是语言程序的建议草案;根据上述的讨论情况,在适当的会议上向经社理事会汇报举行国际会议和建立共同语言系统工作组的必要性和时机。

联合国地名专家组的任务是负责国家间的不断合作和联系,促进地名标准化的进展和各语言/地理分部的工作,研究地名标准化中的特殊问题。联合国地名专家组完成使命的基本途径是每两年召开一次专家组会议,每五年召开一次联合国地名标准化会议,通过这两种会议来讨论和解决地名国际标准化的有关问题。为此而开展的具体工作有:要求各国都建立地名机构,指导国内进行地名标准化工作,制定国内地名拼写和命名以及国外地名的拼写的规则;确定地名罗马化和超越一个主权国家的地理实体名称标准化问题,如海洋、河流、山脉、海底和宇宙中的其他星体地形要素的名称,并制定其命名原则;负责地名国际标准化的具体实施工作,其组织和协调工作由联合国经社理事会经社理事部制图处负责;与天文、海洋、南极等有关国际组织进行协作,研究解决国际公共领域中的地名标准化问题；组织业已标准化的地名成果资料的国际交流；审定有关国家单一罗马化方案；协助解决各语言/地理分部在地名标准化中的一些特殊问题，促进各地区的地名标准化；组织地名教育和培训班；等等。

（三）联合国地名专家组会议和联合国地名标准化会议制度和任务

联合国地名专家组会议，每两年召开一次，讨论研究地名标准化疑难问题，拟定下一步工作计划。

联合国地名标准化会议，是根据联合国经社理事会的决议召开的，其目的在于通过国际协议使地球上和太阳系各个星球上的地名，在叫法和拼写上消除分歧和混乱现象，逐步达到统一。1967年召开第一届会议，每五年召开一次会议。会议分全体会议和按议题划分的技术委员会会议两种形式，以英语、法语、西班牙语作为会议的工作语言。历届会议都对国际地名标准化问题进行了多次广泛讨论，并听取与会各国和各语言/地理分部地名标准化的工作报告。会议对地名标准化工作起了促进作用，取得了一定的进展，但对不少问题由于种种原因尚未能做出明确的结论。

（四）我国政府对地名国际标准化的原则立场

1997年8月，在希腊首都雅典举行的第三届联合国地名标准化会议上，我国代表团在会议上阐述了我国政府在地名国际标准化问题上的原则立场，指出："开展国际地名标准化工作，必须以便于各国人民之间经济、文化交流和友好合作为目的。我们历来主张国家不分大小，应该一律平等，各国的事情应当由各国人民自己来管，国际组织的事情应当由参加国共同来管。国际地名标准化要以各国地名标准化为基础，地名罗马字母拼写法的标准化，应当尊重主权国家的意见，各国主权范围内地名的罗马字母标准拼写形式，应当作为国际的标准形式。两国以上共有地方名称的国际标准化，应当由有关国家协商确定。各国主权范围以外的国际领域的地名标准化，应当由各国共同协商确定。"我国政府的这一原则立场，是我们在处理地名国际标准化问题时必须遵循的原则。

（五）国际合作

为了做好地名国际标准化工作，必须加强国际合作，其措施是由联合国地名专家组与联合国制图处受理地名标准化工作的信件和有关资料；开办地名训练班；各语言/地理分部开展活动；与国际海道测量组织、国际旅游组织、新闻组织等广泛联系与合作，共同搞好地名标准化工作；对发展中国家进行必要的技术援助。

四、我国地名管理机构设置

（一）主管地名管理机构的设置

主管地名管理机构，系指各级政府设置的地名管理机构，这是地名管理体置的主体。建立健全各级地名管理机构是搞好地名管理的组织保证。1949年中华人民共和国成立后,内务部就成为全国地名管理的职能部门。1977年7月23日,国务院批转了由国家测绘总局等部门《关于成立中国地名委员会的请示》,《请示》申述:"为了加强对地名工作的管理和有利于参加联合国有关地名国际标准化方面的活动,迫切需要建立一个机构,统一研究和解决地名方面存在的问题。因此,建议在国务院领导下,成立一个由国家测绘总局、公安部、外交部、中国文字改革委员会、新华通讯社、邮电部、交通部、铁道部、中央统战部、中国科学院、国家出版局和总参测绘局等有关部门领导同志参加的中国地名委员会,主任委员由国家测绘总局领导同志担任,副主任委员由公安部、外交部、中国文字改革委员会和新华通讯社的领导同志担任。"国务院在批复中"委托中国地名委员会管理全国的地名工作。"继之,各省、市、县级政府陆续成立地名委员会及其办事机构——地名办公室。初期,中央和省级地名委员会办公室设在测绘局(或城建部门),市县级的则设在民政局,给予代管。1987年,国务院考虑到地名工作的重要性和长期性,以及与行政区划工作的密切关系,国务院确定民政部为全国地名管理工作的行政主管部门,1987年8月正式批准中国地名委员会办公室由城乡建设环境保护部划归民政部。1988年在国家批准的《民政部"三定"方案》中,确定成立"行政区划和地名管理司",该司同时又是中国地名委员会的办事机构。1993年,将中国地名委员会的职能并入民政部,以强化对地名工作的行政管理。从此,国家地名管理机构纳入了政府行政序列,名副其实地成为政府的常设行政机构,是政府的一个行政职能部门。劳动人事部发出《关于改变地名工作领导体制的通知》,要求各级地名委员会的工作机构,原则上并入各级民政部门。这样,省、市、县级地名委员会办公室一般均相继并入人民政府部门,省级的地名委员会划归民政厅后,单独作为一个职能处室,市、县两级在民政局内设地名管理科室,对外仍保留各级地名委员会办公室的名义。对个别有特殊情况的,如城市的地名管理机构,不强求上下完全对口,其机构的归属由当地政府自行决定。北京、上海、天津三大直辖市的地名管理机构至今仍设在城市规划部门,从而有利于地名命名与城市规划同步,极其有效地避免民政与规划两部门因无法实时协调对接,使命名滞后于规划而造成地名使用上新的混乱局面,给社会带来不利的影响。另外,全国有不少先行县(市)把地名管理工作落实到乡镇,在乡镇政府中指定文书或民政、农房助理兼管地名工作,组成了从国家到基层的地名管理网络。

我国地名管理实行统一管理,分级负责的工作体制。即全国地名归地名管理机构统一管理,以消除过去由国家测绘总局、中国地图出版社、新华通讯社、总参测绘局、海军航海保证部等部门和单位多头管理、各行其是的现象。按照行政区域,由各级地名管理机构分别具体管理各自辖境内的地名,以体现分级负责制。在初期(1977—1993年),我国地名管理机构的纵向结构是层级制,即中央、省级、市级(省辖)、县级都设置了地名管理机构,形成纵向四级管理层次,从而体现着自上而下垂直的业务指导关系。横向结构是国务院和省、市、县四级政府均设地名委员会,各级地名委员会下设置办事机构——地名委员会办公室。地名管理机构的纵向结构体现着自上而下垂直的业务指导关系,横向结构体现着中央和各级地方政府对地名管理工作的领导关系。

各级地名委员会在同级政府的领导下,负责领导、综合、协调本级地名工作。鉴于地名管理涉及政府各部门、社会各个方面,地名委员会由政府分管领导或主管部门的领导主持,吸收与地名管理关系密切的有关部门领导和相关学科专家组成。采取这种委员制的组织形式,有利于坚持民主集中制的原则,有利于采纳、集中有关部门和社会各方面的意见,有利于协调有关部门和社会各方面的关系,有利于发挥各有关部门的作用。国务院由处理国务院日常工作的国务委员或国务院秘书长分管地名工作;民政部部长出任中国地名委员会主任委员,协助国务院分管同志主持地名工作;中国地名委员会秘书长、民政部行政区划和地名司司长或副司长任中国地名委员会办公室主任;省、市、县级地名委员会主任委员分别由分管地名的副职领导兼任,地名办公室主任由民政厅(局)的分管领导兼任。

各级地名委员会办公室是同级地名委员会的执行与办事机构,是地名管理工作的实体,由于各级地名委员会不是实体机构,所以各级地名委员会办公室就是设在同级政府里与地名管理关系密切的一个职能部门,纳入国家行政机构序列,对内为各级民政部门管理地名的职能机构,对外仍保留地名委员会办公室的建制。鉴于各级民政部门是各级政府负责社会行政管理的职能部门,地名管理也就成为社会行政管理的一部分。这种体制有利于加强各级地各管理机构的自身建设,有利于强化和充分发挥地名管理机构的行政管理职能。

后来,各级地方政府仅保留了"地名委员会"这块牌子,实际运作,基本上全为民政部门。

(二)协管与配管地名管理机构的设置

协管地名管理机构,系指负有部分地名管理任务的各专业部门,如国土管理、水利、公安、建设、交通、铁路等部门内设置的管理地名的机构。协管地名管理机构亦是地名管理体制中的重要组成部分。这些部门的地名管理机构可以单独设置,也可以由业务相近的部门兼管;可以设专职人员,也可以指定人员兼管;具体设法,可以根据各自的工作量大小,重要程度等情况而定。如铁道就有专人管理全国铁路站名的命名更名工作;各级水利部门也极为重视水系的命名更名工作。

配管地名管理机构,系指对标准地名使用较集中和对推广标准地名起重要影响和作用的一些部门和单位内管理地名的机构,如测绘、邮电、出版、新闻、地球科学的教学与科学研究等单位是地名管理体制中不可缺少的一部分。在这些单位建立兼管地名机构,可以主动做好本部门的地名管理工作,提高作为地名委员会成员的参事、议事水平和质量,以利决策正确。

五、地名管理机构职能和职责

(一)地名管理机构的职能

地名管理的性质决定了各级地名管理机构应该以行政职能为主,并兼有专业职能。地名管理机构要能履行好这双重职能,必须处理好以下几点。

1. 适当分解行政和专业工作。为充分发挥地名管理机构的行政和专业这双重职能的作用,一般可以将地名办公室或地名管理处(室)的工作分解为政策研制、组织实施、行政监督和信息管理四部分。

(1)政策研制　主要包括科研、咨询、法规、规划、计划,以及地名书刊的编辑出版。

(2)组织实施　主要包括承办地名的定名、命名更名,推行标准地名的使用、建立地名标志牌,协调各有关地名管理部门的工作。

(3)行政监督　督促检查标准地名的使用,纠正非标准地名的使用;处理地名管理工作中的各种违反规定事宜,监督文件、地图、书刊、牌匾、各种标牌、新闻广播等方面的违规行为。

(4)信息管理　指导并建立地名档案馆(室),做好地名档案的管理和开发利用工作。

2. 加强立法,使地名行政管理职权法制化。与时俱进,根据国家的有关法规,结合本地的实际,不断完善本地的地名管理立法工作,使各级地名管理机构的组织、职责等纳入法律规范,以使地名管理机构的行政职能和专业职能始终得到法律保障,如南京市2008年修订的《南京市地名管理条例》中,就适时地增加了老地名保护和地名有偿冠名两章,从而解决了社会上新近出现的对老地名的保护和有偿冠名这两件新鲜事的管理无法可依的难题。

3. 加强自身建设,提高管理素质。地名管理是社会行政管理的一部分,实现政府行政管理科学化、法制化、现代化,提高行政管理的工作水平,是关系到国家经济和社会发展的大事。经济和科学技术的发展,向行政管理提出越来越高的要求,提高行政管理人员的素质,显得十分必要和迫切。地名标准化首先是依赖于地名干部的知识现代化,能适应地名工作的要求,具有多方面的知识结构和行政组织工作能力。从某种意义上说,地名干部应当既是地名的专家,又是称职的政府官员,这是政府工作人员应该有的内涵。实践证明,干部的知识结构是与工作的质量成正比的。提高地名干部业务水平是多方面的,这是因为地名工作涉及面广、综合性强,需要地名干部具有哲学、历史、地理、地图、档案、编译、行政区划、行政管理、语言、民族学、社会学、民俗学、宗教学等多方面的专业知识,要重视有关学科专业知识的学习,加强地名管理学理论研究。地名是历史的一个窗口,对任何一个地名的考证,都需要历史知识作背景;而任何一个地名又都是地理名词,地名的命名都要受到区域地理条件的约束,地名产生的原因,以及地名通名的标准化,都需要地理学的知识,尤其是对山文的命名,就需要地貌学知识作为前提,只有熟悉地质学、地貌学才能使命名的名称与地理学的科学原理相吻合,使地名学达到相关学科的水平;地名是语言中的专有名词,国外将它作为语言专有名称学——地名名称学来研究,地名在形成和发展过程中与同期语言的关系,在地名上表现为特殊的语义学、语音学的内容,在音、形、文上表现为语言的共性和个性特点等,所有这些,均要求地名工作者必须熟悉语言的基本知识;地图是地名最好的载体和表现形式,是将地名层次表现在一个平面上的重要方法,关于地名在什么地方,地图的表达有文字无法替代的长处,因此,地图是地名工作的重要工具,地图学知识亦是地名工作者必备的基础知识之一;地名档案工作常需要地名干部兼管,因而还需要有一些文书学、档案学方面的知识;地名管理干部是政府官员,无疑,必须具有国家机关干部应有的政治素质和群众工作的经验,对在职地名干部进行行政管理和工作方法的培训,让其吸收行政管理学知识和工作经验,显得十分必要;地名是民族语言中一种名词,具有深深的民族烙印;地名是社会的产物,亦是一种社会现象,地名蕴涵着丰富的地方文化,而地方文化中往往民俗成分占据主要部分;宗教信仰有广泛的社会基础,常常被人民群众用作地名的语源,因而民族学、民俗学和宗教学也是地名工作者不可缺少的。上述的各种知识不可能都从学校中学到,更多的是在实践中学,边干边学。在地名系统举办学习班,开办函授大学,在高等院校开设地名学专业和地名文化素质课程等,都是培养地名管理人才的积极举措。

(二)主管地名管理机构的职责和权限

各级主管地名管理机构的职责范围是不完全相同的,为便于发挥中央和地方地名管理机构的积极性和主动性,使中央地名管理机构有可能集中精力研究制定地名管理的大政方针、规划、计划,实施宏观管理,及时指导和解决全国带有普遍性的问题,并使地方各级地名管理机构依据上级指示精神,结合本地实际把工作做细做活,在管理权限上做了明确的划分。

1. 国家地名管理机构的职责与权限。中国地名委员会根据国家的有关法律和法规,负责制定国内地名的命名更名原则、国内外地名汉字译写规范化原则,制定长远规划和近期计划,对全国地名管理工作进行宏观业务指导,承办全国跨省域及重要地名的命名更名审核工作,协调国家有关部门间的地名标准化工作,组织调查、搜集、整理、审定、贮存国内外地名资料,组织编纂出版国家地名图书,组织开展全国性的地名学术活动,组织培训地名干部,参加联合国地名专家组和联合国地名标准化会议及有关的国际交往。

2. 省级地名管理机构的职责与权限。省、自治区、直辖市地名委员会是各省、自治区、市人民政府的地名管理部门,代拟地方地名管理法规,贯彻执行国家地名管理法规,在业务上接受中国地名委员会的指导,对下级地名管理部门给予具体指导和帮助,协调责任;通过会议等形式贯彻执行地方地名管理法规,以及省政府交办的有关工作,其具体职责为:

(1) 协调全省的地名管理工作;

(2) 草拟省级地名管理法规,制定工作计划和地名层次化、序列化的规划;

(3) 审批跨地级市和需要地名命名更名工作;

(4) 督促各类标准地名的使用,组织检查各类地名标志的设置与更新;

(5) 组织地名学的理论研究,深化地名的考证,指导少数民族语地名的译写;

(6) 指导全省地名档案工作;

(7) 组织编辑出版省区各类地名图书;

(8) 组织培训地名干部;

(9) 向上级汇报地名工作。

3. 市县级地名管理机构的职责与权限。市、县地名委员会是同级政府的职能部门,是地名管理机构系统的基层组织,工作比较具体,其职责为:

(1) 根据上级地名管理法规和文件,起草本地地名管理法规的细则;

(2) 监督执行地名法规,查处各单位各部门及社会上各种违规使用非标准地名的行为,定期向政府和上级业务主管部门报告执行情况;

(3) 承办地名的命名更名的具体工作;

(4) 指导地名考证,不断充实、完善各类地名的标准化、规范化工作;

(5) 负责对各行政区域标志、街巷牌、村镇牌的设置及地名标志、门牌的管理工作;

(6) 负责组织编辑地名录、地名志、地名词典、地名图及其他地名资料的出版工作,提供给政府各有关部门使用,使地名资料为社会服务;

(7) 负责建立地名档案,对地名档案资料进行经常搜集整理、补充等工作,并对各街道、乡镇建立的地名档案进行指导,开展地名咨询工作;

(8) 逐步建立地名资料信息中心,与全国各省、市、县有关部门建立地名资料交流信息网;

(9) 承办上级和市、县政府交办的各项有关工作;

(10) 开展地名研究工作;

(11) 逐阶向上级汇报地名工作。

地方各级地名管理机构分级管理的职责很明确,省级侧重管理跨地市的重要地名的标准化,并进行宏观管理。地市级则侧重抓跨县域地名的标准化,并予以检查督促。

县级是最基层,境内所有地名及各项工作都要抓细抓好。

（三）协管与配管地名管理机构的职责

协管地名管理机构的主要职责:根据主管地名管理机构制定的法规、原则,制定出本系统地名管理的实施办法或细则,并组织实施;负责本系统地名标准化及命名更名、收集、整理、贮存和整理本系统地名档案、资料,监督、检查本系统对标准地名使用及地名标志的设置和管理,结合本系统的情况,开展地名学研究等。

配管地名管理机构的主要职责:宣传、执行有关地名管理法规,正确使用和推广标准地名,结合本部门实际进行地名学研究。

第五节　标准地名使用管理

地名的使用应当标准、规范。

地名的罗马字母拼写以《汉语拼音方案》作为统一规范,按照国务院地名行政主管部门会同国务院有关部门制定的规则拼写。按照《地名管理条例》规定批准的地名为标准地名。标准地名应当符合地名的用字读音审定规范和少数民族语地名、外国语地名汉字译写规范。

国务院地名行政主管部门统一建立国家信息库,公布标准地名等信息,充分发挥国家地名信息库在服务群众生活、社会治理、科学研究、国防建设等方面的积极作用,提高服务信息化、智能化、便捷化水平,方便公众使用。县级以上地方人民政府地名行政主管部门和其他有关部门之间应当建立健全地名信息资源共建共享机制。

一、标准地名强制使用范围

（一）地名标志、交通标志、广告牌匾等标识。

（二）通过报刊、广播、电视等新闻媒体和政府网站等公共平台发布的信息。

（三）法律文书、身份证明、商品房预售许可证明、不动产权属证书等各类公文、证件。

（四）辞书等工具类以及教材教辅等学习类公开出版物。

（五）向社会公开的地图。

（六）法律、行政法规规定应当使用标准地名的其他情形。

二、地名标志的管理

（一）标准地名及相关信息,应当在地名标志上予以标示。任何单位和个人不得擅自设置、拆除、移动、涂改、遮挡、损毁地名标志。

（二）县级以上地方人民政府应当加强地名标志的设置和管理。

（三）直辖市、市、县人民政府地名行政主管部门和其他有关部门应当在各自职责范围内，依据标准地名编制标准地址并设置标志。

（四）标准地名出版物由地名机构负责汇集出版。其中行政区划名称，由负责行政区划具体管理工作的部门汇集出版。

第六节　地名文化保护管理

地名是一种文化现象，从文化学角度来审视，可以发现地名这座宝库里有许多内容与我们的民族文化息息相关。地名是一种宝贵的民族文化遗产，在它的形成过程中吸收和融合了许多文化成分，这些包含在地名中的文化印记，就是地名所载的文化信息。由此可见，地名文化实为地名内涵信息和外延信息的总和或综合体。

地名的内涵信息，系指地名的来历含义和沿革变化。

地名的来历含义，则指一地名得名的时间，产生的原因，采用何种语源，所赋予的某种特定的含义。

地名的沿革变化，则指一地名在得名之后，在何时，因何种原因，采用何种语源更名，赋予新的某种特定含义。各地名的沿革不尽相同，有的地名无变化，有的地名则经历过多次变化。

地名的外延信息，系指在地名所指代的地理实体那里，在历史长河中人们创造的种种物质文明和精神文明成果，以及所经历的种种重大事件。

地名不只是一个地点的代号，它还是所指代地理实体的文化表征，是历史的记载，是各个时代人类活动的产物，它记录了在它指代的地理实体那里，人类探索世界和自我的辉煌成就，记录了那里曾经发生的战争、政治变革、疾病、浩劫、磨难、名人轶事、民族变迁与融合、自然环境等的变化，等等。地名反映其地点的社会形态、历史文化、伦理道德、民俗风情、自然风貌的文化现象，有着丰富的历史、地理、民族、民俗、语言、社会、经济等科学内涵，是人类历史的活化石，每个地名的背后往往都封存着一段动人的历史故事。

对那些有着重要历史文化价值地名的内涵信息和外延信息，应采取必要的措施予以妥善保存，使之永存于世，光照人间。

县级以上人民政府应当从我国地名的历史和实际出发，加强地名文化公益宣传，组织研究、传承地名文化。县级以上人民政府应当加强地名文化遗产保护，并将符合条件的地名文化遗产依法列入非物质文化遗产保护范围。县级以上地方人民政府地名行政主管部门应当对本行政区域内具有重要历史文化价值、体现中华历史文脉的地名进行普查，做好收集、记录、统计等工作，制定保护名录。列入保护名录的地名确需更名的，所在地县级以上地方人民政府应当预先制定相应的保护措施。县级以上地方人民政府做好地名档案管理工作。国家鼓励公民、企业和社会组织参与地名文化保护活动。

第七节　地名管理工作监督检查

在地名管理工作中，上级人民政府地名行政主管部门应当加强对下级人民政府地名行政主管部门地名管理工作的指导、监督。上级人民政府其他有关部门应当加强对下级人民政府相应部门地名管理工作的指导、监督。

县级以上人民政府地名行政主管部门和其他有关部门应当依法加强对地名的命名、更名、使用、文化保护的监督检查。县级以上人民政府应当加强地名管理能力建设。

县级以上人民政府地名行政主管部门和其他有关部门对地名管理工作进行监督检查时，有权采取下列措施：

1. 询问有关当事人，调查与地名管理有关的情况；
2. 查阅、复制有关资料；
3. 对涉嫌存在地名违法行为的场所实施现场检查；
4. 检查与涉嫌地名违法行为有关的物品；
5. 法律、行政法规规定的其他措施。

县级以上人民政府地名行政主管部门和其他有关部门依法行使前款规定的职权时，当事人应当予以协助、配合，不得拒绝、阻挠。

县级以上人民政府地名行政主管部门和其他有关部门在监督检查中发现地名的命名、更名、使用、文化保护存在问题的，应当及时提出整改建议，下达整改通知书，依法向有关部门提出处理建议；对涉嫌违反《地名管理条例》规定的有关责任人员，必要时可以采取约谈措施，并向社会通报。

县级以上人民政府地名行政主管部门和其他有关部门可以委托第三方机构对地名的命名、更名、使用、文化保护等情况进行评估。

任何单位和个人发现违反《地名管理条例》规定行为的，可以向县级以上地方人民政府地名行政主管部门或者其他有关部门举报。接到举报的部门应当依法处理。有关部门应当对举报人的相关信息予以保密。

第八节　地名管理法律责任

地名管理是一项政治性、政策性很强的国家治理工作，必须严肃对待，认真做好。为防止不端，《地名管理条例》（以下简称《条例》）对从事地名管理的单位和个人的法律责任做了如下的规定。

1. 县级以上地方人民政府地名批准机关违反《条例》规定进行地名命名、更名的，由其上一级行政机关责令改正，对该批准机关负有责任的领导人员和其他直接责任人员依法给予处分。

2. 县级以上地方人民政府地名批准机关不报送备案或者未按时报送备案的，由国务院地名行政主管部门或者上一级人民政府地名行政主管部门通知该批准机关，限期报送；逾期仍未报送的，对直接责任人员依法给予处分。

3. 违反《条例》第四条、第九条、第十条、第十二条规定，擅自进行地名命名、更名的，由有审批权的行政机关责令限期改正；逾期不改正的，予以取缔，并对违法单位通报批评。

4. 违反《条例》第十八条规定，未使用或者未规范使用标准地名的，由县级以上地方人民政府地名行政主管部门或者其他有关部门责令限期改正；逾期不改正的，对违法单位通报批评，并通知有关主管部门依法处理；对违法单位的法定代表人或者主要负责人、直接负责的主管人员和其他直接责任人员，处2000元以上1万元以下罚款。

5. 擅自设置、拆除、移动、涂改、遮挡、损毁地名标志的，由地名标志设置、维护和管理部门责令改正并对责任人员处1000元以上5000元以下罚款。

6. 第三方机构对地名的命名、更名、使用、文化保护等情况出具虚假评估报告的，由县级以上地方人民政府地名行政主管部门给予警告，有违法所得的，没收违法所得；情节严重的，5年内禁止从事地名相关评估工作。

7. 公职人员在地名管理工作中有滥用职权、玩忽职守、徇私舞弊行为的，依法给予处分。

主要参考文献

[1] 地名学文集,中国地名委员会办公室编,测绘出版社,1984年。
[2] 地名学研究第一、二集,邱洪章主编,辽宁人民出版社,1984年,1986年。
[3] 地名学新探,马永立主编,南京大学出版社,1993年。
[4] 地名特性及其在地理制图中应用,马永立,地名知识,1982年第一、二期。
[5] 中国地名语源,王维屏,江苏省科学技术出版社,1986年。
[6] 地名学简论,杨光浴,东北师范大学出版社,1991年。
[7] 中国古今地名大辞典,臧励和等编,商务印书馆,1931年。
[8] 中华人民共和国地名词典江苏省卷,单树模主编,商务印书馆,1987年。
[9] 中国分省市县大辞典,李汉杰主编,中国旅游出版社,1990年。
[10] 中国历代疆域与政区,胡骃,辽宁古籍出版社,1995年。
[11] 中国行政制度史,丁文主编,中共江苏省委党校干部函授学院,1989年。
[12] 中国名胜词典,国家文物事业管理局主编,上海辞书出版社,1981年。
[13] 外国地名译名手册,中国地名委员会编,商务印书馆,1983年。
[14] 中国地名通名集解,吴郁芬等编,测绘出版社,1993年。
[15] 中国地图册,地图出版社编,地图出版社,1966年。
[16] 南京地名源,吕武进等,江苏省科学技术出版社,1991年。
[17] 地名知识(杂志),1980—1991年。
[18] 地名丛刊(杂志),1989—1991年。
[19] 正名中国:胡阿祥说国号,胡阿祥,中华书局,2013年。
[20] 马永立学术文集,马永立,凤凰出版社,2014年。

附录Ⅰ 中国及省级行政区与其驻地地名检索表

中国（中华人民共和国） 68		北京 60	
北京市 105	北京 60	湖北省 76	武汉 135
天津市 107	天津 161	湖南省 75	长沙 163
河北省 72	石家庄 149	广东省 86	广州 155
山西省 82	太原 115	海南省 120	海口 97
内蒙古自治区 142	呼和浩特 170	广西壮族自治区 145	南宁 78
辽宁省 180	沈阳 92	重庆市 108	重庆 160
吉林省 94	长春 167	四川省 171	成都 99
黑龙江省 125	哈尔滨 150	贵州省 173	贵阳 91
上海市 105	上海 126	云南省 74	昆明 148
江苏省 132	南京 62	西藏自治区 146	拉萨 159
浙江省 124	杭州 153	陕西省 83	西安 88
安徽省 134	合肥 95	甘肃省 131	兰州 114
福建省 130	福州 113	青海省 127	西宁 89
台湾省 119	台北 80	宁夏回族自治区 144	银川 100
江西省 85	南昌 77	新疆维吾尔自治区 143	乌鲁木齐 101
山东省 81	济南 79	香港特别行政区 121	香港岛 179
河南省 73	郑州 103	澳门特别行政区 117	澳门 140

附录 Ⅱ 英 汉 译 音 表

韦氏音标 / 国际音标 / 汉字	b	p	d	t	g	k	v	w	f	z	ts	s	zh	sh	j	ch	h	m	n	l	r	y	gw	kw	hw
国际音标	b	p	d	t	g	k	v	w	f	z / dz	ts	s / ð θ	ʒ	ʃ	dʒ	tʃ	h	m	n	l	r	j	gw	kw	hw
ä ǎ ã / aː ʌ æ / 阿	布	普	德	特	格	克	夫(弗)	夫(弗)	夫	兹	茨	斯(丝)	日	什	季	奇	赫	姆	恩	尔	尔	伊			
ē/ei / 埃	巴	帕	达	塔	加	卡	瓦	瓦	夫(弗)	扎	察	萨		沙(莎)	贾	查	哈	马(玛)	纳(娜)	拉	拉	亚(娅)	瓜	夸	华
ə / 厄	贝	佩	德	特	盖	凯	韦	韦	法	泽	采	塞		谢	杰	切	赫(黑)	梅	内	莱	雷	耶	圭	奎	惠
ûr û êr è ǔ / əː iː(j) / 伊	伯	珀	迪	蒂	格	克	弗	沃	费	泽	策	瑟	热	舍	哲	彻	赫	默	纳(娜)	勒	勒	耶	阔	阔	霍
ē ě î ỹ / iː(j) / 伊	比	皮	迪	蒂	古	基	维	威	弗	齐	齐	西(锡)		希	吉	奇	希	米	尼(妮)	利(莉)	里(丽)	伊	圭	奎	惠
ô ŏ ŏ̌ / ɔ ɒ/ou o õ / 奥/欧	博	波	多	托	戈	科	沃	沃	福	佐	措	索	若	肖	乔	乔	霍	莫	诺	洛	罗	约	果	阔	霍
o͞o / uː u / 乌	布	普	杜	图	古	库	伍	伍	富	祖	楚	苏	茹	舒	朱	楚	胡	穆	努	卢	鲁	尤			
ū ǔ / juː jǔ / 尤	比尤	皮尤	迪尤	蒂尤	久	丘	维尤	威尤	菲尤	久	丘	休		休	久	丘	休	缪	纽	柳	留				
ī / ai / 艾	拜	派	代(黛)	泰	盖	凯	韦	怀	法	宰	蔡	赛		夏	贾	柴	海(亥)	迈	奈	莱	赖	耶	瓜伊	夸	怀
ou / au / 奥	包	保	道	陶	高	考	沃	沃	福	藻	曹	绍		尚	焦	乔	蒙	毛	瑙	劳	劳	尧			
æn an aŋ / 安	班	潘	丹	坦	甘	坎	万	万	凡	赞	灿	桑		尚	詹	钱	汉	曼	南(楠)	兰	兰	扬	关	宽	环
ä oun ùng / ā ǒn ǒng / ʌn aun ɑŋ / 昂	邦	庞	当	唐	冈	康	旺	旺	方	藏	仓	桑		尚	章	昌	杭	芒	南(楠)	朗	朗	扬			
en ěng ǔn / en eŋ ɜŋ / 恩	本	彭	登	滕	根	肯	文	文	芬	曾	岑	森	任	申	真(珍)	琴	亨	门	嫩	伦	赖	因			
în ǐn yùn / in ǐn ian / 因	宾	平	丁	廷	金	金	温	温	芬	津	钦	辛		欣	金	钦	欣	明	宁	林(琳)	伦		关	匡	昆
ern / iŋ / 英	宾	平	丁	廷	京	金	温	温	芬	京	青	青		兴	京	青	兴	明	宁	林(琳)	伦	英	光	昆	环
ing / iŋ / 英	宾	蓬	敦	通	贡	昆	温	文	芬	尊	聪	辛		顺	准	春	洪	蒙	嫩	灵	伦	云	古恩	昆	黄
o͞on ǒon ǒn / un un oun / 翁	本	蓬	东(栋)	通	贡	孔	文	文	丰	宗	聪	松		雄	琼	琼	洪	蒙	农	隆	龙	永	古英	昆	洪